21 世纪全国高等院校财经管理系列实用规划教材

管 理 学

主　编　王慧娟　彭傲天
副主编　刘　君　刘晓静　李克锋

北京大学出版社
PEKING UNIVERSITY PRESS

内 容 简 介

本书以管理学的计划、组织、领导和控制职能为中心,介绍了管理学的基本理论体系。每章均配有大量的案例,力求达到理论与实践相结合,努力做到与当代管理理论和管理实践同步,既体现了教材的科学性和系统性,也突出了管理的时代性和实用性。

本书内容丰富、语言生动、案例鲜活、深入浅出,可作为高等院校经济管理类学生的教材,也可供其他专业学生和社会读者参考。

图书在版编目(CIP)数据

管理学/王慧娟,彭傲天主编. —北京:北京大学出版社,2012.9
(21世纪全国高等院校财经管理系列实用规划教材)
ISBN 978-7-301-17452-4

Ⅰ.①管… Ⅱ.①王… ②彭… Ⅲ.①管理学—高等学校—教材 Ⅳ.①C93

中国版本图书馆 CIP 数据核字(2012)第 205799 号

书　　　名:**管理学**
著作责任者:王慧娟　彭傲天　主编
策 划 编 辑:李　虎　王显超
责 任 编 辑:葛　方
标 准 书 号:ISBN 978-7-301-17452-4/C・0788
出 　版 　者:北京大学出版社
地　　　址:北京市海淀区成府路 205 号　　　100871
网　　　址:http://www.pup.cn　　http://www.pup6.cn
电　　　话:邮购部 62752015　　发行部 62750672　　编辑部 62750667　　出版部 62754962
电 子 邮 箱:pup_6@163.com
印 　刷 　者:北京虎彩文化传播有限公司
发 　行 　者:北京大学出版社
经 　销 　者:新华书店
　　　　　　787 毫米×1092 毫米　16 开本　21.75 印张　460 千字
　　　　　　2012 年 9 月第 1 版　　2018 年 8 月第 5 次印刷
定　　　价:42.00 元

21世纪全国高等院校财经管理系列实用规划教材

专家编审委员会

主 任 委 员 刘诗白

副主任委员 （按拼音排序）

　　　　　韩传模　　　　李全喜　　　　王宗萍
　　　　　颜爱民　　　　曾　旗　　　　朱廷珺

顾　　　问 （按拼音排序）

　　　　　高俊山　　　　郭复初　　　　胡运权
　　　　　万后芬　　　　张　强

委　　　员 （按拼音排序）

　　　　　程春梅　　　　邓德胜　　　　范　徵
　　　　　冯根尧　　　　冯雷鸣　　　　黄解宇
　　　　　李柏生　　　　李定珍　　　　李相合
　　　　　李小红　　　　刘志超　　　　沈爱华
　　　　　王富华　　　　吴宝华　　　　张淑敏
　　　　　赵邦宏　　　　赵　宏　　　　赵秀玲

法 律 顾 问 杨士富

丛 书 序

我国越来越多的高等院校设置了经济管理类学科专业，这是一个包括经济学、管理科学与工程、工商管理、公共管理、农业经济管理、图书档案学 6 个二级学科门类和 22 个专业的庞大学科体系。2006 年教育部的数据表明在全国普通高校中经济类专业布点 1518 个，管理类专业布点 4328 个。其中除少量院校设置的经济管理专业偏重理论教学外，绝大部分属于应用型专业。经济管理类应用型专业主要着眼于培养社会主义国民经济发展所需的德智体全面发展的高素质专门人才，要求既具有比较扎实的理论功底和良好的发展后劲，又具有较强的职业技能，并且又要求具有较好的创新精神和实践能力。

在当前开拓新型工业化道路，推进全面小康社会建设的新时期，进一步加强经济管理人才的培养，注重经济理论的系统化学习，特别是现代财经管理理论的学习，提高学生的专业理论素质和应用实践能力，培养出一大批高水平、高素质的经济管理人才，越来越成为提升我国经济竞争力、保证国民经济持续健康发展的重要前提。这就要求高等财经教育要更加注重依据国内外社会经济条件的变化，适时变革和调整教育目标和教学内容；要求经济管理学科专业更加注重应用、注重实践、注重规范、注重国际交流；要求经济管理学科专业与其他学科专业相互交融与协调发展；要求高等财经教育培养的人才具有更加丰富的社会知识和较强的人文素质及创新精神。要完成上述任务，各所高等院校需要进行深入的教学改革和创新。特别是要搞好有较高质量的教材的编写和创新工作。

出版社的领导和编辑通过对国内大学经济管理学科教材实际情况的调研，在与众多专家学者讨论的基础上，决定编写和出版一套面向经济管理学科专业的应用型系列教材，这是一项有利于促进高校教学改革发展的重要措施。

本系列教材是按照高等学校经济类和管理类学科本科专业规范、培养方案，以及课程教学大纲的要求，合理定位，由长期在教学第一线从事教学工作的教师编写，立足于 21 世纪经济管理类学科发展的需要，深入分析经济管理类专业本科学生现状及存在问题，探索经济管理类专业本科学生综合素质培养的途径，以科学性、先进性、系统性和实用性为目标，其编写的特色主要体现在以下几个方面：

（1）关注经济管理学科发展的大背景，拓宽理论基础和专业知识，着眼于增强教学内容与实际的联系和应用性，突出创造能力和创新意识。

（2）体系完整、严密。系列涵盖经济类、管理类相关专业以及与经管相关的部分法律类课程，并把握相关课程之间的关系，整个系列丛书形成一套完整、严密的知识结构体系。

（3）内容新颖。借鉴国外最新的教材，融会当前有关经济管理学科的最新理论和实践经验，用最新知识充实教材内容。

（4）合作交流的成果。本系列教材是由全国上百所高校教师共同编写而成，在相互进行学术交流、经验借鉴、取长补短、集思广益的基础上，形成编写大纲。最终融合了各地特点，具有较强的适应性。

（5）案例教学。教材具备大量案例研究分析内容，让学生在学习过程中理论联系实际，特别列举了我国经济管理工作中的大量实际案例，这可大大增强学生的实际操作能力。

（6）注重能力培养。力求做到不断强化自我学习能力、思维能力、创造性解决问题的能力以及不断自我更新知识的能力，促进学生向着富有鲜明个性的方向发展。

作为高要求，财经管理类教材应在基本理论上做到以马克思主义为指导，结合我国财经工作的新实践，充分汲取中华民族优秀文化和西方科学管理思想，形成具有中国特色的创新教材。这一目标不可能一蹴而就，需要作者通过长期艰苦的学术劳动和不断地进行教材内容的更新才能达成。我希望这一系列教材的编写，将是我国拥有较高质量的高校财经管理学科应用型教材建设工程的新尝试和新起点。

我要感谢参加本系列教材编写和审稿的各位老师所付出的大量卓有成效的辛勤劳动。由于编写时间紧、相互协调难度大等原因，本系列教材肯定还存在一些不足和错漏。我相信，在各位老师的关心和帮助下，本系列教材一定能不断地改进和完善，并在我国大学经济管理类学科专业的教学改革和课程体系建设中起到应有的促进作用。

刘诗白

2007 年 8 月

刘诗白　现任西南财经大学名誉校长、教授，博士生导师，四川省社会科学联合会主席，《经济学家》杂志主编，全国高等财经院校资本论研究会会长，学术团体"新知研究院"院长。

前　言

管理是合理分配、利用各种资源，以实现共同目标的过程。管理是人类最古老、最普遍、最大量的社会现象之一。它自古有之，无处不在。人类越发展，时代越进步，人与物之间、人与人之间、人与组织之间、组织与组织之间，乃至人与自然之间的关系越复杂、越多变，就越需要管理来协调、处理这些复杂的关系。同时，管理受不同社会经济、政治、文化环境及各种人文关系等的影响，在任何地方都是一种因人、因事、因时而随机制宜的活动过程。因此，管理是对不同时期、不同地区、不同行业、不同文化背景熏陶下人们的管理意识、管理行为的整合。

管理学是一门系统研究管理活动的基本理论、基本规律和基本方法的科学，是经济、管理等相关专业的一门重要的专业基础课程。加强教材建设是高等教育发展的需要，不断地探索和完善管理学教材，对提高我国高等教育的管理学教学水平、为各类管理人才的培养提供基础平台，具有重大意义。编者所在学院的管理学课程被评为校级精品课程，作为课程建设的一部分，适合本校师生实际情况的管理学教材的编写和出版，显得尤为迫切和重要。本书是多位编者在总结多年教学与科研实践经验的基础上，博采众长，齐心合力完成的。本书既有理论支撑，又体现学科前沿、科研成果的内容，同时还注重教育学原理的运用。本书具有以下特色。

（1）时代性。本书在系统介绍国内外早已形成共识的管理学基本理论和方法的基础上，又引入了一些最新的管理学理论研究成果，在案例的选择上也尽量选用最新、最有代表性的案例，力求在理论和实践方面都能反映时代的发展，体现时代特色。

（2）系统性。以管理学的基本职能，即计划、组织、领导与控制为中心，编排本书的内容框架体系，由浅入深、循序渐进、简明扼要地介绍了管理工作的实质、过程，以及各项职能活动开展的原理和方法。在内容取舍与安排上，力求做到体系完整而又突出重点。

（3）实践性。本书的编写本着理论联系实际的原则，结合我国大学本科教育的实践性特点，在引用国内外最先进的管理经验和理论研究成果的同时，注重培养学生运用管理学知识解决实际问题的能力，每章都安排有典型的管理案例，有利于培养学生对本学科现实问题的兴趣，有利于学生把理论学习所需的收敛思维与创新实践所需的发散性思维进行整合，内化为学生的认知结构。

（4）适用性。为了教学的需要，本书力求探索一种集讲、读、研、练于一体的模式，以尽可能适应教师精讲、学生多练的教学方式的需要。深入浅出地讲解管理学的基本概念、基本原理和基本方法，理论内容阐释清楚，实例长短结合，文字、图片、表格穿插安排，行文流畅。在每一章开篇运用"导入案例"，章节内部重要知识点充分运用大小案例来辅助说明，帮助读者理解，每一章后面配备有对应的习题，以便学习者课后复习和巩固知识。

本书由王慧娟教授担任主编，负责组织设计编写大纲以及最后进行定稿，彭傲天负责全书的统稿和修改。具体的编写分工如下：第 1 章由王慧娟编写，第 2、3、13 章由彭傲天编写，第 4、5、6 章由刘君编写，第 7、8、9 章由刘晓静编写，第 10、11、12 章由李克锋编写。

　　在本书的编写过程中，我们参阅了国内外大量的相关著作、教材和案例资料，并间接地引用了其中的一些内容，还有个别案例和阅读资料来自互联网，在此谨向这些作者、译者和网站的工作人员表示由衷的感谢。

　　由于时间和水平的限制，尽管我们做了不懈努力，但书中难免存在疏漏之处，恳请广大读者批评指正。

编　者

2012 年 8 月

目　　录

第 1 章 管理和管理者

本章主要讲述管理学的入门知识，是对全书的概括。通过对本章的学习，掌握管理的概念和特征，理解管理的职能和性质，掌握管理者在管理工作中扮演的角色和应具备的技能。

教学要求

知识要点	能力要求	相关知识
管理的内涵	(1) 对管理概念的理解 (2) 对管理特征的认识	(1) 管理的定义 (2) 管理的特征
管理的职能和性质	(1) 对管理职能的理解和运用 (2) 对管理性质的理解和运用 (3) 对管理学科的理解和把握	(1) 管理的职能 (2) 各管理职能之间的关系 (3) 管理的性质 (4) 管理学与其他学科的关系
管理者的概念和特征	(1) 能区分管理者与非管理者 (2) 能区分不同类型的管理者	(1) 管理者的定义 (2) 管理者的分类
管理者的角色和技能	(1) 理解管理者在工作中需要扮演哪些角色 (2) 理解管理者在工作中需要具备哪些技能	管理者的角色 管理者的技能
管理者的时间分配	(1) 理解不同的时间分配会给管理者带来不同的结果 (2) 能确定管理者该如何分配自己的时间	有效的管理者 成功的管理者

基本概念

管理　管理者　管理性质　管理职能　管理技能　管理角色

导入案例

管理的重要性

1. 吴刚的困惑

某房地产有限公司经理吴刚任职一年多来,困扰不断。大学主修建筑学的他似乎不善管理,尽管公司员工的福利、待遇在当地首屈一指,但员工的满意度并不高。更使他恼火的是,员工之间矛盾重重。吴刚真不知道该如何领导员工。

2. 男孩的裤子

有一位小男孩在生日那天得到了一条梦寐以求的新裤子,但却发现裤脚长了一截。于是他找到正在房间纳鞋的奶奶,央求奶奶帮他剪掉一截,奶奶却说等她把鞋纳好再说。小男孩急着要穿,于是又跑去找正在洗碗的妈妈,央求妈妈帮他把裤脚改短一点,妈妈说先等一下,让她洗完碗再说。小男孩又跑去找正在房间做作业的姐姐,姐姐说她还有一大堆功课没做完,等她做完再说。小男孩连遭3次拒绝,带着非常失望的心情去睡觉了。

奶奶忙完事情后想起这件事,于是就去把裤子剪短了一点。妈妈忙完自己的事情后也想起这件事,于是也去把裤子剪短了一点。姐姐做完作业后也同样去把裤子剪短了一点。

第二天一早,大家发现这种没有管理的活动造成的后果就是小男孩心爱的裤子变成了短裤。

 点评

任何集体活动都需要管理,否则,目标的不一致就可能会导致成员之间的相互抵触,即便有统一的目标,由于缺乏整体的配合协调,也难以高效地达成组织目标。

1.1 管理概述

1.1.1 管理的内涵

1. 管理的定义

不同的学派对管理有着不同的理解和定义,下面就为大家介绍几种不同的观点。

1) 泰罗的观点

管理就是不断提高劳动生产率。作为"科学管理之父",弗雷德里克·温斯洛·泰罗(Frederick Winslow Taylor)将毕生的精力都用在了研究如何提高工厂工人的劳动生产率上,他领导进行的搬运生铁块试验、铁锹试验都是试图找到一种最好、最经济的完成工作的方法。

2) 法约尔的观点

管理是由计划、组织、指挥、协调及控制等职能要素组成的活动过程。亨利·法约尔(Henry Fayol)是组织管理理论的突出代表人物,他首次把管理活动分为五大职能,也成为以后管理学教材常用的一种划分管理活动的方法。

3）詹姆斯·穆尼的观点

管理就是协调。基于自身在公司中的经历，詹姆斯·穆尼（James Mooney）对组织的本质和原理进行了相当深入的理论研究。1931 年，他和赖利（Larry）合作出版了《工业，前进！》一书，该书被学界视为组织理论的经典之作。在书中，他们提出了 3 项组织原理，即协调原理、等级原理、职能原理，从这 3 个原理中确立提高组织效率的方法。

4）赫伯特·西蒙的观点

管理就是决策。赫伯特·西蒙（Herbert Simon）是管理决策学派的创始人之一，第十届（1978 年）诺贝尔经济学奖获得者。他认为管理的过程就是做决策的过程，只不过侧重点、影响面不同而已。

5）哈罗德·孔茨的观点

哈罗德·孔茨（Harold Koontz）认为，管理就是设计和保持一种环境，使人在群体里高效率地完成既定的目标。这一定义强调管理人员的工作就是设计组织的内部环境从而保证组织的高绩效。

6）史蒂芬·P·罗宾斯的观点

史蒂芬·P·罗宾斯（Stephen P. Robbins）认为，管理就是通过别人或和别人一起，使活动完成得更有效的过程。

7）本书观点

管理就是通过他人或和他人一起，通过协调各种资源，执行各项职能活动，从而更加有效地实现组织目标的过程。

特别提示

"有效"包括效率和效果两层含义。效率（efficiency）是以较少的代价完成活动，涉及活动的方式，是一种低浪费的资源利用，即正确地做事（方法、程序、过程）。效果（effectiveness），是指目标达成度，涉及活动的结果，是一种高成就的目标实现，即做正确的事（目的、方向）。

小思考

正确地做事与做正确的事哪个更为重要？

2. 管理的特征

（1）管理是一种社会现象。管理伴随着人类社会的诞生而诞生，只要人类社会存在，管理就会存在。

（2）管理的载体是组织。管理活动普遍存在于人类社会生活中，具体来讲，所有的管理活动总是要存在于一定的组织之中，也正是因为现实生活之中存在着组织，管理才有存在的可能和必要。

（3）管理的对象是各种相关资源。管理的对象包括原材料、设备、土地、资金、人员、顾客以及信息等。在所有的资源中，人力资源是最能动的，也是最重要的。

（4）管理的本质是合理分配和协调各种资源。资源是有限的，使用任何一种资源都要付出一定的成本包括机会成本。因此，在资源有限的限制下，将资源配置到最合适最有效的位置上当为管理的第一要务。

（5）管理的核心是处理各种人际关系。组织要有产出，就必须使各种资源发生关系相互作用。一般来说，这些关系包括人与人的关系、人与物的关系、物与物的关系，但组织中的任何事都是由人来传达和处理的，所以不管是人与物的关系还是物与物的关系，最终仍将表现为人与人的关系。因此，任何资源的相互作用都是以人为中心的。

（6）管理的目的是为了实现组织的目标，而这个目标往往是仅靠个人无法实现的。

 知识链接

组织的基本特征

现实中的组织千差万别，但都具备四大特征：明确的目的、特定的结构、有限的资源以及与环境的互动。组织的具体形式包括企业、行政机关、事业单位、政治党派、社会团体，以及宗教组织等。

1.1.2 管理的职能

1. 职能概述

研究者发现，管理者往往会在管理活动中采用一些具有相似性的程序或具有某些共性内容的管理行为，即所谓的管理职能。具体来讲，管理职能是指对管理过程中各项行为的内容的概括，是人们对管理工作应有的一般过程和基本内容所作的理论概括。

20 世纪初，法国工业家亨利·法约尔最早提出管理职能论，他认为所有的管理者都行使着 5 种管理职能：计划、组织、指挥、协调和控制。到了 20 世纪 50 年代中期，美国两位高校教授哈罗德·孔茨（Harold Koontz）和西里尔·奥唐奈（Cyril O'Donnell）在教科书中，把管理的职能分为计划、组织、人员配备、指导和控制，并以此作为全书的框架。之后，世界上流行的教科书基本上都是以管理的职能作为贯穿始终的主线，只是目前的教科书基本上都将管理的职能压缩为四项：计划、组织、领导和控制。本书也将按照管理的四大职能来安排体系，下面先简要地对管理的四大职能进行介绍。

1）计划职能

计划职能是通过方案的产生和选择，以及具体的行动方案表现出来的，具体来说，计划就是决定一个组织在未来某一特定时期内应达到的目标，以及如何才能最有效地去实现这个目标。计划工作的时间长度和范围会随着管理层级和管理性质的不同而不同。例如，高层管理者的计划可能长达 10 年，但基层管理者的计划可能只涉及当日的活动或次日的工作日程。

2）组织职能

组织职能是通过组织结构的设计和人员的配备表现出来的。它包括创建一个有助于目标达成的结构，并在此基础上确定这些任务如何分类组合，谁去完成这些任务、谁向谁报告，以及各种决策应在哪个层次确定等。组织结构设计的宗旨是创造一个促使人们完成任务的环境，而人员的配备则是为完成任务物色合格的人选。

3）领导职能

领导职能是管理者带领和引导组织中所有人同心协力去执行组织的计划，实现组织的目标，往往通过领导者与被领导者的关系表现出来。领导工作是一门影响人们自愿为实现组织目标做贡献的艺术，它涉及如何做人的工作，以及如何调动人的积极性，包括了激励的方式、领导的方法，以及与他人的沟通等工作。优秀的领导者能够激励和引导他人为实现组织的目标而努力工作。领导职能也包括鼓励必要的变革和创新。

4）控制职能

控制职能是通过对偏差的识别和纠正表现出来的。其目的在于规范组织的活动，以保证组织实际绩效与预期的标准和目标一致。控制职能试图预防问题，并能及时采取有效的措施解决问题。控制工作离不开精确、可靠、切合实际的标准，最佳的控制是确保工作按计划标准去实施。

2．各职能之间的关系

（1）计划工作是各级管理者的首要职能，它领先于其他管理职能，并为其他管理职能奠定基础。

（2）组织、领导和控制旨在保证计划的顺利实施。

（3）各项职能活动在管理者的实际工作中并没有明显界限。

 小思考

为什么计划工作是管理的首要职能？

1.1.3 管理的性质

1．普遍性和特殊性

1）普遍性

管理在组织中具有普遍性。作为管理人员，不管他在何处，其履行的职责都是一样的，无论他是一位高层经理还是一位基层监工，是在营利性的组织还是在公共服务部门，是在跨国的大公司还是几十个人的小企业，也无论是在纽约还是在北京，他都要做决策、设立目标、建立有效的组织结构、雇用和激励员工、从法律上保障组织的生存，以及获得内部的政治支持以实现计划等。

2）特殊性

管理的普遍性仅仅是针对管理者的工作内容而言，而且是经过抽象化的分类（管理的职能）。换句话说，脱离了管理者的工作职能，管理的普遍性将不复存在。

现实中的情况是并不存在一种适用于各种情况的普遍的管理方法，管理只能依据具体的情况行事。管理人员的任务就是研究组织内部的各种因素和外部的经营环境，弄清这些因素之间的关系及其发展趋势，从而决定采用哪些适宜的管理模式和方法。

管理案例

"员工参与"是当下比较受大家推崇的一种有效的管理方法，但并不是在所有的企业中都奏效。例如，甲企业职工队伍比较稳定，员工熟悉企业状况，关心企业利益，让普通职工参与管理这样的办法就比较容易调动起职工的积极性。而乙企业职工流动性大，也没有参与企业事务的强烈要求，员工参与的办法就不一定奏效。

2. 自然属性和社会属性

1）自然属性

因为管理也是一种生产力，故管理的自然属性也被称为管理的生产力属性。自然属性指管理是一种不随个人意识和社会意识的变化而变化的客观存在。这种与社会生产力相联系的客观存在通常表现在以下方面：它是一种对人、财、物、信息等资源加以整合与协调的必不可少的过程；它是社会劳动的必然要求，资源的整合利用与人的分工协作都离不开管理；管理有着很多客观规律，管理活动只有尊重和利用这些规律才能取得成效。

2）社会属性

社会属性是指管理是一种只有在一定生产关系和社会制度中才能进行的社会活动，这种活动的中心问题是"为谁管理"的问题。管理本身就是一种存在于一定生产关系中的生产力，它与生产关系和社会制度相联系，既是一定社会制度的体现，又反映和维护一定的社会制度，其性质取决于社会制度的性质，不同的社会制度有不同的社会属性。因此，管理的社会属性也叫做管理的生产关系属性。

3. 科学性和艺术性

1）科学性

管理的科学性是指管理作为一个活动过程，存在着一系列的基本规律，人们通过从实践中收集、总结、归纳，从中抽象总结出一系列反映管理活动过程中客观规律的管理理论和一般方法。人们利用这些理论和方法来指导自己的管理实践，又以管理活动的结果来衡量其是否正确、是否行之有效。

2）艺术性

管理的艺术性实际上是强调其实践性，强调管理活动除了要掌握一定的理论和方法外，还要有灵活运用这些知识和技巧的技能和诀窍，仅仅停留在书本上的管理理论和管理公式是不能保证管理活动成功的。

管理既是一门科学，也是一门艺术，是科学和艺术的有机结合体。这种特性要求管理学习者和实践者既要注重管理基本理论的学习，又不忽视在实践中因地制宜地灵活运用。

 小思考

在实际工作中，管理的科学性和艺术性是如何体现的？

4. 与其他学科的关系

管理学受到很多人文科学和社会科学发展的影响。下面简单介绍一下对管理学理论和实践有着直接影响的一些学科。

1) 人类学

人类学是一门研究人类躯体结构、文化发展的学科。文化人类学是人类学的主要分支，它对民族文化、价值观的研究，使得管理者能够更好地理解在不同的国家、不同的组织中人们的基本价值观、态度和行为的不同，从而更好地提高管理的有效性。

2) 政治学

政治学是一门研究人类政治活动的学科，它关心政治环境中的个体、群体行为，内容涉及权力、冲突等。

3) 经济学

经济学是一门研究稀缺资源配置的学科，两者的区别在于经济学的着眼点在于宏观层面，而管理学是研究在微观环境中如何最有效地配置稀缺资源。

4) 心理学

心理学是一门研究人类心理活动的学科。管理学研究的对象中最重要的就是人，而核心就是人与人的关系。能够读懂人的心理活动对提高管理有效性大有裨益。

5) 社会学

社会学是一门研究社会现象、社会活动的科学。与心理学相比，社会学更多地关注群体与社会行为，能够帮助管理者提高激励、领导、沟通和团队工作的有效性。

1.2 管理者概述

1.2.1 管理者的含义

1. 管理者与作业者

管理人员在组织中工作，但并非组织中的每一个人都是管理者。为方便起见，我们将组织的成员分为两种类型：管理者和作业者。作业者直接在工作中制造产品或提供服务，但不负有监督他人工作的责任，如超市的收银员、汽车生产线上的装配工、饭店中的厨师等。而管理者则要在工作中指挥别人，对他人的工作完成情况负有一定的责任，处在作业者之上的层次。

 特别提示

管理者和作业者的划分不是绝对的。在实际工作中，管理者也可有一些作业性任务。例如，学校校长在上课、医院院长在看病、企业主管走访客户等。当然，作业者也可参加一些管理工作。例如，公司监事会中的员工代表参与管理等，当然，这些员工的主要工作还是作业工作而不是管理工作。

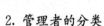

2. 管理者的分类

1) 纵向层次

虽然管理者都行使同样的管理职能，但处于不同层次的管理者其工作的侧重点有所不同。在不同的组织中，其具体的职务名称可能因组织而异，但都大致可以分为 3 类，即高层、中层和基层管理者。

（1）高层管理者位于层级组织的最高层，需要对整个组织负责。这些人一般具有如下职位或称呼：总裁、董事长、执行总裁、首席执行官等。高层管理者需要负责确定组织整体目标、制定实现既定目标的战略、监督与解释外部环境状况，以及就影响整个组织的问题进行决策。他们需要面向更长期的未来考虑问题，需要关心一般环境的发展趋势和组织总体的成功。

（2）中层管理者处于组织架构中的中层位置，在决策层与执行层中间具有桥梁作用，是组织中重要的中枢系统。这些人要执行高层管理者做出的重大决策，把高层管理者制定的长远目标和计划付诸实施，同时要负责监督和协调基层管理者的工作，负责上情下达、下情上达等上下级的联系和沟通。中层管理者的素质和工作成效将决定着组织能否健康持续发展。

（3）基层管理者又称一线管理者，具体头衔包括班组长、领班、办公室主任等。其主要职责是传达上级计划、指示，直接分配每一个操作人员的生产任务或工作任务，随时协调下属的活动，控制工作进度，解答下属提出的问题，反映下属的要求。其工作的好坏，直接关系到组织计划能否落实，目标能否实现。因此，基层管理者在组织中有着十分重要的作用。

 小思考

管理者层次的划分有绝对的标准吗？

2) 横向领域

横向分类就是从管理者的作用，以及所处的不同的业务领域着眼来分析管理者的类型，一般来讲包括市场营销、财务、人力资源、行政、生产与经营管理及其他领域。需要说明的是，管理者之间不存在领导与被领导的关系。

（1）市场营销管理者，其主要职责包括市场调查、产品的调拨定价与销售、促销推广，以及消费者心理研究等。有调查数据表明，美国一些大公司的负责人中，其中有13.7％是搞营销出身的。

（2）财务管理者，其主要职责包括资金筹集、预算、核算与投资等。有些机构如银行等金融机构尤其需要财务管理者。调查数据表明，美国一些大公司的负责人中，有20％是搞财务出身的。

（3）人力资源管理者，其主要职责包括制定人力资源规划、员工的招聘与培训、制定绩效评估制度、设计薪酬福利制度等。有调查表明，最近20年中高层管理者出身人力资源管理人员的比例正在不断加大。

（4）行政管理者，一般并不专门从事某一特定的管理专业领域的工作，但其重要性可从美国企业的首席负责人中约有 16.4％ 来自行政管理者的这一数据中得以显示。行政管理者往往是一个通晓多方面知识的全才，基本上对管理各领域都有所了解并熟悉这些工作。

（5）生产与经营管理人员，其主要工作是建立一个能为组织制造产品和提供服务的系统。典型的任务包括生产控制、库存控制、质量管理、工厂布局等。虽然这一职能最早是用于解决制造企业中的问题，但目前这一专业领域中的工具和原则，已普遍适用于服务业和各类其他组织。目前，生产经营管理者的任务还包括如何提高生产率、如何节约资源、如何更有效地利用能源等。美国大公司中大约有 10.7％ 的高层管理者都有生产经营管理的经历。

（6）其他类型的管理者。除了上述的各类管理人员外，在许多组织中还存在其他一些专职管理人员，如研发管理者、公关管理者等。这些专业管理人员的数量及重要性在不同的组织中有不同的表现，但随着现代组织面临的环境越来越复杂，这类管理者的数量及重要性也在不断提高中。

 小思考

为何很多企业都要求管理者的培养对象从基层干起？

1.2.2　管理者的角色

当一些学者从管理职能的角度来研究管理问题时，另外一些学者却从另一视角进行了研究。最具代表性的研究之一是由亨利·明茨伯格（Henry Mintzberg）提出的管理角色论。在 1960 年代后期，亨利·明茨伯格对 5 位总经理的工作进行了一项仔细的现场观察研究，他的发现向一些传统的观念提出了挑战。他认为，管理者的工作是在扮演 10 种不同的角色，这些角色又分为 3 个基本大类，包括人际关系角色、信息传递角色和决策制定角色。

1. 人际关系角色

人际关系角色直接产生于管理者的正式权力基础。管理者所扮演的 3 种人际角色是代表人角色、领导者角色和联络者角色。

1）代表人角色

作为代表人必须行使一些具有礼仪性质的角色，这是管理者所担任的最基本的角色，是一种象征性的首脑，如接待重要的访客、参加某些职员的婚礼、与重要客户共进午餐等。代表人是"领导者"的一种体现，他在重要场合出现本身就代表着一定的意义。因此，任何一级管理者的代表人作用都是非常重要的，对组织能否顺利运转非常重要。

2）领导者角色

由于管理者是一个组织的正式领导，要对该组织成员的工作负责。例如，管理者通常负责雇佣和培训员工，负责对员工进行激励或者引导，以某种方式使其个人的需求与组织目的达到和谐等。在领导者的角色里，人们能最清楚地看到管理者的影响，正式的权力赋予了管理者强大的潜在影响力。

3）联络者角色

管理者维护自行发展起来的外部接触和联系网络，向人们提供信息。这些接触可能是与组织内部的个人或团体，也可能是与组织外部的个人或团体。通过对每种管理工作的研究发现，管理者花在同事和单位之外的其他人身上的时间与花在自己下属身上的时间一样多。这样的联络通常都是通过参加内外部的各种会议、参加各种公共活动和社会事业来实现的。

2. 信息传递角色

管理者负责确保和其一起工作的人具有足够的信息，从而能够顺利完成工作。管理者扮演的信息传递角色包括监听者角色、信息传播者角色和发言人角色。

1) 监听者角色

作为监听者，管理者需要持续关注内外环境的变化以获取对组织有用的信息，通过接触下属或从个人关系网获取信息，依据信息识别工作小组和组织潜在的机会和威胁。这一角色的关键在于先"倾听"而后进行"监督和处理"，如阅读杂志和报告、与相关人士保持私人接触等。

2) 信息传播者角色

作为信息传播者，要分配作为监听者获取的信息，保证员工具有必要的信息，以便切实有效完成工作。管理者必须分享并分配信息，要把外部信息传递到企业内部，把内部信息传给更多的人知道。当下属彼此之间缺乏便利联系时，管理者有时会分别向他们传递信息，如举行信息交流会、发布内部公告等。

3) 发言人角色

这个角色是面向组织外部的，管理者把一些信息发送给组织之外的人，让利益相关者了解组织相关信息并感到满意。例如，首席执行官可能要花大量时间与有影响力的人周旋，要就财务状况向董事会和股东报告，还要履行组织的社会责任等。

3. 决策制定角色

管理者工作中最重要的部分是他担任决策制定者角色，他需要处理信息并得出结论。包括企业家角色、混乱驾驭者角色、资源分配者和谈判者角色。

1) 企业家角色

企业家角色是指管理者必须努力组织资源去适应周围环境的变化，要善于寻找和发现新的机会，在其职权范围之内充当本组织变革的发起者和设计者，如制定组织战略、开发新项目等。

2) 混乱驾驭者角色

混乱驾驭者角色是指管理者处理组织运行过程中遇到的冲突或问题，尤其是突发事件。实现稳定是管理者的重要目标，但它永远不能达到理想状态。例如，当组织面临重大的、意外的动乱时，管理者负责采取相关战略，化解危机。

3) 资源分配者

管理者要决定组织资源包括人力、财力、设备、时间、信息等用于哪些项目，各部门各人各得多少等，这是管理者职位权力的集中体现。例如，调度、授权、开展预算活动，以及安排下属工作等。

4）谈判者

管理者被要求花费大量的时间参加各种谈判活动，对象包括员工、供应商、客户和其他工作小组，目的是确保小组朝着组织目标迈进。例如，与上级讨价还价、与下级谈判工作条件和目标、与供应商谈判交货期限、与合作伙伴谈判合作条件和收益分配等。

 管理案例

大量的后续研究证明了明茨伯格角色理论的有效性，即不论何种类型的组织和在组织的哪个层次上，管理者都扮演着类似的角色。但是，管理者角色的侧重点是随组织的等级层次变化的。例如，信息传播者、代表人、谈判者、联络者和发言人这些角色，对于高层管理者更重要，相反，领导者角色对于低层管理者要比高层管理者更重要。

研究表明，管理者角色的重要性程度在大企业和小企业的工作中也有显著的不同，在此将独立所有经营的雇员人数在500人以下的企业称为小企业。对于小企业的管理者，最重要的角色是发言人，他们要花大量的时间处理外部事物，如接待消费者、安排融资、寻求新的生意机会等。相反，大企业的管理者最重要的角色是资源分配者，他们主要关心的是企业的内部事务，如如何在组织单位之间分配现有的资源等。

1.2.3 管理者的技能

管理者都在执行着管理的四大职能，扮演着一定的管理角色，但要做好管理工作，还必须具备一些基本的管理技能。罗伯特·卡茨（Robert Katz）指出管理者需要具备3种基本技能，即技术技能、人际技能和概念技能。

1. 技术技能

技术技能是指管理者掌握和熟悉特定专业领域中的过程、惯例、技术和工具的能力。例如，会计拥有财会方面的技术能力，营销人员拥有市场研究和销售技术方面的技术技能。技术技能对基层管理最重要，因为这些管理者直接处理员工在组织中的工作，对中层管理较重要，对高层管理较不重要。

2. 人际技能

人际技能是指管理者成功地与别人打交道并与别人沟通的能力。虽然管理者直接面对的具体对象不同，但都需要直接与人打交道。因此，人际技能对于管理者来说最重要，而且对所有层次的管理者的重要性大致相同。

3. 概念技能

概念技能是指把观点设想出来并加以处理，以及将关系抽象化的能力。运用这项能力，管理者必须把组织视为一个整体，理解组织中各部分之间的关系，并设想组织如何适应环境以求得更好的发展。对高层管理最重要，对于中层管理较重要，对于基层管理较不重要。

不同层次管理者所需具备的技能如图1.1所示。

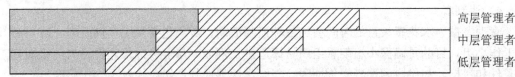

	高层管理者
	中层管理者
	低层管理者

说明：阴影区域代表概念技能，斜线区域代表人际技能，空白区域代表技术技能。

图 1.1　管理者技能与管理层次的关系

 管理案例

某信息技术有限公司软件部工程师朱伟毕业于北京某名牌大学计算机科学系，专攻软件工程。工作几年来，他工作积极、待人真诚，是软件部公认的技术骨干。朱伟渴望将来有一天能晋升到经理的职位，并为此发奋工作。意想不到的是，当软件部经理一职位出现空缺时，朱伟未能如愿以偿。荣升经理的是资历、年龄、技术均逊色于他的一位同事。朱伟极度失望。一位长辈告诉他，如果想在事业上有所发展，就应该提高自己的人际交往能力。

在许多公司，一个管理者失败的原因并不是他没有技术技能，而是缺乏人际技能。

 小思考

假设你需要聘用一名经理，一位候选人的技术技能较强，但人际关系技能较弱，另一位则刚好相反。你会聘请哪一位？为什么？

1.2.4　做一个正直的管理者

传统的观点认为，有效的管理者一定是被提升得最快的管理者，但弗雷德·卢桑斯(Fred Luthans)等人的研究却发现事实并不是如此。

1. 有效管理者与成功管理者

卢桑斯和他的副手从稍微不同的角度考察了管理者究竟在做什么这个问题。他们提出这样的问题：在组织中提升得最快的管理者，与在组织中成绩最佳的管理者从事的是同样的活动吗？他们对管理者工作的强调重点一样吗？卢桑斯和他的副手研究了450多位管理者，发现这些管理者都从事以下4种活动。

（1）传统管理：决策、计划和控制。

（2）沟通：交流例行信息和处理文书工作。

（3）人力资源管理：激励、惩戒、调解冲突、人员配备和培训。

（4）网络联系：社交活动、政治活动和与外界交往。

研究表明，"平均"意义上的管理者花费32％的时间从事传统管理活动，29％的时间从事沟通活动，20％的时间从事人力资源管理活动，19％的时间从事网络活动。但是，不同的管理者花在这4项活动上的时间和精力明显不同。从平均意义上来看，管理者在传统管理、沟通、人力资源管理和网络联系这4项活动中的每一项，大约花费20％~30％的时间。但成功的管理者(那些在组织中晋升最快的管理者)与有效的管理者强调的重点不一样，事实上，两者几乎是相反的。管理者在不同管理活动上的时间分配如表1-1所示。

表 1-1　管理者在不同管理活动上的时间分布

活动	一般的管理者	成功的管理者	有效的管理者
传统管理	32%	13%	19%
沟通	29%	28%	44%
人力资源管理	20%	11%	26%
网络联系	19%	48%	11%

这对晋升是基于绩效的传统假设提出了挑战，它生动地说明，社交和施展政治技巧对于在组织中获得更快的提升起着重要的作用。在职场中，要获得较快的成长，仅仅埋头工作是不够的，良好的人际关系是获得成功的重要因素。

2. 做一个正直的管理者

管理大师彼得·德鲁克（Peter Drucker）认为，管理者的管理对象涉及人，而人是独一无二的特殊资源，它要求使用它的人具有特殊的品质。人们可以学会对人管理的某些方法和技巧，如主持会议的方法或进行谈话的技巧，但是，仅仅具有这些技能还远远不能成为优秀的管理者。优秀的管理者必须具备一种基本品质，即拥有正直的品格。一位管理者如果缺少这种品质，不论他多么善于与人处好关系，多么有才华，都不能成为一名优秀的管理者。

 小思考

2010 年 10 月底，中国的创业板迎来一周岁生日。在限售股解禁的大潮到来之前，创业板高管的恶意辞职成为舆论关注的焦点。据不完全统计截止到 2010 年 10 月 13 日，创业板 127 家上市公司中一年来已有 40 余名创业板公司高层辞职，首批 19 名高管平均辞职时点为上市后 5.2 个月。此后更为夸张，辞职时点缩短为上市后的 2.1 个月。

上市公司高管大面积辞职的一个重要原因在于，一旦辞职，套现的进程就可以大大加快，很多人很快就可以成为千万富翁，甚至亿万富翁。

当面对着千万甚至亿万个人财富的诱惑时，高管又该如何做抉择？在企业高管薪酬设计方面，又该做出怎样的改变？

（资料来源：刘国芳，施光耀，曹楚华．创业板高管辞职迷局[J]．资本市场，2011，11）

本 章 小 结

1. 管理就是通过他人或和他人一起，通过协调各种资源，执行各项职能活动，从而更加有效地实现组织目标的过程。

2. 管理者往往会在管理活动中采用一些具有相似性的程序或具有某些共性内容的管理行为，即所谓的管理职能。一般来讲，管理需要履行四大职能：计划、组织、领导和控制。

3. 管理具有普遍性和特殊性，自然属性和社会属性，科学性和艺术性等相对的性质。

4. 管理者是指要在工作中指挥别人，对他人的工作完成情况负有一定责任的那些人。一般来讲，从纵向层次上，可以将管理者划分为高层管理者、中层管理者和基层管理者，从横向领域上，可以将管理者划分为市场营销管理者、财务管理者、人力资源管理者、行政管理者、生产经营管理者等。

5. 亨利·明茨伯格认为，管理者的工作是在扮演10种不同的角色，这些角色又分为3类，包括人际关系角色、信息传递角色和决策制定角色。

6. 罗伯特·卡茨认为，管理者需要具备3种基本技能：技术技能、人际技能和概念技能。处于不同组织层次的管理者对这3种技能的具备程度有不同的要求。

7. 管理大师彼得·德鲁克认为，要想成为一名优秀的管理者，必备的素质是正直的品格。

练 习 题

一、单项选择题

(1) 其他管理职能赖以有效发挥的基础职能是(　　)。

    A. 计划　　　　　B. 组织　　　　　C. 领导　　　　　D. 控制

(2) 管理者接待来访者，所扮演的角色是(　　)。

    A. 联络人　　　　B. 发言人　　　　C. 谈判者　　　　D. 代表人

(3) 管理人员需要具备多种技能。对于高层管理人员来说，需要具备的技能按其重要程度从高到低的排列顺序为(　　)。

    A. 概念技能、技术技能、人际技能　　　　B. 技术技能、概念技能、人际技能

    C. 概念技能、人际技能、技术技能　　　　D. 人际技能、概念技能、技术技能

二、判断题

(1) 管理工作必须严格按照计划、组织、领导和控制的顺序进行，不能打乱次序，否则将会影响管理效果。　　　　　　　　　　　　　　　　　　　　　　　　　　　　　(　　)

(2) 处在不同层次上的管理者都必须具备人际技能。　　　　　　　　　　　　　(　　)

(3) 不管处于何种领域和何种层次，管理者在所要扮演的角色中应平均分配时间。(　　)

(4) 组织中晋升最快的管理者往往是工作最有效的管理者。　　　　　　　　　　(　　)

三、简答题

(1) 管理的4种职能是什么？它们的相互关系如何？请简要说明。

(2) 根据你的观察或经验，举出4项基本管理职能的例子。

(3) 指出管理者需要具备的3项基本技能，并解释不同层次的管理者对各项技能的侧重。

四、思考题

(1) 效果和效率的关系是怎样的？一个组织可以在这两方面同时取得成功吗？

(2) 结合实际，谈谈你是怎样认识管理的科学性和艺术性的？

(3) 管理者角色论和管理者职能论两者有何联系？

五、 案例应用分析

案例1：星巴克的 CEO

星巴克(Starbucks)是美国一家连锁咖啡公司的名称，1971 年成立，为全球最大的咖啡连锁店，其总部坐落在美国华盛顿州西雅图市。除咖啡外，星巴克亦有茶、馅皮饼及蛋糕等商品。星巴克在全球范围内已经有近 13 000 间分店，遍布北美洲、南美洲、欧洲、中东及太平洋地区。

舒尔茨(Schultz)第一次走进星巴克咖啡公司是在 1981 年，当时他是来推销咖啡壶的，而那时的星巴克是一家拥有 3 家连锁店的咖啡豆和咖啡用具销售商。舒尔茨一走进星巴克咖啡就喜欢上了它，他花了一年的时间说服了店主聘用自己担任营销总监。一年之后，在意大利旅行时，舒尔茨注意到当地的咖啡馆提供了一个休闲和社交的场所，他相信咖啡馆的社会性也会吸引美国人。回到美国之后，他提出了这一设想，但星巴克的店主拒绝进入竞争高度激烈的餐饮业。舒尔茨决定辞职，接下来他开办了一家成功的咖啡馆，并且在 18 个月后，利用从咖啡馆赚取的利润以 380 万美元的价格买下了星巴克公司。

从舒尔茨收购星巴克开始，它就以超级速度迅速成长，仅仅用了 5 年时间，星巴克就作为第一家专业咖啡公司成功上市，顺利上市迅速推动了公司的业务增长和品牌发展。长期以来，星巴克一直致力于向顾客提供最优质的咖啡和服务，营造独特的"星巴克体验"，让全球各地的星巴克店成为人们除了工作场所和生活居所之外温馨舒适的"第三生活空间"。与此同时，公司还不断地通过各种活动回馈社会，改善环境，回报合作伙伴和咖啡产区农民。鉴于星巴克独特的企业文化和理念，公司连续多年被美国《财富》杂志评为"最受尊敬的企业"。

是谁创造了这一成功？一项非常重要的因素是舒尔茨和后任 CEO。舒尔茨是在纽约布鲁克林区低收入保障住房中长大的，靠奖学金上的大学，毕业后在不同的公司里担任过销售和运营经理的职务。1985 年，他成为星巴克公司的所有者。1992 年，公司上市。2000 年，舒尔茨卸任 CEO，但仍然担任公司董事。他已经不再负责公司的日常管理，但他的愿景仍然指引着公司。

2000—2005 年，史密斯(Smith)担任公司 CEO，他是在 1990 年加入星巴克公司的。史密斯的背景同舒尔茨差别很大。史密斯拥有哈佛大学的工商管理硕士(Master of Business Administration，MBA)学位，在管理咨询公司工作过多年，在加入星巴克之前曾经在多家大型企业担任最高管理者的职位。史密斯是一位高效能的管理者，他将舒尔茨的愿景转化为现实。他亲自主导了星巴克快速成长、创新和运营改进的时代。

2005 年，星巴克迎来了第三位 CEO 唐纳德(Donald)。唐纳德在上中学时就在超市从事打包的工作，19 岁时就成为经理助理。唐纳德是一个脚踏实地的人，为人友善，能够叫出每个员工的名字，随时愿意对他人提供帮助。有一次唐纳德巡视店面，恰好一位顾客的咖啡洒了，他拿起拖布亲自拖地。

思考题：

(1) 舒尔茨、史密斯和唐纳德的哪些管理技能带领星巴克走上了繁荣之路？

(2) 他们是如何获得这些技能的？对你有何启示？

（资料来源：星巴克官方网站）

案例2：总经理的一天

以下是拥有 2000 间客房的某星级酒店总经理安德鲁典型的一天，这天是星期一。

7：45 从酒店的一间套房到达办公室。查看周末的统计资料，开始批阅桌上的文件。

8：05 接到副总经理的电话，他汇报了关于周末客房出租率和收入的数据，并讨论了一些人事变动问题，包括酒店未来的市场总监的聘任问题，闲聊一会。

8：30　和负责员工大型活动的两名主管讨论有关活动的关键问题。

9：03　一名负责酒店会议接待的协调人来到总经理的办公室，讨论正在酒店内举行的会议团体的一些问题。总经理对有关原则问题提出了自己的看法，把细节问题留待会议协调人自己解决。

9：06　在办公室签署文件时，总经理接到了工程总监的来电，他提出了三四个问题。

9：12　总经理到一楼查看一间客房的维修工作，在那里他碰到了负责此项工作的年轻主管，该主管向总经理汇报了有关情况，总经理立即给出5点意见供其参考。

9：33　保安部经理赶上了总经理，在总经理回办公室的路上一起谈论周末一位客人的汽车在停车场被盗的事情。

9：45　总经理来到餐饮部经理的办公室，商讨计划中要聘任一位新厨师的问题和星期五一个慈善宴会的事宜。

9：55　接到当地一位商人的电话，他想获得一位足球运动员的联系地址。总经理在档案文件中找到了。

9：58　酒店律师来电，就一个未判决的诉讼案件向总经理提供最新的信息。

10：00　参加由各部门负责人出席的周一例会。他向每位与会者祝贺周五晚宴的成功，跟三四个主管闲聊几句，然后他把会议交给总监主持，自己一边听一边签署文件。会议接近尾声时，总经理传达了上周业主会议的精神，然后谈到今午新年前夜的庆祝活动计划。

11：00　会议正式结束。总经理和5位主管进行了短暂的交谈。

11：05　回到办公室，总经理接到酒店老板的儿子打来的电话，要求预订一些免费客房。总经理回绝了他的要求，因为当天酒店客房已经全部出租。

11：08　副总经理过来告知，当地旅游局已经选定了一家酒店作为前来该市的一个大规模旅游代理人考察团的下榻酒店。总经理打电话给当地的旅游局长，试图获得一部分接待业务，即使是免费提供一些客房也可以，局长保证下一个旅行团会安排过来。

11：23　打电话要工程总监去检修电梯故障。

11：45　酒店老板打电话来询问有关上个月损益表中列出的一些开支问题。总经理查阅有关信息做出了回答。双方还讨论了其他几个问题，其中包括当地的经济展望。

12：02　查阅了一份关于明年在欧洲举行高级管理课程班老同学聚会的通知。他决定参加这次聚会，并叫秘书查询一下有关此行的细节。

12：15　销售经理来汇报一家竞争酒店向一个大型会议团体提供180元的房价，两人讨论了一会，但没有做出决策。

12：18　负责策划员工活动的人员前来汇报。

12：22　市长办公室来电预订20人的私人晚餐。

12：30　午餐。

13：30　约见一个新聘任的主管，讨论小会议团体的服务问题。

13：45　财务总监带着一个信用卡公司的代表前来拜见，临时会议持续了45分钟。

14：30　打电话给该市负责高尔夫球赛的主办人，试图从中获得部分业务。

14：45　和驻店经理会面，讨论近来会议团体的未到率呈上升趋势、下月的房价政策及客房维修计划等问题。

14：59　餐厅经理前来汇报有关食品节的计划。

15：15　看人事部的报告，然后请人事经理前来讨论有关问题。

15：33　接受一位自由撰稿人的电话采访。

13：45　客房部经理前来报告一件客人投诉，要求免费补偿，两人商定给予120元的优惠房价。

16：00　一位部门副经理前来讨论人事问题，总经理给出了自己的意见。

16：15　批阅文件，拆阅信件，查阅备忘录。

16：35　副总经理和酒店经营分析员前来讨论酒店的销售预测等技术问题。

16：40　接听一家酒店总经理的电话。

16：55　打电话和另一家酒店总经理交谈。

17：00　回到公寓。

18：15　和酒店的7名主管一起看球赛，期间会见了一名酒店工程专家。

19：00　回到自己的公寓。

思考题：

(1) 用明茨伯格的管理者角色论分析安德鲁的活动。

(2) 你认为安德鲁有效利用了他的时间吗？请说明理由。

（资料来源：http：//wenku.baidu.com/view/4b55b68171fe910ef12df844.html.）

实际操作训练

(1) 考察一家企业，观察在这家企业中有哪些管理活动？

(2) 对这家企业的某些管理人员进行观察或访谈，总结他们在管理活动中都做了什么工作？你认为他们的工作是否需要改进？如需改进，应从哪些方面努力？

第 2 章 中外管理思想及管理理论的演进

教学目标

通过对本章的学习，了解中外早期管理思想发展史，并掌握孔子、老子、亚当·斯密、罗伯特·欧文等人的主要管理思想。掌握古典管理理论、行为管理理论，以及现代管理理论的主要代表人物及其理论要点。

教学要求

知识要点	能力要求	相关知识
中国早期管理思想的发展	(1) 能够辩证看待中国早期的管理思想 (2) 结合实际，灵活运用中国早期管理思想精华	(1) 儒家管理思想主要代表人物及主要观点 (2) 法家管理思想主要代表人物及主要观点 (3) 道家管理思想主要代表人物及主要观点 (4) 兵家管理思想主要代表人物及主要观点
西方早期管理思想的发展	(1) 能够概括和理解西方早期管理思想 (2) 能够灵活运用西方早期管理思想	(1) 西方古代管理思想主要成果 (2) 工业革命时期西方管理思想的主要发展成果
古典管理理论	(1) 科学管理理论在中国的运用 (2) 组织管理理论在现代管理中的运用	(1) 科学管理理论主要代表人物及主要贡献 (2) 组织管理理论主要代表人物及主要贡献
行为管理理论	(1) 人际关系学说在当代管理实践中的运用 (2) 行为科学在现代管理实践中的运用	(1) 人际关系学派的代表人物及主要观点 (2) 行为科学的主要代表人物及主要观点

知识要点	能力要求	相关知识
管理科学理论	(1) 管理科学理论对管理的启示 (2) 管理科学理论在管理实践中的运用	管理科学理论的主要特征
现代管理理论丛林	主要管理学派对管理实践的启示和在管理实践中的运用	12个主要管理流派的主要观点
管理理论新发展	当代新管理理论在实践中的运用	管理理论在当代的新观点

 基本概念

　　管理思想　管理理论　科学管理理论　组织管理理论　人际关系学说　行为管理理论　管理科学理论
现代管理理论丛林

 导入案例

无为与有为

　　汉代丞相丙吉十分关心百姓疾苦，经常外出考察民情。一次外出，他看见一群清道夫在路上斗殴，"死伤横道"，而他却未下车过问，继续向前走。后又"逢人逐牛，牛喘吐舌"，他便立刻停车派人去向赶车人查问原因。随行者不解丞相之意，说他只重畜不重人，人死了都不管，却管一头牛喘气。吉曰："民斗相杀伤，长安令、京兆尹职所当禁备逐捕，岁竟奏行赏罚而已。宰相不亲小事，非所当于道路问也。方春未可大热，恐牛近行用暑故喘，此时气失节，恐有所伤害也。是以问之。"意思就是说，丞相是国家的高级官员，所关心的应当是国家大事。行人斗殴，有京兆尹等地方官处理即可，无需一国之相亲理，我只要适时考察地方官的政绩，有功则赏、有罪则罚就可以了。而问牛的事则不同，现在是春天，天气还不应该太热，如果那牛是因为天太热而喘息，那今年的天气就不太正常，农事势必会受到影响。

 点评

　　丙吉的故事很好地说明了古代管理思想和实践的合理性和先进性，现代管理理论中的分权和例外原理在这个小故事中展现无遗。作为高层管理者，什么该管、什么不该管，待直接影响到整个组织的效率。

2.1　中国古代管理思想的发展

　　中国古代管理思想源远流长，其深厚的文化底蕴孕育出了诸多的管理思想。当前，我国正处于新世纪的管理文化变革潮流之中，西方管理学正经历着向东方管理思想的历史回归，更何况，五千年的悠久文化传统非常广泛地反映和渗透到人们的社会生活、思维方式等各个方面，不管是自觉地还是不自觉地，人们都受到传统文化的深刻影响。因此，人们应该总结和吸收中华民族优秀的管理思想和管理经验。但由于篇幅所限，只能在诸多的管理精华中选取部分学说的部分内容做一简介，目的是打开一扇窗，引领大家走进中国古代博大精深的管理思想世界，希望能够对大家理解古代管理思想，以及指导现实的管理实践有所帮助。

2.1.1 儒家管理思想

儒家思想产生于西周时期，成熟于春秋战国时期，一开始就是为当时的各国诸侯治理本国并进而治理天下提供理论和方略的。到了汉代，它被推上了独尊的宝座，以后又经过历代思想家的改造和发展，成为统治者治理天下的基本指导思想。从这个意义上可以说，儒家思想是中国传统文化的主干部分，其中包含着丰富的管理思想。孔子、孟子和荀子是儒家思想的主要代表人物。

1. 孔子

孔子作为儒家思想的集大成者，对以往儒家思想进行了总结、阐发和传播，构建了儒家思想的基本框架。孔子的管理思想主要包括"以和为贵"的管理目标、"修己安人"的管理过程、"言传身教"的管理机制，以及"循于礼本乎义"的管理原则。孔子的管理思想中包含着丰富的管理艺术，主要有以下几个方面。

（1）君子不器。

孔子认为，管理者和管理助手，以及管理对象之间应有明确的分工，高层管理者主要关注全局性、方向性的大问题，凡属管理对象职责范围内的事，应放手让管理对象自己去做，高层管理者不应亲为，这就是孔子所说的"君子不器"（《论语·为政》）。领导者的职责是领导全局，必须把自己的主要精力放在决策和用人上，而不能把自己放在"器"即局部、具体工作的执行上，否则，就会影响自己对全局的观察和指导，也会妨碍管理对象的作为，削弱其主动性和责任心。这与当代管理中提倡的"授权"原则不谋而合。

（2）举直错诸枉。

在《论语·为政》中孔子讲到："举直错诸枉，则民服；举枉错诸直，则民不服。"选拔德才兼备的人放在重要岗位上，一来可以做好这些岗位的工作，二来可以影响、带动处于周围其他岗位的工作者，使其受到激励而努力工作，从而使管理作风有所转变。在这种情况下，那些品质不好、不称职而又不肯改弦更张、弃恶从善的管理者就会被暴露出来或被揭露出来而遭到清除，或者因感到孤立、无地自容而自行离去。这就是孔子所说的举直错枉和举直远佞。

（3）因材任使。

孔子对使用人才，提出了"器之"（《论语·子路》）的原则。"器之"即因材任使，像对器具一样，什么样的器具派什么样的用场。既善于识别管理对象的才能，又善于为其安排适宜的工作岗位，既知人，又善任，就叫"器之"。"器之"就应"求无备于一人"（《论语·微子》），即对任何人都不能要求他完美无缺，只要在品德方面大节无亏，在工作能力方面胜任所担负的职务，即使发现其有某些缺点，也要具体分析，只要缺点不妨碍他任职的基本条件，就应该继续使用，并给予信任。

（4）中庸之道。

在《论语·先进》中有"过犹不及"的表述。中庸是界定管理职能限度的准绳，孔子在子张问政时所说的"尊五美，摒四恶"，可以算是比较完善的解释。这里的"尊五美"即指"君子惠而不费，劳而不怨，欲而不贪，泰而不骄，威而不猛"，也就是要防止偏倚和走极端，亦即"摒四恶"——"不教而杀谓之虐；不戒视成谓之暴；慢令致期谓之贼；犹之与人也，出纳之吝，谓之有司"（《论语·尧曰》）。"尊五美"的意思是，君子要给百姓以恩惠而自已却无所耗费；使百姓劳作而不使其怨恨；要追求仁德而不贪图财利；庄重而不傲慢；威严而不凶猛。"摒四恶"的意思是，不经教化便加以杀戮叫做虐；不加告诫便要求成功叫做暴；不加监督而突然限期叫做贼；同样是给人财物，却出手吝啬，叫做小气。

 知识链接

管理者必备的品质——宽容

子夏之门人问交于子张。子张曰："子夏云何？"对曰："子夏曰：'可者与之，其不可者拒之。'"子张曰："异乎吾所闻：君子尊贤而容众，嘉善而矜不能。我之大贤与，于人何所不容？我之不贤与，人将拒我，如之何其拒人也？"

译文：子夏的学生向子张询问怎样结交朋友。子张说："子夏是怎么说的？"答道："子夏说：'可以相交的就和他交朋友，不可以相交的就拒绝他。'"子张说："我所听到的和这些不一样：君子既尊重贤人，又能容纳众人，能够赞美善人，又能同情能力不够的人。如果我是十分贤良的人，那我对别人有什么不能容纳的呢？我如果不贤良，那人家就会拒绝我，又谈何拒绝人家呢？"

子张的这段话表面看是说交友之道，其实既包含了做人之道，也包含了管理之道。宽容，是一种美德，是一种宽大的胸怀和气量，也是作为一个管理者必备的品质。

2. 孟子

孟子是孔子之后儒家的又一杰出代表，被后世称为"亚圣"。孟子的管理思想主要包括以下几点。

（1）实施仁政。

孟子继承了儒家的重民思想，并把它发展成为激进的民本思想，鲜明地提出了"民贵君轻"论。作为孟子管理思想理论基础的是他的人性本善论。从民本观和性善论出发，孟子认为社会管理的核心就是争取民心和实施仁政。

（2）义利统一。

在义利问题上，孟子基本继承了孔子以义制利的观点，同时，他将孔子仅仅涉及个人道德修养的义利观扩大为一个国家和社会如何处理义利关系这样一个更具普遍性的问题上。孟子主张义先利后、义利统一。

（3）执经达权。

孟子继承了孔子关于"经"、"权"的思想并对其有所发展，对"经"、"权"的内容做了具体的阐述。权的本意是衡量物之轻重，作为一种行为原则，其基本内涵是灵活变通。与权相对的是执一，即拘守某种规范而不知变通，执一必然导致一般规范的僵化，并使之难以应付丰富多样的社会生活，从而最终限制规范本身的作用。在孟子的管理思想中充满着通权达变的灵活性。

3. 荀子

荀子的管理思想在外在形态上与孟子呈现出不同的分野，但在本质上与儒家精神相契合。荀子以其独到的观察和思考，丰富了儒家管理思想，他的主要观点包括以下几点。

（1）隆礼重法，平政爱民。

荀子的人性本恶的观点是对人之本性的更深入的挖掘。荀子首先区别了"性"、"情"、"欲"三者的不同，认为人性本恶，同时"心"、"性"两分，对人的管理应该"化性起伪"（变化先天的本性，兴起后天的人为）。荀子从其人性论出发，认为管理必须"隆礼重法"，平政爱民。

（2）任贤使能，明分使群。

荀子特别强调"任贤使能"，他把任不任贤提到仁与不仁的高度，应根据士大夫的不同才能，委任其以不同的管理职责。国家管理者的职责就在于按一定的分工和等级把人们组织起来，这就是"明分使群"。"明分使群"的总要领是使士农工商诸民各得其位，各自按自己的职分从事自己所应该做的工作，使人人各得其位，从而也满足自己的需求。

2.1.2　法家管理思想

法家管理思想是中国古代管理思想的重要组成部分，它兴盛于战国中后期，在中国历史发展进程中起着重要的作用，有"阳儒阴法"（名为独尊儒术，实为以法治国）之说。与其他诸子学派的管理思想相比，法家管理思想以"富国强兵"为管理目标，坚持"好利恶害"的人性论，主张以法为主的制度管理和因时制宜的管理权变观，具有鲜明特色。法家管理思想的主要代表人物有管仲、商鞅、韩非子等人。

1. 管仲

管仲，史称管子，其管理思想的着眼点在于国家政权的巩固和社会秩序的稳定，其立足点在于"趋利避害"的人性思想，其管理思想的主要内容包括以人为本、法德并举、赏罚有度。

（1）趋利避害。

这是管子对人性的基本认识。在管子看来，任何人都会追求利益而躲避不利于自己的事情，这是一种客观现象，要对人进行管理，首先就要准确把握"趋利避害"的人性特征。管子认为这种人性特征具有强大的动力，人们的各种行为都是在这种人性的驱使下进行的，"民之情莫不欲生而恶死，莫不欲利而恶害"（《管子·形势解》）。对于趋利避害的人性，管子没有做简单、机械的善恶批判。他认为，人性本身无所谓善恶，人的善恶如何，是由趋利避害的方式决定的。作为管理者，只有对人性有了准确的把握之后才能进行有效的管理。因此，要招来民众，应先创造对其有利的条件，有了有利的条件，即使不主动招揽，民众也会自己来，如果对其有害，即使招来民众也不会来。

（2）以人为本。

这是管子管理思想的核心理念。在管子看来，人民是国家的根基，是君主治理天下所依赖的根本力量。因此，在管理中，必须要爱护人民、造福人民、为民除害、使民安乐。

（3）法德并举。

管子认为，在国家的治理之中要法德并举，既要靠"法治"，又要靠"德治"，要有效地运用德治与法治两种手段，互为补充，紧密结合，从而达到治国理民的管理目标。

（4）赏罚有度。

这是管子激励管理的重要思想。在管子看来，赏罚是引导人们行为的重要手段。在管理中，赏罚既要有分量，又不能太过，这样才能起到良好的激励作用。

2. 商鞅

商鞅在中国法家管理思想发展史上有着崇高的地位，其管理思想的主要内容是以法为本、以刑去刑、无宿治等。

（1）以法为本。

商鞅认为，法是建立良好统治秩序、实现富国强兵的基础。"法令者，民之命也，为治之本也"（《商君书·定分》），即法令是对民众的命令，是进行治理的根本措施。要管理人民、强盛国家，建立良好的秩序，就需要实行严刑峻法。

（2）以刑去刑。

这是商鞅法治管理思想的根本原则。在商鞅看来，采用重刑能够劝善止恶，能够使所有人都遵纪守法，从而可以达到国家大治的管理效果。而且，商鞅奉行刑无等级的原则，就是实施刑罚不管人们的等级，从卿相、将军直到大夫、平民，有不服从君主命令、违反国家禁令、破坏法制的，判处死刑，绝不赦免。虽然以前立过功，但犯法不因此而减轻刑罚。为了让人们都知法守法，还实行严酷的连坐制，一人犯法，邻居和家族都要受牵连，用国家的强制力量保障法律的落实。

（3）无宿治。

这是商鞅提出的法制管理的基本要求。在商鞅看来，法律要得到很好的贯彻执行，就必须要提高管理效率，当天的事必须当天完成，不准官吏拖拉政务，不准官吏留下当天的政务，必须提高办事效率，避免造成公务积压。

 知识链接

商鞅不饶太子师

商鞅变法，侵犯了贵族的利益，因此遭到他们的强烈反对。当时，人们都说商鞅说话算数，颁布的法令都是有令必行、违者必究的。于是，太子傅公子虔和太子师公孙贾就教唆太子驷犯法，看商鞅怎么处理。如不惩办，天下人就会慢慢地开始违法，如若惩办，必然得罪孝公和太子，就看商鞅怎么办。

商鞅知道这件事后非常生气，为了巩固新法，他详细地调查了公子虔和公孙贾的罪行，并且把调查的材料公布于众，揭露了太子驷犯法是公子虔和公孙贾幕后策划的结果。然后，毅然根据法令，处公子虔割掉鼻子、公孙贾面上刺文。"商鞅不饶太子师"使旧贵族望而生畏，从而保证了新法的贯彻执行。

3. 韩非子

韩非是先秦时期法家思想的集大成者。他在"好利恶害"人性假说的基础上构建了当时最具综合性、最具实用价值的管理理论,其管理思想的主要内容包括抱法处势、以术治吏、邢德并用。

(1) 抱法处势。

韩非提出了以法治国和任势而治的思想。他认为"明法者强,慢法者弱"(《韩非子·饰邪》),即彰明法制的,国家就强盛,怠慢法制的,国家就会衰弱。他同时强调法治的严肃性和人性化。韩非对"势"进行了分类,将其分为"自然之势"和"人设之势"。具体来讲,"势"既是权势,即一种具有绝对权威而令人不能不服从的强制力,同时又是威望,即由管理者自身的素质以及管理者与下属之间的情感所产生的。韩非认为,作为领导者,除了他所具有的正式权力之外,还应当赢得民众的尊敬和拥戴,只有这样,才能巩固自己的权力和地位。

(2) 以术治吏。

在韩非的管理体系中,"术"是重要一极。所谓"术",即根据各人的才能来授予相应的职位,按照职位名分来责求、衡量实际功绩,掌握生杀大权,考核各级官吏才能的方法和手段。"术"治的实行,使得最高管理者可以很好地管理下属管理人员,监督控制使其依法办事,从而实现了对法治的补充和保障。

(3) 刑德并用。

刑和德是韩非管理思想体系中两个不容忽视的方面。何谓刑德?韩非认为"杀戮之谓刑,庆赏之谓德"(《韩非子·二柄》),并且认为要"明赏严刑"。对于刑德(赏罚)管理,韩非提出了几个基本要求:赏罚有据;赏可为,罚可避(英明的管理者在设立赏罚时,总是使奖赏通过努力可以争取到,而惩罚经过努力也能尽量避免);赏罚敬信(奖赏优厚而且一定守信用,刑罚严厉而且一定执行)。

2.1.3 道家管理思想

道家是春秋战国诸子百家中最重要的思想学派之一。道家倡导自然的世界观和方法论,其核心是"道",基础为"德",重视无有之转化。其代表人物有老子、庄子等,因此,后人也常将道家学说称为老庄之道。

1. 老子

老子是中国历史上杰出的哲学家、思想家,其学说以自隐无名为务,提出了"道"、"德"、"自然"、"无为"、"不争"、"柔弱"等著名的概念,其中包含着深刻的辩证法。老子管理思想是其道德思想在管理领域的应用,具体包括以下思想精华。

(1) 尊道贵德,无为而治。

老子认为,在管理上有德即有道,无德即无道,缺德即失道。管理者必须遵守管理之德,尊道管理必须以贵德管理为根基,只有在管理上做到尊道贵德,才能真正实现无为而治。道家最核心的思想是自然无为,所谓自然就是事物本来的面貌、状态,自然所表现出来的最大特色就是无为。无为并不是什么都不做,并不是不为,而是含有不妄为、不乱为、顺应客观态势、尊重自然规律的意思,无为而治就是通过无为的管理方法达到较好的管理效果。

知识链接

不争善胜

汉文帝的名字在中国历史上是很有名的，"文景之治"就是对他政绩的充分肯定。文帝名刘恒，是刘邦的第四个儿子，母亲是薄姬。

刘恒在刘邦的众多儿子中是很幸运的。刘邦共有8个儿子，吕后仅生了一个，即惠帝刘盈。在惠帝去世后，吕后为了使自己长期掌握政权，对刘邦其他的儿子大开杀戒，到吕后死时，刘邦的8个儿子只剩下了刘恒和刘长。

在刘邦的众子中，刘恒是最不引人注目的一个，这和他的母亲有关。他的母亲薄姬喜欢走道家"清静无为"的路线，无欲无争，所以文帝刘恒从小就做事小心，从不惹是生非，给大家留下了很好的印象，在刘恒8岁时，30多位大臣共同保举他做了代王。而吕后也没有把这对母子放在眼里，这才躲过了吕后的迫害，幸运地活了下来。

刘邦的旧臣陈平和周勃在吕后死后，携手诛灭了吕氏势力，然后商议由谁来继承皇位。最后，他们相中了宽厚仁慈名声较好的代王刘恒，于是派出使者去接刘恒赴长安继承皇位。这也开启了中国历史上有名的治世"文景之治"。

 小思考

在实践中，无为而治有哪些表现形式？

（2）道法自然，有无相生。

辩证法思想是老子管理哲学的精华。他认为，所有的管理行为与管理效果在产生效益的同时也会同时存在不利的因素，事物的不利因素与有利因素是处在同一体中的，有利因素中本身就蕴涵着不利因素，不利因素中也蕴含着有利因素，没有绝对的好与坏。而且，老子特别重视"见微知著"，提出了朴素的量变、质变规律，也是现在所讲的"细节决定成败"。

（3）天人合一，欲望适度。

老子认为，人性没有绝对的善恶，当一个人以好心做好事的时候就是一个善人，当以恶心做坏事的时候就是一个恶人，一个人的善恶主要看其以什么心态做什么样的事。老子还认为，人的行为会受环境的影响，所以作为管理者，一个重要的任务就是导人从善，即创造良好的氛围，引导百姓的欲望趋向于合道。老子认为，作为成功的管理者，必须引导百姓控制贪欲，同时又强调满足百姓合理的愿望和要求，无原则地满足所有的愿望是不对的，但合理的愿望若不满足，管理也是没有效果的。

2. 庄子

庄子一生都过着清贫的隐居生活，门下弟子也寥寥无几。因此，庄子的管理思想更多地体现在其对自我的修身和理想状态的描述方面，主要体现在以下几个方面。

（1）道通为一。

庄子的"道通为一"思想可以理解为在管理中应遵循"道"这一自然规律，从而将管理中的一切事物都看成一个整体，即一种整体性的管理思维。

（2）物无贵贱。

这是庄子关于如何接人待物的重要管理思想。在庄子看来，万物并没有尊卑贵贱的区别，每个人、每个物都有其存在的意义。因此，在管理中就不能主观地判定任何个体、事物价值的有无，而是应充分尊重个体价值、平等相待。

（3）法天贵真。

这是庄子管理思想中对于管理者自身的要求。"法天贵真"就是要求管理者应做到真实可信、具有德行。

 知识链接

孔子愀然曰："请问何谓真？"客曰："真者，精诚之至也。不精不诚，不能动人。故强哭者虽悲不哀，强怒者虽严不威，强亲者虽笑不和。真悲无声而哀，真怒未发而威，真亲未笑而和。真在内者，神动于外，是所以贵真也。其用于人理也，事亲则慈孝，事君则忠贞，饮酒则欢乐，处丧则悲哀。忠贞以功为主，饮酒以乐为主，处丧以哀为主，事亲以适为主。功成之美，无一其迹矣。事亲以适，不论所以矣；饮酒以乐，不选其具矣；处丧以哀，无问其礼矣。"

——出自《庄子·渔父》

（4）天道无为，人道有为。

用"人道有为"补充"天道无为"，这突出了人在自然界中的能动作用。此外，庄子用天道来喻君道，用人道来喻臣道，得出君道无为，臣道有为的结论，即通过前面阐述的管理思想，最终达到一种高层管理者无为而治，从而组织成员各司其职的理想境界。

2.1.4 兵家管理思想

兵家管理思想是中国管理思想体系中的一个非常重要的组成部分，它主要蕴藏在中国古代浩如烟海的兵书之中。战争作为人类一种暴力对抗形式，蕴涵着计谋、策划、指挥、组织、协调、督导等管理要素。因此，从某种意义上说，战争是人类最富有技巧的一种管理行为。兵家管理思想的代表人物主要有孙武、吴起等。

1. 孙武

孙武，后人尊称为孙子。孙子是兵家最伟大的思想家，他所著的《孙子兵法》思想深刻，理论性强，流传千古而不衰，有着非常丰富的管理思想，精华部分主要包括以下几个方面。

（1）将有五德。

孙子认为领导者应具有五种德行：智、信、仁、勇、严，即智谋才能、赏罚有信、仁义爱人、坚毅果敢、纪律严明是一个领导者必备的优良品德。

 知识链接

现代企业管理者的智、信、仁、勇、严

管理者之"智"，作为一个管理者，手中把握的是企业生存、发展的命脉，如果没有过人的智慧，那

么，他所带领的企业，前景必将暗淡，管理者需要运用自己的智慧合理地管理和利用资源，使之发挥能量为企业所用。

管理者之"信"，作为一个管理者，在某种意义上讲，其在企业中的一言一行，已经不只单纯是一种个人行为，而是代表着一种企业行为。"信"是为人为事之根本所在，"信"虽无形但却是一种宝贵的财富。管理者一旦失信于员工，那么，所带来的后果不仅仅限于人格和威信的下降，更是要收到在管理中无法得到员工认同和支持的恶果。

管理者的"仁"，仁能附众，作为一名管理者，得到大家的支持、把众人团结到自己的身边，在管理的过程中是必要的同时也是必需的。管理中的"仁"更多地体现为一种"双赢"，管理者赢得管理，而员工则赢得利益。管理中并非为"管"而"管"，而是为"理"而"管"。

管理者的"勇"，"将不勇，则三军不锐。"也就是说，作为一个管理者如果没有迎难而上、乘风破浪、历险前行的"勇"，则无法带领团队有所作为。管理中的"勇"并非独立存在，而是与"道"和"智"相辅相成。

管理者之"严"，中国有句俗语叫"军令如山"，正是有了这样严格的纪律，军队才可以统一领导、统一指挥、统一号令，在战场上才可能有披靡的战绩，此为为将之道。作为管理者就是企业中的"将"，在管理中也应该有三严：其一，法令严，在管理中如果没有严格的规章作为标榜和约束，那么，企业就没有了规矩，纪律必然松散；其二，赏罚严，在管理中如果没有明确而严格的赏与罚，那么，就会缺乏激励和制约，其法令必然难以贯彻执行；其三，律己严，作为管理者，如果在企业中无法做到严于律己、宽以待人，那么必然会无法服众，无人遵从。

（2）修道保法，爱兵如子。

在孙子看来，"修道"就是要想民众之所想，急民众之所急，兴民众之所喜，除民众之所恶。"保法"就是要健全各项规章制度，严明国家法律的权威，这样国家政治才能清明，才有了实现国富民强的基础。《孙子兵法》中说："视卒如婴儿，故可以与之赴深溪；视卒如爱子，故可与之俱死"，也就是说将领要关心爱护自己的士卒，就像爱护自己的孩子一样，这样就可以使得士卒亲附于将领，从而为将领卖命。

（3）主动权变，立于不败。

面对军事竞争，孙子提出了两大管理原则，即主动原则和权变原则。主动原则包括"致人不致于人"和"立不败，待可胜"，即在战争中要掌握主动权，要求将领努力使自己立于不败之地，不让敌人有机可乘，同时积极主动寻找敌人的薄弱环节，而不是鲁莽地和敌人交战。权变原则则要求将领要对战争进程中各种因素所形成的总体情况和变化趋势、敌我双方力量分布，以及动态变化情况等进行把握，从而主动改变自己的力量分布，以实现避实击虚的目的。

2. 吴起

吴起的思想集中反映在《吴子》一书中，《吴子》是兵家中仅次于《孙子兵法》的一部重要著作，其管理思想简单实用，是吴起几十年管理实践经验的结晶，其思想精华包括以下几个方面。

（1）以人为本，先戒先知。

以人为本，就是要善于安人，善于用人。"先戒"和"先知"原则是吴起针对军事竞争提出的两大原则。吴起认为，安定国家的基本原则首先就是要保持一种谨慎小心的意识，有了这种意识，才能远离祸患。另外，战争对国家和组织是一种巨大的消耗，组织领导者不仅要看到战争对组织的利益，也要认识到战争可能对组织带来的巨大危害，才能保证战略的胜利。

（2）内修文德，外治武备。

"内修文德"是指要搞好组织内部管理，加强组织内部团结，以积蓄内部实力。"外治武备"主要是指选募良将精兵，组建一支赏罚严明的军队。

（3）审敌虚实，因形用权。

吴起认为，竞争战略的要点在于根据形势和对手的情况，灵活把握。

 知识链接

吴起的管理之道

吴起做将军时，和最下层的士卒同衣同食。睡觉时不铺席子，行军时不骑马坐车，亲自背干粮，和士卒共担劳苦。士卒中有人生疮，吴起就用嘴为他吸脓。这个士卒的母亲知道这事后大哭起来。别人说："你儿子是个士卒，而将军亲自为他吸取疮上的脓，你为什么还要哭呢？"母亲说："不是这样的啊。往年吴公为他父亲吸过疮上的脓，他父亲作战时就一往无前地拼命，所以就战死了。现在吴公又为我儿子吸疮上的脓，我不知他又将战死到哪里了，所以我哭。"

2.2 西方管理思想及管理理论的发展

2.2.1 古代管理思想的发展

在古代，管理思想随着人类的活动在西方也先后出现了一些萌芽。

1. 古埃及

四大文明古国之一的埃及，约在公元前5000年到公元前525年间建造了大批的金字塔，金字塔在建设中的某些技术性问题至今仍是不解之谜，如建造金字塔所耗的劳力竟是10万人口20年以上的劳动量。可以想象一下，众多奴隶在劳作、生活过程中所涉及的实物分配、运输安排等活动是如何通过管理活动来解决的。

2. 古巴比伦

历史上最著名的石柱法——《汉姆拉比法典》中有如下条文："如果一个石工造的房子倒塌，而使其中住的人死亡，该石工要判死刑"，"如果一个人在另一个人那里存放金银或其他东西，他应该把这些东西让一位证人见证，并拟定一项契约，然后存放"等。可见当时古巴比伦人对责任承担、贵金属存放等都有了较为详细的规定，形成了一定的管理制度。

3. 古希腊

在公元前370年左右，希腊学者瑟诺芬（Xenophon）曾对劳动分工作了如下论述："在制鞋工厂中，一个人只以缝鞋底为业，另一个人进行剪裁，还有一个人制造鞋帮，再由一个人专门把各种部件组装起来。这里所遵循的原则是，一个从事高度专业化工作的人一定能工作得最好"。他的这一管理思想与后来科学管理的创始人泰罗的某些思想非常接近。

4. 古罗马

公元284年，古罗马建立了层次分明的中央集权帝国，他们在权力等级、职能分工和严格的纪律等方面都表现出其在管理上具有相当高的水平。他们还实行一种能够把中央集权控制与地方分权管理很好地结合起来的连续授权制度。

5. 中世纪的意大利

在15世纪的意大利，曾出现过一位著名的思想家和历史学家马基亚维利(Machiavel-li)，他是中世纪管理思想集大成者，著有《佛罗伦萨史》(又名《君主论》)，在这本著作中渗透了大量的管理思想。例如，他提出了四项领导原理：领导者必须要得到群众的拥护，领导者必须具备维护组织内部的内聚力，领导者必须具备坚强的生存意志力，领导者必须具有崇高的品德和非凡的能力。马基亚维利的管理思想是为君主统治国家服务的，但他对权力、组织的凝聚力、领导者的素质等问题提出了自己的看法，对管理思想的发展有相当大的影响。

2.2.2　工业革命时期管理思想的发展

随着工业革命的进行，生产关系发生了巨大的变化，工厂制度逐步建立起来并不断发展，促使人们对管理越来越关注。许多理论学家，特别是经济学家，在其著作中越来越多地涉及有关管理方面的问题。这些理论学家主要有亚当·斯密(Adam Smith)、詹姆士·小瓦特(James Wate)、罗伯特·欧文(Robert Owen)、查尔斯·巴贝奇(Charles Babbage)等。

1. 亚当·斯密

亚当·斯密的代表作为《富国论》，在书中他系统地阐述了"经济人"观点以及劳动分工理论。

亚当·斯密研究经济问题的出发点是资产阶级利己主义，即每个人的一切活动都受"利己心"支配，人人追求个人私利，而这种追求在客观上也会促进整个社会共同利益的发展，而这种个人私利的追求者就是"经济人"。

他认为劳动分工之所以能大大提高生产效率，可以归纳为3个原因：①劳动分工增加了每个工人的技术熟练程度；②劳动分工节省了从一种工作转换为另一种工作所需的时间；③工业革命时期发明了许多便于工作又节省劳动时间的机器。

管理案例

亚当·斯密在其代表作《富国论》中举例："如果一名工人没有受过专门的训练，恐怕工作一天也难以制造出一枚针来，如果希望他每天制造20枚针那就更不可能了。如果把制针程序分为若干项目，每一项就都变成一门特殊的工作了。一个人担任抽线工作，另一个人专门拉直，第三个人负责剪断，第四个人进行磨尖，第五个人在另一头上打孔并磨角。这样一来，10个工人，每天可以生产48 000枚针，生产效率提高的幅度是相当惊人的。但是，如果每个工人独立完成所有的制针程序，这10个工人最快也不过每天制作200枚针。"

 小思考

劳动分工为什么能够提高生产效率？只要将分工进行到底，就一定能够提高生产率吗？

2. 詹姆士·小瓦特

小瓦特是发明家詹姆士·瓦特（改进蒸汽机）的儿子，他于1800年接管了父亲的工厂，在此他实施了一系列早期的科学管理措施：进行充分的市场调查与研究，为生产提供依据；选择交通便利并有扩建余地的厂址；制订工艺程序和机器作业标准；制定工具维修及采购制度；制定详细的会计制度；制订员工培训计划等等。

小瓦特的这些措施为工厂赢来了声誉和生产率，而且这些措施也对现代管理制度产生了一定的影响。

3. 罗伯特·欧文

欧文是英国空想社会主义代表人物，是19世纪初期最有成就的实业家之一，也是一名企业管理改革家，他最早注意到了企业内部人力资源的重要性，被誉为现代人力资源管理的先驱。

欧文的管理思想主要体现在人事管理方面的实践与理论，包括改善工作条件、缩短工作日、提高工资、改善生活条件、发放抚恤金等。他认为，重视人的因素、尊重人的地位，可以使工厂获得更多的利润。例如，只要对工人加以训练和指挥，就可取得50％～100％的报酬，而花在机器上的支出只能赚到15％的报酬。

欧文在人事管理方面的理论和实践，对以后行为科学管理理论的发展产生了很大的影响。

4. 查尔斯·巴贝奇

巴贝奇是英国著名的数学家和机械学家，也是科学管理的先驱者。

他对劳动分工提高生产率的解释是：节省了学习所需要的时间；节省了学习期间所耗费的材料；节省了从一道工序转移到下一道工序所需要的时间；经常从事某一工作，肌肉能够得到锻炼，不易引起疲劳；节省了改变工具、调整工具所需要的时间；重复同一操作，技术熟练，工作较快；注意力集中于单一作业，便于改进工具和机器。

巴贝奇还提出了一种工资加利润的分享制度，主张按照对生产率贡献的大小来确定工人的报酬，一个人的报酬由3部分组成——由工作性质确定的固定工资、依照对生产率贡献大小分得的利润、提出合理化建议应得的奖金。通过这种报酬模式来调动劳动者工作的积极性，并且认为这样的做法有以下几点好处：每个工人的利益同工厂的发展及其所创利润的多少直接相关；每个工人都会关心浪费和管理不善等问题；能促使每个部门改进工作；有助于激励工人提高技术及品德；工人同雇主的利益一致，可以消除隔阂，共求企业的发展等。

巴贝奇的这些思想为以后古典管理理论的形成，提供了一定的思想依据。

 知识链接

美国的"马萨诸塞州车祸"

1841年10月5日，在美国马萨诸塞州至纽约的西部铁路上，两列火车迎头相撞，造成近20人伤亡。最终老板交出了企业的管理权，只拿红利，企业另聘具有管理才能的人员担任企业管理者。于是，历史上第一次在企业管理中实行所有权和经营权相分离。

此次事件对于管理学的意义在于，从此以后管理成为一种职业，横向的管理分工提高了管理效率，并且为科学管理理论的产生创造了条件。

2.2.3 古典管理理论

古典管理理论形成于19世纪末和20世纪初的欧美，主要分为科学管理理论和组织管理理论。

1. 科学管理理论

科学管理理论主要研究如何提高单个工人的生产效率。其代表人物主要有泰罗、吉尔布雷斯(Gilbreth)夫妇，以及甘特(Gantt)等。

1）泰罗

泰罗是美国古典管理学家，科学管理理论的主要倡导者，被后人尊称为"科学管理之父"。

 知识链接

泰罗的职业发展道路

泰罗于1856年出生在美国费城一个富裕的家庭里，19岁时因为眼疾被迫从哈佛大学法律系退学，后进入一家机械厂当徒工。22岁时进入费城米德维尔钢铁公司，开始当技工，后来迅速提升为工长、总技师。28岁时任钢铁公司的总工程师。1898年进入伯利恒钢铁公司，同年与同伴一起共同发明高速钢（一种具有高硬度、高耐磨性和高耐热性的工具钢，又称高速工具钢或锋钢，主要用来制造复杂的薄刃和耐冲击的金属切削刀具，也可制造高温轴承和冷挤压模具等）。1901年以后，他用大部分时间从事写作、讲演，宣传他的企业管理理论，即"科学管理——泰罗制"，代表作为《科学管理原理》。

 小思考

泰罗的职业发展道路对你有何启示？

泰罗科学管理的核心观点是，以工厂管理为对象，以提高工人劳动生产率为目标，在对工人的工作和任务进行研究的基础上制定出标准的操作方法，并用此法对工人进行指导和训练以此来提高劳动生产率。

泰罗的科学管理内容概括起来主要有6条：工作定额原理、标准化原理、能力与工作相适应原理、差别计件工资制、计划和执行职能相分离原理、例外原则。

（1）工作定额原理。

当泰罗还在做学徒工的时候，就注意到了"磨洋工"的现象。他认为工人们之所以"磨洋工"，是由于雇主和工人对工人一天到底能做多少工作心中没数，而且对于工人来说，干多干少都一样，所以并无多大的工作积极性。泰罗认为，在此种状况下，提高工人劳动生产率的潜力非常大，为了发掘工人提高劳动生产率的潜力，首先应该进行时间和动作的研究。

所谓时间研究，就是研究人们在工作期间各种活动的时间构成，它包括工作日写实与测时，具体做法是选择合适而技术熟练的工人，将其每一项动作、每一道工序所使用的时间记录下来，加上必要的休息时间和其他延误时间，算出完成该项工作所需的总时间。

所谓动作研究，是研究工人干活时动作的合理性，即研究工人在干活时，其身体各部位的动作，经过比较、分析之后，去掉多余的动作，改善必要的动作，从而减少人的疲劳，提高劳动生产率。

 知识链接

搬运生铁块试验

搬运生铁块试验，是泰罗在伯利恒钢铁公司的5座高炉的产品搬运班组中进行的，工人们负责将40多千克重的铁块搬运到30米远的铁路货车上。这个班组大约有75名工人，每个人的工作量都很大，尽管工人干活时十分卖力，但工作效率并不高，每人每天平均搬运铁块12.5吨，日工资1.15美元。

泰罗找了一名工人进行试验，研究搬运的姿势、行走的速度、把持的位置，以及休息时间的长短对其搬运量的影响。研究表明，存在着一个合理的搬运生铁块的方法，在这一方法下，57%的时间用于休息，如果按照这一方法工作，每个工人的日搬运量将达到47～48吨，日工资将提升至1.85美元。

通过试验可以得出结论：以有效的操作方法作为标准，可以提高生产效率。泰罗随后用这一操作方法训练工人，结果使生铁块的搬运量提高了3倍。

在这个经典试验的基础上，泰罗提出要制定出有科学依据的工人的"合理的日工作量"，即所有工人经过训练和努力以后，在不损害健康的情况下，都能够达到并长期坚持下去的日工作量，这就是工作定额。

（2）标准化原理。

标准化原理是指工人在工作时要采用标准的操作方法，而且工人所使用的工具、机器、材料，以及所在的工作现场环境等都应该标准化，以利于提高劳动生产率。

 知识链接

铁锹试验

泰罗在伯利恒钢铁公司还做过有名的铁锹试验。当时公司的铲运工人每天上班时都拿着自己家的铁锹，这些铁锹样式各异、大小不等。料场当中的物料有铁矿石、煤粉、焦炭等。泰罗在观察一段时间之后，发现这样做是十分不合理的，由于物料的比重不同，一铁锹的负载也相差很大。那么，铁锹上的负载到底多大才是最合适的呢？经过不断的试验，最终发现一铁锹21磅（1磅＝0.453 6千克）是最合适的，这时工人的劳动效率最高。

根据试验的结果，泰罗针对不同的物料设计了不同形状和规格的铁锹，以后工人上班都不再自带铁锹，而是根据物料情况从公司领取特制的标准铁锹，如此以来，生产效率大大提高。工人的工作量从试验前平均日工作量16吨提高到59吨，日工资也从1.15美元提高到1.88美元。

（3）能力与工作相适应原理。

泰罗认为，为了提高劳动生产率，必须为工作挑选第一流的工人，而且只要工作合适，每个人都可以成为第一流的工人。但同时他也指出，那些能够工作但不愿意工作的人并不能成为第一流的工人，第一流的工人必须具备两方面的条件：既适合做这种工作，同时也愿意做这种工作。管理人员要根据工人的能力将其分配到相应的工作岗位上，鼓励工人努力工作，并进行培训，使其成为第一流的工人。

 小思考

如何使员工成为"第一流的工人"？

（4）差别计件工资制。

泰罗认为，工人"磨洋工"的重要原因之一是付酬制度不合理，计时工资不能体现按劳付酬，干多干少在工资上无法确切地体现出来，而计件工资虽能体现劳动的数量，但工人担心劳动效率提高后雇主会降低工资率，这样等于加大了劳动强度。因此，这两种工资给付制度都不能很好地调动员工的工作积极性。他认为，要在科学地制定工作定额的前提下，采用差别计件工资制来鼓励工人完成或超额完成定额。

具体做法如下：制定差别工资率，即按照工人是否完成工作定额而采用不同的工资率，如果工人能够保质保量地完成或超额完成定额，则定额内的部分连同超额部分就按高的工资率付酬，以资鼓励；如果工人的生产没有达到定额就将全部工作量按低的工资率付给，并给以警告，如不改进，就要被解雇。

 管理案例

假如某项工作劳动定额是10件，基准工资率为0.1元/件，该项工作完成或超额完成定额工资率为125%，未完成定额工资率为80%。那么，如果完成定额，就可得工资为 $10 \times 0.1 \times 125\% = 1.25$（元）；如果超额完成定额，假如完成12件，则可得工资 $12 \times 0.1 \times 125\% = 1.5$（元）；如未完成定额，哪怕完成了9件，也只得到工资 $9 \times 0.1 \times 80\% = 0.72$（元）。

另外，在执行差别计件工资制时要注意：工资支付的对象是工人，而不是职位和工种，也就是说，每个人的工资尽可能地按他的技能和工作所付出的劳动来计算，而不是按他的职位来计算。

（5）计划和执行职能相分离原理。

泰罗认为应该用科学的工作方法取代经验工作方法。经验工作方法的特点是每个工人使用什么工具、采用什么样的操作方法都根据自己的经验而定。因此，工人的工效高低取决于其操作方法是否合理，以及个人的熟练和努力程度。而科学的工作方法就是前面提到的在试验和研究的基础上确定的标准的操作方法，使用标准的工作工具。

为了采用科学的工作方法，应该将计划职能与执行职能分离开来，主张企业成立计划部门，负责进行时间和动作的调查研究，并根据调查结果确定工作定额和标准化的操作方法、工具，负责拟订计划并发布命令和指示。工人和工头只负责执行，即按照计划部门制定的操作方法和指示，使用规定的标准化工具从事实际操作，不得自行改变。

（6）例外原则。

例外原则是泰罗的科学管理的主要原则之一，即企业的高级管理人员应该把例行的一般事务授权给下级管理人员处理，而自己只保留对例外事项的决策权，如重大的企业战略问题和重要的人员更替问题等。这样以来，既能保证稳定性的正常管理工作，又能应付特殊性的例外管理工作。

以例外原则为依据的管理控制原理，以后发展成为管理上的分权化原则和实行事业部制管理体制的理论基础。

 小思考

泰罗的科学管理理论有哪些不足？和当今的管理实践有什么关系？

2）吉尔布雷斯夫妇

吉尔布雷斯夫妇对科学管理理论进行了验证。他们做出最大成绩的领域被称为动作的经济原则，即用于分析和改进操作动作的原则。具体的要求如下：①两手应尽量同时使用，并取对称反向路线；②动作单元要尽量减少；③动作距离要尽量缩短；④尽量使工作舒适化等。吉尔布雷斯夫妇是首先采用动作摄影来研究手和身体动作的研究者之一。

弗兰克·吉尔布雷斯(Frank Gilbreth)做过的最为著名的试验是，仔细审视了砖瓦匠的工作，并且将砌外墙砖的动作由18个减少到一半甚至4个，将砌内墙砖的动作由18个减少到2个，从而大大提高了砖瓦匠的工作效率。

弗兰克·吉尔布雷斯被公认为"动作研究之父"。例如，他把手的动作分为17种基本动作，如拿工具这一动作可以分解成17个基本动素：寻找、选择、抓取、移动、定位、装备、使用、拆卸、检验、预对、放手、运空、延迟(不可避免)、故延(可避免)、休息、计划、夹持等。弗兰克·吉尔布雷斯把这些基本动作定义为动素，而动素是不可再分的。这是一个比较精确的分析动作的方法。

 知识链接

吉尔布雷斯夫妇的职业发展道路

弗兰克·吉尔布雷斯，1868年出生在美国缅因州费尔菲尔德。他在安得福学院和波士顿学院学习时，成绩优异。1885年他通过了麻省理工学院的入学考试，却因家庭困难没有入学，而是进入建筑行业，并以一个砌砖学徒工的身份开始了职业生涯。这样，年仅17岁的他就开始在一个建筑承包公司那里做学徒工。在以后的10年时间里，吉尔布雷斯刻苦钻研，努力工作，终于设计出一种新的脚手架，发明了建造防水地窖的新方法，不仅如此，他在混凝土建造方面也有许多革新。因为在技术上的杰出成就，他成为公司的总监。

1895年，吉尔布雷斯在波士顿注册登记了自己的建筑承包公司。由于技术发明专利权的保护，以及吉尔布雷斯在业务管理方面的诸多改进，他的公司办得十分红火，以后逐渐从建筑承包业扩展到建筑咨询业，在美国的纽约和英国的伦敦都设有办事处。他根据自己的丰富经验著书立说，在这个过程中，吉尔布雷斯对一般管理科学产生了浓厚的兴趣。

1912 年，在泰罗与甘特的影响下，吉尔布雷斯放弃了收入颇丰的建筑业务，改行从事"管理工程"的研究，他在体力劳动的操作方法上很有造诣。1924 年 6 月 14 日，由于心脏病，正在准备参加布拉格国际管理大会的吉尔布雷斯突然死去，当时他才 56 岁。

莉莲·吉尔布雷斯(Lillian Gilbreth)，心理学家和管理学家，是弗兰克·吉尔布雷斯的夫人，也是美国第一个获得心理学博士的女士，被称为"管理第一夫人"。原名叫做莉莲·莫勒(Lillian Moller)，出生于美国加利福尼亚的奥克兰，毕业于加利福尼亚大学的英语系，为了同丈夫合作研究，她改学了心理学。

莉莲·吉尔布雷斯是一位非常了不起的女性，在抚养 12 个孩子的繁忙家务劳动之余，潜心于管理心理学的研究，并完成了著作《管理心理学》。而后，在 1915 年获得布朗大学的博士学位。

1924 年，当弗兰克·吉尔布雷斯辞世后，她接替了丈夫的工作，并且使自己也成为工业界的一个榜样。在 1938 年评选的"有行使美国总统权力才能"的 12 位妇女中，莉莲·吉尔布雷斯榜上有名。

3）甘特

甘特，美国管理学家、机械工程师，是泰罗在创建和推广科学管理时的亲密合作者，是科学管理运动的先驱者之一，人际关系理论的先驱者之一。他拓展了泰罗某些思想，并加进了自己的理解。例如，他提出"计件奖励工资制"，即对超额完成工作定额的工人，除了支付给他日工资，超额部分还以计件方式计发奖金，对完不成工作定额的工人，工厂只支付给他日工资。这种制度优于泰罗的"差别计件工资制"，因为这种工资制可使工人感到收入有保证，劳动积极性也因此而提高。

甘特最重要的贡献在于他发明了甘特图，即生产计划进度图，这种线条图使管理者能够通过它随时看到计划的进展情况和采取必要的行动保证工作按原计划完成。具体请参考第 6 章相关内容。

2. 组织管理理论

组织管理理论着重研究管理职能和整个组织结构，其代表人物主要有法约尔(Fayol)、韦伯(Weber)和巴纳德(Barnard)。

1）法约尔

法约尔，1860 年毕业于圣艾蒂安国立矿业学院，后进入康门塔里福尔香堡采矿冶金公司，成为一名采矿工程师，不久就被提升为该公司一个矿井的经理，1885 年起出任该公司总经理，并在此度过了其整个职业生涯。

1916 年他的著作《工业管理与一般管理》问世，这本书是他一生管理经验与管理思想的总结，他认为他的管理理论虽然是以大企业为研究对象，但除了可应用于工商业之外，还适用于政府、教会、慈善团体、军事组织及其他各种行业。因此，人们一般认为法约尔是第一个概括和阐述一般管理理论的管理学家。他的贡献主要体现在他对企业活动的划分、对管理职能的划分和对管理原则的概括上。

（1）企业的基本活动类别。

法约尔认为，企业经营的六项基本活动是①技术活动，即设计、制造；②商业活动，即进行采购、销售和交换；③会计活动，编制财产目录，进行成本统计和核算；④财务活动，确定资金来源及使用计划；⑤安全活动，确保员工劳动安全及设备使用安全；⑥管理活动，包括计划、组织、指挥、协调和控制。

（2）管理的五要素。

管理的五要素是指：①计划；②组织；③指挥；④协调；⑤控制。

他是第一个对管理活动进行职能划分的学者，之后的管理理论普遍以此为框架，只不过现在这些管理职能被进一步压缩为 4 个基本职能：计划、组织、领导和控制。

（3）管理的 14 条基本原则。

① 分工。分工可以提高劳动效率，它不仅适用于技术工作，也适用于管理工作。但要有一定的限度，不能分得过粗或过细，否则效果都不好。

② 权力与责任。权力和责任是互为因果的，有权力必定有责任，权利和责任应相一致，不能出现有权无责或有责无权的现象。

小思考

请结合实际说明有权无责或有责无权会造成什么后果？

③ 纪律。纪律的实质是遵守组织各方达成的协议。没有纪律，组织就难以发展，组织内所有成员都要根据各方达成的协议对自己在组织内的行为加以控制。而建立和维持纪律的最好方法，一是要有好领导；二是组织与职工之间的协议要尽可能明确和公正；三是裁决要公正。

④ 统一指挥。组织内的每一个成员都只应接受一个上级的命令。违背这个原则，就会使权力和纪律受到严重的破坏。

⑤ 统一领导。凡是具有同一目标的活动，只应有一个领导人和一套计划。

特别提示

不要把统一指挥与统一领导相混淆。人们通过建立完善的组织来实现一个社会团体的统一领导，而统一指挥取决于人员如何发挥作用。

⑥ 个人利益服从集体利益。集体目标中应包含员工个人的目标，从而使得企业目标实现的同时满足个人的合理需求。但当个人利益与集体利益发生冲突时，应优先考虑集体利益。

⑦ 报酬。报酬必须公平合理，应尽可能使员工和公司双方都满意。对贡献大、活动方向正确的员工要给予奖励，但奖励应以能激起员工的工作热情为限，否则将会起副作用。

⑧ 集权。集权就是降低下属的作用，与之相对应的是分权。集权与分权本身无所谓好坏，要根据管理人员的个性、道德品质，下级人员的可靠性，以及企业的规模、条件等情况来确定集权和分权的程度。

⑨ 等级链与跳板。等级链是由企业的最高权威到最基层管理者所组成的等级系列，它是一条权力线，用以贯彻执行统一的命令和保证信息传递的秩序。为了保证命令的统一，不能轻易违背等级链，请示要逐级进行，指令也要逐级下达。但是为了克服由于指挥的统一性原则而产生的信息传递的延误，法约尔设计了一种跳板。利用种跳板可以进行横向的信息交流，但只有在各方面都同意而上级又始终知情的情况下才能这样做。

如图 2.1 所示，假如 F 和 G 要发生联系，按照等级链的原则，只能遵循相应的权力线，信息将按照 F→D→B→A、G→E→C→A 的顺序依次传递，然后再按照 A→B→D→F、A→C→E→G 的顺序传递给 F 和 G。但情况紧急时，显然这种信息传递方式将非常耗时。因此，他们也可以遵循跳板原则，在征求了各自上级的允许后直接有信息往来，但一定要遵循"事前请示，事后汇报"的原则。

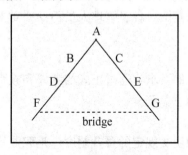

图 2.1　等级链与跳板

⑩ 秩序。秩序即人和物必须各尽所能。管理人员首先要了解每一工作岗位的性质和内容，使每个工作岗位都有称职的职工，每个职工都有合适的岗位。同时还要有条不紊地精心安排物资、设备的合适位置，使"人尽其才，物尽其用"。

⑪ 平等。即以亲切、友好、公正的态度严格执行规章制度。员工在受到平等的对待后，会以忠诚和献身的精神去完成任务。

⑫ 保持人员稳定。把一个人培养成熟练、有效的员工往往需要很长的时间。因此，人员的频繁调动将使组织工作不能很好地进行。任何组织都要保持稳定的员工队伍，鼓励员工长期为组织服务。

⑬ 首创精神。发挥个人的聪明才智，提出具有创造性的想法，既会给员工带来极大的快乐，也是刺激员工努力工作的最大动力之一。企业的领导者不仅自己要有首创精神，而且还要鼓励全体成员发挥首创精神。

⑭ 集体精神。职工的融洽、团结可以使企业产生巨大的力量，实现集体精神最有效的手段是统一命令。在安排工作、实行奖励时不要引起员工间的嫉妒，以避免破坏融洽的关系。此外，还应坚持加强企业内部的交流，使员工之间建立起融洽合作的关系。

法约尔提出的这些管理原则，经过历史的检验，总的来说是正确的。这些原则过去曾经给管理人员以巨大的帮助，现在也仍然为人们所推崇。但这些原则是灵活的，要真正用好它们，还需要在实践中积累经验，掌握好尺度。

 小思考

结合身边实际，谈谈法约尔提出的管理原则在当今是否有指导意义？如果有，是如何在实践中发挥作用的？泰罗和法约尔研究的最大不同是什么？

2）韦伯

韦伯与泰罗、法约尔是同一时代人，是德国古典管理理论代表人物之一。他在管理思想方面的贡献是提出了理想行政组织体系理论，由此被人们称为"行政组织理论之父"。韦伯管理思想的主要内容包括以下几个方面。

（1）明确分工。

对每个职位上的组织成员的权力和责任都有明确的规定，并作为正式职责使之合法化。

（2）权力体系。

官员按职务等级系列和权力等级进行安排，形成一个自上而下的等级严密的指挥体系，每一职务均有明确的职权范围，各级管理人员不仅要对上级负责，而且也要对自己的下级负责。

（3）规范录用。

人员的任用完全根据职务的要求，通过正式的考评和教育、训练来实现。每个职位上的人员必须称职，并且不能随意免职。

（4）管理职业化。

管理人员有固定的薪金和明文规定的晋升制度，是职业管理人员，而不是组织的所有者。管理人员的升迁可以凭年资，也可以凭功绩，但是否升迁完全由上级决定，下级没有发言权。

（5）公私有别。

管理人员在组织中的职务活动应当与私人事务区别开来，公私事务之间应有明确的界限。管理人员没有组织财产的所有权，并且不能滥用职权。

（6）遵守规则和纪律。

组织中包括管理人员在内的所有成员必须严格遵守组织的规则和纪律，不能感情用事，以确保统一性。

韦伯认为，理想的行政组织体系最符合理性原则、效率最高。这种组织形式在精确性、稳定性、纪律性和可靠性等方面都优于其他组织形式，能适用于所有的管理工作和各种大型组织，如教会、国家机构、军队和各种团体。

3）巴纳德

巴纳德，美国著名管理学家，近代管理理论奠基人之一。代表作为《经理人员的职能》，开创了组织管理理论研究，揭示了管理过程的基本原理，经后人进一步发展，形成管理学领域的组织管理流派，对当代管理学体系产生了重要影响。

巴纳德的主要贡献如下。

（1）提出了社会的各种组织都是一个协作系统的观点。他认为，组织的产生是人们协作愿望导致的结果，个人办不到的许多事，通过协作就可以办到。

（2）分析了正式组织存在的三种要素，即成员协作的意愿、组织的共同目标，以及组织内的信息交流。

（3）提出了权威接受理论。过去的学者一般都是从上到下解释权威的，认为权威都是建立在等级系列和组织地位基础之上。而巴纳德则是从下到上解释权威，认为权威的存在必须以下级的接受为前提。至于怎样才能被下级所接受，则需要具备一定的条件。

（4）对经理的职能进行了新的概括。经理应主要作为一个信息交流系统的联系中心，并且要为实现组织协作而努力工作。

2.2.4 行为管理理论

行为管理理论形成于 20 世纪 20 年代，早期被称为人际关系学说，后来发展为行为科学，即组织行为理论。

1. 人际关系学说

人际关系学说最重要的成果来自梅奥（Mayo）及其领导的霍桑试验。

梅奥，原籍澳大利亚，后移居美国。1926 年被哈佛大学聘为教授，是人群关系理论及行为科学的代表人物，从事心理学和行为科学研究。他领导了 1924～1932 年在芝加哥西方电气公司霍桑工厂进行的一系列试验中后期的主要工作。霍桑试验主要分为四个阶段：

1) 第一阶段：照明试验

当时关于生产效率的理论认为，影响工人生产效率的是疲劳和单调感等，于是，当时的试验假设便是"提高照明度有助于减少疲劳，从而使生产效率提高"。可是经过两年多的试验发现，照明度的改变对生产效率几乎没有影响。具体的结果是，当试验组照明度增大时，试验组和控制组都增产，当试验组照明度减弱时，两组依然都增产，而且生产率提高幅度也大致相当。只是在试验的最后阶段，当试验组的照明度减至 0.06 烛光（大致与月光的强度相当）时，才出现了可测的产量下降。

研究人员本来预期在照明和产出效率之间存在一种积极的线性关系，但试验结果并未发现这种关系的存在。面对这样的结果，研究人员感到茫然，对试验失去了信心。从 1927 年起，以梅奥教授为首的一批哈佛大学心理学工作者将试验工作接管下来，继续进行。

2) 第二阶段：继电器装配试验

本阶段试验目的，总的来说是查明福利待遇的变换与生产效率之间的关系。研究人员根据一系列的工作条件变量，如工作室的温度和湿度、工作进度、休息时间、所吃食物等，开始对挑选出的工人进行研究。研究人员选出了 5 名继电器装配测试车间的女工，对预测变量及其产出情况进行详细的记录。

但研究人员经过两年多的试验发现，不管福利待遇如何改变（包括增加和减少），都不影响产量的持续上升，甚至工人自己对生产效率提高的原因也说不清楚。后经进一步的分析发现，导致生产效率上升的主要原因是，参加试验的光荣感和成员间良好的相互关系。试验开始时 5 名参加试验的女工曾被召进部长办公室谈话，她们认为这是莫大的荣誉。这说明被重视的自豪感对人的积极性有明显的促进作用。

由此，研究人员开始认识到，员工的态度和情绪可能是影响生产率的至关重要的变量。霍桑试验也由此开始了根本性的转变。

3) 第三阶段：访谈试验

研究者从 1928 年起在工厂中开始了访谈，计划对两万多人次进行态度调查，规定试验者必须耐心倾听工人的意见、牢骚，做出详细记录，并且不做反驳和训斥，对工人的情况要深表同情。

此计划的最初想法是要工人就管理当局的规划和政策、工头的态度和工作条件等问题做出回答，但这种规定好的访谈计划在进行过程中却大出意料之外，工人对这些话题并不感兴趣，而是想就工作提纲以外的事情进行交谈。工人认为，公司或调查者认为意义重大的那些事并不是其感到重要的事情。访谈者了解到这一点，及时把访谈计划改为事先不规定内容的开放式访谈，每次访谈的平均时间从 30 分钟延长到 1～1.5 个小时，多听少说，详细记录工人的不满和意见。工人长期以来对工厂的各项管理制度和方法存在许多不满，平时又无处发泄，而访谈计划的实行恰恰为他们提供了发泄机会。访谈计划持续了两年多，工人的产量也大幅提高。

4）第四阶段：接线工作室的研究

梅奥等人在这个试验中是选择 14 名男工人在单独的房间里从事绕线、焊接和检验工作，对这个班组实行特殊的工人计件工资制度。试验者原来设想，实行这套奖励办法会使工人更加努力地工作，以便得到更多的报酬。

但观察的结果却发现，工人的产量只保持在中等水平上，每个工人的日产量平均都差不多，而且工人并不如实地报告产量。深入的调查发现，这个班组为了维护群体的利益，自发地形成了一些规范。工人约定，谁也不能干得太多以突出自己，同样，谁也不能干得太少从而影响全组的产量，并且约法三章，不准向管理当局告密，如有人违反这些规定，轻则挖苦谩骂，重则拳打脚踢。再进一步调查发现，工人之所以维持中等水平的产量，是担心产量提高，管理当局会改变现行奖励制度，或裁减人员使部分工人失业，或者会使干得慢的伙伴受到惩罚。

这一阶段的试验表明，为了维护班组内部的团结，班组成员可以放弃物质利益的引诱。研究人员由此提出"非正式群体"的概念，认为在正式的组织中存在着自发形成的非正式群体，这种群体有自己的特殊的行为规范，对人的行为起着调节和控制作用。同时，非正式群体也加强了群体内部的协作关系。

梅奥等人根据霍桑试验的结果在 1933 年出版了《工业文明中人的问题》，在该书中总结了梅奥亲身参与和指导的霍桑试验及其他几个试验的研究成果，详细地论述了人际关系理论的主要思想，其主要论点如下。

（1）职工是"社会人"。

古典管理理论把人看作"经济人"，他们只是为了追求高工资和良好的物质条件而工作。因此，对职工只能用绝对的、集中的权力来管理。梅奥等人提出了与"经济人"观点不同的"社会人"观点。其要点包括：人从工作中得到的最重要的是同别人合作；个人的行动是为保护其集团的地位而发生；人的思想行为更多地是由感情来引导；工作条件和工资报酬并不是影响劳动生产率高低的唯一原因；对职工的新的激励重点必须放在社会、心理方面，以使其相互之间更好地合作并提高生产率等。

（2）正式组织中存在着"非正式组织"。

所谓正式组织，就是为了有效地实现企业的目标，规定组织各成员之间相互关系和职责范围的一定的组织管理体系，其中包括组织机构、方针政策、规划、章程等。但人是社会的动物，在组织内共同工作的过程中，人们必然会发展相互之间的关系，形成非正式团体，在这团体里，又形成了共同的感情，进而构成一个体系，这就是所谓非正式组织。

非正式组织对人起着两种作用：保护工人免受内部成员忽视所造成的损失，如生产得过多或过少；保护工人免受外部管理人员的干涉所造成的损失，如降低工资率或提高产量标准。

 小思考

你的生活中存在非正式组织吗？你能加以区分吗？它的存在对所在的正式组织来讲，是好事还是坏事？

（3）新的领导能力在于提高职工的满足度。

所谓新的领导能力，是指能够区分事实和感情，能够在生产效率和职工的感情之间取得平衡。这种新的领导能力可以弥补古典管理理论的不足，解决劳资之间以至工业社会的种种矛盾，提高劳动生产率。新的领导能力既然表现为能通过提高职工的满足度进而提高职工的士气，最后达到提高生产率的目的，那就要转变管理方式，应该重视"人的因素"，采用以"人"为中心的管理方式，改变古典管理理论以"物"为中心的管理方式。

金钱或经济刺激对促进工人提高劳动生产率只起第二位的作用，起最重要作用的是工人的情绪和态度，即士气，而士气又同工人的满足度有关，这个满足度在很大程度上是社会地位决定的。所谓职工的满足度主要是指安全感觉和归属感觉等这些社会需求的满足度。工人满足度愈高，士气愈高，劳动生产率也就愈高，而工人的满足度又依存于两个因素：①工人的个人情况，即工人由于历史、家庭生活和社会生活所形成的个人态度；②工作场所的情况，即工人相互之间或工人与上级之间的人际关系。

2. 行为科学

1949 年在美国芝加哥大学召开了一次有心理学家、生物学家及社会学家等参加的跨学科的科学会议，讨论了应用现代科学知识来研究人类行为的一般理论。会议给这门综合性学科命名为"行为科学"。行为科学自提出开始就蓬勃发展，产生了一大批有影响力的行为科学家及其理论，主要有马斯洛（Maslow）及其提出的需要层次理论、麦格雷戈（McGregor）及其提出的 Y 理论、赫茨伯格（Herzberg）及其提出的双因素理论、弗鲁姆（Vroom）及其提出的期望理论等。有关这些理论的具体内容请参看本书第 11 章的相关内容。

2.2.5 管理科学理论

管理科学产生于第二次世界大战期间，这一学派强调应用定量和数学工具来解决管理问题。所谓管理科学理论是指以现代科技成果为手段，运用计量模型，对管理领域中的人、财、物、信息等资源做系统定量的分析，进行优化规划和决策的理论。管理科学理论的主要内容包括运筹学、系统工程、作业管理与定量决策等。大多数管理科学的运用具有以下基本特征。

（1）以决策为基本出发点。决策时以充分的事实为依据，采取严密的逻辑思考方法，对大量的数据资料按照事物内在的联系进行系统分析和定量计算，遵循科学程序，做出正确决策。

（2）以经济效果作为评估的标准。通过对各种可性行为进行比较，必须以能反映组织未来利益的可衡量的数值为依据。所测量变量包括成本、总收入和利润率等。

（3）应用各种数学模型。管理科学往往以数学形式来表示解决某些问题的可行办法。

（4）依靠电子计算机。无论是从数学模型的复杂性，还是需要处理的大量数据来看，计算机的运用都是必需的。管理科学正是由于使用了先进的工具——电子计算机和管理信息系统，才使得定量决策的科学化成为可能。

2.2.6　现代管理理论丛林

1. 原有的管理理论丛林

美国著名管理学教授哈罗德·孔茨（Harold Koontz），在 1960 年代对现代管理理论中的各种学派加以分类，并在《管理学杂志》上发表了《管理理论的丛林》一文，指出由于当时各类科学家出于不同目的，对管理理论研究标新立异，导致一些初步接触管理和一些从事实际工作的管理人员有"不识庐山真面目"的感觉。在这篇文章中将讲述，孔茨根据当时不同的管理观点，以及这些观点对管理的性质和内容所做的不同解释，将管理理论概括出 6 个有代表性的学派，分别是管理过程学派、经验和案例学派、人类行为学派、社会系统学派、决策理论学派、数理学派。

2. 继续生长的管理理论丛林

经过二十多年的发展，这个"丛林"似乎越来越茂密了。根据孔茨的研究，至 1980 年代各个有代表性的管理理论学派至少有 11 个之多，为此，孔茨又写了一篇《再论管理理论丛林》的文章，在文章中他概要地阐述并分析了这 11 个学派。

1）经验和案例学派

经验和案例学派的主要代表人物是德鲁克。主要通过研究案例来研究管理，通过对各种各样成功和失败的管理案例的研究，使学生和管理者学会有效的管理。

2）人际关系学派

人际关系学派的依据是，管理就是通过别人或同别人一起去把事情办好。因此，须以人与人之间的关系为中心来研究管理问题。这个学派的学者大多数都受过心理学方面的训练，他们注重个人、注重人的行为的动因，把行为的动因看成一种社会心理学现象。

3）群体行为学派

群体行为学派同人际关系行为学派密切相关，以致常常被混同。但它关心的主要是一定群体中的人的行为，而不是一般的人际关系和个人行为。它以社会学、人类文化学、社会心理学为基础，而不是以个人心理学为基础。这个学派着重研究各种群体的行为方式，从小群体的文化和行为方式到大群体的行为特点，均在研究之列。有人把这个学派的研究内容称为"组织行为"研究，其中"组织"一词被用来表示公司、企业、政府机关、医院，以及任何一种事业中一组群体关系的体系和类型。这个学派的最早代表人物和研究活动就是梅奥和霍桑试验。

4）合作社会系统学派

该学派认为，人的相互关系就是一个社会系统，它是人们在意见、力量、愿望及思想等方面的一种合作关系。管理人员的作用就是要围绕物质的、生物的和社会的因素去适应总的合作系统。社会系统学派最早的代表人物是美国的巴纳德。

5）社会技术系统学派

社会技术系统学派认为，组织既是一个社会系统，又是一个技术系统，并非常强调技术系统的重要性，认为技术系统是组织同环境进行联系的中介。该学派认为，必须把企业中的社会系统同技术系统结合起来考虑，而管理者的一项主要任务就是要确保这两个系统相互协调，特别注重工业工程、人机工程等方面的研究。

6）决策理论学派

决策理论学派的主要代表人物是美国的诺贝尔经济学奖金获得者赫伯特·西蒙（Herbert Simon），其主要观点有管理的全过程就是一个完整的决策过程，即决策贯穿于管理的全过程；管理就是决策，强调了决策的重要性，主张用"令人满意的准则"去代替传统的"最优化原则"等。

7）系统学派

所谓系统，实质上就是由相互联系的一组事物或其组合所形成的复杂整体。系统学派强调管理的系统观点，要求管理人员树立全局观念、协作观念和动态适应观念，既不能局限于特定领域的专门职能，也不能忽视各自在系统中的地位和作用。

8）数理或"管理科学"学派

数理或"管理科学"学派主要注重定量的数学模型，认为通过建立数学模型这一手段，可以把问题（管理问题也不例外）的基本关系表示出来，并且在确定目标后能求得最优结果。该学派认为，"管理"就是用数学模型及其符号来表示计划、组织、控制、决策等合乎逻辑的程序，求出最优解，以达到企业目标。该理论与系统理论及决策理论都有很大关系。

9）权变管理学派

权变理论是一种较新的管理思想。权变，就是权宜应变。该学说认为，在企业管理中，由于企业内外部环境复杂多变，因此，管理者必须根据企业环境的变化而随机应变，没有什么一成不变、普遍适用的"最佳"管理理论和方法，要求管理者根据组织的实际情况来选择最好的管理方式。

小思考

有人认为：泰罗和法约尔给了人们一些明确的管理原则，而权变理论却说一切取决于当时的情境，人们一下倒退了，从一套明确的原则又回到一套不明确的和模糊的指导方针上去了。你是否同意这种说法，为什么？

10）管理角色学派

管理角色学派是一个较新的学派，同时受到学者和实际管理人员的重视，其推广得力于亨利·明茨伯格。这个学派主要通过观察管理者的实际活动来明确管理者工作的内容。明茨伯格根据自己和别人对管理者实际活动的研究，认为管理者执行了十种职务或扮演了十种不同的角色。

11) 经营管理学派

经营管理学派，亦称管理过程学派。该学派认为，管理是一个过程，是在有组织的集体中让别人和自己一起去实现既定的目标，管理人员在管理活动中执行计划、组织、领导、控制等若干职能。管理是一个循环的过程，从计划到控制，再从控制到计划，表明了过程的连续性，控制职能确保组织达到其计划的目标。该学派最初的代表人物就是法约尔。

2.2.7 管理理论新发展

1. 企业再造

所谓企业再造，是指为了获取可以用诸如成本、质量、服务和速度等方面的绩效进行衡量的显著的成就，对企业的经营过程进行根本性的再思考和关键性的再设计。这一定义揭示了企业流程再造的核心，来源于美国著名管理专家迈克尔·哈默（Michael Hammer）和詹姆斯·钱皮（James Champy）合著并于 1993 年出版的《企业再造：企业革命的宣言书》一书。

企业再造的原则与方法包括①紧密配合市场需求确定企业的业务流程；②根据企业的业务流程确定企业的组织结构；③以新的、柔性的、扁平化的和以团队为基础的企业组织结构取代传统的企业组织结构；④强调信息技术与信息的及时获取，加强企业与顾客、企业内部经营部门与职能部门的沟通与联系。

2. 学习型组织

学习型组织是指通过营造整个组织的学习气氛，充分发挥员工的创造性思维能力而建立起来的一种有机的、高度柔性的、横向网络式的、符合人性的、能持续发展的组织。美国彼得·圣吉（Peter Senge）于 1990 年出版了《第五项修炼：学习型组织的艺术与实践》一书，指出未来组织所应具备的最根本性的品质是学习，试图推动人们刻苦修炼，学习和掌握新的系统思维方法。

要使组织变成一个学习型组织，必须具有以下五项修炼的扎实基础：系统思考、自我超越、改善心智模式、建立共同愿景和团队学习。

3. 知识管理

知识管理的研究最早始于美国，20 世纪 90 年代中期，知识管理蓬勃发展。目前，知识管理已经不仅仅局限于理论上的探讨，开始进入实用化阶段。

知识管理可分为人力资源管理和信息管理两个方面。人力资源管理是知识管理的核心内容，人力资源管理就是一种以"人"为中心，将人看作最重要资源的现代管理思想。知识经济时代决定企业成败的不仅仅是企业掌握了多少显知识和物化了的知识，更重要的是能够使那些隐知识转换为显知识。隐知识集中储存在人的脑海里，是个人所获得的经验和技能的体现、结合与创造性转化和发挥。知识管理就是要有效地实现这两类知识的转换并在转换中创新，它使企业能够明智地运用内部资源并预测外部市场的发展方向及其变化，对外部需求作出快速反应。

知识管理具有以下特点：知识管理重视对组织成员进行精神激励、重视知识的共享和创新、强调运用知识进行管理。

<h2 style="text-align:center">本 章 小 结</h2>

1. 中国古代管理思想源远流长，最具代表性的包括儒家、法家、道家和兵家。

儒家提出人性善的人性假设，依此相应提出施仁政，德治礼制的管理方式，用礼制规范和道德感化的手段，实现治国的目的，代表人物包括孔子、孟子和荀子。

法家与儒家相反，提出人性恶的人性假设，因而力主推行法制，并以刑治为手段，通过严刑重罚推法护法，实现治国的目的，代表人物包括管仲、商鞅和韩非子。

道家提出人性自然的假设，认为"道法自然"，"无为而万物化"，主张以弱小胜刚强，以反求正，以实现至德之世的理想境界，代表人物包括老子、庄子。

兵家从战争管理的角度提出了一系列管理的思想，并且从实践上证明了其有效性，代表人物包括孙子、吴起。

2. 西方工业革命时期开始有了现代管理学的雏形。代表人物包括亚当·斯密、詹姆士·小瓦特、罗伯特·欧文和查尔斯·巴贝奇等。

3. 古典管理理论形成于19世纪末和20世纪初的美欧，主要分为科学管理理论和组织管理理论。科学管理理论主要研究如何提高单个工人的生产效率。其代表人物主要有泰罗、吉尔布雷斯夫妇，以及甘特等。组织管理理论着重研究管理职能和整个组织结构，其代表人物主要有法约尔、韦伯和巴纳德。

4. 行为管理理论形成于20世纪20年代，早期被称为人际关系学说，以后发展为行为科学，即组织行为理论。人际关系学说最重要的成果来自梅奥及其领导的霍桑试验。1949年在美国诞生了"行为科学"，产生了一大批有影响力的行为科学家及其理论，主要有马斯洛及其提出的需要层次理论、麦格雷戈及其提出的Y理论、赫茨伯格及其提出的双因素理论、弗鲁姆及其提出的期望理论等。

5. 管理科学产生于第二次世界大战期间，这一学派强调应用定量和数学工具来解决管理问题。

6. 美国著名管理学教授哈罗德·孔茨，在20世纪60年代提出了"管理理论的丛林"的概念，总结了6个管理学派，到20世纪80年代将其发展为11个学派。

7. 随着环境的变化，现代管理理论又有一些新发展，如企业再造、学习型组织和知识管理等。

<h2 style="text-align:center">练 习 题</h2>

一、单项选择题

（1）被称为"科学管理之父"的管理学家是（　　）。

A. 法约尔　　　B. 泰罗　　　C. 梅奥　　　D. 韦伯

（2）"管理机构从最高一级到最低一级应该建立关系明确的职权等级系列"指的是法约尔管理14条原则中的（　　）。

    A. 统一指挥原则　B. 统一领导原则　　　C. 等级链原则　　　　　D. 集中化原则

(3) 梅奥等人根据霍桑试验得出的主要结论是(　　　)。

    A. 职工是社会人

    B. 企业中存在"非正式组织"

    C. 新的领导能力在于提高职工的满足度,以提高劳动生产率

    D. 以上均是

二、判断题

(1) 亚当·斯密是人事管理之父。　　　　　　　　　　　　　　　　　　　　　　　　(　　)

(2) 分工是社会化大生产的要求,分工越细则专业化程度越高,效率就越高。　　　(　　)

(3) 法约尔认为,任何企业都存在着 6 种基本活动,而管理只是其中之一。　　　(　　)

(4) 韦伯强调只有个人崇拜式权威才是行政组织体系的基础。　　　　　　　　　　(　　)

三、简答题

(1) 泰罗科学管理理论的主要内容有哪些?

(2) 法约尔提出了哪些管理职能和哪 14 条管理法则?

(3) 人际关系学说的主要观点有哪些?

四、思考题

(1) 列表说明现当代管理理论的主要观点。

(2) 你认为古典管理理论在现代社会中还具有实践价值吗?

(3) 除了课本上的理论外,你还接触过其他的当代管理理论吗? 如果有,请告诉你的老师和同学。

五、案例应用分析

案例 1:萧规曹随

    刚即位的汉惠帝看到曹丞相(西汉开国功臣曹参,汉丞相萧何死后,曹参继任汉丞相)一天到晚都请人喝酒聊天,好像根本就不用心为他治理国家似的。惠帝感到很纳闷,又想不出个所以然来,只以为是曹相国嫌他太年轻了,看不起他,所以就不愿意尽心尽力来辅佐他。惠帝左想右想总感到心里没底,有些着急。

    有一天,惠帝就对在朝廷担任中大夫的曹窑(曹参的儿子)说:"你休假回家时,碰到机会就顺便试着问问你父亲,你就说:'高祖刚死不久,现在的皇上又年轻,还没有治理朝政的经验,正要丞相多加辅佐,共同来把国事处理好。可是现在您身为丞相,却整天与人喝酒闲聊,一不向皇上请示报告政务;二不过问朝廷大事,要是这样长此以往,您怎么能治理好国家和安抚百姓呢?'你问完后,看你父亲怎么回答,回来后你告诉我一声。不过你千万别说是我让你去问他的。"

    曹窑接受了皇帝的旨意,休假日回家,找了个机会,一边侍候他父亲,一边按照汉惠帝的旨意跟他父亲闲谈,并规劝了曹参一番。曹参听了他儿子的话后,大发脾气,大骂曹窑说:"你小子懂什么朝政,这些事是该你说的呢?还是该你管的呢?你还不赶快给我回宫去侍候皇上。"一边骂一边拿起板子把儿子狠狠地打了一顿。

    曹窑遭了父亲的打骂后,垂头丧气地回到宫中,并向汉惠帝大诉委曲。惠帝听了后就更加感到莫名其妙了,不知道曹参为什么会发那么大的火。

第二天下了朝，汉惠帝把曹参留下，责备他说："你为什么要责打曹窑呢？他说的那些话是我的意思，也是我让他去规劝你的。"曹参听了惠帝的话后，立即摘帽，跪在地下不断叩头谢罪。汉惠帝叫他起来后，又说："你有什么想法，请照直说吧！"

曹参想了一下就大胆地回答惠帝说："请陛下好好地想想，您跟先帝相比，谁更贤明英武呢？"惠帝立即说："我怎么敢和先帝相提并论呢？"曹参又问："陛下看我的德才跟萧何相国相比，谁强呢？"汉惠帝笑着说："我看你好像是不如萧相国。"曹参接过惠帝的话说："陛下说得非常正确。既然您的贤能不如先帝，我的德才又比不上萧相国，那么先帝与萧相国在统一天下以后，陆续制定了许多明确而又完备的法令，在执行中又都是卓有成效的，难道我们还能制定出超过他们的法令规章来吗？"

接着他又诚恳地对惠帝说："现在陛下是继承守业，而不是在创业，因此，我们这些做大臣的，就更应该遵照先帝遗嘱，谨慎从事，恪守职责。对已经制定并执行过的法令规章，就更不应该乱加改动，而只能是遵照执行。我现在这样照章办事不是很好吗？"汉惠帝听了曹参的解释后说："我明白了，你不必再说了！"

曹参在朝廷任丞相3年，极力主张清静无为不扰民，遵照萧何制定好的法规治理国家，使西汉政治稳定、经济发展、人民生活日渐提高。他死后，百姓们编了一首歌谣称颂他说："萧何定法律，明白又整齐；曹参接任后，遵守不偏离。施政贵清静，百姓心欢喜。"

思考题：

(1) 无为而治的含义是什么？

(2) 本例中曹参是如何做到无为而治的？

(3) 无为而治对我们今天的管理有什么启示？

（资料来源：http://baike.baidu.com/view/89092.htm.）

案例2：管理理论真能解决实际问题吗？

海伦、汉克、乔、萨利4个人都是美国西南金属制品公司的管理人员。海伦和乔负责产品销售，汉克和萨利负责生产。他们刚参加过在大学举办的为期两天的管理培训学习班。在培训班里主要学习了权变理论、社会系统理论和一些有关职工激励方面的内容。他们对所学的理论有不同的看法，现正展开激烈的争论。

乔首先说："我认为社会系统理论对于像我们这样的公司是很有用的。例如，如果生产工人偷工减料或做手脚的话，如果原材料价格上涨的话，就会影响到我们的产品销售。系统理论中讲的环境影响与我们公司的情况很相似。我的意思是，在目前这种经济环境中一个公司会受到环境的极大影响。在油价暴涨时期，我们当时还能控制自己的公司。现在呢？我们要想在销售方面每前进一步，都要经过艰苦的战斗。这方面的艰苦，你们大概都深有体会吧？"

萨利插话说："你的意思我已经知道了。我们的确有过艰苦的时期，但是，我不认为这与社会系统理论之间有什么必然的内在联系。我们曾在这种经济系统中受到过伤害。当然，你可以认为这是与系统理论是一致的。但是，我并不认为我们就有采用社会系统理论的必要。我的意思是，如果每个东西都是一个系统的话，而所有的系统都能对某一个系统产生影响的话，我们又怎么能预见到这些影响所带来的后果呢？因此，我认为权变理论更适用于我们。如果你说事物都是相互依存的话，系统理论又能帮我们什么忙呢？"

海伦对他们这样的讨论表示有不同的看法。她说："对社会系统理论我还没有很好地考虑。但是，我认为权变理论对我们是很有用的。虽然我们以前亦经常采用权变理论，但是我却没有认识到自己是在运用权变理论。例如，我有一些家庭主妇顾客，听到她们经常讨论关于孩子和如何度过周末之类的问题，从她们的谈话中我就知道她们要采购什么东西了。顾客也不希望我们逼他们去买他们不需要的东西。我认为，如果我们花上一两个小时与他们自由交谈的话，那肯定会扩大我们的销售量。但是，我也碰到一些截然不同的顾客，他们一定要我向他们推荐产品，要我替他们在购货中做主。这些人也经常到我这里来走走，但不是闲谈，而是做生意。因此，你们可以看到，我每天都在运用权变理论来对付不同的顾客。为了适应形势，我经常改变销售方式和风格，许多销售人员也都是这样做的。"

汉克显得有点激动，他插话说："我不懂这些被大肆宣传的理论是什么东西。但是，关于社会系统理论和权变理论问题，我同意萨利的观点。教授们都把自己的理论吹得天花乱坠，他们的理论听起来很好，但是他们的理论却无助于我们的实际管理。对于培训班上讲的激励要素问题我也不同意。我认为泰罗在很久以前就对激励问题有了正确的论述。要激励工人，就是要根据他们所做的工作付给他们报酬。如果工人什么也没有做，则就用不着付任何报酬。你们和我一样清楚，人们只是为钱工作，钱就是最好的激励。"

思考题：

(1) 你同意哪一个人的意见？他们的观点有什么不同？

(2) 如果你是海伦，你如何使萨利信服系统理论？

（资料来源：徐国良，王进．企业管理案例精选精析[M]．北京：经济管理出版社，2000.）

实际操作训练

考察一家企业，分析在这家企业的管理活动中体现了哪些管理思想或理论。

第 3 章　现代管理面临的挑战

通过对本章的学习，掌握组织环境构成的要素，了解环境变化对组织管理的挑战。同时掌握社会责任及管理道德的相关知识点。

教学要求

知识要点	能力要求	相关知识
组织环境	(1) 理解环境如何对组织产生影响 (2) 灵活应对环境变化对组织的挑战	(1) 环境的构成要素 (2) 组织与环境之间的关系
社会责任	(1) 正确认识承担社会责任对组织的意义 (2) 掌握组织管理者应如何承担相应的社会责任	(1) 社会责任的含义 (2) 社会责任的内容
管理道德	(1) 正确认识遵守管理道德对组织发展的意义 (2) 在管理中遵守管理道德	(1) 管理道德的含义 (2) 4 种管理道德观 (3) 影响管理道德的因素 (4) 改善管理道德的途径

 基本概念

一般环境　具体环境　全球化　信息化　社会责任　管理道德

 导入案例

中国乳业上演生死时速！

1. 蒙牛、伊利离死亡有多远

"昨天，是中国乳制品行业最为可耻的日子……" 2008 年 9 月 17 日，蒙牛董事长牛根生在他的博客中这样写道。虽然其实更难堪的液态奶检测结果尚未公布。

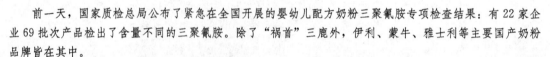

前一天，国家质检总局公布了紧急在全国开展的婴幼儿配方奶粉三聚氰胺专项检查结果：有22家企业69批次产品检出了含量不同的三聚氰胺。除了"祸首"三鹿外，伊利、蒙牛、雅士利等主要国产奶粉品牌皆在其中。

后一天，国家质检总局又紧急组织开展了全国液态奶三聚氰胺专项检查，结果蒙牛、伊利、光明等"名牌"再登黑名单——事件已经由开始的三鹿危机，迅速演变成了整个中国乳业危机！

2. 13亿人瞠目结舌，亿万母亲惊魂难定

曾经风光无限的伊利，曾经叱咤风云的蒙牛，曾豪情助奥运，曾创意助飞天，一个阔谈"有我中国强"，一个高论"产品等于人品"，曾经……消费者是何等的信任！

就在两个月前，笔者曾在纸上写下了这样的文字："蒙牛，离死亡还有多远？"但写下这段文字的初衷，却是对蒙牛由衷的期许。比尔·盖茨(Bill Gates)曾经说过：微软距破产永远只有18个月！我想得到的答案是，身为中国企业家楷模的牛根生，是否想过这样的问题。过去10年，世界乳业年增长1.5%，而中国乳业则保持20%左右的增速。一个行业的快速膨胀必然意味着弊病丛生。而蒙牛自创业以来，更是以火箭速度著称。在选择了快速扩张的商业模式之后，牛根生是否对可能出现的各种问题有所防范？在快速发展的同时，是否也在尽全力夯实管理？

而就在两个月之后的今天，这个问题却有了悲剧式的答案。无论蒙牛还是伊利，离死亡竟然如此之近，近在咫尺！

2000年的日本，曾经发生过"雪印牛奶中毒事件"，让这家声誉卓著的日本第一大乳业公司身败名裂，70年品牌毁于一旦。

雪印事件的启示是，没有什么比消费者的心死更可怕！而如今你看看各地爆棚的儿童医院，你就知道消费者是多么地恐惧！如今想起自己曾经喝过蒙牛、伊利，很多人都会不寒而栗！

乐观地说，即使企业危机处理得当，消费者信心的恢复尚需要3～5个月的时间。在这生死时段内，如何维持产业链的平衡？如何解决资金问题？如何解决停产或半停产状态下的员工问题？如何妥善解决奶农问题？如何处理原料奶和产成品的库存？……这一系列的问题，有一个环节处理不当，都足以让企业万劫不复！

（资料来源：刘宏君. 中国乳业，上演生死时速！[J]. 中外管理. 2008，(10).）

点评

"奶粉门"事件对中国乳品业的打击是巨大的，更是对中国企业社会责任的一次空前考验。社会责任和社会公众利益到底该摆在什么样的位置是每一家企业都必须认真考虑的。

3.1　组织环境的变化

3.1.1　组织环境的构成要素

任何组织都不是孤立存在的，离开了组织环境，组织便不能生存。组织和环境每时每刻都在交流信息，从购进原材料到输出相应的产品或服务，组织在不断地与环境进行着输入输出的转换。因此，组织的管理活动必然会受到与之息息相关的环境的影响。

组织环境是指一切存在于组织内外部并对组织产生实际影响或潜在影响的因素或力量。总的来说，组织环境可以分为内部环境和外部环境。组织的内部环境主要是指管理的

具体工作环境，包括物理环境、心理环境、文化环境等。组织的外部环境主要是指存在于组织界限以外的一切与本组织发生相互作用的因素，包括两个不同层次的环境领域：一般环境和任务环境，如图 3.1 所示。本节的组织环境是指组织的外部环境。

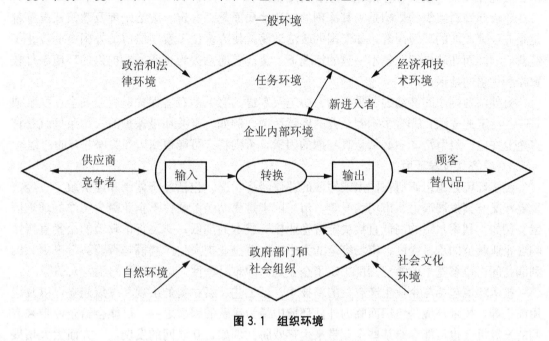

图 3.1 组织环境

1. 一般环境

组织的一般环境是指组织之外的对组织可能产生影响的非特定因素（即不一定与其他特定的组织相联系的因素），通常包括自然环境、政治法律环境、经济技术环境和社会文化环境等。一般环境对组织的影响是间接的、长远的，当其发生剧烈变化时会导致组织发展的重大变革。

1）自然环境

自然环境是组织所处的地理位置、气候条件和资源禀赋等各种自然条件的总和，这些自然条件主要是组织所处的地理位置以及在这一地理位置上的地形、气候、土壤、山林、水源、动植物、陆地和水中的矿藏等自然物。自然环境主要决定组织的资源优势或劣势，组织可以根据自然环境的特点，趋于利而避其劣，如海湾国家的石油资源优势。自然环境不仅对矿业公司、农场、水运企业至关重要，而且对某些制造业及服务业也很重要。相对来说，自然环境的变化速度是比较缓慢的，社会环境的变化周期则要快得多，对组织的威胁也要更大一些。

管理案例

成立于浙江省建德市千岛湖畔的农夫山泉股份有限公司，其有名的而且也为广大消费者接受的广告语——"我们不生产水，我们只是大自然的搬运工"，就是打了其水源地——千岛湖的地理位置优势，让自己的产品在消费者心中建立起健康的形象，从而获得更大的发展。

2）政治法律环境

政治和法律环境主要是由在不同层次上影响着各类组织活动的政府的政治活动、法律、法规、政策，以及各种措施等形成的复杂体。

政治环境对组织的影响是极其深刻的，政治局面是否安定、政治制度及政策状况等都是企业极其关注的环境因素，如泰国的政治动荡就使许多位于泰国境内的外国企业停止了经营活动。而在政局情况基本一致的情况下，企业更愿意去为企业发展提供的环境条件较宽松和优惠的地区。

另外，各国之间缔结的贸易条约、协定及东道国有关消费者保护、就业安全、税收或是一些特定的立法，都会影响到企业的经营活动。例如，有关环境保护的法律条例就是许多企业在生产经营活动中必须认真考虑的因素，否则将有可能遭到诸如关停并转的命运。

3）经济和技术环境

经济环境是指组织所在国家或地区的总体经济状况，包括经济体制和经济政策、经济发展状况及其发展潜力、市场状况等，市场因素是商品经济条件下企业最为关注的环境因素。例如，利率水平的高低直接决定着企业投资成本的高低；财政货币政策的松紧直接影响着企业融资的难易程度；市场容量的大小决定着企业扩大生产规模是否能够带来更大的利润空间；市场竞争的激烈程度决定了企业进入的难易程度，以及竞争的压力大小等。

技术环境包括与企业生产有关的新技术、新工艺、新材料的出现和发展趋势，以及应用前景等。技术环境是组织面临的外部环境中最为活跃的因素之一，可能会给企业带来有利的发展机会也可能会给某些企业带来生存威胁。例如，互联网的发展，一方面大大拓展了企业开拓市场的空间和手段，另一方面也对一些传统企业带来一定的威胁。

4）社会文化环境

社会文化环境是指组织所在社会中成员的民族特征、文化传统、价值观念、宗教信仰、教育水平，以及风俗习惯等。一些社会习惯和整个社会所持有的价值观，以及人们普遍接受和实际行动的行为准则，构成了组织的伦理环境。这些内容如果以法律条文的形式规定下来，就具有了法律效力。例如，社会文化环境会强烈地影响人们的购买决策和企业的经营行为，如受教育程度的高低通常影响着消费者对商品功能、款式、包装和服务要求的差异性，一般来讲，文化教育水平高的国家或地区的消费者要求商品包装典雅华贵、对附加功能也有一定的要求。

2. 任务环境

任务环境是指对组织构成影响的某些具体组织。虽然，不同的组织所面临的任务环境会因组织自身的性质而有很大不同，但对所有组织而言，构成任务环境的几个主要要素是非常类似的，主要包括供应商、顾客、竞争者、有关政府部门和社会组织等其他因素。

1）供应商

作为一个开放系统，组织必须不断地从外部环境中获取各种资源，通过组织的活动，将这些资源转化为该组织所提供的产品或服务，输出到外部环境中。组织所需的各种资源就是由其供应商提供的。供应商不仅指那些为其提供原材料和设备的公司，还应当包括为组织提供资金来源的银行等金融机构。

知识链接

如何选择供应商

选择供应商的短期标准主要有：商品质量合适、价格水平低、交货及时和整体服务水平好。选择供应商的长期标准主要有：评估供应商是否能保证长期而稳定的供应，其生产能力是否能配合公司的成长而相应扩展，其产品未来的发展方向能否符合市场的需求，以及是否具有长期合作的意愿等。

2）顾客

所谓顾客是指组织所提供的产品或服务的购买者。组织就是为了满足顾客的需要而存在的。企业顾客研究的主要内容包括总体市场分析、市场细分、目标市场确定和产品定位等。例如，"为中国市场特别加长"、"为中国车主特别订制"，这是近几年合资及进口车企面对媒体时最常说的话，现代、宝马、奔驰等公司纷纷推出了专为中国市场打造的全球首发车型。

3）竞争者

竞争者一般是指那些与本企业提供的产品或服务相似，并且所服务的目标顾客也相似的其他企业。这些竞争者可能是来自同一行业提供相同产品或服务的其他组织，也可能是来自其他行业提供类似或替代产品或服务的组织，它们与本组织争夺顾客、市场和资源。所有组织，甚至包括垄断组织，都有一个或更多的竞争者，就好比可口可乐公司与百事可乐公司、通用汽车公司与丰田汽车公司等。任何一家企业忽视竞争者，都会付出惨痛的代价。

 管理案例

以美国的铁路运输业为例，其铁路行业经营状况恶化，连年亏损的主要原因就在于未能真正认清竞争对手，他们自认为对铁路运输业务的垄断经营就能实现对运输业的垄断，但事实上，铁路运输只是整个运输业中的一部分，公路、水路、航空等都是运输业的一部分。

竞争是多方面的，不仅限于争取顾客，在取得原材料、贷款上也有竞争，在技术发展、改进商品上更是竞争激烈，所以企业必须要对竞争有全面的认识。

4）其他因素

作为管理者必须认识到，除了供应商、顾客、竞争者之外，还会有一些其他因素会对组织的行为产生直接的影响，这些因素包括政府管理机构、消费者协会等民间组织、新闻传播媒介，以及本组织所在社区机构等。例如，政府对组织的影响是通过相关政策、法律条例等来限定组织的经营范围，因此，一些政策或法律条例对组织的冲击力可能会很大。另外，还有一些政府部门是直接与企业发生联系的、对企业的经营管理有明显影响的，如财政税务部门、质量监督部门等。例如，有关食品与药物的生产，要受到食品药物管理局的严格监督，未获批准发证，不准进行生产。

3.1.2　组织与环境

1.环境对组织的影响

环境对组织的形成、发展和灭亡都有着重大的影响。组织环境会为某些组织的建立起到积极的促进作用，如蒸汽机技术的出现直接促成了现代工厂组织的诞生。某些环境的变化会为组织的发展提供有利条件。相反，由于某些组织未能适应环境的变化，因而已不复存在。在当代和未来，组织的目标、结构及其管理等只有变得更加灵活，才能适应环境多变的要求。

2.组织对环境的影响

组织与环境的关系，不仅是组织对环境做出单方面的适应性反应，组织对环境也具有积极的反作用，主要表现在：①组织主动地了解环境状况，获得及时、准确的环境信息；②通过调整自己的目标，避开对自己不利的环境，选择适合自己发展的环境；③通过自己的力量控制环境的状况和变化，使之适应自己的活动和发展，而无需改变自身的目标和结构；④可以通过自己的积极活动创造和开拓新的环境，并主动地改造自身，建立组织与环境新的相互作用关系。

另外，组织对环境的反作用也有消极的一面，即对环境的破坏，而这种消极的反作用又会影响组织的正常活动和发展。例如，2009年的三鹿奶粉事件，其根源就是不尊重顾客的利益，最终使企业走向毁灭的结局。

对外部环境进行分析，目的是要寻找出在这个环境中可以把握住哪些机会，必须要回避哪些风险，从而帮助企业更好地抓住机遇，健康发展。具体请参看本书第4章的相关内容。

 管理案例

IBM 百年之路：三次转型助发展

导语：2011年6月，IBM（International Business Machines Corporation，国际商业机器公司）迎来百岁生日。《经济学人》杂志网络版刊文称，IBM保持活力的秘密并不是电脑和软件，而是强大的客户关系。以下为文章节选。

在纽约州阿蒙克的IBM总部，一条长廊连接了两栋大楼，这条长廊展示了IBM的"美好回忆"。从穿孔卡片到磁带，从硬盘驱动器到存储芯片，这条长廊展示了自现代计算设备诞生以来各种类型的信息存储方式，一些是实物，另一些则是照片。在IBM的大楼中，参观者还可以看到其他古老的计算设备，如大会议室附近陈列着一台和办公桌一样大的计算器，上面有数百个按钮。参观者还可以看见连接至一块金属板的杂乱无章的线缆，这是软件的早期形式，被称为"控制板"。

1.百年历史

没有任何一家其他IT公司能够宣称，它们开发过这一展览中的所有产品。缺少IBM的计算机行业史是不完整的。2011年6月16日，IBM将迎来100岁的生日。尽管很多人认为，IBM是一家20世纪的公司，但IBM目前仍然是IT行业的领袖之一。IBM的市值在大部分时间内与微软相当，而微软是IBM

多年的竞争对手。

IBM迎来百岁生日反映了数字技术的发展,但是外界还关心另一个问题:为何IBM在创立如此长时间后仍然存在,并获得繁荣发展,尤其考虑到计算机行业相对其他行业有更多的创新和变化?

为了理解为何IT企业很难永远保持领先,可以将计算机行业视为一个一直在创造不同数字平台的企业。每过10年左右,一个新的平台将会出现,并带领计算机行业进入一个新的水平。最先出现的是大型机,随后出现了分布式系统、小型机、个人电脑和服务器。目前,计算机行业开始向云计算和移动设备发展。

麻省理工学院商学教授迈克尔·库苏马诺(Michael Cusumano)表示,从一个平台向另一个平台的转型意味着对企业各个方面的挑战,包括技术能力、品牌及赢利方式。因此,大公司通常更倾向于维护当前的业务,而不是开辟新的业务。例如,微软目前仍依赖Windows操作系统。只有很少的企业实现了在不同平台之间的转型。IBM成功实现了3次这样的转型。

2. 3次转型

尽管官方认定的IBM成立时间为100年,但该公司的真实年龄已经是125岁。1886年,统计学家赫尔曼·霍尔里斯(Herman Hollerith)创立了一家企业,租赁他为美国统计部门发明的一款制表机器。借鉴列车售票员在车票上打孔以预防欺诈的做法,霍尔里斯开发了一种打孔卡片,用于记录个人数据,其中的信息可以通过特定的电子设备来阅读。1911年,霍尔里斯的公司与其他3家公司合并,成为IBM的前身CTR(C代表计算,T代表制度,R代表记时)。在此之后,这一打孔卡片技术成为了CTR业务的核心。

20世纪40年代末,随着电子计算机和磁带的出现,IBM迎来了第一次平台转型。IBM管理层,包括自1915年就出任CTR掌门人的老托马斯·沃森(Thomas Watson senior),产生了犹豫。当时,IBM的一名资深员工对第一代磁带驱动器的开发者表示:"你们年轻人应当记住,IBM是一家基于打孔卡片的公司,我们的基础将永远是打孔卡片。"一些人表示,直到小托马斯·沃森(Thomas Watson junior)于1956年出任IBM掌门人之后,IBM才全面接受了这一新技术,从而进入到电子时代。

在小沃森的领导下,IBM成为全球最大的计算机厂商。IBM当时致力于第一代大型机System/360的开发,这一战略获得了成功。System/360于1964年推出,很快就成为市场领先的计算平台。到1969年,IBM的市场份额增长至70%,成为第一家可以被称为"邪恶帝国"的大型IT公司,并引起了美国反垄断监管部门的关注。

IBM遭遇的第二次平台转型是从大型机到分布式系统,包括个人电脑的转型。IBM在此次转型中遭遇了更大的危险。由于大型机业务的利润很高,IBM迟迟未能推出廉价的分布式计算系统。90年代初,分布式计算系统开始蓬勃发展,这导致IBM的业务模式崩溃。1993年,IBM大型机业务营收从1990年的160亿美元下降至70亿美元。IBM前CEO(chief executive officer,首席执行官)郭士纳(Lou Gerstner)表示:"只有很少人知道,IBM已经非常接近现金断流的境地。"郭士纳当时裁员3.5万人,以削减成本。

IBM很轻松地实现了第三次平台转型。在此次平台转型中,通过大型数据中心和网络提供的计算服务开始兴起,而桌面电脑则开始越来越不重要。与其他竞争对手相比,IBM更快地发现了这一趋势。IBM还预计,这种云计算的发展将加速"大规模数据"的出现,而"大规模数据"是进行信息发掘的素材,可以提供有价值的分析结果。因此,自2005年以来,IBM已经花费了140亿美元,收购了超过20家提供各类"业务分析"服务的公司。

3. 灵活应变,建立良好客户关系

在成立了100年之后,IBM已经很好地掌握了自身的命运。不过,该公司的历史可以被认为是各种业务限制和管理人才不断涌现的结果。一开始,作为复杂设备的制造商,IBM别无选择,只能不断向客户介绍自己的产品,因此,IBM能够很好地理解客户的业务需求。在此基础上,IBM与客户和供应商建立了紧密的联系。

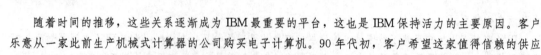

随着时间的推移，这些关系逐渐成为 IBM 最重要的平台，这也是 IBM 保持活力的主要原因。客户乐意从一家此前生产机械式计算器的公司购买电子计算机。90 年代初，客户希望这家值得信赖的供应商能继续生存。目前，客户也愿意获得 IBM 服务部门的帮助，聆听有关如何使业务更好发展的建议。

Gartner 分析师卡尔·克兰奇(Carl Claunch)表示，人工平台有一个重要缺陷，即维护和拓展的成本很高。不过这也意味着，其他公司很难复制 IBM 的业务，或是入侵这一市场。考虑到当前环境的复杂性，以及未来仍然可以数字化的部分，IBM 的人工平台还不会很快遭遇极限。这一时间或许为下一个100 年。

（资料来源：http://www.enet.com.cn/article/2011/0616/A20110616873792.shtml.）

3.1.3　环境变化对组织管理的挑战

1.　全球化环境

"全球经济一体化"、"地球村"等这些说法反映出当今世界发展的一个重要趋势，地理上分散于全球各地的经济活动开始综合和一体化，使得管理不再局限于某个国家的边界，商品进出口、中外合资企业、国际著名跨国公司在中国设立子公司、中国企业国际化等，要求管理者的思维必须超越国界，不论是进行全球化经营的企业还是只将经营范围局限在国内市场的企业，每一个组织都面临着改进自己的产品或服务的压力，以此来适应来自国外同类或相关组织高质量的产品或服务的竞争。

事实上，全球化环境对组织的影响是多方面的，不仅反映在经济方面，而且表现在政治、文化、科技等诸多方面，它给组织带来的不仅有机会，而且还有挑战。组织要想取得长期的成功，其管理者必须更多地从这一方面来思考问题。

 小思考

你认为全球化给管理者创造了什么样的机会和挑战？管理者应该如何应对？

2.　信息化环境

物质、能源和信息是构成客观世界的三大要素。在人类社会发展的进程中，它们又是维护社会生产和经济发展的重要资源。在当今信息化社会中，与其他资源相比，信息资源具有特别重要的意义。人类对各种资源的有效获取、有效分配和有效使用，无一不是凭借对信息资源的开发和利用来实现的。信息资源在推动社会发展、促进人类社会进步等方面正发挥着日益重要的作用。

组织的信息化已成为大型组织发展的方向。所谓组织的信息化，就是以信息为基础重构组织，它表现在以下几方面：①信息和知识成为组织的战略性资源和真正的财富；②组织处理数据信息的能力关系到组织的生命力；③各种数据与信息的处理需要专业的知识，组织中各种专业人才的比例将上升并占有相当高的地位，管理层次将减少；④组织的结构趋于网络化，信息交流的效率直接影响并决定组织的效率；⑤组织逐步变为过程型组织，以事务为中心，机械刚性的组织结构将被刚柔相济的有机结构所代替。

小思考

你认为信息化给组织带来了什么？组织应该如何应对？

3. 多元化环境

近年来出现的另一个主要的组织环境方面的变化是对多元化概念的日益重视，员工对工作的看法、对组织奖励的期望、同他人的关系等都会受到多元化的影响。以前人们更愿意将组织比作"熔炉"，认为进入组织的人应该融入其所加入的新的文化背景，但现在，把组织比作"搅拌沙拉"可能更合适，即每种成分都保持其特有的芬芳、色彩和特质。这种观点可以使组织从所有员工的才能、观点和背景中获益，可以获得更多的解决问题的方法，而这些新鲜的观点很可能给组织带来新产品、新市场或改进客户服务。

与此同时，如果忽视多元化则可能令组织付出巨大代价，它不仅会导致将少数群体排除在沟通和决策之外，还会导致员工之间的紧张气氛、生产力下降、缺勤增加，以及由此引起的成本上升、员工流失和员工士气低落等一系列问题。

知识链接

中国企业的人口结构

中国企业正经历着结构上的重大变化：人口年龄结构的变化，以及组织员工中知识工人、专家比例的变化。

根据2010年第六次人口普查的统计数据，60岁及以上人口占总人口比重为13.26%，65岁及以上人口占总人口比重为8.87%，与2000年第五次人口普查时的数据相比，60岁及以上人口的比重上升2.93个百分点，65岁及以上人口的比重上升1.91个百分点，而专家预测，到2040年中国将达到人口老龄化的高峰。

第六次人口普查的数据同时显示，同2000年第五次全国人口普查相比，每10万人中具有大学文化程度的由3 611人上升为8 930人；具有高中文化程度的由11 146人上升为14 032人；具有初中文化程度的由33 961人上升为38 788人；具有小学文化程度的由35 701人下降为26 779人。

3.2 社会责任与管理道德

3.2.1 社会责任

1. 社会责任的含义

社会责任是指一个组织对社会应负的责任，一个组织应以一种有利于社会的方式进行经营和管理，通常是指组织承担的高于组织自身目标的社会义务。企业社会责任是指企业在创造利润、对股东承担法律责任的同时，还要承担对员工、消费者、社区和环境的责任。企业的社会责任要求企业必须超越把利润作为唯一目标的传统理念，强调在生产过程中对人的价值的关注，强调对消费者、对环境、对社会的贡献。如果一个企业不仅承担了法律上和经济上的义务，还承担了"追求对社会有利的长期目标"的义务，那么，该企业就是有社会责任的。

 特别提示

为了更好地理解社会责任的含义，将其与另外两个与之较为相似的概念——社会义务和社会响应加以对比。

社会义务是指一个企业仅仅承担起的经济和法律的责任，这是企业参与社会的基础。当一个企业履行了其社会义务时，仅代表其达到了在经济和法律上的最低要求。

社会响应是指企业适应变化着的社会状况的能力，它强调的是一个企业对社会呼吁的响应。社会响应往往是由社会伦理道德标准引导的，与社会责任相比，社会响应更注重运用各种手段和途径去实现其中短期的利益。例如，某企业生产的某批次产品不合格，企业马上执行召回制度，这说明该企业社会响应能力强，如果仅此一回，说明该企业也是有社会责任的。但如果过段时间又有一批产品不合格，企业又马上执行召回制度，如此反复，在此情况下，我们可以说企业的社会响应能力依然不错，但其社会责任如何就不能妄下结论了。

2. 社会责任的内容

社会责任超越了以往企业只对股东负责的范畴，强调对包括股东、员工、消费者、社区甚至竞争对手在内的利益相关者的社会责任。当然，企业社会责任最基本的是法律责任。

1）企业对股东的责任

作为企业，首先要为投资者负责，能够给企业股东带来有吸引力的投资报酬，同时，企业还要将其财务状况及时、准确地报告给投资者。

2）企业对员工的责任

员工是企业最宝贵的财富。企业对员工的责任主要体现在：①对所有员工一视同仁，定期或不定期地给员工提供培训；②为员工营造一个良好的工作环境，尊重员工人格，关注员工生命安全和身体健康；③帮助员工进行职业生涯设计，促进员工的全面发展，提高其适应市场激烈竞争环境的能力等。

3）企业对顾客的责任

"顾客是上帝"，忠诚顾客的数量及顾客的忠诚程度往往决定着企业的成败得失。企业对顾客的责任主要体现在：为顾客提供优质安全、符合顾客需要的产品和服务，不使顾客因为产品受到伤害；为顾客提供及时、正确、明了的产品信息，不误导消费者；提供优质的售前、售中及售后服务，减轻顾客消费的后顾之忧；赋予顾客自主选择的权利，不把企业意志强加于顾客等。

4）企业对所在社区的责任

企业不仅要为所在社区提供就业机会和创造财富，还要尽可能地为所在社区做出贡献。例如，积极参与社会建设、热心社区公益事业、创造良好的社区关系、发展优秀社区文化等。

5）企业对竞争对手的责任

企业对竞争对手的责任主要体现在正确处理好与竞争对手的关系，维护公平、有序的竞争环境等方面，包括有序竞争，不诋毁竞争对手；树立合作竞争的观念，创造"双赢"而不是"双输"的局面，与竞争对手共成长；等。

6）企业对自然环境的责任

企业既受自然环境的影响又影响着自然环境。从自身生存和发展的角度看，企业有承担保护环境的责任。主要体现在：①企业要在保护环境方面发挥主导作用，不向环境排放有害物体；②企业要以"绿色产品"为研究和开发的主要对象，要保证产品既安全又无害；③企业要治理环境，污染环境的企业要采取措施治理环境，谁污染，谁治理，而且还要在推动环保技术的应用方面发挥示范作用。

3．对社会责任的认识过程

在过去的几十年间，人们对企业应承担起何种社会责任的认识发生了根本性的转变，大致经历了以下几个阶段。

1）"赢利至上"阶段

1970年9月13日，诺贝尔奖得奖人、经济学家米尔顿·弗里德曼（Milton Friedman）在《纽约时报》刊登题为《商业的社会责任是增加利润》的文章，指出"市场经济条件下企业的一项、也是唯一的社会责任是在现行游戏规则范围内增加利润，而对于企业行为给社会带来的不良影响和弊端，则最终由法律和法院来负责解决。"他认为当今的大多数管理者是职业管理者，这意味着管理者并不拥有其所经营的企业，而只是员工，仅对股东负责。因此，管理者的主要责任就是最大限度地满足股东的利益，而股东只关心一件事，也就是财务利益，如果经营者将企业的资源用于"社会产品"，就会破坏市场机制的基础。

这个观点在很长时间内一直维系着人们对组织的社会责任的认识，很多管理人员都认为自己的唯一目标就是追逐尽可能多的利润，而不管实现利润最大化的手段或者途径是否有损社会利益。

 小思考

有人认为，企业如果承担社会责任，生产社会产品，实际上就是一种资源的再分配，那么就必须有人为这种资产的再分配付出代价。如果社会责任行为降低了利润和股息，那么股东就会受损失；如果必须降低工资和福利来支付社会行为，那么雇员就会受损失；如果用提价来补偿社会行为，那么，消费者就会受损；如果市场不接受更高的价格，那么销售额可能就会下降，企业的生存也许就要受到影响，在这种情况下，企业的全部组成要素都将受损。

你如何看待上述观点？

2）"关注环境"阶段

20世纪80年代，企业社会责任运动开始在欧美发达国家逐渐兴起，它主要包括环保、劳工和人权等方面的内容，由此导致消费者的关注点由单一关心产品质量，转向不仅关心产品质量，而且关心环境、职业健康和劳动保障等多个方面。一些涉及绿色和平、环保、社会责任和人权等非政府组织及舆论也不断呼吁，要求企业社会责任与贸易挂钩。迫于日益增大的压力和自身的发展需要，很多欧美跨国公司纷纷制定对社会做出必要承诺的责任守则，或通过环境、职业健康、社会责任认证应对不同利益团体的需要。

3）"社会经济"阶段

社会经济观认为，利润最大化是企业的第二目标，企业的第一目标是保证自己的生存。为了实现这一点，企业必须承担社会义务，以及由此产生的社会成本。企业必须以不污染、不歧视、不从事欺骗性的广告宣传等方式来保护社会福利，必须融入自己所在的社区及资助慈善组织，从而在改善社会中扮演积极的角色。

在"社会经济"观点看来，"赢利至上"观的主要缺陷主要在于其时间框架。社会经济观的支持者认为，管理者应该关心长期财务收益的最大化，为此，企业必须从事一些必要的社会行动并承担相应的成本。

 管理案例

美国911恐怖袭击的当天，在灾难现场进行抢救的救难人员，到邻近的星巴克咖啡店要几箱水，结果店员却要救难单位付钱130美元，结果一封网络邮件将这件事四处传播开来。由于在网络上引起争议，两周后星巴克开始说明。

第一篇新闻稿：邮件会影响星巴克员工士气。

隔天第二篇新闻稿：星巴克捐了14 000加仑水。

再隔数天店里贴出执行长亲笔公告：对发生的事失望……应该捐出那3箱水。

虽说如此，但强烈辩护和缓慢的反应仍然引起许多反感，已经严重影响了企业形象，星巴克在这次事件处理上栽了大跟头。

思考题：

（1）如果你是星巴克公司，事件发生时你会怎么做？

（2）社会责任活动的发生必然会导致企业内部成本的增加，那么，这是否意味着企业从事社会责任活动会引起其经济绩效的下降呢？

（3）对一家企业而言，社会责任承担与经济绩效之间到底存在着怎样一种关系？

3.2.2 管理道德

1. 道德的含义

道德，就是依靠社会舆论、传统习惯、教育和人的信念的力量去调整人与人、个人与社会之间关系的一种特殊的行为规范，是规定行为是非的惯例和原则。一般来说，道德是社会基本价值观一个约定俗成的表现，人们一般都会根据自己对社会现象的理解，形成被社会大多数人认同的道德观，大多数人都能够知道该做什么、不该做什么，哪些是道德的、哪些是不道德的。

 特别提示

道德一般可分为社会公德、家庭美德、职业道德3类，它们都与个人道德紧密相连。其中，职业道德是同人们的职业活动紧密联系的符合职业特点所要求的道德准则、道德情操与道德品质的总和，是从事一定职业的人在职业劳动和工作过程中应遵守的与其职业活动相适应的行为规范。职业道德是从业人员在职业活动中应遵守或履行行为的标准和要求，以及应承担的道德责任和义务。

 小思考

一个登山队在攀登喜马拉雅山的过程中，发现了另一个登山队遗留下来的一名奄奄一息的队员。这时，登山队长就要做出一个决策：是破坏自己的登山计划把这个人抬下去，还是不管这个本不属于自己团队的人继续登山。

如果你是这位登山队长，你会怎样做？

2. 管理中 4 种不同的道德观

1）功利观

道德的功利观是一种要完全依据行为结果即所获得的功利来评价行为善恶的道德观。功利观强调利益最大化，其目标是为绝大多数人提供最大的利益。例如，一名管理者可能认为解雇 20％的员工是正当的，因为这将会增加企业利润，使得剩下的 80％的员工有更好的工作保障。

道德的功利观有其合理的一面，因为人的行为一般都是基于某种动机的，但是，这种观点也存在着不可回避的问题。例如，为了实现最大利益，可能采取不公平甚至损害他人或社会利益的手段。

2）权利观

道德的权利观是与尊重和保护个人自由和特权有关的，认为决策要尊重和保护个人的基本权利，包括隐私权、良心自由和法律规定的各种权利。例如，这种观点认为当雇员揭发雇主违反法律时，应当对其言论加以保护。

道德的权利观，其积极的一面是保护了个人自由和隐私，但它也可能带来消极的一面，因为组织整体的利益需要可能和个人的权利不完全一致，当过分强调个人权利时，有可能造成任性放纵的无组织状态。

3）公平观

道德的公平观认为决策者要公平地实施规则，尤其要注意保护那些利益可能未被充分体现或无权的利害攸关者。例如，一名管理者可能认为向新来的员工支付比最低工资高一些的工资是道德的。这种道德观与道德的功利观形成了鲜明的对比。

4）社会契约观

道德的社会契约观认为，决策人在决策时应综合考虑实证（是什么）和规范（应该是什么）两方面的因素，即管理者应考察当前各行业和各公司中的现有道德准则，以决定什么是对的、什么是错的。例如，美国公司在中国的雇员，与美国本土的同等技能或同等职责的员工相比，工资待遇差别可能有 5～10 倍之多，但这些行为通常并不被认为是不道德的。

道德的社会契约观实质上是功利主义道德观的变种，因为它既不符合权力至上的道德观，也不符合公平公正道德观的基本原则，但却能大幅度降低企业人力资源的成本，增加企业的利润。

3. 影响管理道德的因素

一个组织或个人的行为是否合乎管理道德通常受多种因素的影响，一般来讲，最重要的影响因素包括个人道德的发展阶段、个人特征、结构变量、组织文化及道德问题的强度等，这些因素共同作用将最终决定着组织和个人所采用的手段是否道德。

1) 道德发展阶段

一个人的道德发展存在着前后相继的3个层次，而每一个层次又包含着两个不同的阶段，每一个相继的阶段上，个人道德判断变得越来越不依赖外界的影响。道德发展所经历的3个层次和6个阶段如表3-1所示。

表3-1　道德发展阶段

层次	阶段
前惯例层次 只受个人利益的影响。决策的依据是本人利益，这种利益是由不同行为方式带来的奖赏和惩罚决定的	(1) 遵守规则以避免受到物质惩罚 (2) 只在符合个人的直接利益时才遵守规则
惯例层次 受他人期望的影响。包括对法律的遵守，对重要人物期望的反应，以及对他人期望的一般感觉	(3) 做周围人所期望的事 (4) 通过履行个人允诺的义务来维持平常秩序
原则层次 受个人用来辨别是否道德的准则影响，这些准则可以与社会的规则或法律一致，也可以与社会的规则或法律不一致	(5) 尊重他人的权利，置多数人的意见于不顾、支持不相干的价值观和权利 (6) 遵守自己选择的道德标准，即使这些准则违背了法律

 特别提示

有关道德发展阶段的研究表明：①人们渐进地依次通过这6个阶段，而不能跨越；②道德发展可能中断，可能停在任何一个阶段，也可能倒退；③大部分成年人的道德发展处于第四阶段；④一个管理者达到的道德阶段越高，就越倾向于采取符合道德的行为。

2) 个人特征

管理者的个人特征对组织的管理道德有着直接的影响。每个人在进入组织时，都有一套相对稳定的价值准则，这些准则一般都是在个人早年发展起来的，是关于什么是正确、什么是错误的基本信条。下面来分析其中两个个性变量是如何影响个人道德行为的。

(1) 自我强度。自我强度是用来度量一个人信念强度的个性变量。信念强度越高，克制冲动并遵守其判断的可能性越大。因此，自我强度高的管理者比自我强度低的管理者在道德判断和道德行为之间表现出更大的一致性。

(2) 控制中心。控制中心是用来度量人们相信自己掌握自己命运程度的个性特征。具有内在控制中心的人，认为自己掌握着自己的命运，而外在控制中心的人则认为其一生中会发生什么事全凭外在条件和运气。内在控制中心的管理者比外在控制中心的管理者在道德判断和道德行为之间表现出更大的一致性。

3）结构变量

组织结构设计有助于形成管理者的道德行为。正式的组织规则和制度、职务说明、明文规定可以降低管理者的模糊性，促使其道德判断与道德行为保持一致性。但在相同的组织结构中，管理者在时间、竞争和成本等方面的压力也会不同。压力越大，越可能降低道德标准。

4）组织文化

组织文化的内容和强度也会影响道德行为。一种健康的、具有较高道德标准的组织文化对人的行为道德属性有着敏锐的分辨能力，并且具有很强的控制能力。与弱组织文化相比，强组织文化对管理者、员工的影响更大，强文化让员工清楚地知道在处理事件的时候应遵循什么样的道德标准。

5）道德问题的强度

道德问题的强度也影响着管理者的道德行为选择，道德问题的强度即该问题如果采取不道德的处理行为可能产生后果的严重程度。有 6 个相关特征将最终决定问题的强弱和重要性程度。

（1）行为的后果：某种行为将带来什么样的后果，即行为的受害者（受益者）将受到多大程度的伤害（收益）。

（2）行为后果的可能性：行为实际发生和将会引起可预见的后果的可能性有多大。

（3）对行为判断的舆论：多少人认为该行为是邪恶的，多少人认为其是善良的。

（4）行为后果的预见性：后果出现需要多少时间（现在或者将来）。

（5）行为后果的波及性：受该行为影响者与自己有多接近。

（6）行为后果的集中程度：受该行为影响的人员的集中程度有多大。

一般情况下，若某行为造成危害的后果越严重，可能性越大，舆论谴责越强烈，其行为到后果的时间间隔越短，人们与受害者关系越近，影响集中度越显著，那么该问题的强度就越大，其重要性程度也就越高，人们对该行为具备道德性的期望也就会越强烈。

 管理案例

蒙牛的用人原则遵循：有德有才破格重用，有德无才培养使用，有才无德限制录用，无德无才坚决不用。

4. 改善管理道德的途径

在日趋激烈的市场竞争中，通过建立规范的道德伦理体制来创建一个有利于提高声誉的组织氛围，已经成为各个组织获得成功必不可少的基础。为此，组织的管理者要特别注意从以下几个方面来改善组织的道德伦理体制。

1）甄选

组织在招聘甄选的过程中，应重视对应聘者道德发展阶段、价值观及个性差异方面的测试，挑选高道德素质的员工。一般可以通过面试、笔试及情景测试等多种形式进行综合了解，并据此对那些在伦理道德方面不符合要求的人员进行淘汰和剔除。

2）建立道德准则和决策规则

道德问题具有一定的主观意识性，不同的文化背景等因素都会影响到一个人的道德判断。因此，在组织中应建立起明确的道德准则，避免组织员工在遇到道德问题时感到迷茫。在制定道德准则时应该注意，一方面，道德准则要尽量详尽具体，能让雇员明白组织所要求的工作精神及工作要求；另一方面，道德准则也应该有足够的宽松度，从而使员工有一定的判断自由。

3）管理者在道德方面领导员工

组织道德准则的落实实施，管理者的以身作则非常关键，因为组织文化基调的建立通常是自上而下的。尤其是高层管理者在道德问题方面的判断和行为，往往具有很强的表率作用。因此，作为组织的高层管理者，应该时刻警醒自己的所作所为，因为这不仅仅是一种单纯的个人行为，它可能会直接影响到组织道德体制的建立。

4）设定明确、切合实际的工作目标

工作目标的切实可行性对组织的管理道德具有很重要的现实意义。如果组织给员工设定的目标是不切合实际、难以完成的，那么在工作目标的重压之下，员工很可能为了实现目标而选择"不择手段"，由此带来的道德扭曲对组织来讲可能是得不偿失的。

5）对员工进行道德教育

目前，越来越多的组织认识到了对员工进行适时的道德教育的重要性，积极采取各种形式尝试改善组织的道德行为，如开设研讨会、组织专题讨论会，以及各种形式的培训项目等。

 管理案例

GE（General Electric Company，通用电器公司）为雇员提供广泛的道德培训，形式包括研讨会、电视教学、强制参加的课程、为报告错误行为专设的免费电话号码，甚至还有向韦尔奇（Welch）先生递送匿名报告的途径。

公司偶尔还在走廊上对工人进行突然提问，如问："报告错误行为的 3 种方法是什么？"回答正确者将得到一大杯咖啡的奖赏。

GE 的主管要求公司传递给雇员的主要信息是，不能容忍错误行为和雇员不必等到证据确凿时才报告。

6）对绩效进行全面评价

结果和过程是绩效评价的两个最主要的方面。一个只注重评价经济后果的组织是很容易陷入道德管理困境的，因为员工很可能为了追求经济后果而不择手段，所以在一个坚持高道德标准的组织中，应坚持对经济后果与道德后果同时评估，有时甚至会更加重视对实现结果过程中的道德性问题的评估。

7）进行独立的社会审计

根据组织的道德准则来对管理行为进行评价的独立审计，是发现不道德行为的有效手段。审计可以是定期的，也可以是随机的、不事先通知的。有效的社会审计应该同时包括这两种形式，并且一定是要独立于组织之外的。

此外，组织还可以建立一些组织道德行为的咨询机构，通过沟通来帮助组织成员明确道德问题的判断标准，并通过提供正式的保护机制使得员工能够就道德问题敢于做出正确的判断和行为。

本 章 小 结

1. 任何组织的生存和发展都是在一定的环境中进行的，组织环境包括一般环境和任务环境。
2. 全球化、信息化和多元化为企业的发展带来了机会，但同时也使企业面临一定的挑战。
3. 社会责任是指一个组织对社会应负的责任，一个组织应以一种有利于社会的方式进行经营和管理，要对包括股东、员工、顾客、所在社区、竞争对手，以及自然环境在内的利益相关者负责。
4. 管理中 4 种不同的道德观包括功利观、权利观、公平观和社会契约观。
5. 影响管理道德的因素包括个人道德的发展阶段、个人特征、结构变量、组织文化及道德问题的强度等，这些因素共同作用将最终决定着组织和个人所采用的手段是否道德。
6. 管理者可以通过以下途径来改善管理道德：①甄选高素质员工；②建立明确的道德准则和决策规则；③管理者在道德方面领导员工；④设定明确、切合实际的工作目标；⑤对员工进行道德教育；⑥对绩效进行全面评价；⑦进行独立的社会审计。

练 习 题

一、 单项选择题

(1) 在企业外部环境中，不属于一般环境的因素有(   )。

A. 政治环境   B. 经济环境   C. 社会文化环境   D. 供应商

(2) 假如管理者认为解雇工厂中 20% 的工人是正当的，因为这将增强工厂的盈利能力，使余下 80% 的工人工作更有保障，并且符合股东利益，那么这位管理者接受的道德观是(   )。

A. 社会契约观   B. 权利观   C. 功利观   D. 公平观

(3) 影响管理者道德行为的因素有(   )。

A. 道德发展阶段 B. 个人特征
C. 结构变量   D. 组织文化   E. 问题强度   F. 以上答案都是

(4) 下列对管理者的道德行为影响较大的是(   )。

A. 受伤害的人较少   B. 很多人认为这种行为是邪恶的
C. 行为的后果出现得很晚   D. 行为发生并造成实际伤害的可能性很小

二、 判断题

(1) 组织处在一定的环境之中，只能被动地适应环境才能更好地发展。   (   )
(2) 只受个人利益影响的道德发展阶段是惯例层。   (   )
(3) 用来度量人们在多大程度上是自己命运主宰的个性变量是控制中心。   (   )
(4) 如果一家企业履行了经济上和法律上的义务，就说该企业履行了其社会责任。   (   )

三、简答题

(1) 简述组织外部环境包含的要素。

(2) 社会因素和政治法律因素是如何影响组织外部环境的？

(3) 什么是社会责任？对于社会责任有哪些不同的观点？

(4) 社会责任的内容包括哪些？

(5) 影响管理道德的因素有哪些？

四、思考题

(1) 一般环境可能对管理实践有什么影响？请以你熟悉的某企业为例，分析其面临的一般环境与任务环境。

(2) 企业是否应该承担社会责任？请说明理由。

(3) 为什么现今工商企业的社会责任承担问题普遍引起了人们的关注？

五、案例应用分析

海尔的腾飞

1. 崛起与发展

海尔，创立于 1984 年，崛起于改革大潮之中的海尔集团，是在引进德国利勃海尔电冰箱生产技术成立的青岛电冰箱总厂基础上发展起来的。在海尔集团首席执行官张瑞敏"名牌战略"思想的引领下，海尔经过二十几年的艰苦奋斗和卓越创新，从一个濒临倒闭的集体小厂发展壮大成为在国内外享有较高美誉的跨国企业。

2002 年，海尔跃居中国电子信息百强之首。从 2004 年以 1 016 亿元的营收成为中国家电行业的第一个"千亿俱乐部成员"后，海尔集团的年营收不断发展，2011 年实现营业收入 1 509 亿，折合 233 亿美元。

1984 年，工厂职工不足 800 人。2011 年，海尔发展成为全球拥有 8 万多名员工的全球化集团公司。

1984 年只有一个型号的冰箱产品，目前已拥有包括白色家电、黑色家电、米色家电、家居集成在内的 86 大门类 13 000 多个规格品种的产品群。在全球，很多家庭都是海尔产品的用户。海尔已连续 3 年蝉联全球白色家电第一品牌，并被美国《新闻周刊》(Newsweek)网站评为全球十大创新公司。

2. "名牌战略"：中国第一品牌

用户的忠诚度是与海尔产品的美誉度紧紧联系在一起的，27 年间，海尔的无形资产从无到有，自 2002 年以来连续 10 年成为中国价值最高的品牌，稳居制造业第一品牌。2011 年，海尔再次以 907.62 亿的品牌价值位居"中国最有价值品牌"榜首，保持了"中国第一品牌"的不老神话。

海尔产品依靠高质量和个性化设计赢得了越来越多的消费者。2010 年，海尔集团实现全球营业额 1357 亿元人民币(折合 207 亿美元)，同比增长 9%。其中海尔品牌出口和海外销售额 55 亿美元，占总营业额的 26%。世界著名的消费市场研究机构 Euromonitor(欧睿国际)公布的 2010 年市场调研结果显示：海尔品牌在大型白色家用电器的全球市场占有率为 6.1%，连续两年蝉联全球第一。中国品牌在海外市场的全部份额中，海尔占到 86.5%，也就是说在出口海外的中国家电品牌中，10 台中有 8 台为海尔制造。其中，经过 11 年的努力，海尔在美国销售超过 4 000 万台家电产品，实现了每 3 分钟诞生一名海尔用户的佳绩；在欧洲，通过网络社区强化用户黏度，聚焦高端产品，成为当地化高端品牌；在巴基斯坦、中东非等新兴市场，海尔品牌成为当地用户的首选，在行业当中排名第一。

3. 海尔发展战略创新的 3 个阶段

海尔 27 年来的高速发展，最主要的就是靠创新。战略创新起着关键作用。

(1) 名牌战略阶段。

在 1984—1991 年名牌战略期间，别的企业上产量，而海尔扑下身子抓质量，7 年时间只做一个冰箱产品，磨出了一套海尔管理之剑："OEC 管理法(overall every control and clear)"，为未来的发展奠定了坚实的管理基础。

(2) 多元化战略阶段。

在 1992—1998 年的多元化战略期间，别的企业搞"独生子"，海尔走低成本扩张之路，吃"休克鱼"，建海尔园，"东方亮了再亮西方"，以无形资产盘活有形资产，成功地实现了规模的扩张。

(3) 国际化战略阶段。

在 1998 年至今的国际化战略阶段，别的企业认为海尔走出去是"不在国内吃肉，偏要到国外喝汤"；而海尔坚持"先难后易"、"出口创牌"的战略，搭建起了一个国际化企业的框架。

4. 海尔的成功

美国《家电》杂志统计显示海尔是全球增长最快的家电企业，并对美国企业发出了"海尔击败通用电气"这样的警告；英国《金融时报》评选"亚太地区声望最佳企业"，海尔名列第七；美国科尔尼管理顾问公司也将海尔评为"全球最佳运营企业"。同时，张瑞敏也获得了中国企业家目前在全球范围内的最高美誉，1999 年 12 月 7 日，英国《金融时报》评出"全球 30 位最受尊重的企业家"，张瑞敏荣居第 26位。著名的英国《金融时报》发布了 2002 年全球最受尊敬企业名单，海尔雄居中国最受尊敬企业第一名。2003 年 8 月美国《财富》杂志分别选出"美国及美国以外全球最具影响力的 25 名商界领袖"，在"美国以外全球最具影响力的 25 名商界领袖"中，海尔集团首席执行官张瑞敏排在第 19 位。

近年来，海尔已经有十几个成功的案例进入哈佛大学、洛桑国际管理学院、欧洲工商管理学院、日本神户大学等著名高等学府的案例库，成为全球商学院的通用教材，这在中国企业界是唯一的。张瑞敏本人也作为第一个中国人登上了世界商学院的最高讲台——哈佛大学商学院讲学。海尔人的目标是，进入世界 500 强，振兴民族工业！

思考题：

(1) 请结合材料分析海尔目前面临的外部环境状况。

(2) 请分析海尔外部环境对其发展的影响。

（资料来源：http://wenku.baidu.com/view/49a7c36c1eb91a37f1115ce3.html.）

实际操作训练

(1) 考察一家企业，分析其面临的外部环境。

(2) 考察一家企业，通过观察以及对这家企业人员进行访谈，总结他们在社会责任承担方面的做法。

第 4 章 决 策

教学目标

美国管理学家，决策学派的创始人之一赫伯特·西蒙认为管理就是决策，决策是管理的首要职能。通过对本章的学习，掌握决策的定义与原则，掌握决策的类型与过程，重点掌握决策的各种方法。

教学要求

知识要点	能力要求	相关知识
决策的定义、原则、依据	(1) 决策的定义的理解和决策原则的认识 (2) 决策依据的理解	(1) 决策的定义 (2) 决策的原则 (3) 决策的依据
决策的类型	有效区分各种决策的类型	(1) 战略决策 (2) 集体决策 (3) 非程序化决策 (4) 不确定型决策
决策过程	决策过程的运用	决策制定的步骤
集体决策方法、有关组织活动方向与内容的决策方法	(1) 决策方法的运用 (2) 快速正确决策能力的提升	(1) 头脑风暴法 (2) 德尔菲法 (3) 波士顿矩阵 (4) 政策指导矩阵
风险型决策方法	(1) 绘制决策树 (2) 期望收益值的计算	(1) 决策树构成要素 (2) 最大期望收益值原则
不确定型决策方法	乐观、悲观、后悔值决策原则的运用	(1) 乐观准则 (2) 悲观准则 (3) 后悔值准则

基本概念

　　决策　有限理性　满意原则　战略决策　非程序决策　集体决策　个人决策　风险型决策　不确定型决策　头脑风暴　名义小组技术法　德尔菲法　波士顿矩阵　最大期望收益值原则　盈亏平衡分析决策树　悲观原则　乐观原则　后悔值

 导入案例

凋落的民族之花——活力 28 兴衰之旅

　　1998 年，在一次关于洗衣粉认知率的调查中，高居榜首的不是汰渍、奥妙等广告满天飞的外资品牌，也不是熊猫、白猫这些老牌国有洗衣粉企业。达到 100% 认知率的是在市场上消失近多年的活力 28。作为中国洗衣粉发展进程上的一个重要里程碑，活力 28 创下的一系列辉煌，让人记忆犹新，当问及被访者时，每个人都会提及那句脍炙人口的"活力 28，沙市日化"广告词，都会哼唱几句"一比四"的广告歌。

　　也就在这一年，新广告词"活力依旧，常伴左右"的活力 28 广告在各大省台高密度的播放。这个模仿宝洁的对比性广告虽不怎么出众，却让人怀想起当年的活力 28，人们以为活力 28 又要破茧而出了。

　　1999 年，上市公司活力 28 发布亏损公告，引来社会一片哗然。一个上市 3 年的绩优企业，突然亏损到足以将过去 3 年的业绩全面抹去。接着，证监会对其关联交易等一系列弄虚造假的违规行为提出严肃批评。证券市场的日化明星一下成了反面典型。人们更是觉得不可思议，广告打得好好的，市场上也到处可见的活力 28，怎么就亏损了呢？

　　2000 年，活力 28 正式挂上 ST(连续 3 年亏损的股票)，同年，大股东沙市国资局将股权正式转让给本地区的天发股份，ST 活力随之更名为天颐科技，并将日化从上市公司的优良资产中剥离出去。

　　至此，活力 28 走完了其超乎寻常的异军突起，又超乎寻常的迅速衰败的短暂历程，沉寂在后继者接连掀起的日化浪潮中。

　　是什么导致了一个被誉为"民族之骄傲"的企业的匆匆落幕？

　　　　　　　　(资料来源：http://wenku.baidu.com/view/72dbb7577232f60ddcca1bd.html)

 点评

　　凭感觉做事，喜欢的就做；借逻辑做事，赔本的不干。

4.1　决策与决策的类型

　　著名的诺贝尔奖获得者赫伯特·西蒙曾经说过"管理即是决策"，他把制定决策看成管理人员的中心工作。决策工作对于管理者而言十分重要，尤其是对于高层管理人员而言。实际工作中管理人员必须经常地就一些问题做出抉择，如要做什么、由谁来做、何时做、如何做等，这些决策问题有时候明确、有时候难以确定，快速正确的决策能力是管理人员必备的技能之一。

4.1.1 决策的定义与重要性

1. 决策的定义

决策是管理者识别并解决问题的过程或者管理者利用机会的过程。一项好的决策带来的是合适的目标和行动方案，有利于组织绩效的提高；反之，不好的决策则会导致低水平的组织绩效。对于管理者来说，决策是头等大事，只要管理者着手计划、组织、领导和控制上的工作，就得不断地做出决策。

 特别提示

(1) 决策主体是管理者。
(2) 决策的本质是一个过程，"三思而后行"。
(3) 机会与问题是一个事物的两面。
(4) 决策的目的是解决问题或利用机会。

 小思考

你能有效地区分问题与机会的不同吗？

 特别提示

无序或混乱的状态，以及解决这些问题以完成某个目标的过程被称为机会。对于同一件事情，悲观的人看到的多是问题，乐观的人则看到的多是机会。事实上，那些精明的公司总裁们往往不允许其员工称其为问题，而只能称其为机会。

2. 决策的重要性

决策的重要性主要体现以下两方面。
(1) 决策是计划职能的核心。履行计划职能，最核心的环节是进行决策。
(2) 决策事关工作目标能否实现，乃至组织的生存与发展。因为决策失误，必然导致管理与经营行为的失败。

 知识链接

克莱斯勒汽车公司的经营决策

世界闻名的克莱斯勒汽车公司，规模仅次于通用汽车公司和福特汽车公司，1979 年 9 月亏损达到 7 亿美元之巨，企业面临倒闭的危险。原因是当世界性的石油危机到来时，克莱斯勒公司仍生产耗油量大的大型汽车，造成汽车大量积压。该公司聘任福特公司前总经理艾科卡主持工作后，果断采取向政府申请贷款、解雇数万名工人和产品改型换代等重大决策，终于使克莱斯勒公司起死回生。

世界著名咨询公司兰德公司调查表明：世界上破产倒闭的大企业中，85%是因为企业管理者的决策不慎而造成的。

（资料来源：乔迪·兰德. 决策：机遇预测与商业决策[M]. 成都：天地出版社，1998.）

4.1.2　决策的原则

决策遵循的是满意原则，而不是最优原则。美国管理学家赫伯特·西蒙，在他的《管理行为》一书中指出，人是有限理性人，决策遵循的是"满意原则"。对此本书的解释是，对于决策者来说，人的有限性表现在：①收集的信息是有限的；②利用信息的能力是有限的；③对未来（未知）的认识是有限的。因此，人无法满足做出最优决策的条件，只能做出相对满意的决策。

4.1.3　决策的依据

管理者做决策离不开信息。当然并不是信息越多越好，信息的收集与整理是需要成本的，特别是 21 世纪，信息化的世纪，信息爆炸的世纪，到处充斥着信息，但是决策者需要做出判断，科学决策是由 90% 的信息加上 10% 的判断组成。因此，决策的依据是适量的、高质量的信息。

4.1.4　决策的类型

决策的类型如图 4.1 所示。

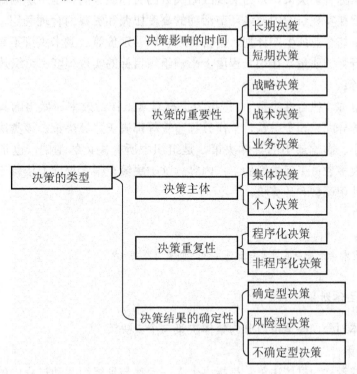

图 4.1　决策的类型

1. 按决策影响的时间划分

按决策影响的时间划分，决策可以分为长期决策与短期决策。

1）长期决策

长期决策是指决策结果对组织的影响时间长，事关组织发展方向的长远性、全局性的重大决策，亦称发展规划或长期战略决策，如投资方向选择、组织规模确定等。

2）短期决策

短期决策是为实行长期战略目标而采取的短期策略手段，又称工作计划或短期战术决策，如日常营销决策、资源配置决策、物资采购、贮备决策等。

2. 按决策的重要性划分

按决策的重要性划分，决策可以分为战略决策、战术决策与业务决策。

1）战略决策

战略决策是所有决策中最为重要的，是关系到组织的生存与发展，组织全局性、长期性的目标和方针等方面重大问题的决策。这类决策主要是协调组织与外部环境之间的关系，由于环境变化性较大，战略决策对决策者的洞察力、判断力有很高的要求，因此，在决策中找出关键问题并利用合理的科学的决策工具最为重要。

2）战术决策

战术决策又称管理决策，是为实现战略决策的目标服务的，是组织内部范围贯彻执行的决策。决策旨在实现组织内部各环节活动的高度协调和资源的合理利用，以提高经济效益和管理效率，如企业的生产计划、销售计划、产品定价等。战术决策不直接决定组织的命运，但决策行为的质量，在很大程度上影响组织目标的实现程度和组织效率的高低。

3）业务决策

业务决策也称"执行性决策"，是指为提高日常工作的效率而做出的具体决策，如企业中生产任务的分配、物资采购，工作日程监管等都属于这类决策。该类决策是组织所有决策中范围最小、影响最小的具体决策，是组织中所有决策的基础，也是组织运行的基础，是组织绝大多数员工经常性的工作内容。这类决策在很大程度上依赖于决策者的经验和常识，很少使用模型和计算机。

 小思考

战略决策、战术决策及业务决策与管理层级之间有什么关系？

3. 按决策主体划分

按决策主体划分，决策可以分为集体决策与个人决策。

1）集体决策

集体决策或者称为群体决策，是指多个人一起参与到组织活动过程中的各种决策。集体决策的主要特征就是决策群体决断权比较分散。

2）个人决策

个人决策是指单个人做出决策，即俗语说的"一言堂"。个人决策的主要特征是管理者个人掌握方案决断权。

小思考

（1）请分析集体决策与个人决策利弊。

（2）为了更好地理解上述问题，请同学参加到课后的管理游戏：沙漠逃生。

 特别提示

（1）个人决策的优缺点。

个人决策具有决策速度快、责任明确、创造性与自由性大的优点，但是容易出现因循守旧、先入为主、决策依赖的信息不充分、决策结果正确性较低等问题。

（2）集体决策的优缺点。

集体决策的优点比较多，其决策时可以掌握更多的信息、提供更多的可选方案、参与决策制定使得参与者能更完整地了解决策方案，使满意度提高，利于决策的实施、决策正确率比较高。其缺点是决策所用的总时间一般比个人决策要长，管理者如果过多地依赖集体决策，会限制其采取迅速、必要行动的能力，决策过程中会出现屈从于权威、少数人驾驭、容易出现责任不清等问题。

对此，个人决策一般适用于简单、次要、无需广泛接受的决策问题，而集体决策适用于复杂、重要、需广泛接受的决策问题。

4. 按决策重复性划分

按决策重复性划分，决策可以分为程序化决策与非程序化决策。

1）程序化决策

程序化决策就是对日常例行的问题，按原已规定的程序、处理方法和标准进行决策，如签订购销合同、上班迟到的处罚、招聘新员工的决策等。由于此类决策解决的问题是重复出现的，决策者仅需按以往处理问题的方法、标准去操作，确定型决策、业务决策及大部分管理决策都属此类型，包括可以用来分析与研究的决策问题也基本属于该类决策。这类决策大多数可以用量化解决。

2）非程序化决策

非程序化决策是指对不经常发生的业务工作、管理工作等例外问题所做的决策，如并购决策、新产品开发决策、是否卖掉赔钱的部门等决策。该类决策需要考虑内外部条件变动及其他不可量化的因素，决策正确与否、效果如何，往往取决于决策者的首创精神、气魄、判断力和决策方法的科学性，大多数战略决策属于非程序化决策。

一般而言，高层管理者所做的主要决策是非程序化决策，占决策比例一半以上，而中、基层管理者所做的决策主要属于程序化决策。

5. 按决策结果的确定性划分

按决策结果的确定性划分，决策可以分为确定型决策、风险型与不确定型决策。决策类型演绎图如图 4.2 所示。

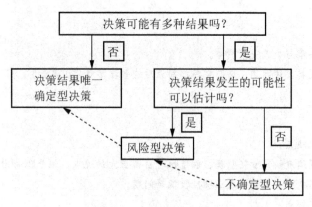

图 4.2 决策类型演绎图

1）确定型决策

决策者确切知道自然状态的发生，每个方案只有一个确定的结果，方案的选择取决于各个方案的结果的比较。确定型决策问题是一种逻辑上比较简单的决策，只需要从所有备选方案中，根据方案的结果，选择一个最好的即可。

2）风险型决策

这类决策所遇到的问题自然状态不止一种，而且每种自然状态下都会有不同结果，不过每种自然状态出现的概率可以预先估计，决策者需要权衡各种方案的利弊，择优选择。例如，一个滑雪场的经营者想要扩大经营规模，决定增加滑雪道。通过各方面的调研分析，有两个可供选择的方案，一个是新增加高空缆车与新开辟一条滑雪道，另一个方案是在原有缆车的轨道下，扩宽原有的滑雪道。每个方案是否能赢利主要的影响因素是降雪量大小。根据气象局历史统计资料和预测，明年下大雪的可能性是 30%，下中雪的可能性是40%，下小雪的可能性是 30%，降雪量不同，每个方案赢利程度不同，滑雪场的经营者所遇到的决策就属于风险型决策。

3）不确定型决策

不确定型决策是在不稳定条件下进行的决策，决策者不知道有多少种自然状态，也不知道每种自然状态发生的概率。这种不确定性主要来自组织内外所处的环境复杂性与动态性。这类决策没有一种先例、没有固定模式可以套用，关键在于决策者对信息掌握的程度、信息质量，以及对未来发展的主观判断。

4.2 决 策 过 程

组织中，管理者的重要职能就是做决策。企业组织中的高层管理者制定的是关于整个组织发展总目标的决策，如选择厂房的地点、研究开发新的市场、提供新产品与服务的类型或改革。相对应地是，中层和基层管理者则负责制定季度、月份或每周的生产、销售进度决策，处理薪酬水平的调整、员工的招募、选择和培训等决策。当然制定决策这一活动并不仅限于组织中的管理者，可以说，组织中的每一个人都会做出各种各样的决策，决策的技术高低对于决策者本人的工作，以及所处的团体、组织都会产生重要影响作用。

无论决策所需要解决的问题多么复杂多样，但决策的程序一般相同，都遵循一些基本步骤，即遵循发现问题、分析问题与解决问题的过程。具体过程如图4.3所示。

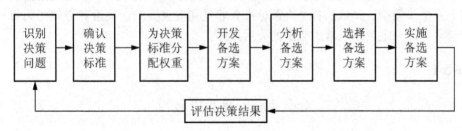

图 4.3　制定决策的步骤

4.2.1　识别决策问题

整个决策的制定过程中识别决策问题是最为关键的，大多数时候，识别决策问题、明确决策的需要并不简单，往往会有多种因素在起作用。作为管理者来说，需要在管理活动中对现实与理想中的状况自觉地进行比较。管理者在识别某一决策需要的时候，可能是主动去识别，也可能是被动地去识别，重要的问题在于，管理者必须识别决策的需要，并且要以及时和正确的方式做出反应。

识别决策问题有时候也表现为识别机会，问题与机会往往是一个事物的两面，只是你从不同角度去看而已，决策的目的并不只是解决问题，也会是利用机会的过程。

决策者要在全面调查研究、系统收集环境信息的基础上发现差距，确认问题或抓住机会。

　小思考

请思考"没有问题才是最大的问题"这句话的含义。

4.2.2　确认决策标准

管理者确定决策问题以后，决策标准的确认就显示出其重要性。决策标准的确认就是指确定哪些因素与制定决策有关，如购买汽车的步骤可以为决策过程提供很适合的例子。表4-1说明了A公司的李经理采购商务用车所确定决策的主要标准。主要的决策标准是价格、座位数量、耗油量、售后服务、品牌、配备、安全装置。

表4-1　A公司购买商务用车决策标准及权重（分数1~10）

指标	权重
价格	10
座位数量	8
耗油量	5
售后服务	5
品牌	4
安全装置	3

4.2.3 为决策标准分配权重

在上一个步骤中，确认的各个决策标准并非是同等重要的。决策者必须要为每一项标准分配权重，以规定其纳入考虑范围的先后次序。

 小思考

如何决策标准以及权重

决策标准和权重是根据什么？是个人偏好还是决策目标？确定决策标准与权重的方法是什么？是个人决策还是集体决策？当然决策标准及重要性确定之后，分配权重最为简单的方法就是给最重要的标准十分的最高分，依此类推。

4.2.4 开发备选方案

决策制定过程的第四步要求决策制定者列出可供选择的决策方案。这些方案必须是能够解决决策者所面对的问题，如可供李经理选择的车型有 A、B、C、D、E、F 6 种车型。

4.2.5 分析备选方案

在这一个步骤里，决策者必须认真地分析研究每一种方案，将每一种方案与其决策标准进行比较，如表 4-2 所示。

表 4-2　购车备选方案的评价值

车型	价格	座位数量	耗油量	售后服务	品牌	安全装置
A	8	3	5	10	3	5
B	8	5	10	5	6	5
C	10	8	5	10	3	10
D	8	5	5	10	3	10
E	6	8	5	10	6	10
F	10	8	5	5	3	10

4.2.6 选择备选方案

在前面的 5 个步骤中，决策者已经确定了相关的决策标准、各自的权重，以及确认、分析了各种备选方案。选择的方案应是第五步中得分最高的方案。在 A 公司李经理的例子中，他将选择 C 型车，因为它的分数最高，如表 4-3 所示。

表 4-3　各车型相对于标准的评价结果（评价值×标准权重）

车型	价格	座位数量	耗油量	售后服务	品牌	安全装置	合计
A	80	24	25	50	12	15	206
B	80	40	50	25	24	15	234

续表

车型	价格	座位数量	耗油量	售后服务	品牌	安全装置	合计
C	100	64	25	50	12	30	281
D	80	40	25	50	12	30	237
E	60	64	25	50	24	30	253
F	100	64	25	25	12	30	256

4.2.7　实施备选方案

择定备选的决策方案后，就要将其付诸实施，如果不能正确实施决策方案，那么，决策仍然会遭受到失败。这其间，还要做出不少后续和相关的决策。一旦决策行动方案定下来之后，围绕该方案的实施通常会配合很多的后续决策，如李经理要开始选择汽车销售商、确定底价、准备谈判等。

4.2.8　评估决策结果

决策制定过程的最后一步是评估决策的结果，存在的问题是否已经解决、选择的方案和实施方案的结果是否达到了期望的效果等。如果评估结果表明问题仍然存在，没有得到妥善解决，那么决策者就不得不返回到决策过程的某一环节，甚至从第一个步骤开始，重新进行整个决策制定的过程。

 小思考

你认为在决策制定步骤中哪一步最为关键？说明理由。

4.3　决策的基本方法

为了保证组织制定出来的各项决策尽可能正确、有效，必须运用科学的决策方法。决策的基本方法可分为 3 类：一类是集体决策方法，一类是确定组织活动方向的决策方法，一类是选择活动方案的评价方法。

4.3.1　集体决策方法

管理者有许多决策是通过集体做出的，尤其是对组织和个人活动有深远影响的重要决策往往是由集体制定的，而且管理者有相当比重的时间是花在会议上的。那么，如何提高集体决策的效率，激发群体的创造力，利用激发出的创造性想法来帮助管理者做决策呢？常见的集体决策方法有如下几种。

1. 头脑风暴法

头脑风暴法（brain storming）的创始人是英国心理学家，被称之为"风暴式思维之父"

的阿历克斯·F·奥斯本(Alex F. Osborn),该种方法是通过专家聚在一起,在宽松的气氛中,敞开思路,畅所欲言,在头脑中进行智力碰撞,在一定时间内"自由"提出尽可能多的方案,并从中做出决策的一种集体问题解决技巧。

在进行风暴式思维的过程中,人们追求的是想法的多样化。该决策方法坚持的 4 项原则如下。

(1) 鼓励独立思考,开阔思路。即集思广益。

(2) 意见建议越多越好,不受限制。即畅所欲言。

(3) 对别人的意见不做任何评价。即勿评优劣。

(4) 可以补充和完善已有的意见。即大胆创新。

头脑风暴法的特点就是提倡用一种自由奔放的思维方式去思考,时间一般为 20~60 分钟,参与的人员不宜有领导者,可以是一些学识渊博的专家,也可以是一些基层的工作人员。

2. 名义小组技术法

在集体决策中,如果讨论者对问题性质了解程度不一样且意见分歧严重,则可采用名义小组技术法。在这种技术下,管理人员会选择一些对要解决问题有研究或有经验的人作为小组成员,并向其提供与决策问题有关的信息,小组成员间互不通气,独立思考,也不在一起讨论、协商,从而小组只是名义上的。然后管理人员把成员召集开会,每个人员阐述自己的方案,进而对所有方案投票排序,产生大家最赞同的方案,并形成对其他方案的意见,提交给管理者作为决策参考。

3. 德尔菲法

德尔菲法(Delphi method)是 20 世纪 60 年代初美国兰德公司的专家为避免集体讨论存在的屈从于权威或盲目服从多数的缺陷提出的一种预测方法,后来推广应用到决策中来。"德尔菲"是古希腊传说中的神谕之地,城中有座阿波罗神殿可以预测未来,因此借用其名。该法运用匿名方式反复多次征询专家意见和进行"背靠背"式的交流,以充分发挥专家的智慧、知识和经验,最后汇总得出一个比较能反映集体意志的结果。

德尔菲法的一般工作程序如下:①确定关键问题;②选定专家并告知有关问题及信息;③收集并综合各位专家的意见;④把综合的意见反馈给各位专家,让专家再次进行分析并发表意见;⑤重复 4、5 次直到取得大体上一致的意见。

 特别提示

这种方法操作时候需要注意的问题如下。

(1) 优选专家、保持匿名特点。

(2) 决定适当的专家组,重大问题决策时,专家组人数可以多一些。

(3) 拟定好意见征询表、做好意见甄别与判断。

4. 电子会议法

该种方法结合了尖端的计算机技术，把专家聚集在一张马蹄形桌子旁，这张桌子上除了一系列的计算机终端外别无他物。会议组织者将问题显示给决策参与者，他们把自己的回答打在计算机屏幕上，个人评论和票数统计都投影在会议室内的屏幕上。

电子会议的主要优点是匿名、诚实和快速。决策参与者能不透露姓名地打出自己所要表达的任何信息，一敲键盘即显示在屏幕上，使所有人都能看到，也不必担心打断别人的"讲话"，使其他人可以充分地表达自己的想法而又不会受到惩罚，也消除了闲聊和偏题。这种方法会比传统的面对面会议解决问题的速度快一半以上。但是，电子会议也存在一定缺点，如思想表述受到打字速度影响。另外，这一过程缺乏口头交流所传递的丰富信息。

 小思考

如果你是班长，对于如何承办学校篮球比赛的问题进行决策，你会采用哪种方法呢？如果是电子会议法，你是否会采用建立 BBC 论坛或建立 QQ 群呢？

4.3.2　确定组织活动方向的决策方法

这类方法可以帮助企业根据自身和市场的特点，选择企业或企业中某个部门的活动方向。主要有经营业务组合分析法、政策指导矩阵法等。

1. 经营业务组合分析法

经营业务组合分析法是美国波士顿咨询公司提出的战略决策方法，因此，也可以称其为波士顿矩阵法。该方法认为，在确定某个业务经营活动方向时，应该考虑其相对竞争地位和业务增长率两个标准。相对竞争地位经常体现在市场占有率上，它决定了企业的销售量、销售额和赢利能力；而业务增长率反映市场增长的速度，影响投资回收期限。

1）主要程序

该方法的主要程序如下。

（1）明确企业的不同经营业务活动。

（2）计算每一业务的市场占有率。

（3）根据在企业中占有资产的多少来衡量经营业务的相对规模。

（4）绘制企业整体经营的组合图。

（5）根据每一业务在图中的位置，确定应选择的经营方向。

2）类型

根据企业经营业务的状况将其分为 4 种类型，如图 4.4 所示。

（1）"金牛"：相对竞争地位高，业务增长率较低。这类型的经营业务可以为企业带来较多的利润，同时需要较少的资金投资。该业务产生的大量现金可以满足企业其他经营活动的需要。

（2）"明星"：相对竞争地位高，业务增长率高。对于这类业务企业应该不失时机投入必要的资金，扩大生产规模。

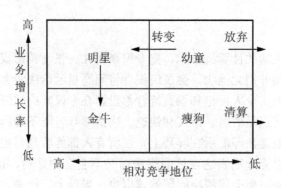

图4.4 企业经营业务组合分析图

（3）"幼童"：业务增长率高，目前相对竞争地位很低。这类业务属于企业刚刚开发的比较具有前途的业务，业务增长率高，需要大量资金跟进，但是业务自身很难筹措。企业应该适时向该业务投入必要充足的资金，以提高其市场占有率，使其向"明星"型转变；如果其很难培育成为"明星"型，应及时放弃该业务。

（4）"瘦狗"：相对竞争地位和业务增长率都较低。该业务只能为企业带来少量利润甚至可能亏损，所以对于这种不景气业务，企业应该采取收缩或清算放弃战略。

2. 政策指导矩阵法

政策指导矩阵由荷兰皇家壳牌公司创立的，主要是根据行业前景和竞争能力两个标准分析确定出企业不同经营单位的现状与特征，并用3×3的矩阵形式表示出来，如图4.5所示。行业前景分为吸引力强、吸引力中等、吸引力弱3类，并用赢利能力、市场增长率、市场质量和法规形势等因素加以定量化。竞争能力也分为强、中、弱3类，由市场地位、生产能力、产品研究和开发等因素决定。

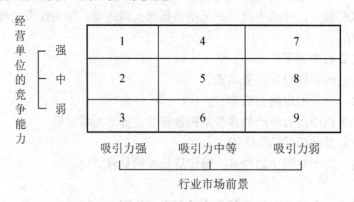

图4.5 政策指导矩阵示意图

政策指导矩阵与经营业务组合分析法比较类似，或者说比其更加详细具体一些，下面说明处于不同位置的经营单位应选择的活动方向。

（1）区域1和4：经营单位竞争力处于领先地位，行业前景也不错。应优先保证该经营单位需要的一切资源。

（2）区域 2：前景虽好，但竞争力较弱一些，经营单位需要不断强化。应通过分配更多的资源，使其向领先地位区移动。

（3）区域 3：经营单位市场前景虽好，但竞争力弱，要根据企业的资源状况区别对待，选择少数最有前途产品加速发展，而对其余产品则逐步放弃。

（4）区域 5：一般会遇到 2～4 个强有力的竞争对手。分配足够的资源，随着市场而发展。

（5）区域 6 和 8：处于分期撤退。收回尽可能多的资金，投入赢利更大的经营部门。

（6）区域 7：经营单位竞争能力较强，但行业前景不容乐观，这类业务不应继续发展，但不要马上放弃，只花极少投资于未来的扩展，而将其作为其他快速发展的经营部门的资金来源。

（7）区域 9：处于不利地位，企业实力很小。应将其资金转移到更有利的经营部门。

4.3.3　选择活动方案的评价方法

确定了活动方向和目标以后，还应对可以朝着同一方向迈进的不同活动方案进行选择。比较不同方案的一个重要标准是其能够带来的经济效益。可以把评价方法分为确定型、风险型和不确定型 3 类。

1. 确定型决策方法

确定型决策是指决策面对的问题相关因素是确定的，从而建立的决策模型中的各种参数是确定的。与不确定型决策与风险型决策相比，确定型决策是比较容易求解的问题。实际中有许多问题虽然不是严格确定型的，但如果主要因素是确定的，也可以暂且忽略不确定因素，简化为确定型决策问题。

求解确定型决策问题的方法有许多种，应用最广泛的是数学规划法中的线性规划、非线性规划、动态规划等，其他应用较广泛的还有盈亏平衡分析法，这种方法在编制商业计划书时经常用来评价方案可行性。在此重点介绍盈亏平衡分析法。

1）盈亏平衡分析的基本模型

盈亏平衡分析也叫量本利分析或保本分析，是通过分析销售量、产品成本销售利润这 3 个变量之间的关系，掌握盈亏变化的临界点（既保本点），掌握盈亏变化的规律，指导企业选择能够以最小的生产成本生产最多产品并可使企业获得最大利润的经营方案。这个不盈也不亏的平衡点即为盈亏平衡点，处在此点时的产量称为盈亏平衡产量。显然，生产量低于这个盈亏平衡生产量时，则发生亏损；超过这个产量时，则获得盈利。如图 4.6 所示所示，随着产量的增加，总成本与销售额随之增加，当到达平衡点 A 时，总成本等于销售额（即总收入），此时不盈利也不亏损，正对应此点的产量即为平衡点产量；销售额即为平衡点销售额。同时，以 A 点为分界，形成亏损与盈利两个区域。此模型中的总成本是由固定成本和变动成本构成的。按照是以平衡产量 Q 还是以平衡点销售额 R 作为分析依据，可将盈亏平衡分析法划分为盈亏平衡点产量（销量）法和盈亏平衡点销售额法。

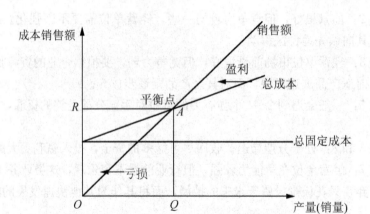

图 4.6　盈亏平衡分析基本模型

2) 盈亏平衡点产量(销量)

盈亏平衡点产量或销量的基本公式为

$$Q = \frac{F}{P - V} \tag{4.1}$$

式中，Q——盈亏平衡点产量(销量)；

F——总固定成本；

P——产品价格；

V——单位变动成本。

当要获得一定的目标利润时，其公式为

$$Q = \frac{F + R}{P - V} \tag{4.2}$$

式中，R——预期的目标利润额；

Q——实现目标利润 R 时的产量或销量。

 管理案例

某厂生产一种产品，其总固定成本为 200 000 元，单位产品变动成本为 10 元，产品销价为 15 元。

求：(1) 该厂的盈亏平衡点产量应为多少？

(2) 如果要实现利润 20 000 元时，其产量应为多少？

解：(1) $Q = \dfrac{F}{P - V} = \dfrac{200\ 000}{15 - 10} = 40\ 000$(件)

即当生产量为 40 000 件时，处于盈亏平衡点上。

(2) $Q = \dfrac{F + R}{P - V} = \dfrac{200\ 000 + 20\ 000}{15 - 10} = 44\ 000$(件)

即当生产量为 44 000 件时，企业可获利 20 000 元。

2. 风险型决策方法

在风险型决策中，决策者对未来可能出现何种自然状态不能确定，但其出现的概率可以大致估计出来。风险型决策常用的方法是决策树分析法。

1）决策树法的含义

该种方法是指借助树形分析图，根据各种自然状态出现的概率及方案预期损益值，计算与比较各方案的期望值，从而抉择最优方案的方法。下面结合实例介绍这一方法的运用。

 管理案例

某公司计划未来3年生产某种产品，需要确定产品批量。根据预测估计，这种产品的市场状况的概率是畅销为0.2，一般为0.5，滞销为0.3。现提出大、中、小3种批量的生产方案，其各种方案下不同自然状态的损益值如表4-4所示，求取得最大经济效益的方案。

表4-4 各方案损益值表

（单位：万元）

自然状态 损益值 方案	畅销 （0.2）	一般 （0.5）	滞销 （0.3）
大批量	40	30	−10
中批量	30	20	8
小批量	20	18	14

2）决策树分析法的基本步骤

（1）从左向右画出决策树图形。

首先，从左端决策点（用"□"表示）出发，按备选方案引出相应的方案枝（用"—"表示），每条方案枝上注明所代表的方案；然后，每条方案枝到达一个方案结点（用"○"表示），再由各方案结点引出各个状态枝（也称为概率枝，用"∈"表示），并在每个状态枝上注明状态内容及其概率；最后，在状态枝末端（用"△"表示）注明不同状态下的损益值。决策树完成后，再在下面注明时间长度，如图4.7所示。

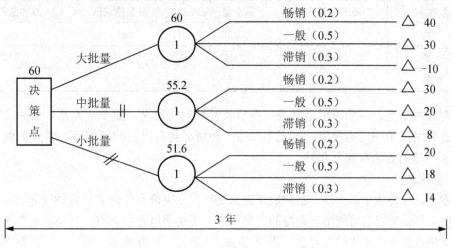

图4.7 决策树

（2）计算各种状态下的期望值。

根据表4-4数据资料计算如下：

大批量生产期望值＝[40×0.2+30×0.5+（−10）×0.3]×3＝60（万元）

中批量生产期望值＝[30×0.2+20×0.5+8×0.3]×3＝55.2（万元）

小批量生产期望值＝[20×0.2+18×0.5+14×0.3]×3＝51.6（万元）

（3）选择最佳方案。

根据计算出的各方案期望值中，方案二即大批量订货期望值最大。

 小思考

（1）毕业之后，你遇到了一个机会就业，企业环境与待遇都不错，但你的父母对你所去的地方不喜欢。想象各种假设情况，然后谈谈你将怎么做以及做什么？

（2）请问各位同学毕业之后的选择，能否借用决策树法来做决策？

3. 不确定型决策方法

不确定型决策方法适用于人们对未来的自然状态无法做出明确估计，且各种自然状态发生的概率亦无法明确的情况。因此，在比较不同方案的经济效果时，只能根据决策者的经验、智慧和风格，便产生不同的评选标准，因而形成了多种具体的决策方法。下面结合实例进行说明。

某公司计划生产一种新产品。该产品在市场上的需求量有4种可能：需求量较高、需求量一般、需求量较低、需求量很低。对每种情况出现的概率均无法预测。现有3种方案：A方案是自己动手，改造原有设备；B方案是全部更新，购进新设备；C方案是购进关键设备，其余自己制造。该产品计划生产5年。据测算，各个方案在各种自然状态下5年内的预期损益值如表4-5所示。

表4-5 企业产品生产各方案在不同市场情况下的损益值

（单位：万元）

方案	需求量较高	需求量一般	需求量较低	需求量很低
A方案	70	50	30	20
B方案	100	80	20	−20
C方案	85	60	25	5

面对此种情况，不能简单地从表中选取收益最大的情况，如100万元，因为"需求量较高"这种情况不一定能发生，甚至不知道4种情况各自出现的可能性，常用的解决不确定型决策问题的方法有如下几种。

1）乐观法

乐观法，又称大中取大法。这种决策方法是建立在决策者对未来形势估计非常乐观的基础之上的，即认为极有可能出现最好的自然状态，于是争取好中取好。具体方法如下：先从每个方案中选择一个最大的收益值，即A方案70万元，B方案100万元，C方案85万元；然后，再从这些方案的最大收益中选择一个最大值，即B方案的100万元作为决策方案。

2）悲观法

悲观法，又称小中取大法。这种决策方法是建立在决策者对未来形势估计非常悲观的基础上的，故从最坏的结果中选最好的。其具体方法如下：先从每个方案中选择一个最小的收益值，即 A 方案 20 万元；B 方案－20 万元，C 方案 5 万元；然后，从这些最小收益值中选取数值最大的方案（A 方案 20 万元）作为决策方案。

3）平均法

平均法，又称等概率法。这种决策方法是将未来不明的自然状态出现的可能完全等同地加以看待。因此，设各种自然状态出现的概率都相同，从而将其转化成风险型决策。

其具体的方法如下。

A 方案：（70＋50＋30＋20）×0.25＝42.5（万元）

B 方案：（100＋80＋20－20）×0.25＝45（万元）

C 方案：（85＋60＋25＋5）×0.25＝43.75（万元）

从中挑选收益值最大的一个方案，即 B 方案。

 特别提示

等概率法中概率的计算是根据自然状态的个数而来，各自然状态的平均概率：

$$P=1/m \tag{4.3}$$

式中，m——自然状态的个数

4）后悔值法

后悔值法，又称大中取小法，这种决策方法的基本思想是如何使选定决策方案后可能出现的后悔达到最小，即蒙受的损失最小。各种自然状态下的最大收益值与实际采用方案的收益值之间的差额，叫做后悔值。

这种决策方法的步骤如下：首先，从各种自然状态下找出最大收益值，然后，用最大收益值减去各个方案的收益值，求得后悔值；最后，从各个方案后悔值中找出最大后悔值，并从中选择最小的方案为决策方案。如表 4-6 所示，3 个方案最大后悔值分别为 30、40、20。因为 C 方案的最大后悔值最小（20），故选中该方案。

表 4-6　企业产品生产各方案在不同市场情况下的后悔值

（单位：万元）

方案	需求量较高	需求量一般	需求量较低	需求量很低	最大后悔值
A 方案	30	30	0	0	30
B 方案	0	0	10	40	40
C 方案	15	20	5	15	20

上述 4 种方法，在实际中有时候是同时运用，并将用 4 种方法决策被选中次数最多的方案作为决策方案。

 特别提示

风险型决策与不确定型决策差别在于是否了解各个方案下状态发生的概率，不确定型决策无法获知概率大小，所以无法运用期望值原则进行决策。为此，决策者本人性格、特点、过往经验、直觉等因素就会影响决策结果，所以不论是乐观、悲观还是后悔值准则，都是决策者本人根据主观所掌握的信息，人为赋予每个方案各种状态发生的概率值。

如果各位同学在上学时就打算从事小的经营活动，那么你打算经营什么？如何经营呢？是否能够用不确定型决策方法帮助做决策呢？

本 章 小 结

1. 决策是管理者识别并解决问题的过程或者管理者利用机会的过程。管理者必须在有限理性基础上做出选择，也就是说，其必须依据了解掌握与决策问题相关的信息做出决策，达到满意。

2. 决策类型有许多，按决策的重要性划分决策可以分为战略决策、战术决策与业务决策；按决策重复性划分决策可以分为程序化决策与非程序化决策。这些决策类型是与管理者的层级有关，战略决策、非程序化决策、长期决策、不确定型决策一般由高层管理者做出。而业务决策、程序决策、确定型、短期决策一般由基层管理者做出。

3. 个人做决策虽然花费的成本较少，但决策结果往往往正确性比较差，相比而言集体决策结果会优于个人决策，但集体决策中涉及的决策参与者之间意见相互干扰这个问题，也会左右决策结果正确率的，不过通过科学合理的集体决策方法可以有效提高集体决策效率与效果，如头脑风暴法、德尔菲法、电子会议法，尤其是德尔菲法，专家互相不见面，隔绝了意见相左的可能，而电子会议法利用电子信息网络使得决策成本大大降低。因此，在现实决策时，可以考虑几种方法结合使用。

4. 决策依据是信息，但是决策者很难掌握全面的信息，所以做决策时很难达到最优状态，现实中的决策，特别是中高层管理者面临的决策，一般都为风险型与不确定型决策。因此，必须掌握科学的方法，决策树法利用了最大收益值原则，在现有掌握信息程度的前提下挑选获得利益最大的方案；不确定型决策问题由于掌握的信息更少，就必须凭借决策者自身对待事情的态度来判断，乐观者把决策对象看作机会，认为事情会向好的一面发展，悲观者把决策对象看作问题，认为事情会很糟糕，而后悔值准则者对自己没有充分的信息，无论怎么做出决策都会后悔，于是就选择那个让自己遗憾少一些的方案。

练 习 题

一、单项选择题

(1) 关于对决策的理解，下述不正确的是( )。

A. 合理的决策就是最优决策

B. 最优决策是要追求理想条件下的最优目标，而理想条件实际难以达到

C. 决策是管理的核心

D. 决策贯穿了管理全过程

(2) 高层管理者所做的决策多属于(　　)。

  A. 战略决策   B. 战术决策

  C. 业务决策   D. 程序性决策

(3) 美国克莱斯勒汽车公司的总经理艾柯卡曾讽刺说："等委员会讨论后决策射击，野鸡已经飞走了。"关于这句话，恰当的解释是(　　)。

  A. 委员会决策往往目标不明确   B. 委员会决策的准确性往往很差

  C. 群体决策往往不讲究时效性   D. 集体决策往往难以把握市场的动向

(4) "其人存则其政举，其人亡则其政息"，据此观点描述企业的状况，可见，该企业明显的弊端在于(　　)。

  A. 企业领导水平低下   B. 企业决策过分依赖决策者个人因素

  C. 领导水平高   D. 领导不放权

(5) 盈亏平衡分析是用来研究(　　)之间关系的。

  A. 产量、成本、利润   B. 产量、利润

  C. 产量、成本   D. 产量、成本、价格

(6) 有家工厂最近进行车间布局的重新规划，根据工艺流程和既有厂房的条件共有 30 种方案可供选择，厂长办公会上提出要选择一种最经济的方案，在这种情况下，车间布局的安排问题属于(　　)。

  A. 不确定型决策   B. 确定型决策

  C. 风险型决策   D. 纯计划问题，与决策无关

(7) 以下不是个人决策的优点的是(　　)。

  A. 决策迅速   B. 责任清楚

  C. 有更多的信息可以依据   D. 有比较好的创造性

(8) 决策是企业管理的核心内容，企业中的各层管理者都要承担决策的职责。关于决策的解释，更正确的是(　　)。

  A. 越是企业的高层管理者，所做出的决策越倾向于战略性、风险型的决策

  B. 越是企业的高层管理者，所做出的决策越倾向于常规性、科学的决策

  C. 越是企业的基层管理者，所做出的决策越倾向于战术性、风险型的决策

  D. 越是企业的基层管理者，所做出的决策越倾向于非常规性、确定型的决策

(9) 钟表王国的瑞士，在 1969 年研制出第一只石英电子手表。但商界领袖认为，石英表没有发展前途，没给予重视。而日本人则不同，他们则认为石英表大有可为，遂投入资本和技术生产大批产品，结果日本的石英技术誉满全球，仅在 20 世纪 70 年代后 5 年就挤垮 100 多家瑞士手表厂。这个例子更能体现的观点是(　　)。

  A. 决策对企业生存发展影响至关重大

  B. 技术比管理更能给企业带来竞争力

  C. 技术要发挥作用离不开资本的投入

  D. 技术要发挥作用离不开社会环境条件

(10) 下面最不适于采取程序性决策法的决策是(　　)。

  A. 车间作业的安排   B. 常规物资的订购

  C. 财务报表的分析   D. 组织结构的改变

二、 计算题

(1) 某公司生产 A 种产品的总固定成本为 80 万元，单位可变成本为 1200 元，单位产品售价为每件 1 600 元。

① 试用盈亏平衡分析法确定其产量(或该产品产量至少达到多少企业才不亏损)。

② 若该企业要实现目标利润 30 万元，至少要维持多大的生产规模?

(2) 某商场要经营一种全新商品，请用决策树法进行决策。损益值数据如表 4-7 所示。

表 4-7 损益值表

（单位：万元）

方案	畅销(0.2)	一般(0.5)	滞销(0.3)
大批进货	40	30	—10
中批进货	30	20	8
小批进货	20	18	14

(3) 某企业为扩大某产品的生产，拟建设新厂，据市场预测产品销路好的概率为 0.7，销路差的概率为 0.3，有 3 种方案可供企业选择。

方案 1：新建大厂，需投资 300 万元。据初步估计，销路好时，每年可获利 100 万元；销路差时，每年亏损 20 万元，服务期为 10 年。

方案 2：新建小厂，需投资 40 万元。销路好时，每年可获利 40 万元；销路差时，每年仍可获利 30 万元。服务期为 10 年。

方案 3：选建小厂，3 年后销路好时再扩建，需追加投资 200 万元，服务期为 7 年，估计每年获利 95 万元。

试选择方案。

(4) 某企业预开发新产品，有 3 种产品备选：甲、乙、丙产品。无论生产哪种产品投入市场都会遇到销路好、销路一般与销路差 3 种状态，每种状态下各种产品的收益值如表 4-8 所示。请分别用乐观法、悲观法、平均法、后悔值法进行选择。

表 4-8 损益值表

（单位：万元）

状态	甲产品	乙产品	丙产品
销 路 好	40	90	30
销 路 一般	20	40	20
销 路 差	—10	—50	—4

三、简答题

(1) 何为决策? 如何理解其含义?

(2) 请分析集体决策的利弊。

(3) 如何运用德尔菲法进行决策?

(4) 后悔值的本质是什么?

四、思考题

(1) 在过去的 20 年中，组织越来越多地采用集体决策方法来决策，你认为这是为什么? 什么情况下你建议采用集体决策?

（2）在模拟公司里运用不确定性决策方法模拟新产品销售决策的全过程。

（3）从网络上搜索 3 个"头脑风暴法"应用的案例，并进行总结。

（4）请用决策树法为自己的未来进行职业规划设计。

五、案例应用分析

耐克的决策困境

耐克公司的首席执行官菲尔·奈特(Phil Knight)是靠开车沿街叫卖运动鞋起家的，如今，他的公司已经发展成为一家举足轻重的运动鞋制造商。在 20 世纪 80～90 年代期间，耐克公司是世界上最赢利的公司之一。随着篮球巨星迈克尔·乔丹(Michael Jordan)的加盟，耐克公司迅速成为人们眼中高品质的时尚企业，其产品风靡全美国，备受青少年的青睐。

在外人看来，耐克公司不会做错事，并且能够快速成长、赢利颇丰似乎都是其首席执行官奈特过去正确决策的结果。然而，就是这样的一家声名显赫的公司，近些年的发展却很不乐观，实在令人费解。2001 年，由于首席执行官奈特的某些决策失误，该公司不仅失去了众多的本可赢利的商业机遇，而且也没采取正确的措施应对新出现的商业挑战与威胁。由于畅销品的存货不足及滞销品的过剩，耐克公司的销售不旺，利润也随之下滑。耐克公司除了对不断变化的顾客需要反应不够敏捷外，还被指责其国外工厂的生产条件差、员工待遇低。而奈特却对这些指责疏于理睬。看起来奈特是做出了一些有问题的决策，并因此而不可避免地影响到了公司的业绩。到底是什么原因致使这家颇受人们赞赏的公司出现下滑呢？

耐克公司近年来的诸多问题都来源于该公司高层决策上的失误，同时也与该公司的管理者未能随着环境条件的变化及时做出应变决策不无关系。耐克公司的管理者过于倚重产品的内部开发。他们一味地强调所谓的"耐克人"的做事方法，从而使得决策视野不够外向与开放。而耐克公司强有力的公司文化也妨碍了其设计师和管理者关注客户需求及外部环境的变化。耐人寻味的是，奈特也曾从公司外部聘用了一些高级管理人员。这些管理者带来了新观念并试图帮助公司跟上时代发展的步伐。但是，这些人所倡导的做法经常遭到奈特和其他管理者的否决，因为在后者看来，那些倡议似乎不适合耐克的公司文化。例如，戈登·迈克法登(Gordon McFadden)就曾被聘为耐克公司的户外产品总裁，他试图说服耐克公司的高层管理者收购诺思费西公司(North Face Inc.)以占领迅速发展的户外用品市场。迈克法登认为，收购诺思费西公司可使耐克公司一步跨入最大的户外运动用品生产商之列。奈特最终还是否决了他的这个提案，因为耐克公司还不习惯于靠收购其他公司来发展壮大。耐克公司文化决定了只有耐克公司的设计师心里最明白如何去开发"适销对路"的产品。耐克公司的文化倾向也导致了其设计师过分强调运动鞋的性能，而不够重视正在流行的运动鞋的时尚或流行样式。这样，耐克的设计师就错过了抓住这些市场中某些变化机会。例如，面对从白色运动鞋到适合都市生活的深色、多用途鞋的市场变化潮流，他们依旧我行我素，还是强调性能至上。另外，耐克公司投入了过多的资源开发像 Shox 系列这样的高性能、高价位鞋，每一双鞋的售价高达 140 美元以上，而这是以牺牲 60～90 美元一双的中等价位的运动鞋的生产为代价的，要知道，耐克公司有近一半的年收益来自这些中等价位运动鞋的销售。

虽然耐克公司的一些管理者也曾经参与改造该公司僵化的思维定势，以帮助公司做出与时俱进的决策，但他们的努力往往受挫。这些管理者无奈之余，多是选择离开该公司的。同样，Eller Turner——前金柯公司(Kinko's Inc.)的高层管理者曾被耐克公司聘为首席营销官，她尽其所能，努力重振耐克公司的市场营销部门。不久她便明白，公司内部对她的改革行动支持甚少，而这些行动是顺应形式不得不展开的。6 个月后，她辞职离开了耐克公司。要想克服上述问题或困难，耐克公司的决策者恐怕首先需要明白这一道理：该公司的产品市场及外部环境都已发生了变化，适合迈克尔·乔丹时代的决策思路在今天未必行得通。

思考题：

(1) 在不断变化的环境中，管理者如何才能持续做出良好的决策？

(2) 为什么说一家企业过去的成功有可能是现在失败的原因？

(3) 在一个不确定的环境中，管理者如何才能做出有效、及时的决策？

(4) 管理者可通过采取哪些措施以确保创造性的建议得以实施？也就是说管理者该如何促进创新？

（资料来源：赵有生．现代管理学基础[M]．北京：经济科学出版社，2008.）

实际操作训练

管理游戏：沙漠逃生

2012 年 5 月 17 日，有一架飞机在沙漠中发生意外，你和一部分生还者，面临生死存亡的选择……

事件背景 1

事发在当天上午 10 点，飞机要在位于美国西南部的沙漠紧急着陆。

着陆时，机师和副机师意外身亡，余下你和一群人幸运的没有受伤。

事件背景 2

出事前，机师无法通知任何人有关飞机的位置。

不过从飞机指示器知道距离起飞的城市 120 千米；而距离最近的城镇，是西北偏北 100 千米，该处有个废弃的矿场。

事件背景 3

该处除仙人掌外，全是荒芜的沙漠，地势平坦。失事前，天气报告气温达华氏 108 度，摄氏 42 度；地面温度华氏 130 度，摄氏 54.4 度。

事件背景 4

你穿着简便：短袖 T 恤衫、长裤、短袜和皮鞋。口袋中有十多元的硬币、五百多元纸币、香烟一包、打火机和圆珠笔各一支。

为了逃生，你只可以选取 15 种物品带离飞机，以你意见，列出应取物品的先后，你要假设自己要依靠所选取的物品得以生存。

请将以下 15 种物品，把最重要的排列为 1，如此类推 15 为最不重要。先将次序排列。计分方法是以你选好物品次序和正确次序加减起来，不计正负，再全部加总即为总分。

假如手电筒正确次序为 9，而我选的次序为 10，我的分数为 1。或者手电筒正确次序为 9，而我选的次序为 2，我的分数为 7；或者手枪正确次序为 2，我选的次序也为 2，得分为 0，以此类推。

15 种物品

化妆镜；外套；伏尔加酒 4 公升；手电筒(4 个电池大小)；每人 4 公升清水；盐片 1 瓶(1 000 克)；降落伞(红色和白色)；0.45 口径手枪(装有弹药)；大砍刀；书 1 本，名为《沙漠中可食的动物》；塑料雨衣；薄纱布 1 箱；磁石指南针；当地航空图；每人太阳镜 1 副。

游戏要求：

首先，个人独立完成排列顺序；然后，小组讨论，集体决策排序；最后，根据参考答案，计算个人得分、小组平均得分(小组成员加总平均之后的得分)和你们集体讨论结果的最后得分。

游戏时间要求：

　　个人决策给出时间为 5 分钟，集体决策给出时间 10 分钟。根据参考答案计算分数给出时间为 3 分钟。

学习经验总结交流：

　　请集体决策结果优于个人决策结果的小组代表(组长与组员)、个人决策结果优于集体决策结果的小组代表(组长与组员)介绍决策过程，集体决策使用的方法。最后，请大家对集体决策与个人决策的利弊进行分析。

第5章 计划的原理

教学目标

　　计划在管理职能活动中处于首要的位置，本章知识点的学习为其他章节内容的学习奠定了基础。通过对本章的学习，理解计划的含义及计划工作的内容，区分各种计划类型，重点掌握计划的各种表现形式，理解计划过程，掌握战略计划，理解 SWOT 分析方法、五力模型分析方法。

教学要求

知识要点	能力要求	相关知识
计划含义及计划工作内容	具备开展计划工作的能力	(1) 计划含义 (2) 计划工作的内容
计划类型、表现形式与过程	(1) 能有效区分各种计划文书 (2) 理解计划编制的过程	(1) 计划类型 (2) 战略计划 (3) 目标 (4) 政策 (5) 规划 (6) 计划制定的步骤
SWOT 分析方法与五力模型分析方法	(1) 企业内外部环境分析 (2) 行业环境分析	(1) SWOT 分析方法 (2) 五力模型分析方法

基本概念

　　计划　宗旨　目标　战略　政策　程序　规则　规划　预算　SWOT 分析方法　五力模型分析方法　战略分析　成长战略　竞争战略

导入案例

李经理的苦恼

某家电生产供应商 2001 年以前虽然产品单一，但销售一直不错，2001 年由于客观条件的变化，该企业仍然保持原有状态，不肯创新，该企业产品完全滞销，职工连续半年只拿到基本生活费。新任李经理立下"军令状"，决心一年内改变企业面貌。他发现该企业与环保部门联合研制的一台环保冰箱制冷机装置是成功的，于是决心下马老产品，改产环保冰箱制冷机装置。一年过去了，企业总算没有亏损，但工厂日子仍然不好过，2003 年市场形势发生了巨变，老产品市场脱销，用户纷纷来函来电希望该企业能尽快恢复老产品生产。与此同时环保冰箱制冷机装置销路并不好，在这种情况下，李经理回过头来又抓老产品，但无论质量和数量均恢复不到原来的水平。为此，企业不少人员对李经理表示不满，李经理感到很苦恼，想不通！

试想，该企业应该生产什么产品？又如何生产？

 点评

凡事预则立，不预则废，科学而周密的计划是成功的一半，任何组织活动都需要在严格周密的计划前提下，有明确的目标，合理有效地配置人、财、物等各种资源，否则，很难高效地实现组织目标。这就是所谓的有计划不慌，有政策不乱，有预算不失，有规划不败。

5.1 计划概述

人们对计划的看法持有不同的观点，有的人认为计划无用，有的人认为凡事预则立，不预则废。对于计划无用论者来说，他们强调的是计划赶不上变化，所以无用，编制计划是一种浪费。孰不知计划是行动的指南，好的计划等于成功了一半，对于管理者制订良好的计划，是其实现有效指挥的依据，是减少浪费、降低风险、提高效益、掌握主动的方法与手段。

5.1.1 计划含义

计划一词既可以作为名词，又可以作为动词理解。从名词意义上说，计划是指管理者在未来一定时期内关于行动方向、内容、方式安排的管理文件，表现为计划文书。从动词意义上说，计划是指管理者为了实现决策所确定的目标，预先进行的行动安排，表现为计划工作。总体理解即计划文书是计划工作的表现形式。计划工作给组织提供了通向未来目标的明确道路，给组织、领导和控制等一系列管理工作提供了基础。

5.1.2 计划工作的内容

作为职能活动的计划，更多表现为动词意义，即可用计划工作表述。计划工作的内容可以概括为"5W2H"＋"一个前提"＋"应变措施"，计划必须能清楚地确定和描述这些内容。计划工作的内容如表 5-1 所示。

表 5-1 计划工作的内容

要素	所要回答的问题	内容
前提	该计划在何种情况下有效	预测、假设、实施条件
目标	做什么，What	最终结果、工作要求
目的	为什么要做，Why	理由、意义、重要性
战略	如何做，How to	途径、基本方法、主要战术
责任	由谁做，Who	人选、奖惩措施
时间表	何时做，When	起止时间、进度安排
范围	涉及哪些部门、何地，Where	组织层次、地理范围
预算	需要投入多少资源，How much	费用、代价
应变措施	实际与前提不相符怎么办	最坏情况的计划

表 5-1中所列要素对于一切计划来说，是缺一不可的。一旦出现计划前提与事实不一致时，依据目的来确定放弃计划还是创造条件实施计划。

 知识链接

计划文书样例

在以后的实际工作中，除了撰写企业策划书之外，还可能会遇到不同类别的计划文书的撰写，你将如何应对呢？下面附表是一些计划文书的构成样例，只可借鉴学习，不可完全照搬。

附表1：新商品计划书

1. 形成商品的概念

(1) 命名。

(2) 包装、设计。

2. 目标市场(使用者、购买者、推荐者等)

3. 竞争商品

(1) 竞争商品。

(2) 类似商品。

4. 本企业商品的市场定位

5. 顾客化基本战略(顾客计算机信息系统)

6. 产品制造方法(产品图纸、基本功能、安全性等)

7. 产品用途(使用场所、使用机会、使用方法)

8. 渠道

(1) 营销渠道。

(2) 维修服务。

9. 市场导入策略

(1) 销售促进策略。

(2) 市场导入手段等。

10. 广告计划(广告活动计划)

11. 价格(关于成本、价格等)

12. 开发推进(设计、试制、原材料等)

附表2：进入市场计划书

1. 主要商品

(1) 对象商品的概要。

(2) 商品群展开。

2. 目前市场状况

(1) 所售商品分析。

(2) 销售状况分析。

3. 今后的方针与安排

4. 商品对象(目标)

(1) 商品××目标。

(2) 商品××市场。

5. 分销渠道分析

6. 进入市场所存在的问题

7. 广告宣传计划

8. 营业系统

9. 个别工具的设计方案

(1) 样品方案。

(2) 价格表。

附表3：促销活动计划书(店内促销)

1. 计划的名称

(1) 活动名称。

(2) 副标题。

2. 计划的目的(销售促进等)

3. 计划的主题(活动主题)

4. 对象商品

5. 计划的内容(如赠品种类、赠品的赠送方法)

6. 计划的对象(目标顾客)

7. 计划的目标(来店客人数、促销期间销售量等)

8. 促销场所(店内)

9. 促销时间

10. 店内装饰

11. 制品种类(广告传单、POP、卡片等)

12. 通知方法(广告等)

13. 运营计划

(1) 店内任务安排。

(2) 与以往计划的区别。

14. 计划的效果(顾客数量、销量以外的预期效果)

附表4：某饮食店商业环境调查计划书

封面

目录

结论概要

开设饮食店的场所、条件，营销战略观点，实际运营观点，开店后的计划。

1. 前言

前提条件和条件设定，调查分析方法，本报告构成概要。

2. 物品概要

3. 都市条件

位置、区域规定，人口迁移，收入水平，城市规模，饮食市场，市场前景。

4. 开设条件

场所条件、位置、环境、道路及交通。

5. 商业环境条件

商业范围设定、商业范围人口、商业范围内商业设施、竞争状况、未来状况、商业环境条件概要。

6. 结论

各条件的概念、对所有条件的判定、店铺提案、潜在月销售额测算。

7. 资料集

周边环境图示、周边竞争图示、城市关系图示、商业范围内人口资料。

附表 5：会议计划书

1. 计划的名称

2. 计划的目的

3. 计划的主题

4. 计划的内容

(1) 整个会议。

(2) 个别计划。

5. 会议的目标人员及人数

6. 会议场所

7. 会议日期

8. 会场设计

(1) 会场设计。

(2) 个别展示；

3) 展示品准备。

9. 制品种类(广告、节目单、民意测验等)

10. 宣传方法

11. 运营计划

(1) 任务分配(报名、进行、闭会)。

(2) 人员计划。

12. 计划的效果(费用计划、预想效果等)

13. 相关者一览表(主办者、协办者等)

5.1.3 计划与决策

计划与决策是两个既相互区别、又相互联系的概念。计划与决策相互联系着，决策是计划的前提，计划是决策的逻辑延续；实际工作中，决策与计划是相互渗透的，不可分割地交织在一起。计划与决策又相互区别，两项职能需要解决的问题不同。决策可以认为是组织从事某种活动之前，必须对该活动的方向和方式进行选择，计划则是对组织内部在一定时期内行动任务的具体安排。

5.1.4　计划的性质

计划工作在管理学知识结构体系中具有承上启下的作用。一方面，计划是决策的逻辑延续，组织实施各项任务的行动纲领；另一方面，具体的计划指标和要求为组织、领导和控制职能作用的发挥提供了目标依据和衡量标准，增强了组织适应未来不测事件的能力。其性质表现在以下 5 个方面。

1. 目的性

计划工作是为实现组织目标服务的。

管理者为什么要做计划？主要是因为计划的目的性，计划可以给出管理者方向，减少变化的冲击，使浪费减至最少，并可以设立标准利于控制。

2. 主导性

计划是管理活动的桥梁，是组织、领导与控制等管理活动的基础。如果说决策工作确立了组织生存的使命和目标，描绘了组织的未来，那么计划工作就如一座桥梁，为组织提供了通向未来目标的明确的道路，是组织、领导与控制等系列管理工作的基础。

3. 普遍性

计划工作涉及组织管理区域的每一个层级，只是对于不同部门、不同层级的管理人员计划工作的特点与内容不同。高层管理人员计划组织发展的总方向，制订的计划类型一般为战略性计划，而比较基层的管理人员据此再拟定其详细的计划，称之为业务计划，从而保证实现组织的总目标。

4. 效率性

计划的效率性表现为计划的制订与实施所需要的成本与达到目标后所获得利益相比。有效率是指计划实现之后所带来的利益扣除制订与实施这个计划所需要的费用出现了盈余；反之，则是无效率。特别需要注意，在衡量费用时，不仅要用时间、金钱等来衡量，而且还要衡量个人和集体的满意程度。实现目标有许多途径，必须从中选择尽可能好的方法，以最低的费用取得预期的成果，避免不必要的损失，并保持较高的效率。为了使组织的努力有效，每个人就更加要了解应该做什么，这就是计划。

5. 灵活性

面对不确定性因素日益增加的世界，计划要求具有灵活性。计划的制订并不是一成不变的，计划应随着外界环境因素灵活改变，计划的灵活性也表现在计划内容中的应变措施上，对于一些变化的东西，由于人们具有有限理性的特征，并不能全部掌握，因此，在制订计划时，要使计划具有弹性，要随环境变化而变化。

5.1.5 计划的类型

根据计划的定义，可以把计划理解为就是安排管理人员、管理物资等要素在合理的时间出现在合理的空间中，最终实现一定的组织目标。因此，可以从时间与空间两个不同的标准来划分计划，除此之外，还可以根据计划的明确程度和计划的程序化程度对计划进行分类。具体计划的类型如表 5-2 所示。

表 5-2　计划的类型

划分依据	类　　型
时间长短	长期计划、中期计划、短期计划
计划地位	战略计划、战术计划、业务计划
明确程度	指令性计划、指导性计划
职能空间	业务计划、财务计划、人事计划
程序化程度	程序化计划、非程序化计划

1. 长期计划、中期计划和短期计划

按计划期的长短可以把计划划分为长期计划、中期计划和短期计划。长期计划是确定组织今后发展的方向，规定组织的各个部门在较长时间内从事某种活动应达到的目标和要求，绘制了组织长期发展的蓝图，一般计划期为 5 年以上；中期计划主要是确定组织具体的目标和战略，一般计划期是 3～5 年；短期计划主要是确定组织在短期内要完成的目标和任务，具有比较具体的方法和程序，一般是指两年或两年以下的计划，如年度的财务预算就是一种典型的短期计划。

2. 战略计划、战术计划和业务计划

按计划制订者的层次可把计划分为战略计划、战术计划和业务计划。该种计划的类型也可以按照计划涉及时间长短及其范围广狭的综合性标准来划分，并且战略计划、战术计划和业务计划与长期计划、中期计划和短期计划相对应。

1）战略计划

战略计划又称策略计划，一般是由高层管理者制订的，其内容主要包括组织的长远目标、政策、策略等，是关系到组织发展方向和大局的计划。

2）战术计划

战术计划又称施政计划，一般由中层管理者制订，其内容包括组织各部门的目标、策略和政策，它把战略计划转化为具体的目标和政策，并且规定了达到各种目标的确切时间。

3）业务计划

业务计划又称具体计划，一般由基层管理者制订，其内容是基层工作人员的具体任务与作业程序等，是战术计划的具体化。

3. 指令性计划和指导性计划

按计划内容的明确性程度可以把计划分为指令性计划和指导性计划。

1）指令性计划

指令性计划又称具体性计划，是由上级主管部门下达的具有行政约束力的计划，具有明确的目标。指令性计划一经下达，各级计划执行单位必须遵照执行，而且尽一切努力加以完成。例如，企业销售经理打算使企业销售额在未来6个月中增长15％，他制定了明确的程序、预算方案及日程进度表。

2）指导性计划

指导性计划是由上级主管部门下达的具有参考作用的计划，只规定某些一般的方针和行动原则，给予计划实施者较大的自由处置权。这种计划下达之后，执行单位不一定完全遵照执行，可考虑自己单位的实际情况，决定可否按指导性计划工作。例如，上例指令性计划规定企业销售额在未来6个月中增长15％，而指导性计划可能只规定企业销售额在未来6个月中增长12％～18％。相对于指导性计划而言，指令性计划更易于计划的执行、考核和控制，但是缺少一定的灵活性。

4. 业务计划、财务计划和人事计划

按照职能空间将计划分为业务计划、财务计划和人事计划。人们通常用"人、财、物"来描述企业所涉及的主要要素，而人事计划的内容主要涉及"人"；财务计划的内容主要涉及"财"；业务计划的内容主要涉及"物"；。财务计划与人事计划是为业务计划服务的。

1）业务计划

企业的业务计划包括产品开发、物资采购、仓储后勤、生产作业、销售促销和售后服务等内容。其可能表现为产品开发计划、车间生产计划、原材料采购计划、销售计划或促销计划等形式。

2）财务计划

财务计划主要是围绕着如何从资本的提供和利用上促进业务活动的有效进行。例如，长期财务计划决定为了满足业务规模发展而导致的资本增加的需要，如何建立新的融资渠道或选择不同的融资方式，短期财务计划可能是研究保证资本的供应或如何监督这些资本的利用效率。

3）人事计划

人事计划主要讨论如何为业务规模的维持或扩大提供人力资源保证。例如，长期人事计划研究如何为保证组织的发展而提高成员的素质，准备必要的干部力量，短期人事计划可能要研究如何把具备不同素质特点的成员安排在不同的岗位上，使其能力和积极性得到充分的发挥。

5. 程序化计划和非程序化计划

组织活动可以分为例行活动与例外活动。例行活动就是一些反复出现的工作，如订购货物、生产计划等，对于这类活动，管理者可以建立一定的程序进行管理，而这对应的程序即是程序化计划。例外活动是指这些活动不重复发生，有些可能是突发的、偶然的，如新产品研发、生产规模扩大、品种结构的调整、销售额增加等，对于此类工作，因为过去没有发生，其性质与内容极为复杂，需要用特殊的方法加以处理，解决这类问题的相对应的就是非程序化计划。

5.1.6　计划的表现形式

在组织活动开展时候，计划表现为不同的形式，确定计划的表现形式对于发挥计划职能有着重大的意义。美国管理学者哈罗德·孔茨和海因茨·韦里克（Heinz Weihrich）从抽象性到具体性把计划分为一种层次体系，即计划的不同表现形式。计划表现形式的层次体系如图 5.1 所示。

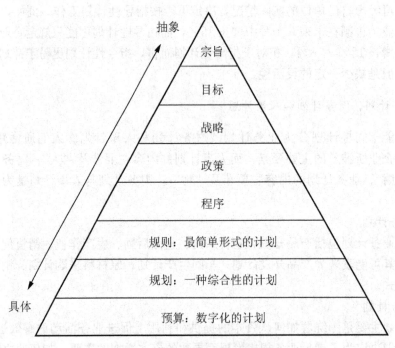

图 5.1　计划表现形式的层次体系

1. 宗旨

宗旨指明一定的组织在社会上应起到的作用和所处的地位，决定组织的性质。决定此组织区别于彼组织的标志，简单来讲就是表明组织是干什么的和应该干什么。宗旨是非常抽象的计划，可能表现为一句抽象经典的语言，代表组织，指向外部社会，如大学的宗旨是教书育人和科学研究。

2. 目标

宗旨往往太抽象，对于组织的具体活动很难具有指导意义，它需要进一步具体化为组织一定时期的目标和各个部门的目标。目标是组织在一定时期要达到的具体成果，如企业的利润增长，某大学一定时期的目标是引进多少人才、输送培养多少人才、申请多少个硕士点等。目标是指向组织内部的。

3. 战略

战略起源于军事战争，军事中的战略是指针对敌人可能或不可能做到的事情而制定出来的总体规划。战略在企业中往往带有竞争的意味，企业战略核心总是针对竞争对手，类似于军事战争的敌人，企业的战略是实现长远目标所选择的发展方向、行动方针及资源分配的总纲。制定战略的根本目的就是取得优于竞争对手的竞争优势。

 知识链接

田 忌 赛 马

田忌与齐威王赛马，田忌采用了其门客孙膑制定的策略，改变了马匹的出场次序，在环境对自己极不利的情况下，智胜了齐威王。这里的马匹出场次序就是在特定情况下，孙膑为田忌制定的战略，并明确指向其竞争对手齐威王。

4. 政策

政策是指导和沟通决策思想的明文规定。但并非所有的政策都是"明文规定"，政策也常常从管理人员的活动中含蓄地反映出来。例如，一家企业的主管人员习惯于从企业内部提升员工，这种做法可能会被员工看作政策而认真依照执行。这种管理者处理某问题的习惯方式会被下属作为处理该类问题的模式，这就是一种含蓄的、潜在的政策。

政策是决策行为的思想指南，是用来指导决策的，制定政策是鼓励而不是约束下级，并允许下级在一定范围内自由处置。因此，一方面切不可把政策当作规则，另一方面又必须把这种自由限制在一定范围内。自由处置的权限大小一方面取决于政策自身，另一方面取决于管理人员的管理艺术。

 特别提示

管理者特别要注意，一定要防止下属把那些不能作为惯例的管理决策行为理解为政策而依照执行。

小思考

请分析"上有政策，下有对策"这句话的现实意义。

5. 程序

程序也是计划的一种表现形式，是按时间顺序对必要的活动进行的排列。它规定了如何处理那些重复发生的问题的方法、步骤与标准。通俗地讲，程序是办事手续与行动指南。在实际工作中，程序往往表现为组织的规章制度。例如，一家企业处理订单的程序、财务部门处理客户信贷的程序、会计部门记载业务往来的程序、生产部门下达生产任务的程序、运输部门决定运输手段和路线的程序等。又如，某学校对教学活动进行设计，按照每一学期时间顺序对必要的活动进行安排，形成周而复始的教学活动程序，如图5.2所示。

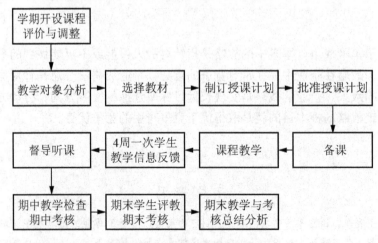

图 5.2　某学校教学活动程序

与政策相比，程序没有给予管理执行者自由处置的权力，而且当政策付诸于实施，也要有相应的程序，如某企业政策规定可以允许员工带薪休假。为了落实这项政策必须建立相应的程序，将规定具体度假时间表以免造成工作混乱，确定带薪休假的工资额和支付办法，建立考勤制度以保证每位员工享有假期，最后详细说明休假申请的办法。

6. 规则

规则阐明了在具体场合和情况下，允许或不允许、必须或不必须采取某种特定行动的规定。其没有例外的余地。通常表现为最为简单形式的计划，如"禁止吸烟"、"上班不允许迟到"。

规则不同于政策，政策的目的是通过给管理者留有酌情处理的余地而指导其进行决策，而规则在运用中没有自行处理的余地。

特别提示

（1）规则与程序的区别：规则不规定时间顺序，而程序可看作一系列规则的总和。

（2）规则、程序与政策的区别：规则与程序不具有自由处置权，旨在抑制思考，而政策是鼓励执行者进行思考的。

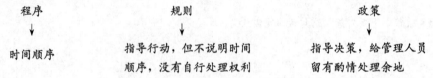

7. 规划

规划是一个综合性的计划，它是目标、政策、程序、规则、任务分配、执行步骤与使用资源等的复合体。一项规划可大可小，如一家企业为了提高数以千计的主管人员的素质和能力而制订的五年规划；而规划也可以表现为某一部门为了提高员工满意度而制订的具体计划。一项规划需要很多支持计划或者说规划是由目标、政策、程序、规则、预算等不同形式的计划组合而形成的，并且这些不同形式的计划需要系统的安排在一起。

 小思考

大学生的人生规划由哪些辅助计划组成？

8. 预算

预算是一份用数字表示预期结果的报表，它被称为"数字化"的规划，使计划更为精确。预算是为规划服务的，但其本身也是一项计划，如财务收支预算（也称赢利计划）、费用预算、资本支出预算、现金预算等。

预算也是一种控制手段，这个问题会放在第13章进行讨论。

5.2　计划制订的步骤

计划的制订是一个过程，为了保证编制计划的合理性，确保组织决策的实现落实，计划制订必须采用科学的方法。虽然计划类型多种多样，但是制订完整的计划必须遵循相同的逻辑和步骤，图5.3中列出的及下面所阐述的制订计划的步骤是普遍适用的。

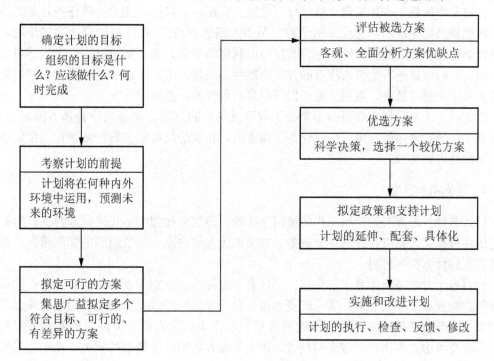

图5.3　计划制订步骤图

5.2.1 确定计划的目标

计划的第一步就是为组织确定总体目标及其所属各个部门的分目标。目标是组织行动的出发点和归宿。组织的整体目标具有支配组织内所有计划的性质,根据整体目标分解各个部门的分目标,以此类推,从而形成组织目标体系,包括目标的时间结构与空间结构。目标体系描述了组织中各层次目标间的协作关系。

5.2.2 考察计划的前提

编制计划的第二步是考察计划的前提,即计划是以什么环境为假设条件的。这个环境是指未来计划实施的环境,为此,必须对环境做出正确的预测。预测并有效地确定计划的前提条件的重要性不仅仅在于对前提条件认识越清楚、越深刻,计划工作就越有效,更重要的是,要使得所有参加制订计划与实施计划的管理者都认同这些前提,并且承担制订与实施计划的每个人越彻底地理解和同意使用一致的计划前提条件,企业计划工作就越容易协调。

预测是计划编制的基础。计划是否合理、能否有效,关键在于人们对未来计划实施的环境预测是否正确。考虑计划的前提并不是对将来环境的每一细节都要预测,而是仅对计划有重大影响的主要内容做出预测。

5.2.3 拟定可行的方案

计划工作的第三步是拟定可供选择的方案。实现一个目标,完成一项任务总是有许多方法和途径来实现目标,这就是所谓的"条条大路通罗马"。在计划制订的第三步时,要广泛地调动所有员工的积极性,充分利用可以利用的专家人员,群策群力,产生尽可能多的方案,有时候越是不能引人注意的方案可能就是最佳方案,所以在寻求可行方案时候可以考虑采用头脑风暴法,集思广益,以获得具有可行的、差异的方案。

因此,这个步骤最为重要的不是找不到可供选择的方案,而是减少备选方案的数量,以便寻求到最有希望的方案,所以计划工作者通常在该阶段需要进行初步审核,拟定适量的方案数量可供选择。

5.2.4 评估备选方案

评估各种备选方案是计划工作的第四个步骤,即根据计划的前提条件和目标,对初步选定的各种备选方案进行评估,分析各个方案的优点和缺点,以及组织的实际情况,确定各种方案的优劣次序排列。

评估每个方案需要注意以下几点:①认真考查每一个方案的制约因素和隐患;②要用总体效益的观点来评估方案;③,既要考虑到每一计划的许多有形的可以用数量表示出来的因素,又要考虑到许多无形的不能用数量表示出来的因素;④要动态地考察方案的效果,不仅要考虑方案执行所带来的利益,还要考虑方案执行所带来的损失,特别注意那些潜在的、间接的损失。

5.2.5 优选方案

计划制订的第五步是按照一定的原则，从各可行方案中选择一个较优方案或综合成一个较理想的方案，也就是真正意义上的决策。这也是计划的关键步骤。

5.2.6 拟定政策和支持计划

计划制订的第六步是拟订政策和支持计划，支持计划也就是派生计划。

1. 拟定政策

政策是贯彻和达到目标的保证，如企业确定了某个产品打入国际市场的目标，也选择了优质优价、创名牌、承包奖励等一系列措施来为目标服务。

2. 拟定支持计划

政策拟订后，计划仍不能说是完整的，还必须拟订支持计划，即各业务部门和下层单位拟定具体的部门计划，以支持总计划得以实现，如一家企业制定了当年销售额比去年增长15％的目标，那么，企业需要制订一系列派生计划：生产计划、销售计划和财务计划等支持目标、政策得以实现。

5.2.7 实施和改进计划

计划工作的第七个步骤是实施和改进计划。编制计划并非是计划职能的目的和全部，计划编制完成后还须实施计划。通过实施，进行情况的检查和反馈，如与目标不一致，还需改进计划。这部分的内容将会在第6章计划的实施中进行讨论。

 特别提示

对于以上计划制订的七个步骤，应该注意的是它只是一般行动的指南，不可教条理解和对待。在具体情况下，各步骤允许交织。另外，在有的计划中省略某个步骤也是允许的。

 小思考

请为本学期管理学课程的学习制订一份学习计划。

5.3　计划与战略

战略可以认为是计划的一种抽象形式，在其表现为计划时，通常称之为战略计划，它比计划的内涵更加狭义一些，但是由于其重要的地位及复杂性，各个组织都比较重视制订战略计划。本节内容主要涉及战略、战略计划制订、战略分析、不同类型的战略。

5.3.1 战略

"战略"源于希腊语"strategos"，意指"通用的"，企业的战略是实现长远目标所选择的发展方向、行动方针及资源分配的总纲。制定战略的根本目的就是取得优于竞争对手的竞争优势。那么，该性质的计划就包括了环境的分析、竞争优势的获取、与竞争对手如何展开竞争而实现组织目标等内容。

5.3.2 战略计划的制订

战略计划的制订通常分为战略分析、企业使命及战略目标的确定、战略类型的选择与评价、战略实施与控制 4 个步骤。

1. 战略分析

分析是战略的前提，没有分析的战略是不可行的。企业制订战略计划时，需要通过对组织内外部环境进行分析，评估所选择的行业吸引力大小，重点包括对一般环境、特殊环境即行业环境与企业自身环境的分析。

2. 企业使命及战略目标的确定

当企业了解企业获利的因素之后，选定了某行业进入，接下来便是确定企业的使命，而战略目标则是随着企业使命确立之后才进行明确的。管理学者彼得·德鲁克曾经说过一个企业不是由它的名字、章程和条例来定义的，而是由它的使命与远景来定义的。企业只有具备了明确的使命与远景，才可能制定出明确而现实的战略目标。

3. 战略类型的选择与评价

企业首先要根据以上的分析提供各种可供选择的战略方案，其次要对各种战略进行认真的评价，要将选择战略的风险一起考虑进去，一般企业选择的战略可能是一组战略的组合，而非仅仅是某种战略。

4. 战略实施与控制

战略就是一种特殊形式的计划，所以战略不是一成不变的，虽然其应该具备一定的稳定性，但是当战略分析的环境要素发生了变化，战略也应该适时加以调整。

5.3.3 战略分析

战略起源于分析，运用《孙子兵法》中的话就是"知彼知己，百战不殆"，战略分析就是分析计划制订及实施的假设前提，就是对组织所处的环境要素进行分析，也是对影响组织实现目标、智胜竞争对手的条件进行分析，内容包括"天、地、彼、己、顾客"，分析的结果要达到"知天知地、知彼知己、识顾客"。"天"指组织外部一般环境，主要包括政治法律环境、社会文化环境、经济技术环境和自然地理环境；"地"指组织所处的行业环境，主要指行业竞争结构状况；"彼"指组织的竞争对手；"己"指组织本身条件；"顾客"指企业为之提供产品或服务的消费者，也是营销学中提到的目标市场。战略分析就是"知天知地，知利危，趋利避害；知彼知己，识长短，扬长避短；知顾客，满足顾客需求"。

战略分析是战略计划制订的重要内容，管理者必须弄清楚管理环境能够给企业提供机会或造成威胁的因素。但是环境越复杂，因素分析起来就越难。例如，比较一个路边餐馆的管理者和麦当劳快餐店的高层管理者。作为一家地方性的小餐馆，管理者要操心的是有没有充足的供应，如食品供应能不能跟上、服务人手够不够等。麦当劳的高层管理者正好相反，他们考虑的是如何最有效地把食品分发到各分店去、怎样做才能确保公司不会对雇员有种族歧视或年龄歧视、如何应对竞争对手的竞争等。显而易见，管理者管理环境越复杂，应对的因素越多，组织规模越大，管理者应付的各种环境就越多。只有掌握正确的分析方法，管理者才能妥当地制订计划，选择最有的目标和行事方式。战略分析的工具有很多，比较典型的有 SWOT 分析方法和五力模型分析法。

1. SWOT 分析方法

SWOT 分析方法是由美国管理学教授海因茨·韦里克在 20 世纪 80 年代提出，常用于企业制定战略与竞争对手分析。它是一种综合考虑企业内部条件和外部环境的各种因素，进行系统评价，从而选择最佳经营战略的方法。在 SWOT 分析中，管理人员对组织的优势（strengths）和劣势（weaknesses）、环境中的机会（opportunities）和威胁（threats）进行确定。这种分析方法就是参照企业的各种技术、产品等重要因素及其水平进行细致的定量评价，它是一种全面分析企业内外部环境的综合评价分析工具。

其分析过程如下。

SWOT 分析的第一步就是明确组织的优势与劣势。管理人员所面临的任务就是明确组织在当前环境下所具有的优势与劣势。

SWOT 分析的第二步就是对组织所处环境中的当前或将来可能出现的机会或威胁进行全面分析。企业必须加以考虑的机会和威胁要素如表 5-3 所示。

表 5-3　企业面临的环境要素综合

	潜在优势	潜在劣势
优势与劣势	• 设计良好的战略 • 强大的产品线 • 宽的市场覆盖面 • 良好的营销技巧 • 品牌知名度 • 研发能力与领导水平 • 信息处理能力 …	• 不良战略 • 过时、过窄的产品线 • 不良营销计划 • 丧失信誉 • 研发创新下降 • 部门之间争斗 • 公司控制力量薄弱 …
	潜在机会	潜在威胁
机会与威胁	• 核心业务拓展 • 开发新的细分市场 • 扩大产品系列 • 将研发导入新领域 • 打破进入堡垒 • 寻找快速增长的市场 …	• 公司性业务受到攻击 • 国内外市场竞争加剧 • 为设置进入堡垒 • 被兼并的可能 • 新产品或替代场品的出现 • 经济形势的下滑 …

小思考

作为组织的管理者要明确我们的顾客是谁？在哪儿？产品是什么？应该提供什么服务？在管理运作中怎样应付不断出现的变化？存在哪些威胁和竞争对手？会发生什么样的竞争？怎样去改进并完善自己？

在 SWOT 分析第三步，公司所具有或面临的优势和劣势、机会和威胁都已确定后，管理人员就开始根据 SWOT 要素进行战略构思，以选择与制定实现公司使命和目标的战略类型。SWOT 模型构思战略如图 5.4 所示。

企业内部资源 ／ 企业外部资源	优势(strength)	劣势(weakness)
机会 (opportunity)	SO战略 利用优势去 抓住机会	WO战略 利用外力抓住机会，或利用机会去克服劣势
威胁 (threat)	ST战略 利用优势 避免威胁	WT战略 将劣势和威胁 最小化

图 5.4　SWOT 模型构思战略

2. 五力模型分析方法

五力模型分析方法主要是针对行业环境进行的分析，这也是企业战略分析的重要部分。

根据美国学者迈克尔·波特(Michael Porter)的研究，一个行业内部的竞争状态取决于 5 种基本竞争作用力，如图 5.5 所示。这些作用力量汇集起来决定着该行业的最终利润来源，并且最终利润潜力也会随着这种合力的变化而发生根本性的变化，一个企业的竞争战略目标在于使企业在行业内进行恰当定位，从而最有效地抗击 5 种竞争力量并影响其朝着对自己有利的方向变化。

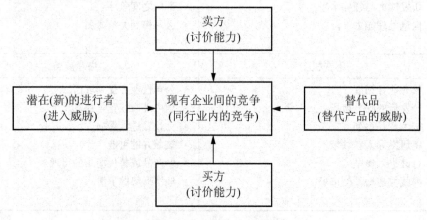

图 5.5　波特五力模型图

1）现有企业间的竞争

现有企业间的竞争状态取决于如下因素：①产业的增长率；②产品差异及转移成本；③竞争者的力量和数量；④退出成本；⑤规模经济；⑥固定成本；⑦竞争对手的发展方向等。

2）潜在进入者的威胁

潜在进入者的威胁大小取决于如下因素：①规模经济；②产品特色；③资本需求；④政府政策；⑤转移成本；⑥在位优势；⑦现有企业间的反应程度等。

3）买方讨价还价的能力

买方讨价还价能力强，企业获取的利润就少，其影响因素有①购买数量；②买方是否集中购买；③买方面临的购买转移成本大小；④买方是否有"后向一体化"的倾向；⑤本企业是否有"前向一体化"的意图；⑥买方是否掌握产品充分的信息；⑦产品是否存在大量的替代产品等。

4）卖方讨价还价的能力

卖方的讨价还价能力高，本企业获利的可能性就小，其影响因素有①卖方的集中化程度；②卖方是否采取"前向一体化"的威胁；③卖方是否掌握本企业最为主要的资源；④本企业是否有"后向一体化"的倾向等。

5）替代品的威胁

替代产品的存在为该产品的价格制定了上限，其影响因素有①转换成本；②购买者的忠诚度；③替代品生产企业的实力等。评估这种力量的重要之处在于找到哪些产品才是最大的替代品，进而再进行评估。

5.3.4 战略类型

对于大型、多元化的企业，战略会呈现出一个层次体系，最上面的是总公司战略，这个层次的战略具有成长性，也称成长战略，它决定了企业应该进入哪些行业范围，此时需要选择一个适当的企业资源组合方式，以便形成合力和发挥出协同效应。第二个层面上的是事业部即分公司的竞争战略。该层次的战略具有竞争性，主要内容是在具有相对独立的分部确定在某个产品领域或市场领域获得竞争优势。第三个层面上的是职能战略。职能战略具有操作性，它是各个职能部门落实并具体化事业部的战略目标和方针，如财务部、生产部、营销部、人力资源部，这个层次的战略主要是支持、辅助分公司和总公司的战略。

1. 总公司战略

比较常用的几种战略类型有著名的安索夫矩阵、企业一体化战略、战略联盟等。

1）安索夫矩阵

著名的战略学者安索夫（Ansoff），提出"产品与市场配合"的概念，从而形成4种类型的企业战略，如图5.6所示。

	现有产品	新产品
现有市场	市场渗透战略	产品开发战略
新市场	市场开发战略	多元化战略

图 5.6　产品-市场组合图

（1）市场渗透战略。

市场渗透战略是由企业现有产品和现有市场组合成的战略。企业采用市场渗透战略是希望通过对现有产品进行小的改进，加大营销力度，从现有市场上赢得更多的顾客。好处在于短期增加利润，但面对激烈竞争的市场时，容易导致高风险。

（2）市场开发战略。

市场开发战略是由现有产品和相关市场组合而产生的战略。市场开发战略比市场渗透战略风险大一些，关键在于找到市场与消费者，并确定一组营销组合来更好地满足这些消费者。

（3）产品开发战略。

产品开发战略是企业对现有市场投放仿制的新产品或利用新技术改造现有产品，以此扩大市场占有率和增加销售额的具有发展特征的战略模式。

（4）多元化战略。

多元化战略是指企业同时生产和提供两种以上基本经济用途不同的产品或劳务的一种经营模式。按着产品组合特点的不同又可以把多元化战略分为①主导产品战略；②优势产品战略；③技术相关产品战略；④市场相关产品战略，又称水平相关多元化；⑤市场技术相关产品战略，又称同心多元化；⑥非相关产品战略，又称非相关多元化。

2）企业一体化战略

企业一体化战略就是将某种或某类产品的生产或交易的全过程纳入到同一个企业来管理，企业充分利用自己在产品、技术、市场上的优势，向经营领域的深度和广度发展的战略。从产业链的角度来看，企业一体化战略又可以分为纵向一体化与横向一体化。通常提到的企业一体化战略往往是指纵向一体化战略，纵向一体化又分为前向一体化与后向一体化。

3）战略联盟

对于战略联盟的概念，学者争议比较多，其实质在内容上保持一致。本书认为战略联盟就是两个或两个以上的经济实体，一般指企业或者企业间的某些事业部门为了实现特定的战略目标而采取的任何股权或非股权形式的共担风险、共享利益联合与合作协议的相对松散的企业组织。

2. 竞争战略

竞争战略是属于组织第二个层次的战略，也称事业部战略。根据哈佛商学院迈克尔·

波特教授提出的观点，基本竞争战略分为 3 种，即总成本领先战略、差异化战略与集聚战略。

1）总成本领先战略

实施该种战略的企业在提供相同的产品或服务时，其成本或费用明显低于行业平均水平或主要竞争对手水平的竞争战略。或者说，该企业在一定时期内为用户创造价值的全部活动的累计总成本，低于行业平均水平或主要竞争对手的水平，如零售业巨头沃尔玛的"天天平价"的战略。

2）差异化战略

这种战略与总成本领先战略形成鲜明对比，差异化战略总是强调企业与用户的密切关系，即通过向用户提供与众不同的产品或服务，为用户创造价值，如日化行业的领先者宝洁公司。

3）集聚战略

采取集聚战略的企业选择行业内一个或一组细分市场作为目标市场并为其服务，致力于寻求特定目标市场的竞争优势。集聚战略有两种形式①特定目标市场上的低成本战略是在细分市场上的经营过程中能够实现低成本；②特定目标市场上的差异化战略则是开发特定细分市场客户的特殊需要。

3. 职能战略

按照总公司战略与竞争战略，职能战略即是各个职能部门对企业内部各项活动进行的具体谋划。一般可分为市场营销战略、人力资源战略、财务战略、生产运作战略等。

1）市场营销战略

市场营销战略是企业市场营销部门根据成长与竞争战略，在综合考虑外部市场机会与内部资源状况等因素的基础上，确定目标市场，选择相应的市场营销策略组合，并予以有效实施和控制的过程。该战略主要涉及整个市场营销活动过程（市场调研与预测、市场需求分析、目标市场确定、营销战略制定、实施与控制），它决定市场营销的主要方向，是企业成功的基础。市场营销战略是一个完整的体系，有市场细分战略、市场选择战略、市场进入战略、营销竞争战略与营销组合战略。

2）人力资源战略

人力资源战略也称为人才战略，是根据企业总体战略的要求，为适应企业生存和发展的需要，对企业人力资源进行开发，提高职工队伍在整体素质，从中发现和培养出一大批优秀人才，所进行的长远性的谋划和方略。包括人力资源开发战略、人才结构优化战略与人才使用战略三个方面，具体表现为选人、育人、留人等方面。

3）财务战略

企业财务战略是指为谋求企业资金均衡有效的流动和实现企业整体战略，为增强企业财务竞争优势，在分析企业内外环境因素对资金流动影响的基础上，对企业资金流动进行全局性、长期性与创造性的谋划，并确保其执行的过程。主要包括筹资战略、投资战略与收益分配战略。

4）生产运作战略

生产运作战略决定如何通过生产运作活动来达到企业的整体经营目标，其根据对企业各种资源和内外环境的分析，对与生产运作管理以及生产运作系统有关的基本问题进行分析与判断，确定总的指导思想以及一系列决策原则。包括生产运作系统设计（产品和服务选择与设计、选址、设备与设施布置、岗位与工作设计）、生产运作系统运行管理（综合生产计划、库存管理、物料需求计划、供应链管理、项目管理）与生产运作系统的维护与改进（质量管理、设备管理、准时生产）。

本 章 小 结

1. 计划一词既可以作为名词，又可以作为动词理解。从管理职能意义上说，一般表现为动词意义，也就是计划工作，其给组织提供了通向未来目标的明确道路，给组织、领导和控制等一系列管理工作提供了基础。计划工作包含 9 个要素：一前提、一应变、"5W2H"，这些要素缺一不可。

2. 计划按着不同的划分标准分为不同的类型，高层管理者制订的计划一般表现为长期计划、战略计划、指导性计划与非程序性计划，而短期计划、业务计划、指令性计划和程序性计划则由基层管理者制订。

3. 计划在现实中通常表现为 8 种类型，分别是宗旨、目标、战略、政策、程序、规则、规划、预算。这 8 种类型的计划性质分别从抽象变为具体，其中规划是最为详细的、综合的计划。

4. 计划的制订是一个过程，为了保证编制的计划合理，确保组织决策的实现落实，计划制订必须采用科学的方法。一般包括确定计划的目标、考察计划的前提、拟订可行的方案、评估备选的方案、优选方案、拟订政策和支持计划、实施和改进计划。

5. 战略是计划的一种特殊形式，战略的制定目的就是为了获取优于竞争对手的竞争优势，战略计划的制订一般需要通过科学合理的方法与步骤作为指导，其包括战略分析、使命与战略目标的确定、战略类型的选择与评价、战略实施与控制。

练 习 题

一、单项选择题

（1）关于计划，下述最为正确的说法是（　　）。

 A. 战略计划就是长期计划

 B. 计划是预测、构想

 C. 计划就是完成某项活动的准确的方式与时空间安排

 D. 宗旨与目标是一个概念

（2）一家百货商店的规章制度手册有 3 条内容：①我们只销售高贵时髦的衣服和各种高级用具；②货物售出超过 30 天，不再退还购货款；③在退还顾客购货款前，营业员需注意检查退回的货物，然后取得楼层经理的批准。

这 3 条内容各自属于（　　）。

A. 都是规则
B. 都是政策
C. 分别是政策、程序、规则
D. 分别是政策、规则、程序

(3)"战略计划是计划管理的核心和首要环节,有助于使组织内部各项管理工作之间相互协调,相互一致。"这说明( )。

A. 战术计划是对战略计划的进一步细化、完善、落实
B. 战略计划是关于组织资源有机合理的调配
C. 战略计划以战术计划为依据
D. 战略计划是长期计划

(4)很多企业的管理者认为,在当前这样一个飞速变革的经营环境中,制订计划到底有多大意义?在他们中间流传着"计划赶不上变化"的说法。在下面的诸多观点中,最为有道理的是( )。

A. 变化快要求企业只需要制订短期计划
B. 计划制订出来以后,在具体实施时经常要进行大的调整,因此,计划的必要性不大
C. 尽管环境变化速度很快,还应该像以前一样制订计划
D. 变化的环境要求制订的计划更倾向于短期的和指导性的计划

(5)计划的效率性体现在( )。

A. 计划非常详细
B. 制定计划的成本等于收益
C. 计划实施后能得到最大的剩余
D. 计划可行

二、简答题

(1)《孙子兵法》中说:"多算胜,少算不胜。"从企业管理者角度看,这里的"算"主要应包括哪些内容?

(2)如何看待"计划在一定意义上可以降低组织活动的风险"?

(3)简要回答行业竞争的 5 种力量。

三、思考题

(1)如何理解计划的灵活性?如何制订计划才能保证其具有灵活性?

(2)为了调动学生的积极性,请帮助学校起草一项政策,并制定一个简单的、有助于实施这个政策的程序。

(3)挑选你熟悉的一家企业,运用 SWOT 分析方法帮助其分析企业所面临的内外部环境,并制定恰当的成长战略。

(4)你作为学生会主席,面对新生入学,如何做好迎接新生工作?

(5)通用汽车公司总裁杰克·韦尔奇说:"与其让别人掌握你的命运,不如你自己来主宰。"在学习了计划职能后,如何理解这句话的含义?

(6)假定你是肯德基快餐郑州分店的业务经理,你想知道在每个工作轮班应制作多少类型的三明治和安排几个出纳员,你认为哪种类型的计划对你最有用?

四、案例应用分析

案例 1:森木家具公司五年目标

森木家具公司是李森先生在 20 世纪中期创建的,开始时主要经营卧室和会客室家具,取得了相当的成功,随着规模的扩大,自 70 年代开始,公司又进一步经营餐桌和儿童家具。1975 年,李森退休,他的儿子李林继承父业,不断拓展卧室家具业务,扩大市场占有率,使得公司产品深受顾客欢迎。到 1985

年，公司卧室家具方面的销售量比 1975 年增长了近两倍。但公司在餐桌和儿童家具的经营方面一直不得法，面临着严重的困难。

森木家具公司自创建之日起便规定，每年 12 月份召开一次公司中高层管理人员会议，研究讨论战略和有关的政策。1985 年 12 月 14 日，公司又召开了每年一次的例会，会议由董事长兼总经理李林先生主持。李林先生在会上首先指出了公司存在的员工思想懒散、生产效率不高的问题，并对此进行了严厉的批评，要求迅速扭转这种局面。与此同时，他还为公司制定了今后 5 年的发展目标。具体如下：①卧室和会客室家具销售量增加 20%；②餐桌和儿童家具销售量增长 100%；③总生产费用降低 10%；④减少补缺职工人数 3%；⑤建立一条庭院金属桌椅生产线，争取 5 年内达到年销售额 500 万美元。

这些目标主要是想增加公司收入，降低成本，获取更大的利润。但公司副总经理吴晗跟随李林先生工作多年，了解李林董事长制定这些目标的真实意图。尽管李林开始承接父业时，对家具经营还颇感兴趣。但后来，他的兴趣开始转移，试图经营房地产。为此，他努力寻找机会想以一个好价钱将公司卖掉。为了能提高公司的声望和价值，他准备在近几年狠抓一下经营，改善公司的绩效。

吴晗副总经理意识到自己历来与李林董事长的意见不一致，因此，在会议上没有发表什么意见。会议很快就结束了，大部分与会者都带着反应冷淡的表情离开了会场。吴晗有些垂头丧气，但他仍想会后找董事长就公司发展目标问题谈谈自己的看法。

思考题：

(1) 森木家具公司的市场经营情况怎么样？

(2) 森木家具公司内部存在哪些问题？

(3) 你如何看待李林先生提出的目标及与吴晗的分歧？

(4) 你能为解决这一问题提出建议吗？

案例 2：关于"埃德塞尔"牌汽车的故事

1957 年，福特汽车公司着手生产一种新汽车，牌子叫做"埃德塞尔"。为了激起公众对新汽车的爱好，在"埃德塞尔"实际问世前一年就大肆进行了广告宣传。根据福特公司一位高级经理所说，在第一年中，计划是生产 20 万辆。但在两年后，也就是在实际生产了 11 万辆"埃德塞尔"之后，福特公司无可奈何地宣布，它犯了一个代价昂贵的错误。在花了几乎 2.5 亿美元进入市场之后，"埃德塞尔"问世两年内估计还亏损了两亿多美元。

福特公司的战略是想利用"埃德塞尔"同通用汽车公司和克莱斯勒汽车公司在较高价格的汽车市场进行竞争。在制造分别适合美国社会的各种经济水平的不同类型的汽车方面，通用公司一直是非常成功的。在福特公司决定从大众化"福特"牌车型转向生产比较昂贵的汽车时，福特公司实际上已经失去了很大一部分市场。

有很多理由可以说明为什么"埃德塞尔"未能实现计划目标：其一是"埃德塞尔"在经济衰退时期，较高价格汽车市场收缩的情况下进入市场的；其二是当时国外经济型小汽车正开始赢得顾客的赞许；最后是"埃德塞尔"的车型和性能没有达到其他同样价格汽车的标准。

福特公司竭尽全力想出各种办法来防止全面的失败。他们向经销商提供折价出售"埃德塞尔"的方法作为销售额外分红，并且组织了一个有关车型、颜色、大小等方面的经销经验交流系统，并对全国性的广告预算增加了 2 000 万美元。折价出售"埃德塞尔"给州公路局官员，目的是使人们能在公路上看到这种汽车。为了招徕顾客，还发动了一次大规模巨大的驾车游行的推销规划，让有可能成为顾客的 50 万人参加。

思考题：

解释"埃德塞尔"计划失败的原因？

（资料来源：http：//www．sdwm．cn/bumen/khshow.php？tid＝19646.）

实际操作训练

开发计划书撰写能力

目标：

（1）培养创新能力与策划能力。

（2）掌握实际编制计划的方法。

内容与要求：

（1）在调研的基础上，运用创造性思维，策划一项活动，制定计划书。要求如下。

① 所策划活动的内容与主题，既可以由教师统一指定，又可以由学生自选。选题尽可能是与所学专业业务相关。

② 应通过调研，占有较为充分的材料。

③ 要运用创造性思维，所策划的活动一定要有创意。

④ 要科学地规划有关要素，计划书的结构要合理、完整。

（2）在每个人进行个别策划的基础上，以模拟公司为单位，运用"头脑风暴法"等集体决策方法，组织深入研讨，形成公司的创意。

（3）进行系统的活动策划，编制公司的活动策划书或计划书。

成果与检测：

（1）每个人都要起草一份策划书。

（2）公司的策划书或计划书。

（3）由教师与学生共同对各公司的策划创意与计划编制进行评估，确定成绩。

第 6 章　计划的实施

教学目标

　　本章内容表现出很强的实践性，能很好地促进缜密的计划能力的提升。通过对本章内容的学习，掌握滚动计划法的特点，了解甘特图的绘制方法，掌握网络图构成要素与绘制原则，掌握目标及目标管理内涵，灵活运用时间管理矩阵图。

教学要求

知识要点	能力要求	相关知识
滚动计划法	滚动计划法特点的理解与运用	(1) 滚动计划法的特点 (2) 滚动计划法的优点
甘特图	绘制甘特图的能力	甘特图绘制方法
网络计划技术法	掌握网络图编制原理	(1) 网络图构成要素 (2) 网络图的绘制原则 (3) 关键路线的概念
目标管理的特点与实施	(1) 目标管理特点的理解 (2) 目标管理实施范围的认识 (3) 制定目标的能力	(1) 目标与目标管理的内涵 (2) 目标管理的特点 (3) 目标管理的实施
时间管理矩阵	时间管理矩阵的运用	(1) 时间性质 (2) 时间管理矩阵 (3) 时间管理过程

 基本概念

　　滚动计划法　"近细远粗、分段编制"　甘特图　网络计划技术法　网络图　时间管理矩阵

导入案例

你是一个称职的计划人员吗？

提示：对下列的每一个问题只需回答是与否。

1. 我的个人目标能以文字的形式清楚地说明。

2. 多数情况下我整天都是乱哄哄的与杂乱无章的。

3. 我一直都把日历作为工作开展的辅助工具。

4. 我很少仓促地做出决策，总是三思而后行。

5. 我经常利用"速办"或"缓办"的标识对要办的事情进行分类整理。

6. 我习惯于对所有的计划设定开始日期和结束日期。

7. 我经常征求别人的意见和建议。

8. 我想所有的问题都应当立刻得到解决。

根据问卷设计者的观点，优秀的计划人员可能的答案是2和8答案为"否"，其余为"是"。

点评

计划工作效率的高低和效果的好坏在很大程度上取决于所采用的计划实施的方法。现代计划实施的方法为制订与实施切实可行的计划提供了更多的手段，表现出很强的优点。

6.1 滚动计划法

为了能确保计划的灵活性，使之能与环境要素相互匹配，计划的制订与实施就不能一成不变，需要根据计划实际实施的情况和环境变化状况，适时的修订计划，让"计划赶上变化"。滚动计划法就是一种定期修订未来计划的方法，是指在每次编制修订计划时，要根据前期计划执行情况和客观条件变化，将计划期向未来延伸一段时间，使计划不断向前滚动、延伸。

6.1.1 滚动计划法的特点

滚动计划法首先将计划期分为若干个执行期，近期计划内容一般制订得详细、具体，是计划的具体实施部分，具有指令性；远期的内容则较笼统，是计划的准备实施部分，具有指导性，即称之为"分段编制、近细远粗"的特点。其次，计划在执行一段后，要对以后各期计划内容做适当修改、调整，并向未来延续一个新的执行期，也是"滚动"特点的由来。

6.1.2 滚动计划法的优点

滚动计划法虽然使计划编制和实施工作的任务量加大，但是在计算机技术广泛应用的今天，其优点十分突出：①滚动计划法可使计划与实际紧密结合，提高计划的准确性，更好地发挥计划的指导作用；②滚动计划法使长期计划、中期计划、短期计划有机结合，从而使计划与不断变化的环境因素相协调，使各期计划在调整中一致；③滚动计划法使计划具有相当的弹性，可以有效规避风险，适应竞争需要，提高组织应变力。

6.1.3　滚动计划法的操作步骤

滚动计划法是用"分段编制、近细远粗"的基本特点来制订计划的。以五年期的滚动计划为例，其操作步骤如下。

（1）以"近细远粗"的方法制订（2010—2014）五年计划。

（2）在计划期的第一阶段（2010年）结束时，根据其实际完成情况，总结该阶段实际执行情况与计划目标的差异。

（3）对两者差异进行分析，根据组织内外部环境变化因素，对原计划进行修订形成新一轮（2011—2015）五年计划，仍按"近细远粗"的方法制订，以此类推。如图6.1所示为滚动计划法操作步骤示意图。

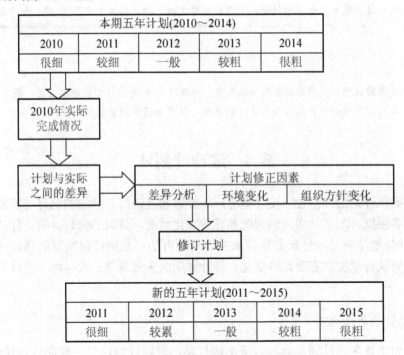

图 6.1　滚动计划法操作步骤示意图

特别提示

滚动计划法就是根据上述方法逐期滚动，每次修订都使整个计划向前滚动一个阶段，以原有的计划为基础又形成一个新的计划，这种方法适用于任何类型的计划。

小思考

如何运用滚动计划法的特点编制你的职业生涯规划？

6.2 甘特图与网络计划技术

6.2.1 甘特图法

甘特图法是以发明者甘特(Gantt)的名字命名的，又名线条图、展开图、横线工作法，实际上是一种常用的日程工作计划进度图表。

这种图表以纵轴展示计划项目，横轴展示时间刻度，在纵轴与横轴的交叉点上用直线或箭头或柱状表示两者关系。这种图表适用于具体实施计划的管理，操作简便、绘制也简单。甘特图构成要素包括活动(工作项目组成)、时间进度、责任人和备注等。活动最好是分类依次排列，分类按一定的管理机构划分，顺序则以时间先后排列。如图6.2所示为某工厂建设甘特图。

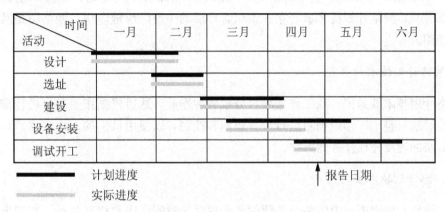

图6.2 某工厂建设甘特图

 管理案例

走访学校附近的项目施工工地，调查工程建设中是否具有计划，如有计划是否用到了甘特图，并把它画下来，进行学习总结。请在调研过程中注意安全。

甘特图的最大特点就是清楚地展示了工作的日程计划，尤其是较好地展示了计划的递进性，十分有利于日程工作计划的管理。但是，如果遇到宏大的工程项目时，甘特图就遇到了局限，这时另一种计划实施方法网络计划技术就能发挥出优势了。

 知识链接

规划工期和利润

完成任何工作，都会遇到制订工作计划、合理安排工作和资源的问题。举个简单的例子，一家企业临时有一个小修任务，由6道工序组成，这6道工序每天需要的工时和成本各不相同，如果人力资源每天只有15人，若增加人力，企业要支付更加昂贵的费用，每天每增加一人，成本费增加500元，修理任务预计20天完成，每提前完工一天可为企业赚的1 200元利润，增加人力肯定会使工期缩短，但是工期的缩短要符合工作规律。那么，企业怎样规划这个修理任务才能使企业在工期与利润之间达到一个平衡？

也许第一眼看这个问题会让人们有些不知所措，不知从何下手。但是在实际项目的运行中这是常有的事情。下面将结合实际中的一些问题，介绍网络计划技术法，用以解决这些问题。

网络计划技术是一种应用于组织大型工程项目或生产计划安排的科学的计划管理方法。它是以网络图的形式出现，是一种能够缩短工期、降低成本的有效方法。

6.2.2 网络计划技术的内涵

网络计划技术是 1950 年代后期在美国产生和发展起来的。这种方法包括各种以网络为基础制订计划的方法，如关键路径法、计划评审技术、组合网络法等。1956 年美国的一些工程师和数学家组成了一个专门小组首先开始这方面的研究。1958 年美国海军武器计划处采用了计划评审技术，使北极星导弹工程的工期由原计划的 10 年缩短为 8 年。1961 年，美国国防部和国家航空署规定，凡承制军用品必须用计划评审技术制订计划上报。从那时起，网络计划技术就开始在组织管理活动中被广泛地应用。网络图是网络计划技术的基础。

1. 网络计划技术的含义

网络计划技术就是把一项工作或项目分成各种作业，然后根据作业顺序进行排列，通过网络的形成对整个工作或项目进行统筹规划和控制，以便用最少的人力、物力和财力资源，用最快的速度完成任务的方法。

2. 网络计划技术法的优点

（1）该技术能清晰地表明整个工程的各个项目的时间顺序和相互关系，并指出了完成任务的关键环节和路线。因此，管理者在制订计划时可以统筹安排，突出重点。

（2）可对工程任务的时间进度和资源利用实施优化。在计划实施过程中，管理者调动非关键路线上的人力、物力和财力从事关键作业，进行综合平衡。

（3）便于组织和控制工程任务的完成。管理者可以将工程，特别是复杂的大项目，分成许多支持系统分别加以组织实施与控制，这种既化整为零又聚零为整的管理方法可以实现局部和整体的协调一致。

（4）可事先评价达到目标的可能性。该技术指出了计划实施过程中可能发生的困难点，以及这些困难点对整个任务产生的影响，有利于管理者准备好应急措施，从而减少完不成任务的风险。

（5）技术操作简便易懂。具有广泛的应用范围，适用于各行各业以及各种任务，尤其是基层具体的管理工作。

6.2.3 网络计划技术操作的步骤

结合实例分析网络计划技术操作的步骤。

1. 分析任务

对工程项目任务进行具体分析，确定完成任务所需要的各项作业，明确各项作业之间的相互关系，估计作业完成所需时间。

 管理案例

某飞机发动机维修需要多个活动组成，其维修项目活动分析如表6-1所示。

表6-1 飞机发动机维修项目分析表

单位：天

作业代号	作业名称	计划完成时间	紧前作业
A	拆卸	5	—
B	电子器件检查	8	A
C	机械零件检查	10	A
D	机械零件更换	6	C
E	机械零件维修	15	C
F	电子器件更换	9	B
G	组装	6	D，E，F
H	试机	3	G

2. 绘制网络图

根据表6-1中的数据，绘制网络图。

1）网络图的构成

（1）"→"，工序：是一项工作的过程，有人力、物力参加，经过一段时间才能完成。图中箭线下的数字便是完成该项工作所需的时间。此外，还有一些工序既不占用时间，也不消耗资源，是虚设的，叫虚工序，在图中用虚箭头表示。网络图中应用虚工序的目的是为了避免工序之间关系含混不清，正确表明工序之间先后衔接的逻辑关系。

（2）"○"，事项：是两个工序间的连接点。事项既不消耗资源，也不占用时间，只表示前道工序结束、后道工序开始的瞬间。一个网络图中只有一个始点事项和一个终点事项。

（3）路线：路线是网络图中由始点事项出发，沿箭线方向前进，连续不断地到达终点事项为止的一条通道。一个网络图中往往存在多条路线。

2）网络图绘制的原则

（1）自左向右不循环。即不允许有循环的线路。

（2）两点之间一箭线。即箭线首尾必须有事项。

（3）右应比左编号大。即编号顺序不能颠倒。

（4）始终归一记心间。即只能有一个网络始点和终点。

维修飞机发动项目的网络图如图 6.3 所示。

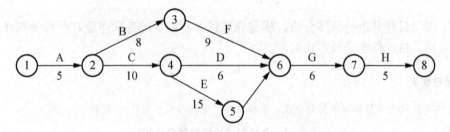

图 6.3　维修飞机发动机项目的网络图

3. 寻找关键工序

图 6.3 中从始点①连续不断地走到终点⑧的路线有 3 条，即

(1)：①—②—③—⑥—⑦—⑧　　　　31 天
(2)：①—②—④—⑤—⑥—⑦—⑧　　39 天
(3)：①—②—④—⑥—⑦—⑧　　　　30 天

比较各路线的路长，可以找出一条或几条最长的路线。这种路线被称为关键路线。关键路线上的工序被称为关键工序。

上面应用实例中的关键路线是(2)。

关键路线的路长决定了整个计划任务所需的时间。关键路线上各工序完工时间提前或推迟直接影响整个活动能否按时完工。确定关键路线，据此合理安排各种资源，对各工序活动进度进行控制，是利用网络计划技术的主要目的。

请思考关键路线中提到的"关键"实质；在一个团队所有成员中，谁才是"关键"？"不抛弃、不放弃"的团队精神怎么理解？

木 桶 原 理

木桶原理是指一只木桶想盛满水，必须每块木板都一样平齐且无破损，如果这只桶的木板中有一块不齐或者某块木板下面有破洞，这只桶就无法盛满水。该只桶能盛多少水，并不取决于最长的那块木板，而是取决于最短的那块木板。也可称为短板原理。

4. 优化网络

优化网络即挖掘非关键路线上的潜力，重新平衡人力、物力，重新确定作业所需要的时间，以非关键作业的潜力支持关键作业，减少关键作业时间，从而缩短关键路线上的整个工期时间。

6.3 目标管理

 知识链接

1952年7月4日清晨，加利福尼亚海岸下起了浓雾。在海岸以西21英里(1英里=1.61千米)的卡塔林纳岛上，一个43岁的女人准备从太平洋游向加州海岸。这名妇女叫费罗伦丝·查德威克。

这一次如果成功了，她就是第一个游过这个海峡即卡塔林纳海峡的妇女，在此之前，她是从英法两边海岸游过英吉利海峡的第一个妇女。那天早晨，雾很大，海水冻得她身体发麻，她几乎看不到护送她的船。时间一个小时一个小时地过去，千千万万人在电视上看着。有几次，鲨鱼靠近她了，被人开枪吓跑了，而她继续在游。在以往这类渡海游泳中她的最大问题不是疲劳，而是刺骨的水温。

15小时之后，她又累，又冻得发麻。她知道自己不能再游了，就叫人拉她上船。她的母亲和教练在另一条船上。他们都告诉她海岸很近了，叫她不要放弃。但她朝加州海岸望去，除了浓雾什么也没看不到。几十分钟之后——从她出发算起15个小时了零55分钟之后，人们把她拉上船。又过了几个钟头，她渐渐觉得暖和多了，这时却开始感到失败的打击，她不假思索地对记者说:"说实在的，我不是为自己找借口，如果当时我看见陆地，也许我能坚持下来。"

人们拉她上船的地点，离加州海岸只有半英里！后来她说，令她半途而废的不是疲劳，也不是寒冷，而是因为她在浓雾中看不到目标。查德威克小姐一生中就只有这一次没有坚持到底。两个月之后，她成功地游过同一个海峡。她不但是第一位游过卡塔林纳海峡的女性，而且比男子的记录还快了大约两个钟头。查德威克虽然是个游泳好手，但也需要看见目标，才能鼓足干劲完成她有能力完成的任务。

根据组织的宗旨确定了组织的总目标之后，如何使之进一步转换成各个部门、各个单位，以及各个人的分目标呢？这涉及由谁确定、如何确定等问题。传统的方法是由上级给下级指定目标，并交代如何去做。这种方法虽然也可以使目标层层分解落实到个人，但由于缺乏下属的参与，也带来许多弊端，如执行者的主动性和积极性不高、目标扭曲等，解决这个问题的一种有效的方法就是目标管理。

 小思考

理解"生命的悲剧不在于目标没有达成，而在于没有目标可以达成"这句话的含义。

6.3.1 目标的内涵

目标是在分析企业外部环境和内部条件的基础上确定的企业各项经济活动的发展方向，是企业宗旨的具体化。清晰、可以考核的目标有利于衡量增值变化以及企业经营活动的效益和效率。

6.3.2 目标的性质

目标是组织经营思想的集中体现，因此，目标具有方向性；总目标需要由分目标、子目标来支持的，所以目标具有层次性，企业各层管理者都有不同层次的目标，这些目标如果不协调，可能导致企业内部及个人矛盾，因此，形成一个完整的目标体系是非常重要的；目标并不是一成不变的，其具有变动性，在计划的表现形式中，目标本身就是计划的一种抽象形式，其应随着环境、经营思想、自身优劣势的变化而变化。例如，20世纪企业追求的目标还可能单纯是利润，但是21世纪企业会把承担社会责任纳入到目标体系中

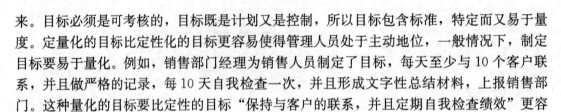

来。目标必须是可考核的，目标既是计划又是控制，所以目标包含标准，特定而又易于量度。定量化的目标比定性化的目标更容易使得管理人员处于主动地位，一般情况下，制定目标要易于量化。例如，销售部门经理为销售人员制定了目标，每天至少与 10 个客户联系，并且做严格的记录，每 10 天自我检查一次，并且形成文字性总结材料，上报销售部门。这种量化的目标要比定性的目标"保持与客户的联系，并且定期自我检查绩效"更容易考核。

6.3.3 目标管理的内涵

目标管理（management by objectives，MBO）的概念是由美国管理学家彼得·德鲁克 1954 年提出来的，我国企业于 20 世纪 80 年代初开始引进目标管理法，取得较好成效。目标管理是上级和下级一起制定共同目标，用预期结果来明确个人的主要责任领域，并用这些方法协调各部门的活动和评价每个成员贡献的过程。

6.3.4 目标管理的特点

目标管理通过科学地制定目标、实施目标，依据目标进行考核评价来实施组织管理任务，它是一个全面的管理系统。

（1）目标管理运用系统论的思想，通过目标体系来进行管理。

目标管理最大的吸引力在于提供了一种将组织的总体目标转换为组织部门、单位和每个成员目标的有效方式，为此而形成了一种目标层级体系，借用系统管理方法，使许多关键管理活动结合起来，高效率地实现个人目标和组织目标。目标层次体系如图 6.4 所示。

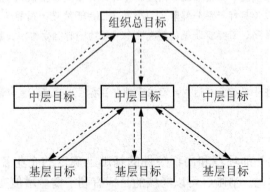

图 6.4　目标层级体系

（2）目标管理是一种民主的、强调职工自我管理的管理制度。

目标是共同商定的，目标制定的过程既是"自上而下"，又是"自下而上"的，不是"上级下指标，下级提保证"。强调的是员工参与到目标制定过程中来，权力下放至员工那里，变压力为动力，个人目标与组织目标保持高度一致，把目标视为一种激励因素，激发出极大的热情，实现自我控制，把"要我做"变成"我要做"。

（3）目标管理强调成果，实行"能力至上"。

目标管理的最终结果就是一个目标的层次体系，然后把目标体系作为考核标准，对员工的工作成果进行客观考核，避免主观。

6.3.5 目标管理的实施过程

1. 目标层级体系的建立

目标管理从建立目标开始。目标管理回避了传统目标制定的局限，由最高管理者制定及分解为各级分目标或个人目标，是一种自上而下的目标确定法。建立了现代目标设定方法，即"全员参与制定目标"法，一种"自上而下又是自下而上"，双向互动的建立目标方法。

企业总目标体现了企业在一定时期内各项工作的努力方向和管理的目的。其包括了各项经济技术指标、技术发展与改造、市场开发、生产经营管理、职工培训与教育、安全文明生产、职工生活福利等方面。企业总体目标建立之后，层层分解，逐级落实。各部门、每个人包括各级领导都要制定出确保上述目标实现的部门目标及个人目标。这样通过目标的层层展开，形成了一个纵横交错、协调一致的目标层级体系。

2. 目标实施与控制

目标实施与控制过程是员工积极的自我控制与有力的领导控制相结合的过程。这一过程一方面需要强调自我控制、民主管理，随着目标的分解，权力随之下放，给予员工一定的自由处置权力，让下级在"自我管理、自我控制"下进行工作，用"自我控制的管理"代替"压制性的管理"，很大程度上提升员工的积极性；另一方面该过程中需要加强信息交流，上级要为下属创造良好的工作环境，督促下属主动承担义务，上下级、平级、各个部门、各个环节之间保持信息顺畅，相互了解、相互促进。

3. 目标评定

目标也是结果，目标管理强调成果第一，重视目标评定，奖优罚劣。首先，员工需要进行自我评定，每个人对照目标体系和实际工作绩效进行自我评价；其次，需要进行民主评定，结合各部门、各环节，以及每个人的分目标完成情况，进行民主讨论，集体评定；最后，结合上级协商评定，上级根据员工自我评定与民主评定，核实评定结果的真实与准确性，做出同意或重新评定的判定。目标评定以员工自我评定为主。

 特别提示

目标是计划，所以必须实际可行；目标又是结果，所以必须具有挑战。因此，制定的目标不能很容易达成，这样就会失去激励力；也不能很难实现，这样员工会放弃争取。目标的制定强调自我参与，权力下放，根据权责对等的管理原则，责任也应该随之下放，目标要严格与绩效考核挂钩，否则，目标只是空设，起不到任何的激励效果。

6.3.6 目标管理的评价

目标管理是一种计划实施方法，目标本身就是特殊的计划形式，目标管理就是对目标的实现进行管理的方法，通过该种方法使得计划(也即是目标本身)具有可行、可执行性；目标管理是一种控制手段，将目标标准作为考核管理人员的工作绩效的方法，目标完全与绩效考核挂钩，目标管理过程最后的阶段是目标评定，根据目标成果奖优罚劣，这样目标管理又是一种有效的激励方法。

当然，目标管理也存在一定的局限性。首先，目标管理好像只承认"功劳"不承认"苦劳"，这样可能导致结果祖护过程；其次，目标双向互动的制定过程可能会导致极大的浪费，参与双方很难达成一定的共识；再者，目标实施的过程中，上层领导权力下放之后，也会把责任完全下放，导致最后目标无法实现的责任全部落在了下属身上，挫伤下属的积极性；最后，不是所有的管理活动都适合采用目标管理，那些强调工作本身的管理活动，如仓储、物流等活动，不太适用于目标管理。

 小思考

(1) 根据以上所学内容，为自己制定一个科学的人生目标体系。人类因为梦想才伟大，你的人生目标是什么呢？它应该是具有层次性、多重性表现，可以表现为事业辉煌、家庭美满、受别人尊重、物质生活富裕、更多的帮助别人、有成就感或者其他？对于人生目标订立的原则是，"目标＝实力＋勉强"，目标要能让你兴奋、目标要发自内心。人生目标的制定过程由理想、愿望的激发，目标形成，短期目标计划；长期目标计划，行动与活动管理，总结，评估，奖励组成。

(2) 什么是没有目标痛苦的人生、低目标平凡的人生、高目标成功的人生、明确高目标卓越的人生？

6.4 时间管理

 管理案例

美国通用汽车公司总裁莫瑞要求秘书呈递给他的文件应放在各种颜色不同的公文夹中。红色的代表特急，绿色的要立即批阅，桔色的代表这是今天必须注意的文件，黄色的则表示必须在一周内批阅的文件，白色的表示周末时必须批阅，黑色的则表示是必须他签名的文件。

请问这个故事案例对你有什么启发？

 小思考

(1) 你觉得你的时间是否够用？

(2) 你是否对自己的时间进行管理，你是怎样进行管理的？

6.4.1 时间的性质

在管理所涉及的资源中，时间是一项非常重要而又缺少不了的宝贵资源。时间有时候的代名词可能是速度、变化等。时间不能向其他资源那样，它是稀缺的、不能储存、预支与透支资源，所以稍纵即逝，无法弥补。越是对于高层管理者而言，时间越是珍贵。

知识链接

管理的 80/20 原则

在你所做的事情当中，只有20%是真正重要的事情，它们将为你的成长提供80%的贡献。其余80%将只提供20%的贡献。为此，我们有必要将事情按轻重缓急加以分类。

6.4.2 时间管理矩阵

被称之为"人类潜能导师"的史蒂芬·柯维（Stephen Covey）博士以消防队员的工作为喻，称"救火"是处理既重要又紧急的事，但救火在消防队员的工作时间中，所占的比例可能不到7%，剩下的时间，其实是花在预防与救灾等"重要但没有燃眉之急"的事情上，若是这部分做得好，就可以降低火灾发生的机率。

小思考

如果我们的工作或生活每天都处于救火状态，你觉得这样健康吗？

在大多数时间里，人们大多都是在做眼前"急迫的事情"，总会忘记或忽视"不急迫的事情"，然而在"不急迫的事情"里同样也有许多重要的事情要做。往往许多成功的人在做好"急迫的事情"的时候，同样能处理好"不急迫的事情"，他们十分重视"不急迫而又重要的事情"甚至超过眼前"急迫的事情"。基于以上的分析，柯维博士提出了时间管理矩阵，如图6.5所示，用它来描述人们所遇到的工作与事情的性质，帮助人们进行科学的管理，以便最大限度地利用时间。

	紧急	不紧急
重要	Ⅰ 危机、有压力、即将到期 立即行动区	预见、识别 新的机会 Ⅱ 优质高效区
不重要	打扰、某些电话、会议、报告 Ⅲ 陷阱区	日常琐事、侃大山、无上的事情 浪费区 Ⅳ

图 6.5　时间管理矩阵

时间管理矩阵是根据事情的紧急、不紧急、重要、不重要的性质，把事情分为4个象限。在第Ⅰ象限中的活动，又紧急又重要，并且我们都会经常性的遇见它。第Ⅲ象限中的活动是紧急（压迫性的），但像阅读信箱里的垃圾邮件一样的不重要。第Ⅳ象限中的活动是一些琐事，既不急迫又不重要的事，甚至可以说是一种浪费生命，如无目的的上网浏览、沉溺电视、瞎掰等。人们花大多数的时间在第Ⅲ和第Ⅳ象限，就会过着不负责任的生活。为了过一个有效、充实的生活，你必须努力在第Ⅱ象限中工作，它是不紧急但重要的工作。如为了预防危机而每周做计划就是第Ⅱ象限的例子。如果你花时间在第Ⅱ象限，你会发现你遇见的危机会减少，它会帮助你取得成功。

根据时间管理矩阵进行自我管理，养成习惯经常问自己，你正在哪个象限中工作。如果你发现自己处在第Ⅲ象限，你需要学会对不重要的事情说"不"，如果你发现自己在第Ⅳ象限，你需要努力离开一些东西了。你能发现自己在第Ⅲ和第Ⅳ象限，是因为你不清楚你在生活中真正想要什么，以及什么是重要的。如果是这样，你应当考虑重新对你的使命及目标进行设定。

特别提示

拖延只是让事情原地踏步，甚至恶化，只有行动、行动、马上行动，才能创造你想要的成效。

6.4.3 时间管理过程

时间管理主要有 5 个步骤。

（1）列出目标。

对于组织而言，目标是多样的、层次性的，根据组织的宗旨列出目标。对于个人而言，目标也是很复杂的，事业目标、生活目标、学习目标和人际交往目标等，时间管理的第一步必须明确目标，列出目标。

（2）按重要性排出目标的次序。

对多样性的组织目标与个人目标，按照重要程度排成顺序，抓住重要目标，努力实现它。

（3）列出实现目标必须进行的活动。

针对每一个目标，尤其是重要目标，根据目标的内容列出实现目标所必须采取的活动。

（4）给活动分派优先等级。

在对每个目标体系下的活动按照轻重缓急分派个优先等级。

（5）按优先等级安排活动的日程。

按照优先等级顺序安排活动的日程，可以借助甘特图。

遵照以上的程序，完成时间管理过程，将管理活动及个人活动安排的紧紧有条，实现时间价值最大化。

特别提示

用它来管理你新学期的时间吧，为自己制订一个崭新的计划，完美你的人生。

管理时间时需要注意几点：①遵循 20/80 法制；②了解自己的生产率周期，即生物钟；③把不太重要的事集中起来办；④避免将整块时间拆散；⑤当心糟糕的会议、活动所浪费的时间；⑥琐碎的事情会自动膨胀占满所有可以利用的时间。

你要学会把时间管理矩阵复制到你的计划工作中作为参考。记住，离开第Ⅲ和第Ⅳ象限，工作在第Ⅱ象限，这会减少你在第Ⅰ象限中的时间，并取得你应得的成就。

如果你没有掌握住时间管理矩阵的精髓所在，那么你只需把你需要处理的事情分个轻重缓急，然后在平面上展开，看看他们都归于矩阵中的第几象限，然后对应应对即可。

本 章 小 结

1. 滚动计划法是制订计划的方法更是修订计划的方法。该方法很好地将短、中、长期计划有机的结合起来，大大地加强了计划的灵活性，利用掌握信息的特点，"近细远粗，分段编制"，使计划更加完整、更加系统。

2. 甘特图是一种简单的编制计划的方法，它运用了统筹的思想，将计划进度清晰地罗列在图表上，以便计划制订者与实施者很好地掌握计划完成的情况，但是遇到了复杂的项目时候，其遇到了局限，而网络计划技术法则是工程规模越大，工程越复杂，就越有效。

3. 目标是计划的一种特殊表现形式，是计划工作的基础。目标管理既是一种计划实施的方法，又是一种有效的激励的方法；既是一种目标制定的方法，又是一种目标考核的方法。

4. 时间对于管理来说是一种宝贵的资源，有效利用时间可以提升管理效率与效果。时间管理矩阵帮助管理者理清事情的轻重缓急，抓住重要的事情，预先安排，有效地利用时间。

练 习 题

一、 单项选择题

(1) 某产品的加工需要经过 A、B、C、D、E 5 道工序，其所需要的时间分别为 1、1、2、5、4 天。其中，A 和 B 两道工序可以同时进行，C 工序必须在 B 工序完成后进行，A 和 C 工序必须在 D 工序开始之前完成，E 工序只能在 D 工序完成之后进行。试问完成该产品的生产至少需要( )。

    A. 13 天   B. 12 天   C. 10 天   D. 9 天

(2) 您上班后，面对纷乱繁杂的工作，将怎么开始呢? 恰当的方法应该是( )。

    A. 来什么工作就干什么工作，事先无准备

    B. 按照自己最大的能量来安排并紧张地进行工作

    C. 把一天的工作按重要的程度、价值的大小、时间的紧迫做出分析，排出一天工作的先后顺序

    D. 把一半工作交给部下

(3) 传统上，制定计划强调的是( )。

    A. 短期方法   B. 自上而下的方法

    C. 自下而上的方法   D. 双向互动的方法

(4) 对于目标管理，下面描述不正确的是( )。

    A. 管理者与员工都是由其上级指挥与控制的

    B. 目标管理是一种激励方法

    C. 管理人员与员工进行自我指挥、自我控制

    D. 目标的制定是双向互动

(5) 某周末，某人在上午 9 点以后开始做家务，要求 11：30 前结束，以便准时参加一个约定在 11：40 的聚会。家务活动中，自动洗衣机洗衣 1 小时，烧饭 30 分钟，吃饭 20 分钟，搞卫生 1 个小时，车行赴会时间为 10 分钟。你认为符合一个有效管理者的安排的是( )。

A. 全部时间累计要 2 小时 50 分钟完成家务，离家前只有 2 小时 30 分钟，不能按时赴会

B. 其实烧饭和洗衣可以并行作业，这样 2 小时 20 分钟就可完成，是最好的办法

C. 洗衣、烧饭、搞卫生完全可以同步作业，只要约 1 小时 30 分钟即可以了，比 B 花时间少

D. 很难界定，随机制宜

二、简答题

(1) 分析滚动计划法的基本内容，并对其加以评价。

(2) 甘特图与网络图的区别是什么？

(3) 网络计划法的原理是什么？

(4) 试分析时间的性质，以及如何有效利用时间。

三、思考题

(1) 你是否认为目标管理可以引入到你的学校？如果可以，怎么实施？

(2) 管理学中的"木桶原理"与网络计划技术中关键路线本质的关联是什么？

四、案例应用分析

他们实施的是目标管理吗

王仁洁是销售公司总经理，她与邮购处经理刘哲刚结束一场目标管理式的讨论。"那么，刘经理，你同意这 8 项目标？""是的，王经理，它们看上去很适合我。""那太好了，"总经理说，"6 个月后我再见到你时，想看看你到底干得有多漂亮。"

在这 6 个月里，刘哲在一个目标上遇到了麻烦，这个目标是要求在邮寄成本上削减 5%，他本来打算利用大宗整批邮寄以达标，把 1 000 多份目录册寄到指定的邮区，可是销售部迟迟交不出客户的名单来，邮签贴不齐，刘哲多怕误事，只得追加邮费来零寄。

6 个月后，王仁洁见到刘哲时，一起来讨论他的工作表现，她说自己实在弄不懂刘哲怎么会在邮寄成本上无法达标。"如果你那时候来找我，我可以向销售部施加压力，让他们给你提供邮签资料，这立刻就能办到！"她说。刘哲回答："我想这 6 个月里得靠我自己，在那种情况下，我已尽了最大努力。"

思考题：

(1) 他们实施的是否是目标管理？

(2) 他们在实施这套目标管理时，存在什么问题？

(3) 应如何改进？

实际操作训练

根据所学内容，选择合适的计划实施的方法，为自己制定并实施一份职业生涯规划。下面内容将会给你提供一份职业生涯规划书的实例，仅供参考，个人要根据自己特殊情况，区别设计。

职业生涯规划

职业生涯规划的具体步骤概括起来主要有以下几个方面。

1. 外部环境评价

首先要充分认识与了解相关的环境，评估环境因素对自己职业生涯发展的影响，分析环境条件的特点、发展变化情况、把握环境因素的优势与限制，评估所在专业和各个行业的地位、形势以及发展趋势。

2. 内部环境分析(自我评价)

内部环境分析也就是要全面了解自己、进行自我评价。一个有效的职业生涯规划必须是在充分且正确认识自身条件与相关环境的基础上进行的。要审视自己、认识自己、了解自己,做好自我评估,包括自己的兴趣、特长、性格、学识、技能、智商、情商、思维方式等,即要弄清我想、能、敢、应该干什么,在众多的职业面前我会选择什么等问题。

当然在评价自我时,人们存在很大的缺陷,就是容易迷失自我、看不清楚自己,所以在规划自己职业生涯的时候,采用了一种有关"5W"的归零思考的模式,从自己是谁开始,共有5个问题。

1) what am I? 第一个问题"我是谁?"

首先对自己客观地介绍一下。

例如,某大学计算机专业的大学生张尧,在校期间曾任学生会副主席兼摄影协会秘书长、班长、首创业IT团队理事长、被聘为河南省智联连锁电脑公司河南安阳师范学院业务经理(兼职);学习成绩优秀,曾被评为安阳师范学院三好学生、优秀学生干部、优秀团员;积极参加学校组织的活动,尤其是体育运动,家庭状况一般,父母工作稳定,身体健康。

对自己进行一次深刻地反思,有一个比较清醒的认识,优点和缺点都一一列了出来,如优点是有高度的责任心、办事情细心、考虑事情周密、有一定的交际能力、性格开朗、喜欢结交朋友、有很强的组织能力;缺点是性子太急、喜欢直来直去、做事比较僵硬,容易得罪人,有时候做事情胆小缺乏魄力,有时候又充满激情干事情风风火火,典型的超级性情中人,不成熟的表现,而且不会说普通话,英语水平一般。

2) What do I want? 第二个问题"我想干什么?"

这个问题是对自己职业发展的一个心理趋向的检查。每个人在不同阶段的兴趣和目标并不完全一致,有时甚至是完全对立的。以前许多人都没有仔细想过这个问题,如张尧身为计算机专业的一名的学生,当时报志愿的时候就对计算机充满了兴趣,现在看到计算机这个朝阳行业蓬勃发展,而且他也渐渐地发现了计算机的一些微妙之处,对它一直充满激情和好奇,可能就会做计算机这一行业了。

3) What can support I? 第三个问题"在环境支持或允许下,我可能做什么?"

家庭可能对张尧的帮助不会很大,因为父母都是老实的市民,也不懂经商之道;叔叔家是做生意,实力虽然也不小,可是他们做的是食品方面的,和他的专业根本不对口。不过,他看好中国的大环境,中国已经加入了世界贸易组织,大量跨国企业入驻中国,可以试探着到外企找一份工作,如果现在就有了这样一个打算,他就必须留出充足的时间来加强英语学习。

4) What can I do? 第四个问题"我能干什么?"

这个问题就是对自己能力与潜力的全面总结,职业的定位最根本的还要归结于自己的能力,职业发展空间的大小则取决于自己的潜力。例如,张尧做过很有成就感的兼职工作,做到了业务经理的位置上,这真的是大学时代很难得的宝贵经验;另外,他还做过学生会和班级的领导工作,这对管理能力和组织能力绝对是有锻炼和提高的。他对自己的能力和潜力很有信心,希望能在自己的岗位上高起点,大空间的发展。

5) What shoud I do? 第五个问题"我最终应该做什么?"

张尧回答这个问题的时候很从容、很坚定,因为他有一个从高中就埋在内心深处的美好理想,已经想好了一个值得为其奋斗终生的职业——职业经理人,后来进入了大学,学习了计算机专业,终于锁定了自己的终生理想——CEO。现阶段能做的就是考虑清楚毕业后是考研还是就业,了解相关的活动,并以提高自身的基本素质为主,通过参加学生会或社团等组织,锻炼自己的各种能力,同时检验自己的知识技能,继续积极地尝试兼职、社会实践活动,并要具有坚持性,最好能在课余时间后长时间从事与计算机专业有关的工作,提高自己的责任感、主动性和受挫能力,增强英语口语能力,增强计算机应用能力,通过英语和计算机的相关证书考试,并开始有选择地辅修其他专业的知识充实自己、扩大知识面。如果毕业之后真的选择了就业,张尧会积极地尝试各种行业和工作以选定终生从事的职业。

3. 确立目标

确立目标是制定职业生涯规划的关键，通常目标有短期目标、中期目标、长期目标和人生目标、事业目标、家庭目标之分。长远目标需要个人经过长期艰苦努力、不懈奋斗才有可能实现，确立长远目标时要立足现实、慎重选择、全面考虑，使之既有现实性又有前瞻性。短期目标更具体，对人的影响也更直接，也是长远目标的组成部分。

4. 职业定位

职业定位就是要为职业目标与自己的潜能，以及主客观环境条件谋求最佳匹配。良好的职业定位是以自己的最佳才能、最优性格、最大兴趣、最有利的环境等信息为依据的。职业定位过程中要考虑性格与职业的匹配、兴趣与职业的匹配、特长与职业的匹配、专业与职业的匹配等。职业定位应注意：①依据客观现实，考虑个人与社会、单位的关系；②比较鉴别，比较职业的条件、要求、性质与自身条件的匹配情况，选择条件更合适、更符合自己特长、更感兴趣、经过努力能很快胜任、有发展前途的职业；③扬长避短，看主要方面，不要追求十全十美的职业；④审时度势，及时调整，要根据情况的变化及时调整择业目标，不能固执己见，一成不变。

5. 实施策略

实施策略就是要制定实现职业生涯目标的行动方案，要有具体的行为措施来保证。没有行动，职业目标只能是一种梦想。要制定周详的行动方案，更要注意去落实这一行动方案。

6. 评估与反馈

整个职业生涯规划要在实施中去检验，看效果如何，及时诊断生涯规划各个环节出现的问题，找出相应对策，对规划进行调整与完善。

由此可以看出，整个规划流程中正确的自我评价是最为基础、最为核心的环节，这一环做不好或出现偏差，就会导致整个职业生涯规划各个环节出现问题。

第 7 章　组织设计与组织变革

教学目标

通过本章的学习，了解组织的基本含义，熟悉组织结构的基本形式，掌握组织结构设计的原则与方法，掌握集权与分权的原理与方法，掌握组织协调与变革的原理与技术。

教学要求

知识要点	能力要求	相关知识
组织与组织工作	(1) 对组织的理解 (2) 对组织工作灵活运用	(1) 组织的二重性 (2) 组织工作的作用 (3) 组织理论 (4) 组织的功能
组织设计	(1) 能够分析组织设计的内涵 (2) 组织设计的实际运用	(1) 组织设计的内涵、模型 (2) 组织设计的流程、任务
组织横向设计	(1) 对组织横向设计的理解 (2) 能够设计组织的横向结构	(1) 部门划分的含义、意义 (2) 部门划分的方法与特点
组织纵向设计	(1) 组织纵向设计的理解 (2) 能够设计组织纵向结构	(1) 管理幅度 (2) 管理层次 (3) 扁平化组织结构 (4) 锥式组织结构
职权与协调	(1) 对组织设计关键问题的理解 (2) 掌握职权与协调能够的艺术	(1) 集权与分权 (2) 授权 (3) 协调
组织结构	(1) 掌握常见的组织结构的特点 (2) 能够设计合理科学的组织结构	(1) 组织结构类型 (2) 组织结构影响因素 (3) 组织结构趋势
组织变革	(1) 能够对组织变革的原因和流程进行分析 (2) 学会组织变革阻力的管理技巧	(1) 组织变革动因与类型 (2) 组织变革过程、目标 (3) 组织变革阻力及其管理

基本概念

组织　组织设计　组织结构　部门化　管理幅度　管理层级　集权与分权　授权　协调　事业部制　矩阵制　扁平化　团队　组织变革

导入案例

吴经理的困惑

南方建筑公司原来是一家小企业，仅有十几名员工，主要承揽一些小型建筑项目。经过多年的努力，目前已经发展成为员工过百的中型建筑公司，年利润上千万元。

创业初期，人数少，吴经理和员工不分彼此，大家也没有分工，一个人顶上几个人用，拉项目，与工程队谈判，监督工程进度，谁在谁干。吴经理认为自己应当也能够对公司的所有决策负责。公司的大事小事都由他一个人做主。他为人随和，和员工打成一片，员工可以随时走进他的办公室去。尽管公司的规模和赢利有了显著的变化，吴经理的行事方式却依然如故。随着公司的不断发展壮大，吴经理身上的压力越来越大，感到力不从心。日常事务占据了他的大部分精力，下属也不像以前那样齐心协力，而是相互推托。特别是当他出差到外地地时，许多事情只能搁置下来，等他回来后再做处理。现在吴经理很少有时间坐下来想一想。员工碰到非常棘手的难题时很难得能找到他商量对策。企业中的士气大不如以前，甚至有两个创业时就来公司的技术骨干最近提出要跳槽。另外，吴经理还感到，公司内部质量意识开始淡化，对工程项目的管理大不如从前，客户的抱怨也正在逐渐增多。吴经理感到很头疼，请来管理顾问进行咨询。

点评

组织是一个开放的系统，需要随着环境的变化适时进行调整。

组织设计和运行机制是否科学直接关系到组织未来的生存状况和竞争能力。要使组织高效率地运转，实现组织与环境的动态平衡，必须科学、合理地构建组织，并要随着时间和环境的变化，充分利用现代科技手段，适时地进行组织变革。

7.1　组 织 概 述

组织是人类社会最常见、最普遍的现象。人类要生存、发展，就始终离不开在组织中彼此间的相互协作。为了有效地协作，人们必须了解各自的任务、责任与权限，由此也就形成了一个个具有确定的关系、共同的目标与任务的组织结构。为了使组织具有效率，人们不断地总结经验，希望能以最小的费用，充分发挥组织的每一位成员的智慧与工作积极性，来完成组织的目标。因此，组织又是管理的一项基本职能。

7.1.1　组织的内涵

对于组织的概念，国外有关学者众说纷纭。

其中，最早的是由巴纳德提出的观点，他认为"组织就是两个或两个以上的人有意识协调活动的系统"。

被誉为"管理过程理论"之父的法约尔，最早指出的管理五职能，其中之一就是组织，并认为企业的组织职能主要包括设计组织结构，确定相互关系，制定规章制度，以及招收、训练、评价职工等。

伊兹尼把组织描述为"一个有计划的单位，是为完成特定的目标而设计起来的"。

韦伯提出了"理想行政理论"的概念，把理性合法权力看作组织的基础和支柱。

哈罗德·孔茨把组织定义为"正式的、有意形成的职务结构或职位结构"。

波特(Porter)、劳拉(Lara)和哈克曼(Hackman)指出组织应包括 5 个基本要素：社会结构、目标方向、差别化的功能、合理协调和时间上的延续性。

穆尼则强调组织是一种在一个协调的整体里，把具体的任务或职能联系起来的技术等。

1. 组织的双重性

关于组织概念，大体归纳起来说，组织包括如下两层含义：一是指静态的实体组织，即组织体系或组织结构；二是指动态的组织活动和组织工作。前者是把组织作为名词来说明和使用的，后者则是把组织当做动词来使用和解释的。

1）组织

在现实社会生活中，人们总是在一定的组织中生活和从事各种活动，管理者也总是在一定的组织中，根据组织的特定任务目标、工作环境，把组织的组成要素有机地组织起来，以便有效地执行计划和实现目标。可见，组织是实施目标管理活动、实现目标的载体。要完成一定的目标，必须有一个相应完整的组织系统。换句话说，组织是人们进行合作活动的必要条件。

综上所述，组织(organization)，是指两个以上的人在一起为实现某个共同目标而协调行动的集合体。具体来将包括以下 3 个要素。

（1）组织必须有明确的目标，这是组织存在的基础与条件。

（2）组织必须具有分工与协作，是由组织目标所决定的。

（3）组织要有不同的权力与责任制度，这是组织分工之后的后续结果。

2）组织工作

组织工作(organizing)，指在特定的环境中为了有效地实现共同目标和任务，确定组织成员、任务及各项活动之间关系，对资源进行合理配置的过程。

通过组织工作的工作内容可以看出：组织工作是一个动态的过程。设计、建立并维持一种科学的、合理的组织结构，并不是一蹴而就的，它是通过对组织目标分析之一而进行的一系列活动过程。组织工作过程的结束，表现为组织框架的建立及相应职责的明确。同时，建立起的组织结构也并不是一成不变的，它会随着内外因素的变化而需要适当地调整与变革。

7.1.2　组织理论的发展

组织理论的发展，大致经历了古典组织理论、新古典组织理论和现代组织理论3个阶段。

1.古典组织理论

古典组织理论又叫"传统的组织理论"。古典组织理论的正式产生和盛行时期为19世纪末期和20世纪初期的公共行政学的早期研究时期。古典组织理论主要可分为科学管理理论(泰勒)、行政管理理论(法约尔)和官僚制理论(韦伯)3种学派。

古典组织理论的共同点是从制度规范的角度研究行政组织，提出一系列具有规范性的组织建设原则。古典组织理论的制造者提出了加强组织内部管理的一些基本原则和管理方法。今天看来，这些原则和方法虽然存在着不少弊端，还需要在具体运用中加以修正、补充和完善，但现在仍然应用于许多组织管理活动之中，如分工原则、专业化原则、统一指挥原则、控制管理幅度原则、严格规章制度、标准化、差别工资制度等，都显示出强大的生命力。

2.新古典组织理论

新古典组织理论又称"行为科学组织理论"。从20世纪30年代起，行政组织理论的研究逐渐引进行为科学的方法，形成了新古典组织理论。主要有以梅奥为代表的人际关系组织理论；以巴纳德为代表的组织平衡理论和以西蒙为代表的决策过程组织理论。

新古典组织理论是以古典组织理论为基础的，发现了人的社会性一面，看到了人在组织中的主导地位及作用。因此，他们强调工作中应该发挥人的主动性，但是不可片面而忽视专业化、分工、统一指挥和规章制度的作用。只有在坚持专业化和分工等一些基本管理原则、恰当地应用适宜的管理方法的前提下，充分地注意到组织成员的社会性，才能使生产效率得以真正的提高。

3.现代组织理论

现代组织理论只是一种相对的提法，是对20世纪60年代以来组织理论的研究和发展状况的统称。它是随着知识经济的迅速发展，组织管理实践的不断深入，在传统组织理论和行为组织理论的基础上，为适应各种情况的巨大变化而发展起来的。美国管理学家巴纳德、西蒙、彼得·圣吉是现代组织理论的代表人物。现代组织理论主要包括权变组织理论、系统组织理论与组织发展理论3种类型。

现代组织理论坚持的是系统观、权变观和人本观。组织是一个复杂的系统，是一个开放的系统，组织与其环境、组织内各子系统之间都存在有机联系。社会的发展也要求组织多样化，管理的目的就是要根据具体情况进行组织设计和管理模式的选择，充分考虑工作性质及人员的特殊要求。

7.1.3　组织的功能

组织作为一项管理职能，是根据计划任务要求和按照权力责任关系原则，将所必需的活动进行分解与合成，并把工作人员编排和组合成一个分工协作的管理工作系统或管理机构体系，以便实现人员、工作、物资条件和外部环境的优化组合，圆满达成预定的共同目标。

1. 整合功能

所谓整合是指调整对象中不同构成要素之间的关系，使之达到有序化、统一化、整体化的过程。具体表现在组织的各种规章制度（包括有形的、无形的）对组织成员的约束，从而使组织成员的活动互相配合、步调一致。通过组织整合，一方面可以使组织成员的活动由无序状态变为有序状态，另一方面又可以把分散的个体黏合为一个新的强大的集体，把有限的个体力量变为强大的集体合力。这种合力不是 $1+1=2$，而是 $1+1>2$。显然，组织整合功能的有效发挥有利于组织目标的实现。

2. 协调功能

组织内部各职能部门、各组织成员尽管都要服从组织的统一要求，但是，由于其各自的目标、需要、利益等方面得以实现或满足的程度和方式存在着事实上的差异性，因此，组织成员之间或组织的各职能部门之间必然存在一些矛盾和冲突。这就需要组织充分发挥协调功能，调节和化解各种冲突和矛盾以保持组织成员的密切合作，这是组织目标得以实现的必要条件。

3. 维护利益的功能

社会组织是基于一定的利益需要而产生的，不同的组织是人们利益分化的结果。组织利益与个人利益息息相关，正所谓"一荣俱荣，一损俱损"。维护利益功能的有效发挥能充分调动组织成员的积极性、主动性和创造性，提高组织的凝聚力，增强组织成员的向心力，从而顺利高效地实现组织目标。

4. 实现目标的功能

组织目标的实现要依靠组织成员的统一力量，而这种统一力量的形成，需要组织整合和协调功能的有效发挥作为基础，以利益功能为动力，从而才能使组织达标功能得以充分发挥。各种社会组织都是社会大系统的一个分子。因此，达标功能就既包括实现组织自身目标，同时也包括实现社会大目标这两个任务。当然，以上述及的 4 种功能并不是相互割裂的，而是作为一个系统发挥其作用。

7.2　组织设计概述

7.2.1　组织设计的含义

组织设计（organizations designing）是对组织的结构和活动进行创构、变革和再设计，是企业总体设计的重要组成部分，是有效实施管理职能的前提条件。组织设计应以完成组织任务为前提，应遵循一定的程序与原则。组织设计的简单模式如表7-1所示。

表7-1 组织设计由下而上的模式

关键步骤	相关的组织要素	要求
判定需完成的必要工作	劳动分工	把组织的任务分解成可由个人完成的工作任务
把个人工作合为一体	部门化	以有效的方式把工作组织起来，以便各项工作可以相互补充，有序地进行
分配权力	层次等级	分派完成工作的责任并授予相应权力
整合人员与工作，保证组织目标的实现	协调	以有利于组织目标达成的方式整合所协调有人员和工作

7.2.2 组织设计的目的和任务

组织设计的目的是通过创构柔性灵活的组织，动态地反映外在环境变化的要求；在组织演化成长的过程中，有效集聚新的组织资源；同时协调好组织中部门与部门之间、人员与任务之间的关系，使员工明确自己在组织中应有的权力和应担负的责任；有效地保证组织活动的开展，最终保证组织目标的实现。

组织设计的任务是设计清晰的组织结构，规划和设计组织中各部门的职能和职权，确定组织中职能职权、参谋职权、直线职权的活动，范围并编制职务说明书。

所谓组织结构是指组织的框架体系，是对完成组织目标的人员、工作、技术和信息所作的制度性安排。图7.1表示组织的整体结构、职权关系及主要职能。

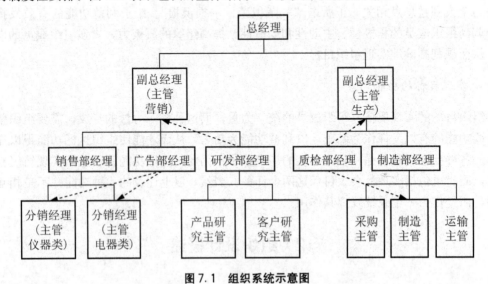

图7.1 组织系统示意图

为了能更好地完成组织设计任务，设计者需要做好职务的分析与设计、部门划分、层级的确定和职权的设计工作。职务说明书是说明组织内部的某一特定职务的责任、义务、权力及其工作关系的书面文件，如图7.2所示。

职业名称： 所属大部门： 直接汇报上级职位： 拟订人签字： 上级部门主管审批	工作地点： 所属最小部门： 更上级职位： 职位等级： 审　核： 生效日期：
职位目的： （简要地介绍该职位的主要目的）	
职位的角色： （请描绘该职位所属小部门在更大部门所扮演的角色或做出的贡献，及该职位在所属小部门里所扮演的角色或做出的贡献。）	

图 7.2　职务说明书

7.2.3　组织设计的原则

1. 任务与目标原则

企业组织设计的根本目的，是为实现企业的战略任务和经营目标服务的。这是一条最基本的原则。组织结构的全部设计工作必须以此作为出发点和归宿点，即企业任务、目标同组织结构之间是目的同手段的关系；衡量组织结构设计的优劣，要以是否有利于实现企业任务、目标作为最终的标准。

2. 分工协作原则

现代企业的管理，工作量大、专业性强，分别设置不同的专业部门，有利于提高管理工作的质量与效率。分工协作原则是指组织结构越能反映为实现组织目标所必要的各项任务和工作分工及相互间的协调，组织结构就越精干、高效。分工协作一致原则规定了组织结构中管理层次的分工（即分级管理）、部门的分工（即部门划分）和职权的分工。在合理分工的基础上，各专业部门只有加强协作与配合，才能保证各项专业管理的顺利开展，达到组织的整体目标。要贯彻这一原则，在组织设计中就要十分重视横向协调问题。

3. 管理幅度原则

管理幅度原则是指组织中主管人员监督管辖其直接下属的人数越是适当，就越是能够保证组织的有效运行。影响管理幅度的因素很多，主管人员应根据自己的实际情况确定自己的理想宽度。由于受个人精力、知识、经验条件的限制，一名领导人能够有效管理的直属下级人数是有一定限度的。有效管理幅度不是一个固定值，它受职务的性质、人员的素质、职能机构健全与否等条件的影响。管理幅度原则要求在进行组织设计时，领导人的管理幅度应控制在一定水平，以保证管理工作的有效性。由于管理幅度的大小与管理层次的多少呈反比例关系，这一原则要求在确定企业的管理层次时，必须考虑到有效管理幅度的制约。因此，有效管理幅度也是决定企业管理层次的一个基本因素。

4. 责权一致原则

责权一致原则是指在组织结构设计中，职位的职权和职责越是对等一致，组织结构就越是有效。作为主管人员，在组织中占据一定的职位，从而拥有一定职务、一定职权，必然要负一定责任，即职务、职责和职权三者是相等的。随着组织层次的增高，若要建立职务、职权和职责关系和责任范围便更加困难；由于活动日趋广泛和复杂，事情因果距离就越远，权与责更难明确。为坚持权责对等，法约尔认为，避免滥用职权和克服领导人弱点的最佳方法在于提高个人素质，尤其是具备高度的道德素质。

5. 集权与分权相结合的原则

集权与分权相结合是指组织结构中职权的集权与分权的关系。两者的关系处理得越是恰当，就越有利于组织的有效运行。集权管理是社会化大生产保持统一性与协调性的内在需要。但集权又有其致命的弱点：弹性差、适应性弱，特别是在社会化大生产的复杂性和多样性面前，无弹性的集权甚至可以造成组织的窒息。因此，必须实行局部管理权力的分散。

6. 稳定性与适应性相结合的原则

稳定性和适应性相结合原则要求组织设计时，既要保证组织在外部环境和企业任务发生变化时，能够继续有序地正常运转，同时又要保证组织在运转过程中，能够根据变化了的情况做出相应的变更，组织应具有一定的弹性和适应性。为此，需要在组织中建立明确的指挥系统、责权关系及规章制度；同时又要求选用一些具有较好适应性的组织形式和措施，使组织在变动的环境中，具有一种内在的自动调节机制。

7.2.4 组织设计的影响因素

由于市场竞争的日益激烈和外部环境的不断变化，权变组织设计思想被广泛地应用。就是以系统、动态的观点来思考和设计组织。权变思想要求把组织看成一个与外部环境有着普遍直接联系的开放式系统。影响组织设计的因素有很多，一般认为有以下几个方面。

1. 组织环境

组织环境(organization environment)是指所有潜在影响组织运行和组织绩效的因素或力量。这里的环境指外部环境和特定环境。外部环境即对组织管理目标有间接影响的因素，如政治、经济、文化。特定环境即对管理有直接影响的因素，如政府、顾客、竞争对手。外部环境和特定环境会相互影响。组织环境对组织的生存和发展，起着决定性的作用，是组织管理活动的内在与外在的客观条件。

2. 组织经营战略

组织结构必须服从组织所选择的战略的要求。适应战略要求的组织结构，为战略的实施，从而为组织目标的实现，提供了必要的前提。R·E·梅尔斯(R. E. Miles)和C·C·斯诺(C. C. Snow)根据外部环境对企业的影响总结了3种战略类型和相应的组织结构，如表7-2所示。

表7-2 三种战略类型和相应的组织结构

结构特征	保守型战略	风险型战略	分析性战略
集权和分权计划管理高层管理人员构成信息沟通	集权为主，严格工程师、成本专家纵向分布	分权为主，粗泛营销、研究开发专家横向为主	适当适合，有严格也有粗泛联合组成有纵向、也有横向

3. 技术

技术是指把原材料等资源转化为最终产品或服务的机械力和智力。研究表明：不同的技术类型和公司结构之间存在着明显的相关性，而且组织的绩效与技术和结构之间的"适应度"密切相关。技术的划分：单件小批量生产技术(unitproduction)、大批量生产技术(mass production)、流程生产技术(又称连续流水线式作业生产，process production)。从传统角度来说，从小批量生产到流程生产，复杂程度越来越高，所需的组织结构也越发复杂，但使用先进信息技术的企业可以在精简的组织结构下实现复杂的生产。组织越是常规化，越适合集权规范管理；越是非常规化，越适合灵活柔性管理。

4. 组织规模

彼得·布劳(Peter Blau)对组织结构和组织规模之间的关系进行了研究。认为组织的结构设置应该根据组织规模而变化，以确保管理层能准确做出决策。大型组织和小型组织的差别主要体现在表7-3所示的几个方面。

表7-3 组织规模对组织结构的影响

组织结构 \ 组织规模	大型组织	小型组织
规范化程度	严格	松散
集权化程度	高	低
复杂化程度	高	低
人员结构比率	管理人员快速增长	管理人员减少

5. 组织生命周期的影响

组织的演化呈现明显的生命周期特征。组织发展五阶段理论，由美国学者 J. Thomas Cannon 提出。该理论认为组织的发展过程中要经历"创业"、"职能发展"、"分权"、"参谋激增"和"再集权阶段"，指出发展的阶段不同，要求有与之适应的组织结构形态。

（1）创业阶段。在这个阶段，决策主要由高层管理者个人做出，组织结构相当不正规，对协调只有最低限度的要求，组织内部的信息沟通主要建立在非正式的基础上。

（2）职能发展阶段。这时决策越来越多地由其他管理者做出，而最高管理者亲自决策的数量越来越少，组织结构建立在职能专业化的基础上，各职能间的协调需要增加，信息沟通变得更重要，也更困难。

（3）分权阶段。组织采用分权的方法来对付职能结构引起的种种问题，组织结构以产品或地区事业部为基础来建立。但随之而来出现了新的问题，各事业部成了内部的不同利益集团，组织资源转移用于开发新产品的活性减少，总公司与各事业部的许多重复性劳动时费用增加，高层管理者感到对各事业部失去控制。

（4）参谋激增阶段。为了加强对各事业部的控制，公司一级的行政主管增加了许多参谋助手。而参谋的增加又会导致他们与之先的矛盾，影响组织中的命令统一。

（5）再集权阶段。分权与参谋激增阶段所产生的问题可能又使公司高层主管再度高度集中决策权力。同时，信息处理的计算机化也使再集权成为可能。

7.3 组织的横向设计——部门化

组织设计包括横向设计与纵向设计。组织横向设计（organization horizontal design），主要解决管理与业务部门的划分问题，反映了组织中的分工合作关系；组织纵向设计主要解决管理层次的划分与职权分配问题，反映了组织中的领导隶属关系。组织的横向设计主要指组织的部门化。

7.3.1 组织部门划分的含义与原则

部门划分就是按照职能相似性、任务活动相似性或关系紧密性的原则把组织中的专业技能人员分类集合在一个部门内，然后配以专职的管理人员来协调领导，统一指挥。这是建立组织结构的首要环节和基本途径。

部门划分的实质，是对管理劳动的分工，即将不同的管理人员安排在不同的管理岗位和部门，通过管理人员在特定环境和特定相互关系中的管理工作，使整个管理系统有机协调地运转起来。部门划分的过程，也是组织机构建立的过程，在这个过程中，应该遵循如下原则。

1. 因事设职和因人设职相结合的原则

为了保证组织目标的实现，必须将组织活动落实到每一个具体的部门和岗位上去，确保"事事有人做"。另外，组织中的每一项活动终归要由人去完成，组织部门设计就必须考虑人员的配置情况，使得"人尽其能"、"人尽其用"。

2. 分工与协作相结合的原则

部门设计者可以依据技能相似性的归类方法来集合相关的业务活动，以期提高专业分工的细化水平。但是，过分强调专业化分工也会造成管理机构增多、部门之间难以协调等问题，这反而会使管理效率下降。这时，可以依据关系紧密性的归类方法，按照业务流程管理的逻辑顺序来集合业务活动，以期达到紧凑、连续、利于协作的工作效果。

3. 精简高效的部门设计原则

部门精简高效是每一个部门设计者所追求的理想效果，作为一项基本的原则应当贯彻在部门设计的每一个阶段和每一项活动过程中。按照这一原则要求，部门设计应当体现局部利益服从组织整体利益的思想，并将单个部门效率目标与组织整体效率目标有机地结合起来。另外，部门设计应在保证组织目标能够实现的前提条件下，力求人员配置和部门设置精简合理，不仅要做到"事事有人做"，而且要"人人有事做"，工作任务充裕饱满，部门活动紧密有序。

7.3.2　组织部门化的基本形式和特征比较

组织部门化(organizational departmentalization)有不同的划分标准。

1. 人数部门化

按人数划分部门是最古老也是最简便的一种部门划分方法。在一个组织中，因人数较多，为了便于管理而进行部门划分，各部门的大小均以人数的多少为标志。这种部门划分的前提是各部门的工作内容完全相同或大致相同。最典型的是军队中传统的班、排、连、营的划分和学校中某一年级的不同班级的划分。

2. 职能部门化

职能部门化是一种传统而基本的组织形式。职能部门化就是按组织的职能为基础进行部门划分，即把具有相同职能的工作岗位放在同一个部门。

职能部门化具有如下优点：

（1）能够突出业务活动的重点，确保高层主管的权威性并使之能有效地管理组织的基本活动符合活动专业化的分工要求；

（2）能够充分有效地发挥员工的才能，调动员工学习的积极性，并且简化了培训，强化了控制，避免了重叠，最终有利于管理目标的实现。

职能部门化还具有如下缺点：

（1）由于人、财、物等资源的过分集中，不利于开拓远区市场或按照目标顾客的需求组织分工。

（2）同时，这种分法也可能会助长部门主义风气，使得部门之间难以协调配合。部门利益高于企业整体利益的后果可能会影响到组织总目标的实现。

（3）由于职权的过分集中，部门主管虽容易得到锻炼，却不利于高级管理人员的全面培养和提高，也不利于"多面手"式的人才成长。

按职能划分部门的组织框架结构图如图7.3所示。

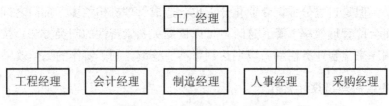

图7.3　职能部门化示意图

3. 产品或服务部门化

随着组织规模的扩大和组织业务的多样化，有必要按业务分工对组织进行改组，形成按产品或服务来划分部门。这种部门划分方法实用于业务有差别的组织，能使组织多元化经营和专业化经营结合起来。

产品或服务部门化具有如下优点：

（1）各部门会专注于产品的经营，并且充分合理地利用专有资产，提高专业化经营的效率水平，这有助于促进不同产品和服务项目间的合理竞争。

（2）有助于比较不同部门对企业的贡献及决策部门加强对企业产品与服务的指导和调整。

（3）为"多面手"式的管理人才提供了较好的成长条件。

产品或服务部门化还具有如下缺点：

（1）企业需要更多的"多面手"式的人才去管理各个产品部门；各个部门同样有可能存在本位主义倾向，这势必会影响到企业总目标的实现。

（2）部门中某些职能管理机构的重整会导致管理费用的增加，同时也增加了总部对"多面手"级人才的监督成本。

按产品或服务划分部门的组织框架结构图如图7.4所示。

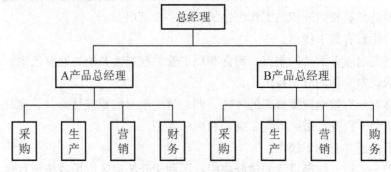

图7.4　产品部门化示意图

4. 地域部门化

地域部门化就是按工作所在的区域范围来划分部门。这种方法较多用于一些地理位置比较分散的组织。其特点是把同一地区或区域内发生的各种业务活动划归同一部门，然后再按这一部门所管辖的范围进一步建立有关的职能部门。这样，一个地区或区域的业务活动便被集中起来，交给一个管理者负责。其目的是充分利用本地的人力、物力和财力，以便获取区域经营的效益。

地域部门化具有如下优点：

（1）可以把责权下放到地方，鼓励地方参与决策和经营。

（2）地区管理者可以直接面对本地市场的需求灵活决策。

（3）通过在当地招募职能部门人员，既可以缓解当地的就业压力，争取宽松的经营环境，又可以充分利用当地有效的资源进行市场开拓，同时减少了许多外派成本，降低了许多不确定性风险。

地域部门化还具有如下缺点：

（1）企业所需的能够派赴各个区域的地区主管比较稀缺，且比较难控制。

（2）各地区可能会因存在职能机构设置重叠而导致管理成本过高的问题。

按地域划分部门的组织框架结构图如图 7.5 所示。

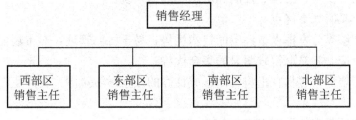

图 7.5 地域部门化示意图

5. 顾客部门化

在社会生活中，许多组织为了满足不同顾客的需要而提供不同的服务，因为不同的服务对象对服务的内容、质量与价格有不同的要求，为了提高工作效率，可以按服务对象的不同来划分部门，这有利于更好地满足不同服务对象的各种特殊要求，有利于工作效率的提高，还有利于培训费用的减少。顾客部门化就是根据目标顾客的不同利益需求来划分组织的业务活动。

顾客部门化具有如下优点：

（1）企业可以通过设立不同的部门满足目标顾客各种特殊而广泛的需求，同时能有效获得用户真诚的意见反馈，这有利于企业不断改进自己的工作。

（2）企业能够持续有效地发挥自己的核心专长，不断创新顾客的需求，从而在这一领域内建立持久性竞争优势。

顾客部门化还具有如下缺点：

（1）可能会增加与顾客需求不匹配而引发的矛盾和冲突，从而需要更多能妥善协调和处理与顾客关系问题的管理人员和一般人员。

（2）顾客需求偏好的转移，可能使企业无法时时刻刻都能明确顾客的需求分类，结果会造成产品或服务结构的不合理，影响对顾客需求的满足。

按顾客划分部门的组织框架结构图如图7.6所示。

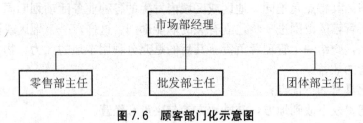

图7.6　顾客部门化示意图

6. 流程部门化

流程部门化是许多生产型企业组织科学管理的一个重要措施，它是执照生产技术工艺特点把完成任务的过程分解成若干阶段，按各阶段来划分部门。这种划分部门的方法最符合专业化的原则，可充分利用专业技术和特殊技能，提高设备利用率、简化培训、提高工作效率。当然，这要求景高领导者严格控制、加强协调，因为一旦衔接出现问题，将直接影响组织整体活动过程。因此，各部门之间的工作要同步进行，整个组织要建立起具有良好的监督、沟通、反馈、指挥、控制和协调功能的系统。

流程部门化具有如下优点。

（1）组织能够充分发挥人员集中的技术优势，易于协调管理，对市场需求的变动也能够快速敏捷地反应，容易取得较明显的集合优势。

（2）简化了培训，容易在组织内部形成良好的相互学习氛围，会产生较为明显的学习经验曲线效应。

流程部门化还具有如下缺点。

（1）部门之间的紧密协作有可能得不到贯彻，也会产生部门间的利益冲突。

（2）权责相对集中，不利于培养出"多面手"式的管理人才。

按流程划分部门的组织框架结构图如图7.7所示。

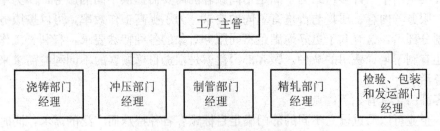

图7.7　流程部门化示意图

在更多的情况下，常常采用混合的方法来划分部门，即在一个组织中或在同一组织层次上同时采用几种不同的部门划分方法。例如，一所大学，在中层管理层次上，一方面要按照职能划分各个职能处室，如教务处、人事处、学工处、财务处、保卫处等；另一方面要按照专业不同划分为不同的系或院，如人文学院、理工学院、医学学院等；还要按照服务对象的不同划分为研究生院、成人教育学院等。随着组织规模的扩大，组织业务的不断扩展，只有这种混合划分的方法才能有利于更好地实现组织目标。

7.4 组织的纵向设计——层级化

组织纵向设计(organization longitudinal design)，主要解决管理层次的划分与职权分配问题，反映了组织中的领导隶属关系。组织的纵向设计主要指组织的层级化。

7.4.1 管理幅度与管理层次的含义及相互关系

1. 管理幅度

管理幅度又称管理宽度或管理跨度，是指组织中每个层次的管理者能有效地直接管理下属员工的数量。从形式上看，管理幅度仅仅表现为上级直接管理下属人员的多少，但由于这些下属人员都承担着某个部门或某个方面的管理业务，因此，管理幅度的大小，实质上反映着管理者直接控制和协调业务活动量的多少。

一般情况下，上级直接管理下级的人数多，称之为管理幅度大或管理跨度宽；反之，称之为管理幅度小或管理跨度窄。在组织内，管理宽度不宜过宽。如果管理宽度过宽就无法实现有效的管理，因为当管理宽度加宽时，管理者与其直接管理的下属之间的关系会变得更加复杂。

 管理案例

刘邦因怀疑韩信谋反而捕获韩之后，君臣有一段对话。

刘问："你看我能领兵多少？"

韩答："陛下可领兵十万。"

刘问："你可领兵多少？"

韩答："多多益善。"

刘不悦，问道："既如此，为何你始终为我效劳又为我所擒？"

韩答："那是因为我们两人不一样呀，陛下善于将将，而我则善于将兵。"

2. 管理层次

管理层次也称组织层次，是指组织内部从最高一级管理者到最低一级管理者之间的各个组织等级。从形式上看，管理层次只是组织结构的层次数量，但其实质反映出组织内部的纵向分工情况。

3. 管理幅度与管理层次的关系

从管理幅度与管理层次的含义可知，两者之间相互制约，并且存在着反比例的数量关系，其中起主导作用的是管理宽度，即管理幅度决定管理层次，或者说管理层次决定于管理幅度。这是由管理幅度的有限性所决定，因为任何管理者的知识、经验和精力都是有限的，管理幅度不可能无际宽；同时，也应看到管理层次对管理幅度也存在一定的制约作用，因为管理层次过多，信息的传递和沟通难度就大，效率就低。管理幅度与管理层次的关系如图7.8所示。

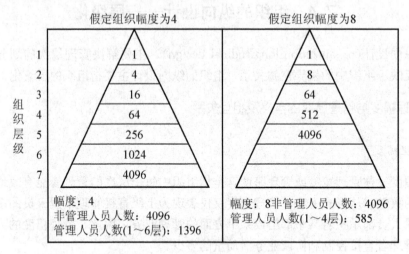

图7.8　管理幅度与管理层级的关系

 知识链接

格拉丘纳斯的上下级关系理论

法国管理顾问格拉丘纳斯(Graicunas)在1933年首次发表的一篇论文中，分析了上下级之间可能存在的关系，并提出了一个用来计算在任何管理宽度下，可能存在的人际关系数的数学模型。他的理论把上下级关系分为3种类型。

(1) 直接的单一关系。指上级直接地、个别地与其直属下级发生联系。

(2) 直接的组合关系。存在于上级与其下属人员的各种可能组合之间的联系。

(3) 交叉关系。即下属彼此打交道的联系。

如果A有3个下属B、C、D，那么，这几者之间存在的这3种关系如表7-4所示。

表7-4　A、B、C、D的关系

直接的单一关系	直接的组合关系	交叉关系
• A→B	• A→B和C	• B→C
• A→C	• A→B和D	• B→D
• A→D	• A→C和D	• C→B
	• A→C和B	• C→D
	• A→D和B	• D→B
	• A→D和C	• D→C
	• A→B和C及D	
	• A→C和B及D	
	• A→D和C及D	

可能有人会认为类似 A→B 和 C 与 A→C 和 B 这样的关系是一样的，但格拉丘纳斯认为是不同的。因为其中有一个由"以谁为主"的问题所造成的心理状态。

通过这 3 种上下级关系的分析，格拉丘纳斯认为，在管理宽度的算术级数增加时，主管人员和下属间可能存在的互相交往的人际关系数几乎将以几何级数增加。据此，他提出了一个可以用在任何管理宽度下计算上下级人际关系数目的经验公式：

$$C = n\left[2^{n-1} + (n-1)\right] = n\left(\frac{2n}{2} + n - 1\right) \qquad (7.1)$$

式中，C——各种可能存在的联系总数，即关系数；

n——一个管理者直接控制的下属人数，即管理幅度。

当 $n=1$，$C=1$；$n=2$，$C=6$；$n=3$，$C=18$；$n=10$，$C=5210$。

根据这一公式，不同下属人数的可能关系数如表 7-5 所示。

表 7-5 不同下属人数的可能关系数

n	C
1	1
2	6
3	18
4	44
5	100
6	222
7	490
8	1 080
9	2 376
10	5 210
11	11 374
12	24 708
13	2 359 602

由此可见，随着管理宽度的增加，上下级之间的相互关系数量也在急剧上升。这说明管理较多下属的复杂性。因此，主管人员在增加下属人数前一定要三思而行。

需要指出的是，格拉丘纳斯的这个公式没有涉及上下级关系发生的频次和密度，因而它的实用性受到了一定的限制。对一个主管人员来说，相互关系和所发生的频次和密度(可用所需时间来计算)也应是在确定下属人数时所考虑的重要因素。

总之，管理幅度受多方面因素的影响，这也决定了管理幅度具有很大的弹性。

7.4.2 影响管理幅度的因素

事实表明：努力去确定一种适用于任何组织的管理幅度是没有意义的，也是不可能有结果的。有效的管理幅度受到诸多因素的影响，主要有管理者与被管理者的工作能力、工作内容和性质、工作条件与工作环境，如图 7.9 所示。

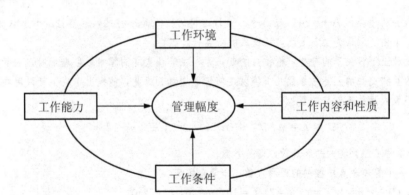

图 7.9 影响管理幅度的因素

1. 工作能力

1) 管理人员的素质和能力

管理人员的综合能力、理解能力、表达能力强，则可以迅速地把握问题的关键，就下属的请示提出恰当的指导建议，并使下属明确地理解，从而可以缩短与每一位下属在接触中占用的时间。

2) 下级人员的素质和能力

凡受过良好训练的下属不但所需的监督比较少，而且不必时时、事事都向上级请示汇报，这样就可减少与其主管接触的次数，从而增大管理宽度。

2. 工作内容和性质

1) 主管所处的管理层次

主管的工作在于决策和用人。处在管理系统中的不同层次，决策与用人的比重各不相同。决策的工作量越大，主管用于指导、协调下属的时间就越少，而越接近组织的高层，主管人员的决策职能越重要，所以其管理幅度要较中层和基层管理人员小。

2) 下属工作的相似性

下属从事的工作内容和性质相近，则对每人工作的指导和建议也大体相同。这种情况下，同一主管对较多下属的指挥和监督是不会有什么困难的。

3) 计划的完善程度

下属如果单纯地执行计划，且计划本身制订得详尽周到，下属对计划的目的和要求明确，那么主管对下属指导所需的时间就不多；相反，如果下属不仅要执行计划，而且要将计划进一步分解，或计划本身不完善，那么对下属指导、解释的工作量就会相应增加，从而减小了有效管理幅度。

4) 非管理事务的多少

主管作为组织不同层次的代表，往往必须占用相当时间去进行一些非管理性事务。这种现象对管理幅度也会产生消极的影响。

3. 工作条件

1）助手的配备情况

如果有关下属的所有问题，不分轻重缓急，都要主管去亲自处理，那么，必然要花费他大量的时间，他能直接领导的下属数量也会受到进一步的限制。如果给主管准备了必要的助手，由助手去和下属进行一般的联络，并直接处理一些明显的次要问题。则可大大减少主管的工作量，增加其管理幅度。

2）信息手段的配备情况

掌握信息是进行管理的前提，利用先进的技术去收集、处理、传输信息，不仅可帮助主管更早、更全面地了解下属的工作情况，从而可以及时地提出忠告和建议，而且可使下属了解更多的与自己工作有关的信息，从而更能自如、自主地处理分内的事务。这显然有利于扩大主管的管理幅度。

3）工作地点的相近性

不同下属的工作岗位在地理上的分散，会增加下属与主管，以及下属之间的沟通困难，从而会影响主管直属部下的数量。

4. 工作环境

组织环境稳定与否会影响组织活动内容和政策的调整频度与幅度。环境变化越快，变化程度越大，组织中遇到的新问题越多，下属向上级的请示就越有必要、越经常；相反，上级能用于指导下属工作的时间和精力却越少，因为他必需花更多的时间去关注环境的变化，考虑应变的措施。因此，环境越不稳定，各层主管人员的管理幅度越受到限制。

7.4.3 两种基于管理幅度的典型组织结构

1. 锥式组织结构

相对来说，锥式组织结构（tall organization）属于集权型组织。它具有高度的权威性和统一性，决策和行动都比较迅速。

锥式组织结构的优点：①主管人员的管理幅度较小，能够对下属进行面对面的、深入具体的领导；②有利于明确领导关系，建立严格的责任制；③主管人员和人数较少的下属所组成的集体规模较小；因层次多，各级主管职务相应较多，能为下属提供晋升机会，促使其积极努力工作，提高自身素质。

锥式组织结构的缺点：①由于层次较多，需要配备较多的管理者，造成管理费用大；②信息的上传下达要经过多个层次，速度慢，并容易发生失真和误解；③计划的控制工作较为复杂；④最高领导与基层人员相隔多个层次，不容易了解现状并及时处理问题。

2. 扁平式组织结构

扁平式组织结构（flat organization）属于分权型组织。它层次少，便于上下信息交流，有利于发挥下级人员的才干，灵活而有弹性，所需管理人员少，管理费用开支低。其缺点和不足是不便进行有效监督和控制,加重了交叉联络的负担,容易突出下属的特权和部门的利益。最佳管理幅度如图7.10所示。

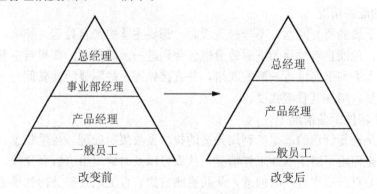

图 7.10　最佳管理幅度

扁平结构的优点:①信息传递速度快,失真少;②管理费用低;③便于高层领导了解基层情况;④主管人员与下属组成较大的集体,有利于解决较复杂的问题;⑤有利于实现授权,激发下属积极性,并培训下属的管理能力。

扁平结构的缺点:①上层管理人员的管理幅度大,负荷重,难以对下级进行深入具体的指导和监督;②对领导人员的素质要求高;③不利于同级间的相互沟通联络和主管人员对信息的利用。

对于锥式组织结构和扁平结构,关键是要根据企业的具体条件加以选用,扬长避短,以取得最佳效果。在现代企业管理中,注重采用扁平结构,这是一种趋势。

7.5　组织设计中的几个问题

权力是组织生存发展的决策权,是组织运行的指挥棒,是组织收益分配的尺度,它反映了组织中人与人之间的某种关系。在一个层级化的组织中,处在某个管理岗位上的人必然对整个组织或所辖单位及其人员具有某种潜在或显在的影响力,这种影响力就是权力。

7.5.1　职责与职权

所谓职责(duty)或责任,就是接受职务的管理者去尽职务的义务。管理者的权力和责任是相辅相成的关系。任何一位管理者从事某项管理工作时都应有一定的权力和责任。世上没有无权力的义务,也没有无义务的权力。职权是发布命令的权力,职责是对结果所负的责任,职权与职责两者应平衡,不能让一方胜过或低于另一方。

职权(authority)是指管理职位所固有的发布命令和希望命令得到执行的一种权力。职权可以向下委让给下属管理人员,授予其一定的权力,同时规定其在限定的范围内行使这种权力,它被视为把组织紧密结合起来的黏结剂。每一个管理职位都具有某种特定的、内在的权力,任职者可以从该职位的等级或头衔中获得这种权力。

特别提示

职权与管理者处的职位有关系，与管理者本身无关。"国王死了，国王万岁"的表述说明了这一意思：不管国王是谁，都具有国王职位所固有的权力。

职权可以分为直线职权、参谋职权和职能职权。

1）直线职权

直线职权（line authority）是直线人员所拥有的包括发布命令及执行决策等的权力，也就是通常所指的指挥权。正是这种上级－下级职权关系从组织内的最高层贯穿到最底层，从而形成所谓的指挥链。在指挥链中，拥有直线职权的管理者均有权指导下属人员的工作，并无需征得他人意见而做出某些决策。直线职权是组织中一种最基本、最重要的职权，缺少了直线职权的有效行使，整个组织的运转就会出现混乱，甚至陷于瘫痪。

2）参谋职权

参谋职权（staff authority）是参谋所拥有的辅助性职权，包括提供咨询、建议等。参谋职权的产生是由于组织规模不断扩大，使得直线管理者所面临的管理问题日益复杂。因此，仅凭直线人员个人的知识和经验已显得很不够。于是，需要借助参谋职能来支持、协助，为管理者提供建议，帮助其行使直线指挥权力。

3）职能职权

职能职权（functional authority）是指某部门的主管人员所拥有的原属直线主管的那部分权力。随着管理活动的日益复杂，主管人员不可能通晓所有的专业知识，为了提高管理效率，主管人员可能将职权关系做某些变动，把一部分本属自己的直线职权授予参谋人员或某个部门的主管人员，这便产生了职能职权。职能职权介于直线职权和参谋职权之间，是一种有限的权力，只有在被授权的职能范围内有效。

4）3种职权的比较和关系

3种职权的比较如表7-6所示。

表7-6　三种职权的比较

职权种类	特点	行使者
直线职权	指挥权	直线人员
参谋职权	指导权	参谋人员
职能职权	部分指挥权/指导权	职能人员

直线人员、参谋人员和职能人员的相互关系，本质上是一种职权关系。在管理工作中，应处理好三者的关系：参谋职权无限扩大，容易削弱直线人员的职权和威信；职能职权无限扩大，则容易导致多头领导，导致管理混乱、效率低下。因此，要注意发挥参谋职权的作用，同时适当限制职能职权的使用。

从直线与参谋的关系来看，直线人员掌握的是命令和指挥的职权，而参谋人员拥有的则是协助和顾问的职权。两者之间是"参谋建议、直线命令"的关系。3种职权的关系举例如图7.11所示。

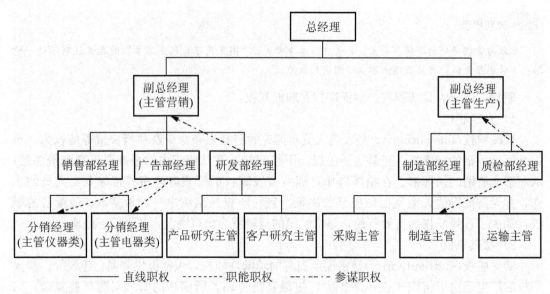

图7.11　三种职权的关系举例

7.5.2　集权与分权

集权是指决策指挥权在组织层级系统中较高层次上的集中，也就是说下级部门和机构只能依据上级的决定、命令和指示办事，一切行动必须服从上级指挥。

分权是指决策指挥权在组织层级系统中较低管理层次上的分散。组织高层将其一部分决策指挥权分配给下级组织机构和部门的负责人，可以使其充分行使这些权力，支配组织的某些资源，并在其工作职责范围内自主地解决某些问题。一个组织内部要实行专业化分工，就必须分权。集权和分权是相对的，绝对的集权和绝对的分权都是不可能的。

1. 衡量分权程度的标志

为使组织结构有效运转，企业必须设计组织权力的分配模式，把握集权与分权的制衡。衡量一个组织的集权或分权的程度，主要有下列几项标准。

1）决策的数量

组织中较低管理层次做出的决策数目越多，则分权的程度就越高；反之，上层决策数目越多，则集权程度越高。

2）决策的范围

组织中较低层次决策的范围越广，涉及的职能越多，则分权程度越高；反之，上层决策的范围越广，涉及的职能越多，则集权程度越高。

3）决策的重要性

如果组织中较低层次做出的决策越重要，影响面越广，则分权的程度越高；相反，如果下级做出的决策越次要，影响面越小，则集权程度越高。

4）对决策控制的程度

组织中较低层次做出的决策，上级要求审核的程度越低，分权程度越高；如果上级对下级的决策根本不要求审核，分权的程度最大；如果做出决策之后必须立即向上级报告，分权的程度就小一些；如果必须请示上级之后才能做出决策，分权的程度就更小。下级在做决策时需要请示或照会的人越少，其分权程度就越大。

2. 影响集权与分权程度的因素

影响集权与分权的程度，是随条件变化而变化的。对一个组织来说，其集权或分权的程度，应综合考虑各种因素，如图 7.12 所示。

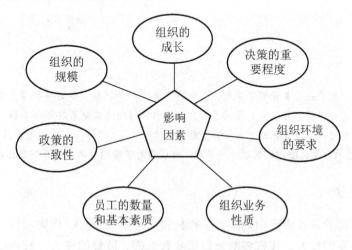

图 7.12　影响组织分权程度的主要因素

1）决策的重要程度

一般来说，事关组织发展根本性问题的决策宜于集权，而对于一般事务性问题的决策则宜于分权。决策失误的代价越高，越不适宜交给下级人员处理。

2）组织的成长

组织成立初期绝大多数都采取和维持高度集权的管理方式。随着组织逐渐成长，规模日益扩大，则由集权的管理方式逐渐转向分权的管理方式。

3）组织的规模

组织规模较小时，一般倾向于集权，当组织规模扩大后，组织的层次和部门会因管理幅度的限制而不断增加，从而造成信息延误和失真。因此，为了加快决策速度、减少失误，最高管理者就要考虑适当地分权。

4）政策的一致性

在组织内，对于需要全体组织成员共同贯彻执行的政策，为了提高效率、降低费用，权力以相对集中为宜；对于在政策上允许不同的某些事物，或者说在统一政策的前提下鼓励创新、鼓励多样性的，则以相对分权为宜。

5）员工的数量和基本素质

管理人员的不足或素质不高可能会限制组织实行分权。即使高层管理者有意分权，但没有下属可以胜任，也不能成事。相反，如果管理人员数量充足、经验丰富、训练有素、管理能力强，则可有较多的分权。

6）组织业务性质

组织业务的内容、范围和性质不同，集权与分权的程度也会不同。对于生产组织而言，单一产品结构宜于集权，而多品种、特别是差异大的产品结构则宜于分权。

7）组织环境的要求

如果组织所处的环境复杂而多变，为了更及时、更准确地适应环境变化的要求，必须实行分权。但是，当环境巨变时，为了有利于组织的整体协调，还必须保有相当集中的权力。同时，组织成长的历史、组织的文化，也会影响集权与分权的程度。

7.5.3　授权

 管理案例

孔子的学生宓子贱有一次奉命担任某地方的官吏。当他到任以后，却时常弹琴自娱，不管政事，可是他所管辖的地方却治理得井井有条，民兴业旺。这使那位卸任的官吏百思不得其解，因为他每天即使起早摸黑，从早忙到晚，也没有把地方治好。于是，他请教子贱："为什么你能治理得这么好？"子贱回答说："你只靠自己的力量去进行，所以十分辛苦，而我却是借助别人的力量来完成任务。"

1．授权的含义

所谓授权是指管理者将份内的某些工作托付给下属（或他人）代为履行，并授予被托付人完成工作所必要的权力。授权者对被授权者有指挥、监督的权力，被授权者对授权者负有报告和完成任务的责任。授权的基本含义为分派任务、委任权力、明确任务。授权不是将职权放弃或让渡，在必要时可以将授出的职权收回或重新授出。

2．授权的原则

授权是管理人员成事的分身术，是一种领导艺术。授权必须遵循以下原则。

1）适当原则

授权要适当，对下属的授权既不能过轻，也不能过重。过轻，达不到充分激发下属积极性的目的，不利于下属尽职尽责；过重，就会大权旁落，出现难以收拾的局面。下级的权力过大，超出了合理范围，制度法规就不能顺利贯彻执行。

2）可控原则

授权不仅要适当，还要可控。正确的授权，不是放任、撒手不管，而是保留某种控制权。通过这种可控性，把管理人员与下属有机地联系起来。没有可控性的授权是弃权。这种可控性表现在两个方面：一方面，管理人员握有主动性、灵活性，授权的范围、时间由管理人员灵活掌握；另一方面，虽然授权一般应相对稳定，但也可根据实际需要随时调整，做到能放能收，能扩大能缩小。

3）带责原则

授权的同时明确下属的责任，这就是带责授权的原则。管理人员若能明确地将权与责同时授与下属，不仅可以促使下属完成工作任务，而且还可以堵塞有权不负责或滥用权力的漏洞。

带责授权，应向下属交代清楚权限范围，这样做有利于下级正确行使自己的职权，更好地实现管理人员授权的目的。管理人员带责授权时，要注意不能授出最终权力和责任。管理人员要明确自己的职责范围，凡是属于自己职权范围的事和涉及有关组织的全局性问题，如管理全局的集中指挥权、总的经济预算审批、决定组织的目标、任务和发展方向等，都不可轻易授权。

4）信任原则

管理人员对于将要被授权的下属一定要有全面了解和考察。考察的方式可以是让他当助理或其他"代理职务"试用一段时间，以便继续观察了解后再决定是否可以授权，以避免授权后不合适而造成不必要的损失。认为可以信任者，则"疑人不用，用人不疑"。一旦相信下属，就不要零零碎碎地授权，应一次授予的权力就一次授予。授权后，就不能大事小事都干预，事无巨细都过问。

5）考绩原则

权力授出后，就要留心定期对下属进行考核，对下属的用权情况做出恰如其分的评价，并与下属的利益结合起来。考绩不要急于求成，也不要求全责备，要看工作的质量是否扎扎实实、认真细致，是否有实效。考绩既要看近期的业绩，也要看远期的业绩；既看全局，又看局部。对于近期得实惠、长远招灾祸的工作不能予以肯定，这是短期的行为。只要不是下属故意为之的，就要耐心帮助下属纠正。

总之，授权的原则要紧紧围绕着形成"领导气候"进行。

7.5.4　协调

组织过程的最后一个要素就是协调，协调的目标在于使得管理者的工作方向保持一致并确保整个组织过程有助于组织目标的最后达成。所谓协调就是将独立的个体和单位的活动整合到为实现共同的目标而齐心努力的活动中去。组织中的每个员工都被仅仅分配从事一小部分工作，如果没有协调，这些不同的个人努力可能就会产生裂痕，甚至产生分歧和冲突。管理协调活动通过统一组织中不同个人和部门的活动实现群体的效能。

协调工作应当遵循以下原则。

1. 政令统一原则

政令统一是法约尔总结的管理的 14 条原则之一。该原则要求组织活动具备以下特点。

（1）在确定管理层次时，要使上下级之间形成一条命令链。

（2）任何一级只能有一个人负责。

（3）下级只接受一个上级的命令和指挥，防止出现多头领导的现象。

（4）下级只能向直接上级请示工作，不能越级请示工作。

（5）上级不能越级指挥下级。

（6）职能部门一般只能作为同级直线指挥系统的参谋，无权对下属直线领导者下达命令和指挥。

2. 命令链原则

这是法约尔另一条管理原则，又被人称为"梯度原则"，它为上级和下属之间提供了正式的沟通渠道，也有助于政令统一原则的实现。命令链的概念是组织设计的基石，但今天它的重要性大大降低。不过，在决定如何更好地设计组织结构时，管理者仍需考虑命令链的意义。命令链是一种不间断的权力路线，从组织最高层扩展到最基层，划分清楚谁向谁报告工作。它能够回答员工提出的这种问题："我有问题时，去找谁？""我对谁负责？"

3. "联系针"

政令统一和命令链原则为管理人员协调下级之间的横向工作关系创造了条件。除此之外，不同管理层次的管理者之间的纵向协调也十分重要。在20世纪60年代，美国行为科学家伦西斯·利克特（Rensis Likert）提出利用集体决策的方法促使组织实施参与型管理。为此，他提出"联系针"的概念，通过"联系针"把整个企业联结成为一个整体，如图7.13所示。在这样的组织体系中，每个下级组织的领导是上一级组织的成员，他们会同时兼顾到上下级单位的利益，并容易顺利地将企业整体目标贯彻到基层部门。

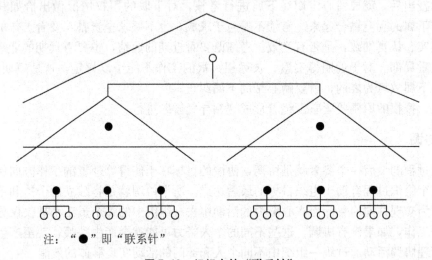

注："●"即"联系针"

图 7.13　组织中的"联系针"

4. 委员会

另一种常见的组织协调方法是建立委员会。通过建立委员会，可以发挥集体决策的特点，提高决策的科学性；可以平衡权力，防止组织中某个人或部门权力过大；有助于集体制订计划和政策来协调各部门间的行动；有助于信息的沟通的交流。

7.5.5　非正式组织

非正式组织是指自发的、无意识的，行动无规律，仅以感情、习惯、喜爱、相互依赖来满足个人不同的心理需要的群体。机关里午休时间的扑克会、工余时间的球友会等，都是非正式组织的例子。与正式组织相对应，非正式组织的基本特征是自发性、内聚性和不稳定性。

非正式组织对正式组织的积极的、正面的作用表现在：①可以满足成员心理上的需求和鼓舞成员的士气，创造一种特殊的人际关系氛围，促进正式组织的稳定；②可以弥补成员之间在能力和成就方面的差异，促进工作任务的顺利完成；③还可以用来作为改善正式组织信息沟通的工具。不过，它可能在有些时候会和正式组织构成冲突，影响组织成员间的团结和协作，妨碍组织目标的实现。

因此，正式组织的领导者应善于因势利导，最大限度地发挥非正式组织的积极作用，克服其消极作用。总之，对非正式组织必须妥善地加以管理。

7.6　常见的组织结构类型

7.6.1　组织结构的含义

组织结构就是表现组织各部分排列顺序、空间位置、集聚状态、联系方式，以及各要素之间相互关系的一种模式，是执行管理和经济模式的体制。组织结构是组织的"框架"，而"框架"的合理完善，很大程度上决定了组织目标能否顺利实现。

7.6.2　组织结构的基本形式

组织结构的形式是对组织结构设置的具体模式。一般来说，组织结构的形式有以下几种。

1. 直线型组织结构

直线型组织结构也称单线型组织结构，是最早使用、也是最为简单的一种组织结构类型，如图 7.14 所示。"直线"是指在这种组织结构中职权从组织上层"流向"组织的基层。

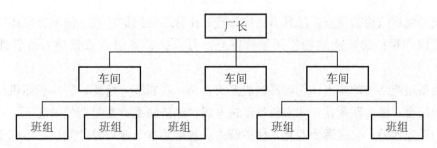

图 7.14　直线型组织结构

这种组织结构的特点：①每个主管人员对其直接下属有直接职权；②每个人只能向一位直接上级报告；③主管人员在其管辖的范围内，有绝对的职权或完全的职权。

直线型组织结构优点：①管理结构简单，管理费用低；②指挥命令关系明晰、统一；③决策迅速，责任明确，反应灵活；④纪律和秩序的维护较为容易。

直线型组织结构缺点：①对管理工作没有进行专业化分工，管理工作比较简单和粗放；②成员之间和组织之间横向联系差；③所有的管理职能都集中由一个人来承担，受原有胜任管理者的制约，而当该"全能"管理者离职时，难以找到替代者，因此对领导要求高。

该种组织结构类型一般只适用于那些没有必要按职能实行专业化管理的小型组织或应用于现场作业管理。

2. 职能型组织结构

采用专业分工的职能管理者,代替直线制的全能管理者。在组织内部设立职能部门,各职能机构在自己的业务范围内有权向下级下达命令和指示;各级负责人除服从上级行政领导的指挥外,还要服从上级职能部门在其专业领域的指挥。职能型组织结构也称多线性组织结构,如图7.15所示。

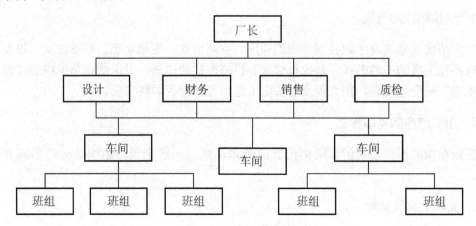

图7.15 职能型组织结构

这种组织结构的特点是采用按职能分工实行专业化的管理办法来代替直线型的全能管理者。

职能型组织结构的优点:①具有适应管理工作分工较细的特点,能充分发挥职能机构的专业管理作用;②职能结构作用发挥得当,可以弥补各级行政领导人员管理能力的不足。

职能型组织结构的缺点:①容易造成多头领导,削弱统一指挥;②各职能机构往往不能很好地配合,横向联系差;③在科技迅速发展、经济联系日益复杂的情况下,对环境发展变化的适应性差;④强调专业化,使主管人员忽略了本专业以外的知识,不利于培养上层管理者。

在实际工作中,事实上不存在纯粹的职能型组织结构。

3. 直线职能型组织结构

大多数企业采用的是直线职能型组织结构,如图7.16所示。其特点是,在组织内部,直线管理人员对下级发布命令、指令,职能管理人员对下级进行业务指导,以贯彻直线管理的指示意图,起参谋作用。

直线职能型组织结构的优点:①有利于保证集中统一的指挥;②可发挥各类专家的专业管理作用。

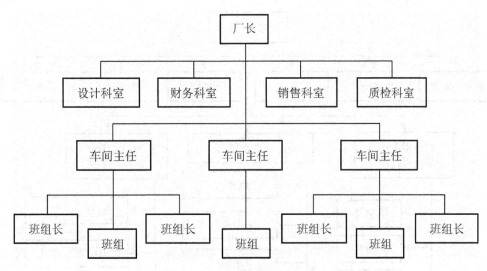

图 7.16　直线职能型组织结构

直线职能型组织结构的缺点是直线与参谋间的矛盾：①各职能单位自成体系，不重视横向沟通，狭窄的隧道视野和注重局部利益；②职能部门权力过大时，干扰直线指挥系统；③按职能分工的组织弹性不足，对环境变化反应迟钝；④不利于培养综合型管理人才。

4．事业部制组织结构

事业部制又称 M 型组织结构，是指以某个产品、地区或顾客为依据，将相关的研究开发、采购、生产、销售等部门结合成一个相对独立单位的组织结构形式。它表现为，在总公司领导下设立多个事业部，各事业部有各自独立的产品或市场，在经营管理上有很强的自主性，实行独立核算，是一种分权式管理结构。在多个领域或地域从事多种经营的大型企业被普遍采用。

事业部制结构最早起源于美国的通用汽车公司。20 世纪 20 年代初，通用汽车公司合并收买了许多小公司，企业规模急剧扩大，产品种类和经营项目增多，而内部管理却很难理顺。当时担任通用汽车公司常务副总经理的 P. 斯隆（P. Sloan）参考杜邦化学公司的经验，以事业部制的形式于 1924 年完成了对原有组织的改组，使通用汽车公司的整顿和发展获得了很大的成功，成为实行事业部制的典型，因而事业部制又称"斯隆模型"。

其管理原则是"集中政策，分散经营"，即在集中领导下进行分权管理。企业按产品、地区或经营部门分别成立若干个事业部。该项产品或地区的全部业务，从产品设计直到产品销售，全部由事业部负责。各事业部实行独立经营、单独核算。高层管理者只保留人事决策、财务控制、规定价格幅度以及监督等大权，并利用利润等指标对事业部进行控制。事业部的经理根据企业最高领导的指示进行工作，统一领导其所管的事业部和研制、技术等辅助部门。事业部制组织机构如图 7.17 所示。

事业部制组织结构具备 3 个要素：独立的利益、独立的市场、独立的自主权。

事业部制组织结构的优点：①有利于高层管理者摆脱日常事务，集中精力做好有关企业大政方针；②提高管理的灵活性、适应性；③有利于培养高层管理人才。

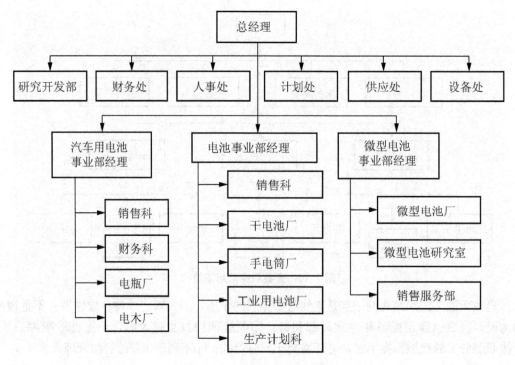

图 7.17 事业部制组织结构

事业部制组织结构的缺点：①增加管理层次，造成机构重叠，人员、费用增加；②各部门独立经营，部门协调性差。

事业部制组织结构主要适用于产业多元化、品种多样化、各有独立的市场，而且市场环境变化较快的大型企业。

5. 矩阵制组织结构

矩阵制组织是由职能部门系列和为完成某一临时任务而组建的项目小组系列组成，它最大的特点在于具有双道命令系统。矩阵制组织形式是在直线职能制垂直形态组织系统的基础上，再增加一种横向的领导系统，可称之为"非长期固定性组织"，是把按职能划分的部门和按项目（或产品、服务等）划分的子公司或部门结合起来组成一个矩阵，是同一名员工既同原职能部门保持组织与业务上的联系，又参加所在子公司或部门的工作的一种管理模式。为了保证完成一定的管理目标，每个子公司或部门都设负责人，在组织的最高主管直接领导下进行工作。矩阵制组织结构的特点是，既有按职能划分的垂直领导系统，又有按项目划分的横向领导系统的结构。矩阵制组织结构如图 7.18 所示。

矩阵制组织的优点：①加强了组织的垂直联系与横向联系；②资源利用率高，组织灵活性和应变能力强；③易于培养专业人员合作精神和全局观念；④有利于创新。

矩阵制组织的缺点：①稳定性较差，成员工作位置不固定，容易产生临时观念；②组织中存在双重职权关系，可能会出现多头指挥现象。

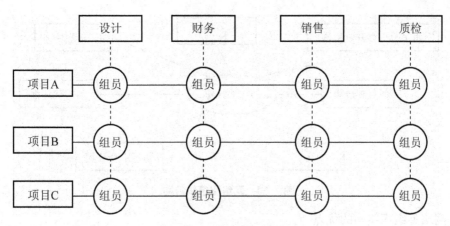

图7.18　矩阵制组织结构

6. 集团控股型组织结构

当企业不断发展时，可能会实施多元化的战略，业务领域涉及多个方面，甚至上升到全球化竞争层面上，这时企业就会成立控股企业。

集团控股型组织结构是在非相关领域开展多种经营的企业常用的一种组织结构形式，如图7.19所示。股权可以是绝对控股、相对控股和一般参股。子公司、关联公司和母公司一道构成以母公司为核心的企业集团。集团公司或母公司与它所持股的企业单位之间不是上下级之间的行政管理关系，而是出资人对被持股企业的产权管理关系。母公司凭借所掌握的股权向子公司派遣产权代表和董事、监事，通过这些人员在子公司股东会、董事会、监事会中发挥作用来影响子公司的经营决策。

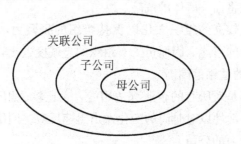

图7.19　集团控股型组织结构

7. 网络型组织结构

网络型组织结构是目前正在流行的一种基于契约关系的新型组织结构形式，如图7.20所示。它使管理当局对于新技术、时尚，或者来自海外的低成本竞争能具有更大的适应性和应变能力。网络型组织结构是一种很小的中心组织，依靠其他组织以合同为基础进行制造、分销、营销或其他关键业务的经营活动的结构。在网络型组织结构中，组织的大部分职能从组织外"购买"，这给管理当局提供了高度的灵活性，并使组织集中精力做其最擅长的事。

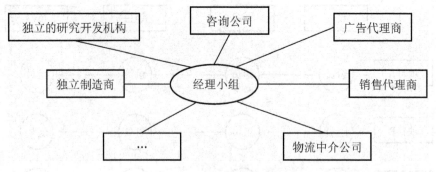

图 7.20　网络型组织结构

1）网络型组织结构的优点

组织结构具有更大的灵活性和柔性，以项目为中心的合作可以更好地结合市场需求来整合各项资源，而且容易操作，网络中的各个价值链部分也随时可以根据市场需求的变动情况增加、调整或撤并；另外，这种组织结构简单、精炼，犹豫组织中的大多数活动都实现了外包，而这些活动更多地靠电子商务来协调处理，组织结构可以进一步扁平化，效率也更高了。

2）网络型组织结构的缺点

（1）可控性太差。

这种组织的有效动作是通过与独立的供应商广泛而密切的合作来实现的，由于存在着道德风险和逆向选择性，一旦组织所依存的外部资源出现问题，如质量问题、提价问题、及时交货问题等，组织将陷入非常被动的境地。

（2）稳定性差，组织将面临解体的危险。

网络组织还要求建立较高的组织文化以保持组织的凝聚力，然而，由于项目是临时的，员工随时都有被解雇的可能，因而员工对组织的忠诚度也比较低。

3）网络型组织结构的适用范围

网络型组织结构并不是对所有的企业都适用的，它比较适用于玩具和服装制造企业。这些企业需要相当大的灵活性以对时尚的变化做出迅速反应。网络型组织结构也适用于那些制造活动需要低廉劳动力的公司。

8. 团队理论

当今组织所处的环境充满变化无穷的挑战。它意味着组织要想在动态的环境中获得竞争优势，必须不断地采取有效策略保持组织效能。团队是指一种为了实现某一目标而由相互协作的个体所组成的正式群体，是由员工和管理层组成的一个共同体。团队的构成要素总结为 5P，分别为目标（purpose）、人（pepole）、定位（place）、权限（power）、计划（plan）。团队具有以下 8 个基本特征。

（1）明确的目标。团队成员清楚地了解所要达到的目标，以及目标所包含的重大现实意义。

（2）相关的技能。团队成员具备实现目标所需要的基本技能，并能够良好合作。

（3）相互间信任。每个人对团队内其他人的品行和能力都确信不疑。

（4）共同的诺言。这是团队成员对完成目标的奉献精神。

（5）良好的沟通。团队成员间拥有畅通的信息交流。

（6）谈判的技能。高效的团队内部成员间角色是经常发生变化的，这要求团队成员具有充分的谈判技能。

（7）公认的领导。高效团队的领导往往担任的是教练或后盾的作用，他们对团队提供指导和支持，而不是试图去控制下属。

（8）内部与外部的支持。既包括内部合理的基础结构，也包括外部给予必要的资源条件。

团队具有巨大的潜力。有资料显示，大约40%的组织利用并发展了工作团队的组织形式。以团队为基础的工作方式已取得了比任何人所预言的都要显著的经济效果。

 管理案例

麦当劳有一个危机管理队伍，责任就是应对重大的危机，由来自于麦当劳营运部、训练部、采购部、政府关系部等部门的一些资深人员组成，他们平时在共同接受关于危机管理的训练，甚至模拟当危机到来时怎样快速应对。例如，广告牌被风吹倒，砸伤了行人，这时该怎么处理；一些人员考虑是否把被砸伤的人送到医院，如何回答新闻媒体的采访，当家属询问或提出质疑时如何对待；另外一些人要考虑的是如何对这个受伤者负责，保险谁来出，怎样确定保险。所有这些都要求团队成员能够在复杂问题面前做出快速行动，并且进行一些专业化的处理。

虽然这种危机管理的团队究竟在一年当中有多少时候能用得上还是个问题，但对于跨国公司来说是"养兵千日，用兵一时"，因为一旦问题发生就不是一个小问题。在面临危机的时候，如果做出快速而且专业的反应，危机会变成生机，问题会得到解决，而且还会给顾客及周围的人留下很专业的印象。

7.6.3 组织结构的变化趋势——扁平化

所谓扁平化，就是压缩组织的纵向结构，减少中间层次，增大管理幅度，促进信息的传递与沟通。实际上，从直线型组织结构到直线职能型组织结构再到矩阵制组织结构，以及网络型组织结构的演变，就体现了组织的扁平化过程，如图7.21所示。

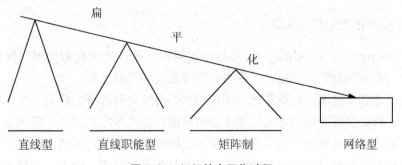

图7.21 组织的扁平化过程

7.6.4 制约组织结构的因素

世界上没有十全十美的组织结构形式。在一定条件下，某种组织结构可能具有显著的优越性，一旦这些条件发生变化，也可能会失去这些优势，并使现有结构转而成为组织进一步发展的障碍。因此，评价一种组织结构的优劣，不能离开具体条件，即制约组织结构的各种因素，并依据其变化及时调整组织结构。

影响和制约组织结构设计和建立的因素主要来自信息沟通、技术特点、经营战略、管理体制、企业规模和环境变化6个方面。这些因素与组织设计的影响因素基本一致，此处不再赘述。

实际上，组织结构并不能解决所有的组织问题。一个组织能否正常运转，除了要选择合理的组织结构形式外，还取决于人员配备、工作激励、行为控制和组织文化等诸多因素。每个组织其实不存在一个一成不变的模式或类型，组织结构会随着内外部环境的变化而变化。因此，仅仅依靠组织结构解决所有问题是不切实际的。

7.7 组 织 变 革

 知识链接

温水煮青蛙

有人做了一个实验，把一只青蛙突然放进沸腾的油锅里，这只反应灵敏的青蛙在千钧一发的生死关头，全力跃出了将使它葬生的油锅，跳到地上而逃生。

过了半小时，把那只死里逃生的青蛙放在同样大小装满冷水的铁锅里。接着，实验人员偷偷在锅底下用炭火慢慢地加热。青蛙虽然可以感觉到外界温度的变化，但它却因惰性享受着水中的"温暖"，它开始意识到锅中水温已经使它受不了，必须奋力跳出才能活命时，却欲试乏力，全身瘫软，再也跳不出来了。

 小思考

从环境变化和组织变革的角度，如何理解该故事？

7.7.1 组织变革的内涵和现实意义

组织变革（organization change），是指组织依据外部环境变化和内部状况的变化，及时调整并完善自身的结构和功能，以提高生存和发展能力的过程。

组织变革的含义表明，变革是组织实现动态平衡的发展阶段。任何一个组织，无论过去如何成功，都必须随着环境的变化而不断地调整自我并与之相适应。组织变革的根本目的就是为了提高组织的效能，特别是在动荡不定的环境条件下，要想使组织顺利地成长和发展，就必须自觉地研究组织变革的内容、阻力及其一般规律，研究有效管理变革的具体措施和方法。

7.7.2　组织变革的动因与类型

1. 组织变革的动因

1）外部环境因素

整个宏观社会经济环境的变化，如政治、经济政策的调整，经济体制的变化，以及市场需求的变化等，都会引起组织内部深层次的调整和变革；科技进步的影响，知识经济的社会，科技的发展日新月异，新产品、新工艺、新技术、新方法层出不穷，对组织的固有运行机制构成了强有力的挑战；资源变化的影响，组织发展所依赖的环境资源对组织具有重要的支持作用；竞争观念的改变，经济全球化将会使市场竞争日益激烈，竞争方式也将会多种多样，组织若想适应未来竞争的要求，就必须在竞争观念上顺势调整，争得主动，才能在竞争中立于不败之地。

2）内部环境因素

组织的目标并不是一成不变的，当组织目标在实施过程中与环境不协调时，需要对目标进行修正。组织结构与职能的调整和改变，组织会根据内、外环境的要求对自身的结构进行适时的调整与改变，如管理幅度和层次的重新划分、部门的重新组合、各部门工作的重新分配等；同时，组织在发展的过程中，亦会不断抛弃旧的不适用的职能并不断承担新的职能，如社会福利事业、防止公害、保护消费者权益等。这些均会促使组织进行不断的变革。随着组织的不断发展，组织内部员工的知识结构、心理需要及价值观等都会发生相应的变化。现代组织中的员工更注重个人的职业发展和管理中的平等自主。组织员工的这些变化必将带动组织的变革。

因此，引起组织变革的主要有组织目标、人员素质、技术水平、权力机制系统、人际关系、经营范围和经营方式的调整等。组织变革往往是在面对危机的时候才变得分外重要，危机会通过各种各样的形式表现出来，成为组织变革的先兆。

组织变革的征兆如下。

（1）组织机构臃肿、职能重复、人浮于事或组织机构明显漏缺、经营管理环节脱钩。

（2）经理对企业业务行政的统一指挥体系变动损伤，不能令行禁止。

（3）责、权、利冲突得不到协调，企业内耗加剧，职工的责任感和积极性低落。

（4）信息沟通不畅，决策形成过程过于缓慢或时常做出错误的决策，企业常错失良机。

（5）企业缺乏创新。

（6）企业对市场环境的变化不敏感。

2. 组织变革的类型

（1）战略性变革。是指组织在发展战略或使命上发生的变革，如收缩业务，则必须剥离不良资产和非相关业务；要战略扩大，则要考虑并购的对象和方式，以及重构组织文化。

（2）结构性变革。是指对组织的结构进行变革，对权力和责任进行再分配。

（3）流程主导性变革。是指围绕组织目标和核心竞争力，现代化的信息和手段对业务流程进行的重新构造，这使组织的各方面产生重大的变化。

（4）以人为中心的变革。是指改变人的思想观念的变革。通过对员工的培训、教育等引导，使其能够在观念、态度和行为方面与组织达成一致。

7.7.3 组织变革的目标与内容

组织变革的目标，主要在于实现组织结构的完善、组织功能的优化和组织成员满意度的提高，增加3个适应性，即组织更具环境适应性、管理者更具环境适应性和员工更具环境适应性。

组织变革的内容主要包括人员的变革、结构的变革、技术与任务的变革、目标的变革。

（1）对人员的变革：对人的思想与行为的变革，是其他变革的基础和保证。

（2）对结构的变革：对体制、机制、责任权力关系等方面的变革。

（3）对技术与任务的变革：对业务流程、技术方法的重新设计，包括更换设备、工艺、技术、方法等。

（4）对目标的变革：是由战略变革所决定的。

7.7.4 组织变革的过程

库尔特·卢因（Kurt Lewin）提出一个包含解冻、变革、再冻结3个步骤的有计划组织变革模型，用以解释和指导如何发动、管理和稳定变革过程，得到广泛的承认，如图7.22所示。

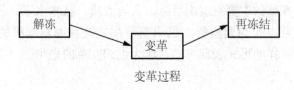

图 7.22 卢因变革模型

（1）解冻阶段（unfreezing）——创造变革的动力。

这是改革前的心理准备阶段，这个阶段的中心任务是改变员工的观念与态度，动员接受改革和参与其中。

（2）变革阶段（changing）——指明改变的方向，实施变革，使成员形成新的态度和行为。

这是变革中的行为转变阶段，把员工的改革热情转化为改革的行为，关键是减少改革的阻力，调动员工的积极性，使改革成为全体员工的共同事业。

（3）再解冻阶段（refreezing）——稳定变革。

这是变革后的行为强化阶段，目标是对变革驱动力和约束力的平衡，使新的组织状态保持相对的稳定与平衡。改革后的强化与平时的管理维持有本质区别。

7.7.5　组织变革的阻力及其管理

1. 组织变革的阻力

组织变革就是要改变那些不能适应企业的内外环境，阻碍企业可持续发展的各种因素如企业的管理制度、企业文化、员工的工作方式、工作习惯等。这种变革必然会涉及企业的各个层面，引起企业内部个人和部门利益的重新分配。因此，必然会遭到来自企业各个方面的阻力。

所谓阻力，则是人们反对变革、阻挠变革甚至对抗变革的制约力。变革的阻力可能来源于个体、群体，也可能来源于组织本身甚至外部环境。

1) 组织因素

在组织变革中，组织惰性是形成变革阻力主要的因素。这是指组织在面临变革形势时表现得比较刻板、缺乏灵活性，难以适应环境的要求或者内部的变革需求。造成组织惰性的因素较多，如组织内部体制不顺、决策程序不良、职能焦点狭窄、层峰结构和陈旧文化等，都会使组织产生惰性。此外，组织文化和奖励制度等组织因素，以及变革的时机也会影响组织变革的进程。

2) 群体因素

组织变革的阻力还会来自群体方面。研究表明，对组织变革形成阻力的群体因素主要有群体规范和群体内聚力等。群体规范具有层次性，边缘规范比较容易改变，而核心规范由于包含着群体的认同，难以变化。同样，内聚力很高的群体也往往不容易接受组织变革。卢因的研究表明，当推动群体变革的力和抑制群体变革的力之间的平衡被打破时，也就形成了组织变革。不平衡状况"解冻"了原有模式，群体在新的、与以前不同的平衡水平上重新"冻结"。

特别提示

由于非正式组织成员的联结方式、运作规范及其目标与正式组织不尽一致，在对组织产生积极作用的同时，如果处理不当也会产生消极的影响。

小思考

(1) 分析非正式组织在组织变革中的消极影响。

(2) 组织变革中怎样因势利导，最大限度地发挥非正式组织的作用？

3) 个体因素

人们往往会由于担心组织变革的后果而抵制变革。一是职业认同与安全感。在组织变革中，人们需要从熟悉、稳定和具有安全感的工作任务，转向不确定性较高的变革过程，其"职业认同"受到影响，产生对组织变革的抵制。二是地位与经济上的考虑。人们会感到变革影响他们在企业组织中的地位，或者担心变革会影响自己的收入。或者，由于个性特征、职业保障、信任关系、职业习惯等方面的原因，产生对于组织变革的抵制。

2. 组织变革阻力的管理措施

1）注重成员的参与和投入

研究表明，人们对某事的参与程度越大，就越会承担工作责任，支持工作的进程。因此，当有关人员能够参与有关变革的设计讨论时，参与会导致承诺，抵制变革的情况就显著减少。参与和投入方法在管理人员所得信息不充分或者岗位权力较弱时使用比较有效。但是，这种方法常常比较费时间，在变革计划不充分时，有一定风险。

2）加强教育和沟通

加强教育和沟通，是克服组织变革阻力的有效途径。这种方法适用于信息缺乏和对未知环境的情况，但其实施比较花费时间。通过教育和沟通，分享情报资料，不仅能带来相同的认识，而且在群体成员中形成一种感觉，即其在计划变革中起着使其产生一定的责任感的作用。同时，在组织变革中加强培训和信息交流，对于成功实现组织变革是极为重要的。这既有利于及时实施变革的各个步骤，也使得决策者能够及时发现实施中产生的新问题、新情况，获得有效的反馈。这样才能随时排除变革过程中遇到的抵制和障碍。

3）把握好组织变革的时间和进程

即使不存在对变革的抵制，也需要时间来完成变革。干部员工需要时间去适应新的制度，排除障碍。如果领导觉得不耐烦，加快速度推行变革，对下级会产生一种受压迫感，产生以前没有过的抵制。因此，管理部门和领导者需要清楚地懂得人际关系影响着变革的速度。

4）获得群体的促进和支持

许多管理心理学家提出，运用"变革的群体动力学"，可以推动组织变革。这里包括创造强烈的群体归属感；设置群体共同目标，培养群体规范，建立关键成员威信，改变成员态度、价值观和行为等。这种方法在人们由于心理调整而不良产生抵制时使用比较有效。

5）引入变革代言人

变革代言人即通常所谓的咨询顾问。在变革的过程中，一些员工认为变革的动机带有主观性质，他们认为变革是为了当局者能更好地谋取私利。还有一些员工对变革发动者的能力有限，不能有效地实施变革。而引入变革代言人就能很好的解决上述问题。一方面，咨询顾问通常都是由一些外部专家所组成，其知识和能力不容置疑。另一方面，由于变革代言人来自第三方，通常能较为客观的认识企业所面临的问题，较为正确的找到解决的办法。

本 章 小 结

1. 组织(Organization)，是指两个以上的人在一起为实现某个共同目标而协调行动的集合体。组织作为管理活动的一个职能，具有重要功能。

2. 组织设计的任务是设计清晰的组织结构，规划和设计组织中各部门的职能和职权，确定组织中职能职权、参谋职权、直线职权的活动，范围并编制职务说明书。组织设计受到多种因素的影响。

3. 组织横向设计(Organization Horizontal Design)，主要解决管理与业务部门的划分问题，反映了组织中的分工合作关系。组织的横向设计主要指组织的部门化。

4. 组织纵向设计主要解决管理层次的划分与职权分配问题，反映了组织中的领导隶属关系。管理幅度成为设计的关键。

5. 组织设计中还要注意到职权、协调等之间的关系。

6. 常见的组织结构形式为实践提供了依据，同时也强调了组织变革的重要性。

练 习 题

一、 单项选择题

(1) 企业的组织结构定义的含义不包括有(   )。
   A. 本质是企业员工的分工协作关系
   B. 目的是为了实现组织的目标
   C. 形式是企业正常运行的各项管理制度和方法
   D. 内涵是企业员工在职、权、责3方面的结构体系

(2) 组织的横向结构即组织的(   )。
   A. 职能结构   B. 层次结构
   C. 部门结构   D. 职权结构

(3) 完成企业目标所需的各项业务工作及其比例关系称为(   )。
   A. 职能结构   B. 层次结构
   C. 部门结构   D. 职权结构

二、 判断题

(1) 组织结构是组织内部权力与责任的分配形式。   （   ）

(2) 组织由无形要素与有形要素构成。   （   ）

(3) 在非正式组织中，有明确条文规定了成员的行为方式。   （   ）

(4) 非正式组织的领导人的影响力有时要超过正式组织的领导人。   （   ）

(5) 组织结构必须与组织所处的环境相适应。   （   ）

三、简答题

(1) 如何理解组织结构和组织设计?

(2) 专业化分工在未来是呈增强还是减少的趋势,为什么?

(3) 参谋部门的管理者可以拥有直线职权吗?

(4) 管理者可以采取哪些方式进行部门化?

四、思考题

实践中如何处理集权与分权的关系?

五、案例应用分析

陷于困境的经理

彼得·王先生作为一名有能力的工程师,开创了一个小型生产企业。他的朋友帮他得到了一些印刷电路板的订货。

这个公司位于一个平房厂房之中,员工大约有50个左右。公司是一人管理体制,王先生几乎处理他公司的所有业务,包括从计划、采购、市场、人事到生产监督的每一项工作。

由于已经完全投入企业,王先生自然想全盘掌握他的公司。

尽管没有组织结构图,王先生对公司每一部门的参与也可以通过图7.23所示的组织结构图来表示。

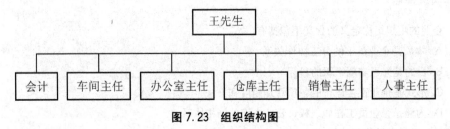

图 7.23 组织结构图

王先生制定所有的决策。向他汇报工作的人们执行每天的日常工作。王先生处理以下问题:①企业计划;②建立和保持与现有和潜在顾客的联系;③安排财务筹资并处理日常的财务问题;④招募新员工;⑤解决生产中的问题;⑥监管库存、货物接收和发运;⑦在秘书的帮助下管理日常的办公事务。

他在工厂投入相当多的时间,指导工人该做什么和不该做什么。一旦他看到了自己不喜欢的事情,他就会叫附近的职工来改变。

最近进行体检时,他的医生告诉他:"王先生,如果你再消瘦下去的话,你的心脏病将可能很快发作。"

王先生正在考虑他的健康和公司的生存。

思考题:

(1) 你认为王先生的问题是什么?

(2) 王先生所面临的问题如何能够得到解决?

(3) 授权将怎样帮助王先生呢?

实际操作训练

实训1：走进企业

到一家中小企业，对该企业的组织结构情况及其制度规范进行调查，并运用所学知识进行分析诊断。

实训2：建立组织结构与公司制度

运用所学知识，根据所设定的模拟公司的目标与业务需要，研究设置所需的模拟公司组织机构，并画出组织结构框图。同时，建立公司的制度规范，包括公司的企业专项管理制度、部门（岗位）责任制和生产技术标准、生产技术规程等。

第 8 章 人力资源管理

教学目标

通过本章的学习，明确人力资源管理的主要职责，掌握人力资源管理的基本内容与原则，熟悉人力资源管理人员实务，并能灵活运用。

教学要求

知识要点	能力要求	相关知识
人力资源管理	(1) 明确人力资源管理的职责 (2) 明确人力资源管理的内容	(1) 人力资源管理的含义、意义 (2) 人力资源管理功能
工作分析与战略性人力资源规划	(1) 掌握工作分析的重要性 (2) 熟悉战略性人力资源规划的流程	(1) 工作分析 (2) 战略性人力资源规划的流程、内容
招聘与选拔	(1) 熟悉招聘和选拔的流程 (2) 具备人员招聘和初步选拔的能力	(1) 招聘和选拔的意义、原则、流程 (2) 内部招聘和外部选拔 (3) 选拔的流程、方法
绩效考核	(1) 了解绩效的作用 (2) 具备考评员工的基础能力	(1) 绩效管理的含义、意义 (2) 绩效管理的流程
员工培训与职业发展	(1) 具备培训人员的能力 (2) 并为员工的职业发展提供建议	(1) 员工培训含义、意义、流程 (2) 职业发展的含义、意义

 基本概念

人力资源管理 招聘 选拔 绩效考核 员工培训 职业发展

 导入案例

猴子的生存

加利福尼亚大学的学者曾做过这样一个实验：把6只猴子分别关在3间空房子里，每间两只，房子里分别放置一定数量的食物，但放的位置高度不一样。第一间房子的食物放在地上，第二间房子的食物分别多次从易到难悬挂在不同高度上，第三间房子的食物悬挂在屋顶。数日后，他们发现第一间房子的猴子一死一伤，第三间房子的两只猴子死了，只有第二间房子的两只猴子活得好好的。

原来，第一间房子里的猴子一进房子就看到了地上的食物，为了争夺唾手可得的食物大动干戈，结果一死一伤。第三间房子的猴子虽做了努力，但因食物太高，够不着，活活饿死了。只有第二间房子的两只猴子先按各自的本事取食，最后随着悬挂食物高度的增加，一只猴子托起另一只猴子跳起取食。这样，每天依旧取得足够的食物。

 点评

如何实现 HR(human resource，人力资源)的最佳组合，一直是 HR 管理者十分关注的问题。岗位难度过低，人人能干，体现不出能力与水平，反倒促进内耗甚至残杀，如同第一间房子里的两只猴子；而岗位的难度太大，虽努力却不能及，最后人才也被埋没抹杀，就像第三间房子里的两只猴子。只有岗位难易适当，并循序渐进，犹如第二间房子里的食物，才能真正体验出人的能力与水平，发挥人的能动性和智慧。

8.1 人力资源管理概述

组织设计为组织系统的运行提供了基本的运行框架。为确保各项任务的顺利完成并使系统能够正常地运行，组织还必须按照组织设计的基本要求为系统配置合适的人力资源，如管理人员、作业人员及参谋人员等，并对之进行有效的管理。

 小思考

管理者的困惑：一个是公司的元老，虽然工作能力稍差，一个是新来的员工，但业务能力强，完全可以担任业务部门经理的职务，到底谁该下岗呢？

8.1.1 人力资源与人力资源管理

从宏观上来说，人力资源是指能够推动国民经济和社会发展的、具有智力劳动和体力劳动能力的人们的总和。从微观上来说，人力资源是指特定社会组织所拥有的能推动其持续发展、达成其组织目标的成员能力的总和。它是生产活动中最活跃的因素，也是一切资源中最重要的资源，由于该资源特殊的重要性，它被经济学家称为第一资源。人力资源是社会财富创造过程中一项重要要素，离开了人力资源，也就无所谓社会生产、社会财富的创造。因此，对人力资源配置、运用等工作也就显得十分重要。

1. 人力资源管理的内涵

人力资源管理(human resource management)是指组织为了获取、开发、保持和有效利用在生产和经营活动中所必不可少的人力资源，通过运用科学、系统的技术和方法所进行的各种相关的计划、组织、领导和控制活动，以实现组织既定的目标的管理过程。

2. 人力资源管理的程序

人力资源管理的程序如图 8.1 所示。

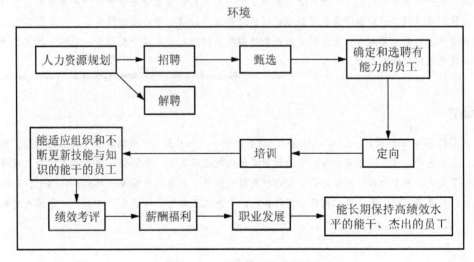

图 8.1　人力资源管理的程序

8.1.2　人力资源管理的功能

1. 获取

根据企业目标确定的所需员工条件，通过规划、招聘、考试、测评、选拔、获取企业所需人员。获取职能包括工作分析、人力资源规划、招聘、选拔与使用等活动。

2. 整合

通过企业文化、信息沟通、人际关系和谐、矛盾冲突的化解等有效整合，使企业内部的个体、群众的目标、行为、态度趋向企业的要求和理念，使之形成高度的合作与协调，发挥集体优势，提高企业的生产力和效益。

3. 保持

通过薪酬、考核、晋升等一系列管理活动，保持员工的积极性、主动性、创造性，维护劳动者的合法权益，保证员工在工作场所有安全、健康、舒适的工作环境，以增进员工满意感，使之安心满意的工作。

保持职能包括两个方面的活动：一是保持员工的工作积极性，如公平的报酬、有效的沟通与参与、融洽的劳资关系等；二是保持健康安全的工作环境。

4. 评价

对员工工作成果、劳动态度、技能水平及其他方面做出全面考核、鉴定和评价，为做出相应的奖惩、升降、去留等决策提供依据。

评价职能包括工作评价、绩效考核、满意度调查等。其中，绩效考核是核心，它是奖惩、晋升等人力资源管理及其决策的依据。

5. 发展

通过员工培训、工作丰富化、职业生涯规划与开发，促进员工知识、技巧和其他方面素质提高，使其劳动能力得到增强和发挥，最大限度地实现其个人价值和对企业的贡献率，达到员工个人和企业共同发展的目的。

8.1.3 人力资源管理的原则

1. 因事择人原则

所谓因事择人，是指应以所设职位和工作的实际要求为标准，来选拔符合标准的各类人员。选取人的目的在于使其担当一定的职务，并能按照要求从事与该职务相对应的工作。要使工作圆满完成并卓有成效，首先要求在保证工作效率的前提条件下安排和设置职位；其次要求占据该职位的人员，应具备相应的知识和工作能力。因此，因事择人是实现人事匹配的基本要求，也是组织中人员配备的首要原则。

2. 因材起用原则

所谓因材起用，是指根据人的能力和素质的不同，去安排不同要求的工作。从组织中人的角度来考虑，只有根据人的特点来安排工作，才能使人的潜能得到最充分的发挥，使人的工作热情得到最大限度的激发。如果学非所用、大材小用或小材大用，不仅会严重影响组织效率，也会造成人力资源计划的失效。

3. 用人所长原则

所谓用人所长，是指在用人时不能够求全责备，管理者应注重发挥人的长处。在现实中，由于人的知识、能力、个性发展是不平衡的，组织中的工作任务要求又具有多样性，因此，完全意义上的"通才"、"全才"是不存在的，即使存在，组织也不一定非要选择用这种"通才"，而应该选择最适合空缺职位要求的候选人。有效的管理就是要能够发挥人的长处，并使其弱点减小到最小。

 知识链接

汉高祖刘邦的用人名单

樊哙——宰狗的屠夫；

夏侯婴——马车夫；

周勃——编席为业，兼当吹鼓手帮人办喜、丧之事；

灌婴——布贩；

娄敬——车夫；

郦食其——穷书生；

彭越、黥布——强盗；

陈平，家里贫穷，做小官时，贪污受贿，又和嫂子关系暧昧，素有"盗嫂受金"之讥；

韩信，寄食于南昌亭长家，也受尽了豪门阔少的欺凌侮辱，有"使出胯下"的丑名。

《史记·高祖本纪》记载：刘邦在总结夺取天下的经验时说："……夫运筹帷幄之中，决胜千里之外，吾不如子房；镇国家，抚百姓，给馈饷，不绝粮道，吾不如萧何；连百万之军，战必胜，攻必取，吾不如韩信。此三人，皆人杰也，吾能用之，此吾所以取天下也。"

4. 动态平衡原则

处在动态环境中的组织，是不断变革和发展的。组织对其成员的要求也是在不断变动的，当然，工作中人的能力和知识也是在不断的提高和丰富的。因此，人与事的配合需要进行不断的协调平衡。所谓动态平衡，就是要使那些能力发展充分的人，去从事组织中更为重要的工作，同时也要使能力平平、不符合职位需要的人得到识别及合理的调整，最终实现人与职位、工作的动态平衡。

8.2　工作分析与战略性人力资源规划

8.2.1　工作分析

工作分析是指发现和描述一个工作的组成部分的系统过程，根据工作分析者的需要确定工作分析的范围。分析者要研究工作目标、工作程序和过程（责任、任务及其他）、人要完成工作应具备的素质（knowledge, skills, abilities, other characteristics, KSAOS, 知识、技能、能力和个性），以及包括客观环境和业务环境在内的工作环境。

早在1895年，泰勒就提出了工作时间与动作的研究。后来对体力劳动者重复性工作的动作和时间的研究扩展到各个领域、各种工作人员的一般工作因素和工作条件的分析。

1. 工作分析的含义

工作分析是界定各项工作的职责、权限、内外关联，确定完成各项工作所需技能、责任和知识的系统过程，是一种重要而普遍的人力资源管理技术，是所有人力资源管理工作的基础。通过工作分析，把每个职务的性质、任务、责任、权力、工作内容等用书面记录下来即成为该职位的职务说明书。

通过工作分析，要回答或者要解决以下两个主要的问题。

第一，"某一职位是做什么事情的？"这一问题与职位上的工作活动有关，包括职位的名称、工作的职责、工作的要求、工作的场所、工作的时间，以及工作的条件等一系列内容。

第二，"什么样的人来做这些事情最适合？"这一问题则与从事该职位的人的资格有关，包括专业、年龄、必要的知识和能力、必备的证书、工作的经历，以及心理要求等内容。

工作分析的结果由两大部分组成：工作描述和工作规范。工作描述具体说明了工作的物质特点和环境特点，主要解决工作内容与特征、工作责任与权利、工作目的与结果、工作标准与要求、工作时间与地点、工作岗位与条件、工作流程与规范等问题。工作规范又称职位要求，要求说明从事某项工作职位的入职人员必须具备的生理要求和心理要求。

2. 工作分析的意义

第一，基于对企业的使命进行分解，即对企业的业务流程、职能分解所涉及的各项工作的种类和属性进行的分析。这种分析所产生的结果是企业进行组织设计和岗位设置的前提和依据，它有利于理顺企业内部的管理流程，合理地界定部门与岗位的工作职责，以追求效率最大化为原则，尽可能地减少不必要的中间环节，精简高效地进行组织结构设计和岗位设置。因此，在这个层次上的工作分析可称为基于流程所进行的分析，同时它的工作成果也是以组织结构图的形式出现的。

第二，在组织结构与部门职能确定后，根据"鱼骨图"的模型分解部门职责形成不同的工作岗位，然后针对具体岗位的任职资格、工作范围、工作条件、权限，以及任职者所应具备的知识技能和生理、心理上的要求所进行的分析。在这个阶段上进行的分析，可以说是整个工作分析中工作量最大的内容，涉及组织内部所有部门和岗位，这也是人们通常意义上所说的工作分析，一般的工作也就是仅针对的这一部分，由于它分析的对象是具体的岗位，因此，在这个部门可以称之为给予岗位所进行的工作分析。它最终的工作成果是以工作说明书（或称之为岗位说明书）的形式出现的，在工作说明书中涉及一个岗位的它所需要或存在的各种条件和基本情况。它是工作分析中产生作用最广泛的一个环节，直接对员工的招聘录用、培训、绩效考核、薪酬设计等产生深刻的影响。

就是针对某项具体的操作过程、步骤所进行的分析，它的主要目的在于分解具体工作的每一个环节，使之形成一种定势、一种规范或章程。这种工作分析一般仅针对对操作要求比较高的岗位或工作，它所产生的工作成果是工作标准等类似的规范性文件，严格要求按章操作，可以直接在员工的岗位培训、绩效考核、安全管理等应用。

8.2.2 战略性人力资源规划

组织的有效性取决于有合适的人在合适的时间做合适的工作，以适应迅速变化的组织要求。战略性人力资源规划是为了实现企业的战略目标，根据企业目前的人力资源状况，为了满足未来一段时间企业的人力资源质量和数量的需要，在引进、保持、利用、开发、流出人力资源等方面工作的预测和相关事宜。战略性人力资源规划表明了一个组织为了支持组织目标所做的任何有效管理人力资源的方面。

简而言之，就是从战略上对组织中的人事流加以规划和管理，确定出企业在什么时候需要人、需要多少人、需要什么样技能的人。

1. 战略性人力资源规划的内容

战略性人力资源规划包括总体规划和具体规划，如表8-1所示。

表 8-1　战略性人力资源规划的内容

规划名称	目标	政策	预算
总体规划	人力资源的数量、质量、结构、绩效、员工满意度等	扩大、收缩、改革、稳定等	资金安排
人员补充计划	类型、数量、层次对人员素质结构的改善	人员的资格标准、来源范围、起点待遇	招聘选拔费用
人员配置计划	部门编制、HR 结构优化、职位匹配、职位轮换	任职条件、职位轮换的范围和时间	按使用规模、类别和人员状况决定薪酬预算
人员接替和提升计划	后备人员数量保持、人员结构的改善	选拔标准、提升比例、未提升人员的安置	职位变动引起的工资变动
培训开发计划	培训的数量和类型、提供内部的供给、提高工作效率	培训计划安排、培训时间和效果保证	培训开发的总成本
工资激励计划	劳动供给增加、士气提高、绩效改善	工资政策、激励政策、激励方式	增加工资、奖金的数额
员工关系计划	降低非期望离职率、减少投诉和不满、提高工作效率	员工参与、加强沟通	法律诉讼费
退休解聘计划	劳动力成本降低、生产效率提高	退休政策、解聘程序	安置费、人员重置费
培训开发计划	培训的数量和类型、提供内部的供给、提高工作效率	培训计划安排、培训时间和效果保证	培训开发的总成本
工资激励计划	劳动供给增加、士气提高、绩效改善	工资政策、激励政策、激励方式	增加工资、奖金的数额
员工关系计划	降低非期望离职率、减少投诉和不满、提高工作效率	员工参与、加强沟通	法律诉讼费
退休解聘计划	劳动力成本降低、生产效率提高	退休政策、解聘程序	安置费、人员重置费

2. 战略性人力资源规划的流程

战略性人力资源规划的流程如图 8.2 所示。

3. 战略性人力资源平衡

在分析了企业现有的人力资源后，就要进行需求与供给预测分析制定相应的人力资源政策，以保持人力资源的平衡，即达到净需求，既无多余，也无短缺。企业的人力资源供需预测比较，一般会出现以下 3 种结果：供给和需求在总量上平衡，但结构上不匹配；供给大于需求；供给小于需求。

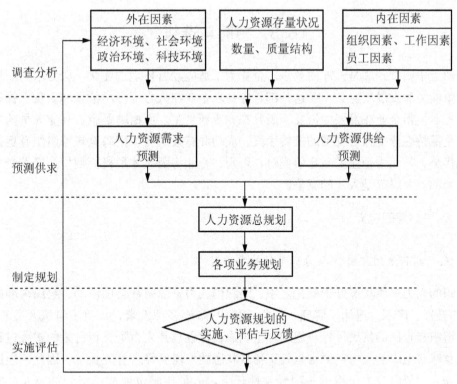

图 8.2　战略性人力资源规划的流程

（1）供给和需求在总量上平衡，但结构上不匹配。

可以采取下列措施实现平衡：①进行人员内部的重新配置，包括晋升、调动、降职等；②对人员进行有针对性的专门培训，使其能够从事空缺职位的工作；③进行人员的置换，释放那些企业不需要的人员，补充企业需要的人员，以调整人员的结构。

（2）供给大于需求。

可以采取下列措施实现平衡：①企业扩大经营规模，或者开拓新的增长点，以增加对人力资源的需求；②永久性地裁员或辞退员工；③鼓励员工提前退休；④缩短员工的工作时间、实行工作分项或降低员工的工资；⑤对富余员工实施培训，进行人员的储备，为未来的发展做好准备。

（3）供给小于需求。

可以采取下列措施实现平衡：①从外部雇用人员，包括返聘退休人员；②提高现有员工的工作效率；③延长工作时间，让员工加班加点；④降低员工的离职率，减少员工的流失，同时进行内部调配，增加内部的流动来提高某些职位的供给；⑤可以将企业的有些业务进行外包，减少对人力资源的需求。

　特别提示

战略人力资源平衡的措施有很多，在考虑到政策的速度的同时，还要考虑员工的受伤害程度，毕竟人力资源是企业最宝贵的资源。

8.3   招聘与选拔

任何竞争归根到底是人才的竞争。企业为了适应经营环境的变化，会力求不断提高企业的竞争能力和发展新业务，而这些都相应要求企业在人力资源的数量和质量上提出新要求，这进而使得企业在发展中需要不断补充或更新员工。而招聘是企业补充人员的主要方法，也是保持企业生存与发展的重要手段。成功和有效的员工招聘意味着组织有更强的人力资源优势，从而为企业带来竞争优势，否则，企业将因人才危机而使生产经营受挫，因为企业间的竞争终究是人才的竞争。

8.3.1   人员招聘的意义

1. 人员招聘是组织补充人力资源的基本途径

组织的人力资源状况处于变化之中。组织内人力资源向社会的流动、组织内部的人事变动(如升迁、降职、退休、解雇、死亡、辞职等)等多种因素，导致了组织人员的变动。同时，组织有自己的发展目标与规划，组织成长过程也是人力资源拥有量的扩张过程。上述情况意味着组织的人力资源也是处于稀缺状态的，需要经常补充员工。因此，通过市场获取所需人力资源成为组织的一项经常性任务，人员招聘也就成了组织补充人员的基本途径。

2. 有助于创造组织的竞争优势

现代的市场竞争归根到底是人才的竞争。一个组织拥有什么样的员工，在一定意义上就决定了它在激烈的市场竞争中处于何种地位——是立于不败之地，还是面临最终被淘汰的命运。但是，对人才的获取是通过人员招聘这一环节来实现的。因此，招聘工作能否有效地完成，对提高组织的竞争力、绩效及实现发展目标，均有至关重要的影响。从这个角度说，人员招聘是组织创造竞争优势的基础环节。对于获取某些实现组织发展目标急需的紧缺人才来说，人员招聘更有着特殊的意义。

3. 有助于组织形象的传播

据加里·德斯勒(Gary Dessler)在其著作中介绍，公司招募过程质量的高低会明显地影响应聘者对企业的看法。许多经验表明，人员招聘既是吸引、招募人才的过程，又是向外界宣传组织形象、扩大组织影响力和知名度的一个窗口。应聘者可以通过招聘过程来了解该企业的组织结构、经营理念、管理特色、企业文化等。尽管人员招聘不是以组织形象传播为目的的，但招聘过程在客观上具有这样的功能，这是组织不可忽视的一个方面。

4. 有助于组织文化的建设

有效的招聘既使企业得到了人员，同时也为人员的保持打下了基础，有助于减少因人员流动过于频繁而带来的损失，并能增进组织内的良好气氛，如能增强组织的凝聚力、提高士气、增强员工对组织的忠诚度等。同时，有效的招聘工作对人力资源管理的其他职能也有帮助。

因此，员工招聘是指组织为了发展的需要，根据人力规划和工作分析的数量与质量要求，从组织内部或外部发现和吸引有条件、有资格、有能力的人员来填补组织的职务空缺的活动过程。核心是实现"人—事"匹配。

8.3.2 人员招聘的原则

为了保证招聘工作的顺利进行，必须遵循以下几条基本原则。

1. 公开、公平、择优录用的原则

新进入组织的员工，原则上通过公开招聘的方式录用。公平就是确保选拔制度给予每一位候选人平等的获选机会。在公开、公平的基础上还要坚持择优的原则。择优就是广揽人才，选贤任能，从应聘者中选择优秀者。

2. 人岗匹配的原则

为了组织系统能有效地运转，必须使机构中每个工作岗位都有合适的人，同时，这个岗位也能满足该人员的特点、爱好和需要，以利于其发挥心理素质、潜在能力的一系列方法。

3. 效率优先原则

效率高的一方能在激烈的市场竞争中赢得主动权，人员招聘工作也不例外。效率优先在招聘中的体现就是根据不同的招聘要求，灵活选用适当的招聘形式和方法，在保证招聘质量的基础上，尽可能降低招聘成本。一个好的招聘系统，能够保证企业用最少的雇佣成本获得适合职位要求的最佳人选；或者说，以尽可能低的招聘成本录用到同样素质的人员，即体现效率优先原则。

8.3.3 人员招聘的程序

招聘是一个连续的过程，包括人员需求分析、确认招聘选拔的内容和标准、制订具体招聘计划、发布招聘信息、选拔人员、发放录用通知书、评估招聘效果 7 个环节，如图 8.3 所示。

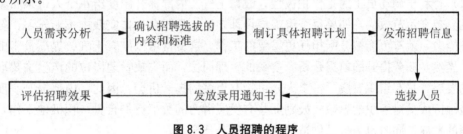

图 8.3 人员招聘的程序

（1）人员需求分析。根据企业人力资源规划，开展人员的需求预测和供给预测，确定人员的净需求量和职位空缺数量。

（2）确认招聘选拔的内容和标准。依据工作说明书，确认空缺职位的任职资格及招聘选拔的内容和标准。据此再确定招聘选拔的技术。

（3）制订具体招聘计划，上报企业领导批准。招聘计划包括招聘规模、招聘范围、招聘时间、招聘预算等。

（4）发布招聘信息。人力资源部开展招聘的宣传广告及其他准备工作。

（5）选拔人员。包括审查求职申请表、面试、笔试和人员体检及背景调查等方法。

（6）发放录用通知书。决定录用，签订劳动合同。

（7）评估招聘效果。包括招聘时间、招聘成本、应聘比率、配置比率等。

8.3.4 人员招聘的渠道和方法

一般来讲，企业招聘的渠道有两种：一种是内部招聘，一种是外部招聘。

内部招聘即所招聘员工来自组织内部。内部招聘能提高组织招聘的效益，因而大多数组织通常先考虑内部招聘。内部招聘主要有员工晋升、平级调动、工作轮换和招回原职工等几种形式。外部招聘指所需要招聘的人员来自组织的外部。具体来源有企业内部人员的介绍推荐、上门求职者、劳务中介机构的介绍、教育机构的推荐等。

1. 内部招聘

内部招聘是对于企业的管理获取人才最重要的来源，如在美国，有90％的管理岗位是由内部招聘来填补。内部招聘是指组织内部成员的能力和素质得到充分确认之后，被委以比原来责任更大、职位更高的职务，以填补组织中由于发展或其他原因而空缺了的管理职务。内部招聘的方法有档案记录、工作公告等。

 管理案例

红桃K每月都有企业内部人才招聘活动，招聘广告就张贴在公司总部。员工可以自由地前去应聘。内部招聘由总裁直接领导下的人力资源委员会进行，对所有应聘者保密。员工只需私下填好招聘登记表，用信封密封起来亲自（或委托专门的督办人员）送交招聘小组，即可进入初试和复试。复试时，员工可以放心大胆地畅谈"跳槽"的理由。一旦被聘上，即可跳到新的部门和新的岗位。即使未被聘上，也无关紧要。

1）内部招聘的优点

（1）有利于调动员工的工作积极性，鼓舞士气。内部提升制度给每个人带来希望和机会，且会带来示范效应。如果每个组织成员都知道，只要在工作实践中不断学习，努力提高业务能力，就有可能被分配担任更重要的工作，这常常可以鼓舞士气、提高员工的工作热情。当然，职务提升的前提是要有空缺的管理岗位，而空缺管理岗位的产生主要取决于组织的发展，只有组织发展了，个人才可能有更多的提升机会。因此，内部提升制度还能更好地维持成员对组织的忠诚，鼓励那些有发展潜力的员工更加自觉、积极地工作，以促进组织的发展，同时也为自己创造更多的职务升迁机会。

（2）了解全面，有利于保证选聘工作的正确性。已经在组织中工作若干时间的候选人，组织对其了解程度必然要高于外聘者。候选人在组织中工作的经历越长，组织越有可能对其工作能力、业绩及基本素质全面深入地考察、跟踪和评估，从而保障选聘工作的正确性。

（3）应聘人员可更快适应工作。被聘者能力的有效发挥要取决于他们对组织文化的融合程度，以及对组织本身及其运行特点的了解。在内部成长提升上来的被聘者，由于熟悉组织中错综复杂的机构、组织政策和人事关系，了解组织运行的特点，因此，可以迅速地适应新的工作，工作起来要比外聘者显得更加得心应手，从而能迅速打开局面。

2）内部招聘的缺点

（1）可能会导致组织内部"近亲繁殖"现象的发生。从内部提升的人员往往喜欢模仿上级的管理方法。这虽然可使过去的经验和优良作风得到继承，但也有可能使不良作风得以发展，这极不利于组织的管理创新和管理水平的提高。

（2）可能会引起同事之间的矛盾。在若干个候选人中提升其中一名员工时，虽可能提高员工的士气，但也可能使其他旁落者产生不满情绪。这种情绪可能出于嫉妒，也可能出于"欠公平感觉"，无论哪一种情况都不利于被提拔者展开工作，不利于组织中人员的团结与合作。

2. 外部招聘

外部招聘就是根据组织制定的标准和程序从组织外部选拔符合空缺职位要求的员工。选择员工具有动态性，特别是一些高级员工和专业岗位，组织常常需要将选择的范围扩展到全国甚至全球劳动力市场。借此企业可以在潜在的雇员、客户和其他外界人士中树立形象。外部招聘方法有广告、外出招聘、中介机构（职介所、人才交流中心、猎头）、推荐等。

1）外部招聘的方式

（1）招聘广告。招聘广告是指利用报纸、杂志、电视和电台发布招聘信息，其中，在报纸上刊登招聘广告是最常用的外部招聘方法。

报纸发行量大、读者面广，可以涉及不同层次的读者：从非技术工人到技术和管理人员，因而这种招聘方法成本相对较低。利用杂志发布招聘广告常适用于高级人员和特殊领域的专家，如招聘高级程序设计人员时，可选择在电脑杂志上发布招聘广告；相对其他广告形式来说，杂志广告在招聘特定人员时更有针对性、更有效，但杂志出版周期较长，因而在组织急需人员时不能及时发布招聘信息；电台和电视发布招聘广告数量很少，因为其支出费用较高，而且招聘效果深受各频道或节目收视率的影响，不过目前我国为了为下岗人员再就业提供较（更）多的就业机会，许多电台和电视台开播与劳动和职业介绍有关的节目，在这类节目中往往提供劳务招聘信息。

（2）就业服务机构。在国外，就业服务机构有3种类型：政府部门经营的职业介绍单位、非营利性组织成立的职业介绍单位和私人经营的职业介绍所。

就业服务机构服务的优点是能提供经过筛选的现成人才给企业，从而减少企业的招募和选拔的时间。但是在实践上，由就业服务机构提供的应征者往往不符合工作岗位的资格要求，继而造成高流动率或效率低下等现象。

（3）猎头公司。这是主管招募的顾问公司的俗称。猎头公司具有"挖墙角"专长，特别擅长接触那些正在工作而且还没有流动意向的人才，为用人单位节约不少征求和筛选应征者所花费的费用和时间。

（4）大中专院校和各种职业、技工学校。企业大部分专业技术人员和基层人员都是从学校直接招募的。

（5）推荐和自荐。推荐和自荐可以节约招募人才的广告费和就业服务机构的费用，而且还可以获得较高水平的应征者，所以企业应鼓励自己的职工推荐人才。自荐一般用于大中专学校的毕业生和计件工人等人员的招募。

企业应及时对过去所采用的招募方法进行评价，以便选准招募方法，改进招募工作。评价指标一般包括招募成本、应征率、录用率、绩效和离职率等。

 管理案例

红桃 K 每周都要搞一个叫"毛遂自荐"的活动。员工可以上台演说，大胆陈述自己的才干和对某岗位的追求，甚至指出任何部门、任何工作存在的弊端，阐述自己的改进方案。如果他说得有理，人力资源委员会将对自荐者进行追踪考核，只要认定他解决问题很出色，就让他取代那个有问题部门的负责人。

毛遂自荐是公开进行的。敢在大庭广众下公开演说尤其是指出别人的"短处"，这本身就需要一定的勇气和胆识，这种人才，在红桃 K 往往提升较快。

2）外聘的优点与缺点

（1）外聘的优点。

第一，能够获得难得的"外部竞争优势"。

所谓"外部竞争优势"，是指被聘者没有太多顾虑，可以放手工作，具有"外来和尚会念经"的外来优势。组织内部成员往往只知外聘员工目前的工作能力和实绩，而对其历史、特别是职业生涯中的负面信息知之甚少。因此，如果他确有工作能力，那么就可能迅速地打开局面。相反，如果从内部提升，部下可能对新上司在成长过程中的失败教训有着非常深刻的印象，这反而会影响后者的权威性和指挥力。

第二，有利于平息并缓和内部竞争者之间的紧张关系。

组织中某些管理职位的空缺可能会引发若干内部竞争者的较量，事实上，组织中的每个人都希望获取晋升的机会。如果员工发现处在同一层级上、能力相差无几的同事得到提升而自己未果时，就可能产生不满情绪，这种情绪可能会带到工作上，从而影响组织任务的完成，这反而会给组织造成负面的影响。而从外部选聘则可能会使这些竞争者得到某种心理上的平衡，有利于缓和竞争者之间的紧张关系。

第三，能够为组织输送新鲜血液。

来自外部的候选人可以为组织带来新的管理方法和经验。他们没有太多的框架程序束缚，工作起来可以放开手脚，从而给组织带来更多的创新机会。此外，由于他们新近加入组织，没有与上级或下属历史上的个人恩怨关系，从而在工作中可以很少顾忌复杂的人情网络。

（2）外聘的缺点。

第一，双方缺乏深入了解，应聘人员进入角色慢。

外聘者一般不熟悉组织内部复杂的情况，同时也缺乏一定的人事基础，很难一下进入工作角色。因此，外聘者需要相当一段时间的磨合才能与组织现有的文化相适应，也才能真正开展有效的工作。

在选聘时虽然可以借鉴一定的测试和评估方法，但一个人的能力是很难通过几次短暂的会晤或测试就得到确认的，被聘者的实际工作能力与选聘时的评估能力可能存在很大差距。因此，组织可能会聘用到一些不符合要求的员工。这种错误的选聘可能会给组织造成一定的危害。

第二，外聘行为对内部员工积极性造成打击。

大多数员工都希望在组织中能有不断升迁和发展机会，都希望能够担任越来越重要的工作。如果组织过于注重从外部招聘管理人员，就会挫伤员工的工作积极性，影响其士气。同时，有才华、有发展潜力的外部人才在了解到这种情况后也不敢轻易应聘，因为一旦定位，虽然在组织中已有很高的起点，但今后升迁和发展的路径却很狭小。

内部招聘与外部招聘的优劣势比较如表8-2所示。

表8-2　内部招聘与外部招聘的优劣势比较

	内部招聘	外部招聘
优势	可鼓舞士气，激励员工	外部竞争优势
	了解全面，准确性高	平息紧张关系
	应聘人员能尽快适应工作	带来新思想、新方法
劣势	会导致"近亲繁殖"	了解少，进入角色慢
	可能造成内部矛盾	可能影响内部员工积极性

8.3.5　人员的选拔

人员选拔又称选拔录用，是指通过运用一定的工具和手段对已经招募到的求职者进行鉴别和考察，区分其人格特点与知识技能水平、预测其未来工作绩效，从而最终挑选出企业所需要的、恰当的职位空缺填补者。

1. 人员选拔的程序

人员选拔的程序如图8.4所示。

2. 人员选拔的标准

一般来说，应符合下述几方面的要求：较高的政治素质、良好的道德品质、相应的业务知识水平、良好的决策能力、较强的组织协调能力、富于创新精神和健康的身体素质。

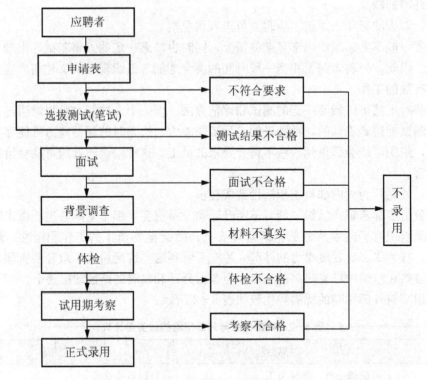

图 8.4　人员选拔的程序

3. 人员选拔的方法

1) 笔试

笔试是一种与面试对应的测试，是考核应聘者学识水平的重要工具。这种方法可以有效地测量应聘人的基本知识、专业知识、管理知识、综合分析能力和文字表达能力等素质及能力的差异。

笔试的优点是一次能够出十几道乃至上百道试题，考试的取样较多，对知识、技能和能力的考核的信度和效度都较高，可以大规模地进行分析，因而花费时间少、效率高，报考人的心理压力较小，较易发挥水平，成绩评定比较客观。

笔试的缺点主要表现在不能全面地考察应聘者的工作态度、品德修养，以及组织管理能力、口头表达能力和操作技能等。因此，笔试虽然有效，但还必须采用其他测评方法，如行为模拟法、心理测验法等，以补其短。一般来说，在企业组织的招聘中，笔试作为应聘者的初次竞争，成绩合格者才能继续参加面试或下一轮测试。

2) 面试

由于通过应聘申请表的人员资格审查与初选不能反映应聘者的全部信息(甚至申请表中的有些内容不够真实)，组织不能对应聘者进行深层次的了解，个人也无法得到关于组织的更为全面的信息，因此，需要通过面试使组织与个人得到各自所需信息，以便组织进行录用决策，而个人进行是否加入组织的决策。面试是一种经过组织者精心设计，在特定场景下，以考官对考生的面对面交谈与观察为主要手段，由表及里测评考生的知识、能力、经验等有关素质的一种考试活动。

面试按照结构化程度，可以分为结构化面试、非结构化面试和半结构化面试；照面试的组织方式，可以分为陪审团式面试和集体面试两种；按照面试的过程，可以分为一次性面试和系列面试两种类型。

面试准备阶段要完成以下工作：选择面试者、明确面试时间、了解应聘者的情况、准备面试材料、安排面试场所。面试实施是整个面试过程的主体部分，一般可以分为以下几个小的阶段：引入阶段、正题阶段、收尾阶段。面试需要经过严格培训的合格的面试官。

3）背景调查

 知识链接

员工背景调查的必要性

经权威机构调查显示，在中国的求职者中，有45%左右的求职者的实际工作经历、学习、培训等情况，会与其提供的"简历"存在"出入"，在这45%的人当中，95%都是在工作经历或教育经历方面做了手脚。因此，很多公司为了保障招聘到的人才的真实情况，经常采用员工背景调查，对应聘员工的工作、学习、教育等背景资料进行调查。

员工背景调查就是企业人力资源部门通过各种正常的、合法的、合理的方法和渠道，对被调查员工的工作经历、教育背景、兴趣、薪资等情况进行暗中调查，以获得被调查员工背景资料的相关信息，并对获得的信息与被调查者所提供的应聘简历、面谈介绍及职位信息进行对比，以成为企业人力资源管理者对员工聘用的参考依据，为人才决策提供重要的证据材料。

例如，宝洁、可口可乐等许多中外大型企业为了降低因企业人才招聘带来的风险，都会对公司的研发工程师、配方员、市场销售经理等核心技术岗位和中高层领导岗位，以及关键管理和销售岗位的拟录用员工进行背景调查，甚至不惜投入重金委托猎头公司、中介调查公司等外部机构，从而为人力资源管理者的员工聘用提供客观、真实的参考依据，避免因人员招聘不当而产生经济及技术损失和风险。

 特别提示

背景调查的成本较高，主要是对高层员工和关键员工进行。

8.4 绩效考核

绩效考核管理是人力资源管理的枢纽和闸门，贯穿企业招聘、薪酬、培训、升迁、员工发展等整个人力资源管理过程，是企业人事决策的重要依据。作为一种现代化的管理工具与手段，有效的绩效考核管理体系能够帮助企业达成使命，体现企业战略执行的能力，创造高业绩，并成为企业成长发展的持续动力源泉。只有以有效而卓越的绩效考核体系作为手段，以提高员工的积极性、创造性为目的，形成独具特色的人力资源管理体系，才是其他公司无法模仿的优势，也才能在企业间激烈的竞争中立于不败之地。

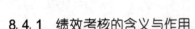

8.4.1 绩效考核的含义与作用

1. 绩效考核的含义

绩效（performance）是员工围绕所在的岗位职责而达到的结果，以及在结果实现过程中的行为表现。绩效是知识、技能、态度和行为等的综合表现，受多种因素的影响。绩效的模型如图 8.5 所示。

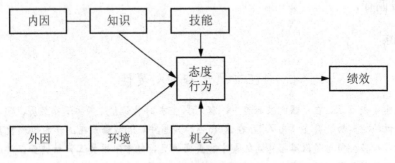

图 8.5　绩效的模型

绩效考核是指按照一定的标准，采用科学的方法，衡量与评定人员完成岗位职责任务的能力与效果的管理方法，是通过对员工的工作行为及业绩进行定性和定量的评价，对绩效进行区分性鉴别的过程。

绩效考核的最终目的是引导和激励员工承担工作责任和积极贡献，使员工的行为符合企业核心理念要求，在企业中形成"竞争、激励、淘汰"的良性工作氛围，在实现企业经营目标的同时，提高员工的满意程度和成就感，从而确保企业战略目标的有效实现，最终达到企业和个人发展的"双赢"。

2. 绩效考核的作用

绩效考核是企业人力资源管理的重要手段，绩效考核采取科学的方法，通过系统的原理和方法来评定和测量员工在职务上的工作行为和工作效果，绩效考核的结果可以直接影响到薪酬调整、奖金发放及职务升降等诸多员工的切身利益。它不仅能优化企业的人力资源，而且能营造企业与员工共同成长的氛围，充分发挥团队精神。绩效考核是人力资源管理工作的重点之一，其最终作用表现在员工工作能力发展潜力的提高，它是企业充分利用资源、培育核心竞争力、获取竞争优势的重要途径，这对企业实现制度性的、可持续发展起着显著的支持作用。

8.4.2 管理人员考核内容

一般来讲，管理人员考核的内容主要包括德、能、勤、绩 4 个方面。

德主要包括思想政治、工作作风、社会道德及职业道德水平等方面；能是指人员的工作能力，主要包括人员的基本业务能力、技术能力、管理能力与创新能力等；勤指管理人员的积极性和工作中的表现，包括纪律性、干劲、责任心、主动性等，积极性决定着人的能力发挥程度；绩是指管理者的工作业绩，包括可以量化的刚性成果和不易量化的可评估成果。

8.4.3 绩效考核的方法

1. 交替排序法

交替排序法（alternative ranking method，ARM）是一种较为常用的排序考核法。其原理是，在群体中挑选出最好的或者最差的绩效表现者，较之于对其绩效进行绝对考核要简单易行得多。因此，交替排序的操作方法就是分别挑选、排列"最好的"与"最差的"，然后挑选出"第二好的"与"第二差的"，这样依次进行，直到将所有的被考核人员排列完全为止，从而以优劣排序作为绩效考核的结果。交替排序在操作时也可以使用绩效排序表。

2. 强制分布法

强制分布法（forced distribution method，FDM）是在考核进行之前就设定好绩效水平的分布比例，然后将员工的考核结果安排到分布结构里去。

3. 关键事件法

关键事件法（critical incident method，CIM）是一种通过员工的关键行为和行为结果来对其绩效水平进行绩效考核的方法，一般由主管人员将其下属员工在工作中表现出来的非常优秀的行为事件或者非常糟糕的行为事件记录下来，然后在考核时点上（每季度，或者每半年）与该员工进行一次面谈，根据记录共同讨论来对其绩效水平做出考核。

4. 目标管理法

目标管理法（management by objectives，MBO）是现代更多采用的方法，管理者通常很强调利润、销售额和成本这些能带来成果的结果指标。在目标管理法下，每个员工都确定有若干具体的指标，这些指标是其工作成功开展的关键目标，指标的完成情况可以作为评价员工的依据。

8.4.4 绩效考核的程序

1. 制定考核目标

所谓绩效目标，具体地讲，是指员工未来绩效所要达到的目标，它可以帮助员工关注那些对于组织更为重要的项目，鼓励较好的计划以分配关键资源（时间、金钱和能量），并且激发为达到目标而做的行动计划准备。而员工个人绩效目标又来源于组织、部门的总体目标的分解和传承，即通过一种专门设计的过程使目标具有可操作性，这种过程一级接一级地将目标分解到组织的各个单位。组织的整体目标被转换为每一级组织的具体目标，即从整体组织目标到经营单位目标，再到部门目标，最后到个人目标。而个人绩效目标的制定又来自于个人的工作计划，从年度计划到季度计划，最后分解到月度计划。

为保证个人绩效目标设置的合理有效，应该做到：主管制定，员工参与，双方确认。首先，对于工作目标要求是由主管依据部门目标的分解，提出对员工岗位职责使命的要求，完成组织目标向个人绩效目标的传承，同时，对于个人关键业绩指标的提取过程应由主管提取、员工参与提取双方共同完成。如果员工参与设定目标，那么，他们就会更加努力实现目标。员工的许多需要中包括执行一个有价值的任务、在团体中共同付出努力、共同设定其目标、共享努力的回报，以及持续的个人成长。

2. 选择考核人员和考核方法

绩效考核不是孤立事件，它与企业人力资源管理、经营管理、组织架构和发展战略都具有相关联系，企业战略目标通过目标责任体系和组织结构体系分解到各个事业单元，与对应的责任人挂钩。员工考核由部门经理组织实施；中高层领导考核由总经理组织实施，督促和指导各级主管对其下属员工进行考核，并对考核中出现的问题给予协调和处理。

3. 实施考核

绩效考核是核心环节，是对员工在一定期间内的工作绩效进行考察和评定，确定员工是否达到预定的绩效标准的管理活动。在进行绩效考核时，很多企业首先要求员工对本人的业绩达成状况进行自评，员工自评后由主管对照期初与员工共同确定的绩效目标和绩效标准对员工进行评价。

4. 提供绩效反馈

绩效考核结束后，上级或主管应就绩效考核结果与员工进行沟通使之明确绩效不足或改进方向，以及个人特性和优点，即进行绩效面谈。考核周期内的绩效情况进行面谈，在肯定成绩的同时，找出工作中的不足并加以改进。绩效反馈的目的是为了让员工了解自己在本绩效周期内的业绩是否达到所定的目标，行为态度是否合格，让管理者和员工双方达成对评估结果一致的看法。双方共同探讨绩效未合格的原因所在并制订绩效改进计划，同时，管理者要向员工传达组织的期望，双方对绩效周期的目标进行探讨，最终形成一个绩效合约。由于绩效反馈在绩效考核结束后实施，而且是考核者和被考核者之间的直接对话，因此，有效的绩效反馈对绩效考核起着至关重要的作用。

8.5　员工培训与职业生涯发展

据日本有关资料统计，员工文化水平每提高一个等级，技术革新者人数就增加 6%，员工提出革新建议一般能降低成本 10%～15%，而受过良好教育和培训的管理人员，因创造和运用现代管理技术，则有可能降低成本 30%。20 世纪 90 年代美国企业调查统计分析认为，对员工培训每投入 1 美元就能得到 50 美元的经济收益。摩托罗拉 1992 年在员工培训方面增加经费 400 万美元，新增培训科目 100 种，公司由此获利 5 亿美元。在我国，据苏州市一项调查，经过培训的员工同未经培训的员工相比，完成产量高出 10.8%，产品合格率高出 6%，工具损耗率低 40%，创造净产值高 90%。这足以说明人力资本投资回报率是很高的。

8.5.1 员工培训

1. 培训的意义

员工培训作为整个人力资源管理链条中重要的一环，具有非常重要的意义。

(1) 培训是企业生存和发展的需要。

在激烈的市场竞争中，表面上人们看到企业以产品质量、价格和服务等手段展开竞争，但透过现象可以发现：决定成败的根本因素是人力资源。员工素质的高低，最终决定了企业能否在产品质量、市场营销和服务水平上形成竞争优势。目前，国际大公司的培训总预算一般占上一年总销售额的 1%～3%，最高的达 7%，平均 1.5%，而我国的许多企业都低于 0.5%，甚至不少企业在 0.1%以下。

(2) 培训也是员工职业发展的需要，是企业"以人为本"理念的体现。

不同的岗位需要不同的知识和技能，因而需要进行不同的培训；员工按照不同的职业通道向上发展，同时也就要接受一系列针对性的培训。培训在提高职工的知识水平和工作能力的同时，也极大地调动了工作的积极性和主观能动性，从而达到职工自我实现的目标。在很多现代企业里，培训已经与员工的职业生涯密切联系起来了。

(3) 开展培训是提高企业管理水平的需要。

随着市场的变化和竞争的加剧，外部环境对企业管理水平的提高提出越来越高的要求，企业对于优秀管理人才的需求与日俱增，许多管理人员虽然具有丰富的经验，但缺乏科学系统的管理知识的指导，解决这一问题的切实办法就是通过系统的培训造就内部的管理人才。

(4) 员工培训为企业提供创新的持续动力。

企业内外部环境的变化对企业的生存和发展提出了严峻的挑战，迫使企业进行不断的管理创新、技术创新，而仅仅进行资金和硬件的投入是远远不够的，因为知识和技术更新的步伐正不断加快，这也对企业培训体系的系统化和完备化提出了更高的要求。

总之，培训可以让员工自强，可以让企业的血液不断得到更新，让企业永远保持旺盛的活力，永远具有竞争力，这就是企业进行培训的最大意义。

2. 员工培训的目标

一个企业管理者的效率在相当大的程度上取决于知识、技能、态度和行为方式等因素。因此，员工培训旨在提高员工队伍的素质，促进组织的发展，它包括一系列有计划的活动。员工培训的目标是改进员工的知识、技能、工作态度和社会行为，从而为提高组织的效益服务。

1) 知识

知识是管理者要开发的主要方面。对于管理者来说，他们必须懂得如何处理问题，履行职责，熟悉所管理的技术领域，如生产、销售、财务、会计、工程和研究项目等。管理者必须具有管理方面的知识，如对被管理者工作的计划、组织、指挥和控制。此外，管理者还必须具有心理学和激励理论等有关人的知识及经营环境的知识，如社会、政治、文化、伦理等。

2）技能

要运用知识就要求具备一定的技能。从广义上讲，管理者必须具有决策的技能、解决问题的技能、处理各种事务和人的问题及适应环境等方面的技能，尤其是与上述要求有关的交流，如听、讲、读、创造性、敏感性、注意力和使用各种方法（如逻辑、统计、数学等）的技能。

3）态度

态度是影响领导者能力的重要因素。一个管理者如何看待他的职务、上司、下属和公司，如何看待自己、自己与他人的关系、自己未来的希望与雄心，如何看待挑战、变化和责任，对这些极其重要的问题，每个管理者都有自己的答案，关键要使其选择正确的答案。

4）行为方式

行为方式也是领导能力的一部分。衣着、演讲，以及各种各样的行为方式都被他人看在眼里，并对周围产生影响。管理者同其他人的合作、人事决策的依据、使用权力的习惯，以及流露或抑制感情的方式，都被其同事迅速觉察，并据此做出相应的反应。

3．培训的流程

由于企业实际情况的不同，培训的模式也多种多样，但基本的要素都少不了分析、计划、执行和评估这 4 项，因此，可以把培训分为培训需求分析、方案制定、培训实施和效果评估 4 个阶段，如图 8.6 所示。

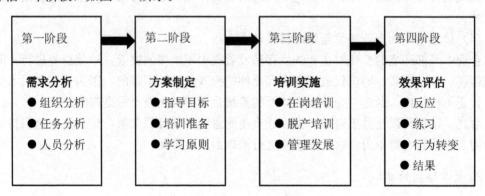

图 8.6　员工培训的流程

1）培训需求分析

所谓培训需求分析，是指在规划与设计每项培训活动之前，由培训部门、主管负责人、培训工作人员等采用各种方法与技术，对参与培训的所有组织及其员工的培训目标、知识结构、技能状况等方面进行系统的鉴别与分析，以确定这些组织和员工是否需要培训及如何需要培训的一种活动或过程。而对于一个组织来说，培训需求分析既是确定培训目标，设计培训规划的前提，也是进行培训评估的基础，因而成为培训活动的首要环节。

2）制定培训方案

培训要有详细的组合式方案，设定员工培训的目标、原则、方法、项目、时间、地点、机构等内容。培训主管部门首先要了解企业的总体战略规划和在此基础上制定的人力资源规划，了解规划对企业不同层次人员培训的要求，确保培训和企业目标的协同性，使得培训能够满足企业的发展需要；其次培训的管理人员应当了解各部门的实际需要，结合规划的要求，共同确定培训的范围和内容；最后由培训主管部门制订出合理的培训计划，针对不同岗位和层次的员工提出不同的培训方案，满足不同层次和岗位的个性化需求。

3）培训实施

培训实施始终关注实效性。由于实践与理论之间存在巨大的差距，因此，在培训实施过程中培训师的选择非常重要，理论全面系统、实践经验丰富的培训师是最理想的情况。培训的内容应当根据不同层次人员和不同的阶段，根据需求度身定制。培训形式上，应根据成人教育的特点，更多地采用"案例式"和"体验式"的培训方法，加大受训者的参与程度。另外，除了对企业本身的培训资源充分开发和利用之外，还应当积极借助外部培训资源，引入更多更新的内容，实现企业和社会培训力量的有机结合。

4）培训效果评估

在评估过程中要比较员工接受培训前后的绩效差异，来考核培训计划的效果。建立培训评估体系的目的，既是检验培训的最终效果，同时也是规范培训相关人员行为的重要途径。

要建立科学的培训评价体系，培训之后对培训和实际效果从多个维度进行科学评价。对于培训评估标准的研究，国内外应用得最为广泛的是最早由美国学者柯克·帕特里克（Kirk Patrick）提出的培训效果四级评价模型，该评估模型将培训的效果分为 4 个层次：①反应层，即员工培训后总体的反应和感受；②学习层，即学习的效果，确定受训人员对原理、技能、态度等培训内容的理解和掌握程度；③行为层，即行为改变，确定受训人员培训后在实际工作中行为的变化，以判断所学知识、技能对实际工作的影响；④结果层，即产生的效果，可以通过一些指标来衡量，如事故率、生产率、员工流动率、质量、员工士气，以及企业对客户的服务等。

4. 管理人员培训的方法

对于企业来说，通过培训可获取企业竞争优势。但对于企业管理人员的培训到底如何进行呢？对管理者培训的要求则不仅是提高其具体工作的技能，而且更重要的是要提高其从整体上把握全局、激励他人，以及协调他人劳动的能力。由于管理人员的工作具有特殊特性，因此，需要一些特殊方法对其进行培训。

1）工作模拟法

这种方法采用一组模拟情境和模拟工作任务对管理人员进行培训，以提高管理人员的认知技能、决策能力和处理人际关系的能力，常常用于需要从事大量信息加工的高层管理人员的培训。工作模拟可以运用适当的技术设备，也可以采取十几个人的群体模拟活动，还可以采用对策方式，让学员在对策规则的范围内，设法达到练习任务的目标。工作模拟与实际工作情景及任务越是相似，训练的效果就越好。

近年来，在国际上出现了一种职业模拟公司。例如，荷兰有家国际植物贸易公司，经营各种花卉，公司业务十分繁忙，但该公司并不真正卖花，而是专为受训者提供相应的职位模拟工作。在这家公司里，客户由秘书介绍并引进销售部，双方激烈地讨价还价并签订合同。假若存货过多，公司立即设计出特价优惠广告，供促销员外出推销。然后管理者发"红包"，发出工资单，公司也对失职员工"炒鱿鱼"等。但是，这些运作只是模拟，公司并未卖出一盆花，资金流动只停留在纸面上，工资、奖金全是"空头支票"。它只是让受训售货员置身其中，让其在公司运作氛围中提高实际工作能力。

2）工作轮换培训

工作轮换的主要目的旨在拓宽管理人员或潜在管理人员的知识面。通过各种不同岗位的工作轮换，使受训者全面掌握企业各种职能的管理知识和艺术。工作轮换的表现形式比较多，如各种主管人员之间、副职与副职之间、正职与副职之间、各种不同的管理职位之间等都可进行不定期的工作轮换。日本丰田公司每5年对各级管理人员进行一次工作轮换，调换幅度为5%左右，调换的工作目标通常是本单位相关部门。

3）会议讨论法

会议讨论法对于培养管理人员解决问题的能力和做决策的能力尤为适宜。这种方法强调双向信息沟通，适用于小群体范围的培训。学员通过有关工作特点和任务要求的讨论学习和掌握工作内容和方法。会议讨论法的效果，在很大程度上与主持讨论者的个性特点和技巧有关。这种方法比较适合加深对所学知识的理解和改善工作态度方面。因此，学员的积极性对于培训是否取得成功是很重要的。企业的许多培训都可以采取讲课和会议讨论相结合的方法。

4）设置助理职务与临时职务

在一些较高的管理层次设立助理职务，不仅可以减轻主要负责人的负担，使之从繁忙的日常管理中脱出身来，专心致力于重要问题的考虑和处理，而且具有培训待提拔管理人员的好处。例如，可以使助理开始接触较高层次的管理实务，并通过处理这些实务，积累高层管理的经验，熟悉高层管理工作的内容与要求；可以使助理很好地观察主管的工作，学习主管处理问题的方法，吸收其优秀的管理经验，从而促进助理的成长；此外，还可使培训组织者更好地了解受训人（助理）的管理能力，通过让他单独主持某项重要工作，来观察他的组织能力和领导能力，从而决定是否有必要继续培养或是否有可能予以提升。

当组织中某个主管由于出差、生病或度假等原因而使某个职务在一定时期内空缺时（当然组织也可有意识地安排这种空缺）则可考虑让受培训者临时担任这项工作。安排临时性的代理工作具有和设立助理职务相类似的好处，可以使受培训者进一步体验高层管理工作，并在代理期内充分展示其具有的管理能力，或迅速弥补他所缺乏的管理能力。

哈佛商学院的凯蒂（Katy）教授研究出了各级管理人员所需素质的最优化组合，如表8-3所示。

表 8-3　高层经理需要何种培训

	专业知识/%	人际关系/%	理念/%
高层经理	17.9	39.4	42.7
中层经理	22.8	42.4	34.8
基层经理	50.3	37.7	12.0

　　由上表可以看出，对高层经理来说理念是最重要的素质，其次才是人际关系与专业知识。理念是指从整体把握组织的目标，洞察组织与其环境相互关系的能力。而国内的高层经理尤其是企业家多数由基层做起，有着丰富的专业知识和较强的人际关系能力，理念就成为其最薄弱的关节。

 小思考

是不是与罗伯特·卡茨提出的"管理者需要具备的 3 种技能"的观点相吻合呢？

 知识链接

彼 得 原 理

　　每一个职工由于在原有职位上工作成绩表现好（胜任），就将被提升到更高一级职位；其后，如果继续胜任则将进一步被提升，直至到达他所不能胜任的职位。而据此导出的彼得推论是，每一个职位最终都将被一个不能胜任其工作的职工所占据。层级组织的工作任务多半是由尚未达到不胜任阶层的员工完成的。

"In a hierarchy, every employee tends to rise to his level of incompetence"

——Laurence Peter

　　劳伦斯·彼得（Laurence Peter），美国著名的管理学家，现代层级组织学的奠基人，教育哲学博士。

　　劳伦斯·彼得 1917 年生于加拿大的范库弗，1957 年获美国华盛顿州立大学学士学位，6 年后又获得该校教育哲学博士学位，他阅历丰富，博学多才，著述颇丰，凝聚彼得博士思想的《梯子定律》一书一面世，便引起全美轰动，并荣登畅销书非小说类排行榜的第一名，持续榜首 20 周之久。劳伦斯·彼得因此名噪天下，他的名字被收入了《美国名人榜》、《美国科学界名人录》和《国际名人传记辞典》等辞书中。至今，该书已被翻译成几十种语言，累计销量上亿册。

　　彼得原理（the Peter principle），正是彼得根据千百个有关组织中不能胜任的失败实例的分析而归纳出来彼得原理的。其具体内容是："在一个等级制度中，每个职工趋向于上升到他所不能胜任的地位。"彼得指出，每一个职工由于在原有职位上工作成绩表现好（胜任），就将被提升到更高一级职位；其后，如果继续胜任则将进一步被提升，直至到达他所不能胜任的职位。由此导出的彼得推论是，"每一个职位最终都将被一个不能胜任其工作的职工所占据。层级组织的工作任务多半是由尚未达到不胜任阶层的员工完成的"。每一个职工最终都将达到彼得高地，在该处他的提升商数为零。至于如何加速提升到这个高地，有两种方法：其一，是上面的"拉动"，即依靠裙带关系和熟人等从上面拉；其二，是自我的"推动"，即自我训练和进步等，而前者是被普遍采用的。

　　彼得认为，由于彼得原理的推出，使他"无意间"创设了一门新的科学——层级组织学（Hierarchiolgy）。该科学是解开所有阶层制度之谜的钥匙，也是了解整个文明结构的关键所在。凡是置身于商业、工业、政治、行政、军事、宗教、教育各界的每个人都和层级组织息息相关，亦都受彼得原理的控制。

当然，原理的假设条件是，时间足够长，五层级组织里有足够的阶层。彼得原理被认为是同帕金森定律有联系的。

"墨菲法则"、"帕金森定理"和"彼得原理"并称为 20 世纪西方文化中最杰出的三大发现。

8.5.2 员工职业发展

职业发展的定义有两层含义：一是对员工个人而言，在企业的工作中积累经验，得到锻炼，能达到成长、发展和满意感的愿望与要求，为了实现这种愿望和要求，他们不断追求理想的职业，设计自己的职业目标和职业规划；二是从企业的人力资源管理部门看，对员工制订个人职业计划应重视和鼓励，并结合企业的需求和发展，给员工多方面的咨询和指导，还要创造条件帮助员工实现职业目标，职业发展有利于开发员工的潜能，促进员工成长与发展，也有利于企业吸引人才、使用人才和留住人才。

1. 员工职业发展的含义与意义

员工职业发展(occupation development)指员工个人有意识地确定和追求其职业生涯寻求发展的经历。从组织的观点看，职业发展能降低员工流动带来的成本。如果企业帮助员工制订职业计划，这些计划可能与组织密切相连，员工就不大可能离开。热心于员工的职业发展同样能鼓舞士气，提高生产率，并帮助组织变得更有效率。在市场经济社会中，个人的职业发展决定着个人的生活质量，也影响着家人的生活，甚至影响着整个社会的和谐与稳定。

2. 员工职业发展的阶段和特点

舒伯(Super)是美国另一位有代表性的职业学家，他把人的职业发展看成一个持续渐进的过程，由童年时代开始一直伴随个人的一生，并划分为 5 个大的阶段，如图 8.7 所示。

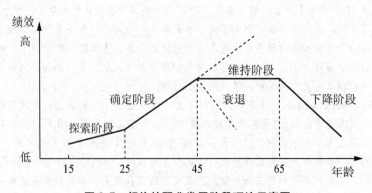

图 8.7　舒伯的职业发展阶段理论示意图

(1) 成长阶段(growth stage)0—14 岁，逐渐形成自我的概念。该阶段开始时，角色扮演很重要，尝试各种不同的行为方式；这一阶段结束的时候，就开始对各种可选择的职业进行带有某种现实性的思考了(因为人们已对自己的兴趣和能力形成了某些基本看法)。

（2）探索阶段（exploration stage）15—24 岁，在这一阶段的开始时期，人们往往做出一些带有试验性质的较为宽泛的职业选择。随着个人对所选择职业以及对自我的进一步了解，人们的这种最初选择往往会被重新界定。到了这一阶段结束的时候，一个看上去比较恰当的职业就已经被选定，已经做好了开始工作的准备。

（3）确立阶段（establishment stage）25—44 岁，是大多数人工作生命周期中的核心部分。有些时候，个人期望在这期间（通常是希望在这一阶段的早期）能够找到合适的职业并随之全力以赴地投入到有助于自己在此职业中取得永久发展的各种活动之中。

（4）维持阶段（maintenance stage）45—64 岁，职业的后期阶段，人们一般都已经在自己的工作领域中为自己创立了一席之地，因而他们的大多数精力主要就放在保有这一位置上了。

（5）下降阶段（decline stage）65 岁以上，在这一阶段，许多人都不得不面临这样一种前景：接受权力和责任减少的现实，学会接受一种新角色，学会成为年轻人的良师益友。再接下去，就是几乎每个人都不可避免地要面对的退休，这时，人们所面临选择就是如何去打发原来用在工作上的时间。

舒伯的职业生涯发展观如表 8 - 4 所示。

表 8 - 4　舒伯的职业生涯发展观

阶段	年龄	主要任务
成长阶段	0—14 岁	经历对职业从好奇、幻想到兴趣，到有意识培养职业能力的逐步成长过程
探索阶段	15—24 岁	择业、初就业。综合认识和考虑自己的兴趣、能力与职业社会价值、就业机会，开始进行择业尝试。初步进入劳动力市场，或者进行专门的职业培训。选定工作领域，开始从事某种职业
建立阶段	25—44 岁	对初就业选定的职业不满意，再选择、变换职业工作。变换次数各人不等。也可能满意，从而开始致力于稳定工作
维持阶段	45—64 岁	不再考虑变换职业工作，只力求维持已取得的成就和社会地位
下降阶段	65 岁以上	健康状况和工作能力逐步衰退，即将退出工作，结束职业生涯

3. 实施职业发展方法

（1）向员工阐明各工作岗位的关系、职位的层级关系，即职业阶梯及相应的资格条件。

（2）提供员工必要的培训或长期教育项目，以及其他人力资源开发项目，用以帮助员工从一种工作岗位或层级跳到另一工作岗位或层级。

（3）建立职业咨询体系（制度、人员等）。

（4）管理层的支持与相应人员技能的提高。

（5）继任计划（接班制度）及管理和指导制度。

（6）晋升、调动、降职或工作扩大与工作轮换。

4. 员工职业发展中应注意的问题

1）慎重选择第一项职务

员工在组织中的起点，对于其今后的职业生涯发展具有重大的影响。实践证明，如果机会适宜，一个人应当选择一个最有权力的部门作为自己管理生涯的开始。因为一开始就在组织中权力影响大的部门工作，就有可能在今后的职业生涯中得到快速的提升。另外，在第一项管理职务中不应停留太久，除非能预期做出更大成绩来。如果能够很快地转换到不同的工作岗位上，一方面，可以锻炼自己找到更好的升迁路径；另一方面，会产生一种快速升迁的感觉，增加自我成就实现感。

2）努力掌握工作中的平衡

良好的工作绩效是职业生涯成功的一个必要条件但却不是充分条件。成功固然令人欣喜，会给以后的提升带来有益的帮助，但失败也是常常发生的，这对未来的发展会造成不利的影响。员工应该通过努力减少这样的失败。员工也应该熟悉组织的权力结构，了解并努力争取对组织中那些稀缺而又十分重要的资源加以控制，如知识、技术、经验等，以提高自己在组织中的价值。

3）适时表现自我

由于员工绩效的评估具有相当的主观性，因此，通过自己的努力并让主管和组织中的权力人认识到自己的贡献是非常重要的。特别是应当明确组织对个人的要求和期望，了解组织文化的特点，以及如何与组织中的关键人员协调关系等。如果自己的工作可表现性很差或自己的特定贡献难以与别人区分，就必须采取一些手段，如及时向上级或其他人汇报自己的工作进展情况、出席各种社交集会、与正面评价你的人结成有力的同盟，当然，不要给人一种不踏实的印象。

4）要善于同上级处好关系

自己的未来往往掌握在上级的手中，如本身缺乏足够的实力对上级提出挑战，那么明智的办法是努力帮助你的上级取得成功，特别是在上级处于被动时应当给予大力配合和支持，不能拆台、挖墙脚。经验表明，为了实现个人的目标，还应该努力找到组织中居于权利核心的某个人作为自己的推荐人，如果上司很有才干并拥有权力基础，那么，自己升迁的速度将会很快，自己的才能会得到快速的认可。否则，即使自己工作绩效再明显也不会及时得到认可，这就必须借助于推荐人的帮助及时进行工作轮换，寻找其他发展路径。

5）保持一定的流动性

随着现代管理组织扁平化趋势以及购并、重组的不断发生，工作环境也变得相对动荡不定。显然，如长期陷于那些成长缓慢、不景气或衰退中的组织，自己的职业发展进程可能会得不到更好的促进，进而会扼杀自己的进取心，成为"烫锅中的青蛙"，并失去发展的能力。因此，适时地跳出这样的组织，保证一定的工作流动性，可以给人提供更广泛的工作经历和背景，同时激发人的工作积极性，使工作变得更富有挑战意义。

知识链接

曹操：用人枭雄 管理能臣

曹操作为一个好老板，是非常会用人的，他十分清楚"争天下必先争人"。可是身处乱世，老板选择人才，人才也选择老板，这就类似于今天的双向选择。因此，争取人才必须先征服人才的心。这难道就是曹操争取人心的独家秘诀吗？曹操那么多用人之术的背后究竟隐藏着怎样的玄机呢？

第一个特点：知人善任，唯才所宜。唯才所宜是荀彧和郭嘉这两个人对曹操用人之道的评价，唯才所宜和知人善用或者知人善任，是统一的。什么叫知人善任？包括3个内容：第一，知道哪些人是人才；第二，知道这些人是哪方面的人才，或者哪种类型的人才；第三，知道把这些人放在什么位置上最合适。这就叫做知人善任，知人善任第一是知人，第二是善任，而善任就要唯才所宜。例如，人们一再提到的崔琰和毛玠，他们的特点是什么呢？作风正派、清正廉明，曹操就让他们去主持组织部和干部部的工作，选拔官员，果然他们两个选拔推荐上来的那都是德才兼备的。又如，枣祗和任峻这两个人，这两个人的特点是什么呢？任劳任怨，曹操就让他们去屯田，结果曹操的屯田制得到了贯彻和落实，曹操获得了丰厚的粮草和经济基础。这就是曹操用人的第一个特点，知人善任、唯才所宜。这个特点连讨厌曹操的人，如写《容斋随笔》的洪迈，他也承认："智效一官，权分一郡，无小无大，卓然皆称其职"，就是说他不管安排什么人做什么事都非常地合适，都非常地称职，这是第一个特点。

第二个特点：推诚取信，用人不疑。这个是用人的一般原则，疑人不用，用人不疑，会用人的人都是这么做的。但是，曹操这里有一点特殊，特殊在什么地方呢？就在于曹操他身处乱世，乱世的特点是什么呢，人心浮动、人际关系紧张、人与人之间缺乏信任和诚意，用曹操的话说这叫做"上下相疑之秋也"，大家都不信任，这是其一。其二，曹操的双重角色，曹操这个人用周瑜的话说叫"名为汉相，实为汉贼"，当然这个事情我们现在也不能肯定地说那曹操到底是不是汉贼了，至少可以肯定地说，曹操在前期他还是想把汉王朝维护下去的，后期他个人野心膨胀，变成奸雄，想取而代之。但是，即便在前期曹操也未尝没有自己的小算盘，他名义上是为汉王朝招纳人才，实际上他是希望这些人才为他所用。但是这样一来，他既有一个优势，也有一个劣势，就是曹操的"奉天子以令不臣"或者说"挟天子以令诸侯"。那么他的优势是什么呢？他可以利用中央政府、大汉王朝、现任皇帝的名义，以及这个政府的官位、爵位、俸禄来招揽人才，比刘备比孙权要方便一些；他的劣势是什么呢？就是他弄不清楚他招来的是为谁服务的，是效忠皇帝的还是效忠他的，搞不清楚，这就难免会有猜疑。其三，曹操阵营复杂，他这个阵营里面有原来东汉王朝的官员，有新招聘和新选拔的官员，有曹操自己带出来的人，也有别人阵营里面的投靠曹操、投降曹操、投奔曹操。这些人之间也是互相猜疑，也就是说对于曹操来说，信任和诚意在这个时候、在这个环境、在这个条件下格外地重要。而曹操在这个时候作为一个领导人，一定要表现出自己的宽容和诚意。

曹操在对待人才上能够量才而用，并以相互信任架起了与人才沟通的最佳桥梁，因而曹操手下人才的能力得到了最大的发挥。因此，曹操往往在失败的边缘能够与众将领齐心协力，共渡难关，尤其是在一个尔虞我诈的乱世，这更显出了曹操的诚意与宽容。可是，宽容只是表现了曹操的人情，有人情味的军队就能够战无不胜、攻无不克吗？曹操又是依靠什么样的用人之道来树立自己的权威的呢？

第三个特点：令行禁止，赏罚分明。曹操治军是很严的，多次下达和颁布各种命令，要求严明军纪。因为曹操很清楚，一支没有纪律的队伍是不能战胜敌人的，而且曹操还能够做到以身作则。有一个有名的故事，可能大家都很熟悉，就是有一次在行军的时候曹操下达了一个命令，不得践踏农田，他要保护农民，谁的马如果踩了麦田那是杀头的罪，所以曹操的那些骑兵全部下马步行，一只手牵着马，另外一只手用武器把麦子护住，小心翼翼地走。曹操自己没有下马，结果马惊了，一家伙跳到麦田里面，曹操的马践踏了麦田。

曹操马上下马，把军法官叫来说，该当何罪？军法官说，杀头。曹操说那就请你行刑吧。唉呦，那怎么可以呢，反正古代有这个传统，刑不上大夫，礼不下庶人，法不施于尊者，统帅怎么能够杀头呢。曹操说那没有办法，那就割一把头发吧，自己拔出剑来把头发割了一片扔在地上，表示受过罚了。这个故事是记载在一部对曹操很不友好的书里面，这个书的名字叫《曹瞒传》，用来说明什么呢，说明曹操虚伪、奸诈，说你下道命令说踩了麦田就要杀头，结果你弄个头发下来。其实不然啊，曹操这个也是受刑的，叫髡刑，髡刑就是把头发剃掉，因为古人认为这个身体发肤受之父母，是不可以放弃的，而且髡刑是带有侮辱性的这样一个刑罚，所以他还是受了刑的，还是表现了曹操的执法严明。

曹操罚得重，赏得也不含糊。曹操奖赏部下有一个特点，就是不像某些豪帅那样，凭一时的兴致。我们知道军阀混战的时候会有很多所谓豪帅，一仗打下来以后，这仗打赢了，"来，来，来，哥几个，分了，这个给你，这个给你，这个给你，随便拿"，好像很豪爽，其实没道理。曹操如果要奖赏一个人，肯定有两条，第一，这个人一定是立下了赫赫的功劳；第二，曹操的奖励一定十分到位，就是曹操给你的奖励一定超过你希望的那个份额，他加码，他在奖励你的时候他考虑得周到，可能周到得连你自己都想不到，曹操是一个非常会做人情的人，他不做则矣，人情一定是做得足足的。曹操作为一个统帅，他有一个过人之处，就是从来不和部下争风头、争面子、抢功劳，他所有的功劳都归于部下；第二，他的奖励绝不走过场，一定让你实实在在地得到好处。曹操是一个非常非常实在的人，正是这种实在的作风使得大家觉得跟着曹操确实是跟对了。

第四个特点：虚怀若谷，见贤思齐。曹操不和部下争风头、争面子、抢功劳，这且不说，而且部下给他提意见，如果他没有采纳，犯了错误他一定检讨，一定把错都揽到自己身上。当然，在很多情况下曹操是虚心纳谏的，这也是吸引人才的一个很重要的因素，因为作为一个人才来说他固然希望通过自己的勤劳、智慧换取他应得的报酬，这是他的一个希望，但他更希望的是自己能够施展才华，自己的建议、策划能得到采纳。人们读史书可以看到大量这样的记载，太祖听之，从之，善之，当然也有不听的时候，也有太祖不听，如果不听而决策错误，曹操一定检讨。有一次曹操打孙权的时候，曹操就做了一个决定，就准备把淮南的老百姓都迁移到北方去，当时有个叫蒋济的人就不赞成。曹操说你看上次我跟袁绍官渡之战的时候我就把白马的老百姓迁移到延津，蒋济说，曹公，现在这个情况和你跟袁绍打白马的时候不一样了，再说老百姓他都是恋土的、恋家的，谁愿意搬来搬去，不要迁移他们。曹操不听，不听以后这些老百姓一听曹操要把他们迁移到北方去，呼啦啦都跑到孙权那儿去了。因此，后来蒋济去见曹操，曹操听说蒋济来了以后马上出门迎接，然后呵呵呵地笑着，拉着蒋济的手说，哎呀蒋济，你看这事我弄得，我本来是想让他们躲避一下孙贼的，谁知道把他们都赶到孙贼那去了，你看我干的这事，检讨。而且我们还要学他一点，就是检讨也用不着总是哭丧着脸，人们现在一些当领导的犯了错误不愿意检讨就是因为一检讨好像就要痛哭流涕，深刻解剖自己，检讨也有各种感情，你也可以笑着检讨，笑着检讨你也不丢面子，接受你检讨的人他也还是觉得你是有诚意的。

（资料来源：http://www.studentboss.com/html/news/2011-12-20/96707.htm.）

本 章 小 结

1. 组织设计为组织系统的运行提供了基本的运行框架，人力资源管理为组织的运行提供了有力的保障。

2. 人力资源管理指组织为了获取、开发、保持和有效利用在生产和经营活动中所必不可少的人力资源，包括工作分析、人力资源规划、招聘、绩效考核、培训等环节。

3. 工作分析是人力资源管理的基石。战略性人力资源规划表明了一个组织为了支持组织目标所作的任何有效管理人力资源的方面，可以分为总体规划和具体规划。

4. 招聘是企业补充人员的主要方法，员工招聘与选拔要注重过程、方法和技巧。

5. 绩效考核管理是人力资源管理的枢纽和闸门，贯穿于企业招聘、薪酬、培训、升迁、员工发展等整个人力资源管理过程中，是企业人事决策的重要依据。

6. 员工培训和员工职业发展是企业留住人才的重要途径，也对员工本人产生重要影响。

练 习 题

一、 多项选择题

(1) 企业实行人员外部征聘可以通过(　　　)进行。
　　 A. 刊登广告　　　　　　　　　　 B. 就业服务机构
　　 C. 猎头公司　　　　　　　　　　 D. 院校学校
　　 E. 推荐和自荐

(2) 下列属于内部招募优点的是(　　　)。
　　 A. 准确性高　　　　　　　　　　 B. 适应较快
　　 C. 激励性强　　　　　　　　　　 D. 带来新理念
　　 E. 缓解紧张关系

(3) 人力资源管理的功能有(　　　)。
　　 A. 获取功能　　　　　　　　　　 B. 开发功能
　　 C. 激励功能　　　　　　　　　　 D. 保持功能
　　 E. 整合功能

二、 判断题

(1) 员工招聘是指企业到外部寻找、吸引那些有能力、又有兴趣到本单位任职的人，并从中选出适宜人员予以录用的过程。　　　　　　　　　　　　　　　　　　　　　　　　　　　 (　　　)

(2) 企业员工能否有效地完成工作，达成企业目标，在很大程度上取决于企业的激励机制是否合理。
　　　　　　　　　　　　　　　　　　　　　　　　　　　　　　　　　　　　　　 (　　　)

(3) 在预见到企业的工作岗位将出现空缺时，人力资源管理部门应立即着手到人才市场进行招聘。
　　　　　　　　　　　　　　　　　　　　　　　　　　　　　　　　　　　　　　 (　　　)

(4) 企业的高级人才越多越有利于经济效益的提高。　　　　　　　　　　　　 (　　　)

(5) 对于类别不同员工，应采取不同的培训方式。　　　　　　　　　　　　　 (　　　)

(6) 管理人员应多了解下属员工的弱点和短处，以此为基础来管理员工。　　 (　　　)

(7) 内部招聘或提升可激励员工努力进取，因为他们对组织的政策和期望都能明确了解。 (　　　)

(8) 在进行人员选拔时，最后录取与否的决定权属于直线单位。　　　　　　 (　　　)

(9) 学徒培训在性质上属于职前培训。　　　　　　　　　　　　　　　　　　 (　　　)

(10) 为了提高技术人员的工作积极性，在适当的时候应将优秀的技术人员晋升为管理人员。(　　　)

三、简答题

（1）人员配备的工作内容有哪些？在进行人员配备工作中应遵循哪些原则？

（2）一个组织管理人员的需要量是根据什么确定的？

（3）内部招聘和外部招聘各有何优点和不足？你认为在实践中应如何克服其不足？

（4）为什么不仅要考评管理人员的贡献，还要考评其能力？你认为一个人的能力和贡献有何关系？

四、思考题

比较内部选拔和外部招聘的优缺点。

五、案例应用分析

提拔错了吗？

朱彬是一家房地产公司负责销售的副总经理，他把公司最好的推销员李兰提拔起来当销售部经理。李兰在这个职位上干得并不怎么样，他的下属说她待人不耐烦，几乎得不到她的指点与磋商。李兰也不满意这工作，当推销员时，她做成一笔买卖就可以立刻拿到奖金，可当了经理后，她干得是好是坏取决于下属的工作，她的奖金也要到年终才能定下来。人们说她是"被高度激发了"，她拥有一幢价格昂贵的市区住房，开着"奥迪"车，全部收入都用在生活开销上。李兰现在和过去判若两人，朱彬被搞糊涂了。

一位管理咨询专家被请来研究这一情况，他的结论是，对李兰来说，销售部经理一职不是她所希望的，她不会卖力工作以祈求成功。

思考题：

就以上的资料，管理咨询专家为什么会得出这个结论？

实践操作训练

1. 角色扮演——招聘

以公司为单位，组织招聘活动。全班公司分为两大组，分别扮演招聘方和应聘方，并进行轮换。各公司要制订招聘计划，包括招聘目的、招聘岗位、任用条件、招聘程序，特别是聘用的决定办法。

2. 校园体验——团队建设

分析学生所在的班级、小组或寝室的群体状况（和谐程度、优势与缺点、团体氛围等），并表述群体的目标。每个人制定一份团队建设方案。

第 9 章 组织文化

教学目标

通过本章的学习，总体上了解有关组织文化基本概念、特征及其作用，理解组织文化层次、功能，认识组织文化的表现形式，掌握组织文化的塑造途径。

教学要求

知识要点	能力要求	相关知识
组织文化的含义、特征	(1) 了解组织文化的内涵 (2) 了解组织文化的特征	(1) 组织文化的含义 (2) 组织文化的意义
组织文化的类型	(1) 掌握组织文化的类型 (2) 能够区分不同类型组织文化	(1) 按照组织文化的内在特征划分 (2) 按照组织文化对其成员的影响程度划分 (3) 按照组织文化所涵盖的范围划分 (4) 按照组织的有效性划分 (5) 按照权力的集中或分散划分 (6) 按照文化、战略与环境的配置划分
组织文化的内容	(1) 掌握组织文化的结构、内容 (2) 能够为一个组织构建简单的组织文化	(1) 组织文化的结构 (2) 组织文化的内容
组织文化的功能及建设	(1) 掌握组织文化功能 (2) 掌握组织文化的建设的技巧	(1) 组织文化的功能 (2) 组织文化的建设

 基本概念

组织文化　类型　功能　建设

导入案例

组织文化的重要性

1. 螃蟹文化

钓过螃蟹的人或许都知道，篓子中放了一群螃蟹，不必盖上盖子，螃蟹是爬不出去的，因为只要有一只想往上爬，其他螃蟹便会纷纷攀附在它的身上，结果是把它拉下来，最后没有一只出得去。企业里常有一些份子，不喜欢看别人的成就与杰出表现，天天想尽办法破坏与打压，如果不予去除，久而久之，组织里只剩下一群相互牵制、毫无生产力的螃蟹。

2. 企鹅王国的孔雀

海之族的主要管理者是一群企鹅，它们虽不聪明，但却总是大权在握。管理层总是身着那套与众不同的黑白制服。它们始终坚信着装与做事一样，保持一致是最好的，并且统一着装代表着团结一致。

相反，鸟儿们穿着五颜六色、色彩斑斓的衣服，这些服饰表明了它们作为一般员工的身份，也展示了其丰富多彩的生活方式。这些鸟儿被鼓励遵循企鹅的行为模式，它们学习如何进行企鹅式行走，并时刻以自己的领导——企鹅为榜样。

有一天，企鹅王国里飞来了一只名叫 Perry 的孔雀。它个性张扬，外表绚丽多彩，更重要的是，它的创意层出不穷。虽然其他人并不喜欢它，企鹅却很看重它的创新思想，它也因此视自己为王国中真正有企鹅般潜质的接班人。

起初，众乐融融。Perry 尽情发挥，它的表现令企鹅们相当满意。

然而，没过多久，企鹅们便开始对 Perry 小声地抱怨："太张扬了！""太花哨了！""太自作主张了！"很显然，Perry 的表现让企鹅们感到不自在。

Perry 必须效仿企鹅，向它们看齐，也"穿黑衣，戴黑帽"，否则，在企鹅王国里就不可能出人头地。想到有一天自己会被演变成一只企鹅，Perry 再也开心不起来了，最后，它选择了离开。

 点评

文化其实源于组织成员的认同。

组织发展到一定阶段，文化就作为一种精神理念随之产生，是发展导致了文化的产生，同时反过来文化又左右组织的进一步发展。一种好的文化无疑将极大地推动组织的再发展，而一种不符合当今时代的文化则会将组织引入越来越狭窄的境地，最终导致组织的衰落乃至失败。当然，文化不是一成不变，随着组织的发展，文化的内涵也会发生相应的改变，一些不适应新形势的文化将被抛弃，而一些能为组织注入新的活力的文化内容将被创造。

9.1 组织文化的兴起与内涵

一个动物有机体不仅有外在的躯体，而且还有内在的灵魂。一个组织也是如此，组织除了有其外在而有形的"躯体"——组织要素之外，也有它内在而无形的"灵魂"——组织文化。一个组织如果只有组织结构，而没有组织文化，这个组织就会逐渐陷入涣散而土崩瓦解，不再称其为组织，企业组织尤其如此。

因此，企业诞生的时候，企业文化也就如影随形、相伴而生了。组织文化对于组织的重大意义已被广大管理学家、组织学家和企业家高度重视。但认识到企业文化的存在，并有意识地研究企业的这种性格，却是 20 世纪 80 年代初才开始。就在这 20 多年的发展历史中，文化研究异彩纷呈，成为管理科学一个重要的分支。

9.1.1 组织文化的兴起

准确地说，企业文化研究的兴起源于美国企业界应对来自日本企业的挑战。作为第二次世界大战战败国的日本，为了从经济崩溃的危机中恢复过来，开始向美国和西方学习经济管理。但是，在接受美国质量管理等思想的同时，日本企业非常注重走自己的路。日本企业在日本传统文化的基础上，吸收西方先进经验，所创造的管理模式，恰恰走在矛盾重重的欧美模式的反面。20 世纪 70 年代，遭遇 OPEC(Organization of Petroleum Exporting Countries，石油输出国组织)石油提价的西方企业陷入能源危机，日本企业却发展出节约能源的消费产品。接着，日本在汽车、电子等各行业的飞速发展都让西方世界震惊。日本已成为世界上最大的债权国，在高科技领域，日本的电子产品在逐步超越美国。

日本经济奇迹的背后是其独特的管理模式。日本人新的管理模式的特点可以概括成一个"和"字和三个"支柱"。"和"指日本的企业重视和谐一致，团结协作。"三个支柱"作为"和"思想的具体化，是日本企业所普遍推行的"终身雇佣制"、"年功序列制"和"工作轮换制"。美国学者把视角集中到日美企业模式的比较，研究日本成功的根本原因，探寻美国企业改进的方向。1981～1982 年，美国管理学界连续推出了 4 部主要著作，把人们引入了企业文化这一新阶段，成为企业文化理论的奠基。

这 4 部著作均有中文译本：威廉·大内(William Ouchi)《Z 理论——美国企业界怎样迎接日本的挑战》；理查德·帕斯卡尔(Richard Pascale)和安东尼·阿索斯(Anthony Ahos)《日本企业管理艺术》；阿伦·肯尼迪(Allan Kennedy)和特伦斯·迪尔(Terrence Deal)《西方企业文化》；托马斯·彼得斯(Thomas Peters)和小罗伯特·沃特曼(Robert Waterman Jr.)《寻求优势——美国最成功公司的经验》。

加利福尼亚大学教授，美籍日裔学者威廉·大内，由于其日本血统的有利条件，率先推出了日美文化比较的著作《Z 理论——美国企业界怎样迎接日本的挑战》。大内将美国企业的管理特点定义为"A 型组织"：强调速度——立刻争取表现，立刻给予奖励；强调个人——高生产力即有高报酬；强调数字——具体的数字是一切考核的标准，抽象的内涵不受重视；强调利润——公司只关心股东的利益，漠视员工、社会各方面的需要。认为典型的日本管理模式(Z 型组织)具有某些宗法制度的色彩，是一种大家庭式的管理，整个企业就像一个大家庭或宗族，它的员工享有终身雇佣、共识式决策与领导班子集体责任制、较平均的分配制度、用职务轮换以养成"通才"为目标的骨干培养路线、对职工的全面(包括其私生活)关怀等做法与政策，都反映了这种特色。在企业及其员工之间的关系上，与欧美等西方企业中员工人格独立平等而经济上为单纯"交换和雇佣性关系"(A 型组织)不同，日本企业中的员工如同大家庭中的成员，对企业保持着一定的人身依附关系。

知识链接

威廉·大内是Z理论创始人，最早提出企业文化概念的人。

威廉·大内是日裔美籍管理学家，是美国斯坦福大学的企业管理硕士，在芝加哥大学获企业管理博士学位。他从1973年开始转向研究日本企业管理，经过调查比较日美两国管理的经验，于1981年在美国爱迪生维斯利出版公司出版了《Z理论——美国企业界怎样迎接日本的挑战》一书，在这本书中，他提出Z理论，并最早提出企业文化概念，其研究的内容为人与企业、人与工作的关系。如今，他是加利福尼亚州立大学洛杉矶分校的管理学教授。

美国斯坦福工商管理学院教授理查德·帕斯卡尔和哈佛大学教授安东尼·阿索斯在总结美国和日本的管理经验后，出版了《日本企业管理艺术》一书。书中提出了"7S模型"（战略、结构、制度、作风、技能、人员和最高目标），并应用这一理论框架分析了松下、AT&T(American Telephone & Telegraph，美国电话电报公司)、IBM等典型的日美企业。对比表明，日本企业不仅重视"硬S"（战略、结构、制度），而且更重视"软S"（作风、技能、人员和最高目标）。美国企业大多数只重视前者。该书强调整体性，认为必须把7个要素(S)融合起来形成一个强有力的网络，才能推动企业取得成功。两位教授同为美国最大咨询企业麦肯锡公司的资深咨询专家。"7S模型"在国际上也被称为"麦肯锡7S框架"。"7S模型"理论为企业的软性管理提供了理论依据。

美国阿伦·肯尼迪和特伦斯·迪尔出版的《企业文化——企业文化的习惯和仪式》专著，是企业文化理论诞生的标志性著作，是第一部以"企业文化"命名的理论著作。在对近80家企业进行深入调查之后，提出了"杰出而成功的公司大都有强有力的企业文化"的论断。他们认为企业文化的要素有5项：企业环境、价值观、英雄、习惯和仪式、文化网络等。这种分析方式也成为广为接受的解构企业文化的方式。在考察了数百家企业后，划分了强悍型、工作娱乐并重型、赌注型和按部就班型4类文化。对于企业文化分析、管理、变革等问题，作者都有精辟的论述。作者提出的未来"原子式组织"包含小团队、授权、信息化和文化纽带4个要素，就现代的发展趋势看，基本上是准确的预测。

美国的托马斯·彼得斯和小罗伯特·沃特曼的《寻求优势——美国最成功公司的经验》（该书影响巨大，1982年出版后，次年与《大趋势》并列畅销书榜首）通过对美国43家公司的研究，概括了美国优秀公司的八大特点：①行动迅速，决策果断；②接近顾客，以优秀的产品和优秀服务维持优势；③锐意革新，全力支持敢闯敢做的改革者；④珍视企业至为宝贵的资源——人，通过人潜能的发挥来提高生产率；⑤以价值准则为轴心，把公司每部的各种力量凝聚到企业目标上来；⑥扬长避短，展开多角化经营，增强应变能力；⑦组织结构简单，减少层次；⑧宽严相济，张弛有节，注重管理艺术。美国公司不逊于日本公司的独到特色在于尊重个人独立人格和不断创新适应环境的变化。

4部著作都是基于多年企业实际资料的调研，体现了西方管理学者一贯的企业跟踪分析方法，以至于书中松下、IBM、宝洁、麦当劳、3M明尼苏达矿务及制造业公司、惠普、通用等企业的案例现在还在被国内学者反复引用。但是由于理论发展的局限，当时的一些论断逐渐被新的理论取代，一些标杆企业也慢慢消失。经典著作给人们的启示是，中国企业文化理论的发展离不开两个基本点：企业案例本土化、大量样本跟踪，而这方面的不足恰是文化研究的误区。这些著作还体现了企业文化产生的深刻的理论基础——由行为科学和管理科学共同构成的企业现代管理理论，是对企业现代管理理论的直接继承和发展。日本的成功经验与美国的管理实践是其产生的实践基础，是对日本、美国及其他西方资本主义国家企业管理的总结与发展。

9.1.2 组织文化的内涵和特征

关于企业文化的概念，有许多不同的认识和表达。

（1）美国学者约翰·科特和詹姆斯·赫斯克特认为，企业文化是指一个企业中各个部门，至少是企业高层管理者们所共同拥有的那些企业价值观念和经营实践。……是指企业中一个分部的各个职能部门或地处不同地理环境的部门所拥有的那种共同的文化现象。

（2）特雷斯·迪尔和阿伦·肯尼迪认为，企业文化是价值观、英雄人物、习俗仪式、文化网络、企业环境。

（3）威廉·大内认为，企业文化是"进取、守势、灵活性——即确定活动、意见和行为模式的价值观。

（4）麻省理工学院斯隆管理学院的艾德·希恩（Edgar Schein）教授将组织文化定义为："一系列的内隐假设，有关一群人如何分享和决定他们的认知、思想、情感，以及公开行为的程度。它藉由组织成员的共享历史和期望，以及他们之间的社会互动的产出所形成。"

希恩认为，组织文化是在企业的发展过程中不断完善起来的，是一系列运行良好并相当有效的基本假设，又提出了一种十分著名的三层次文化模型（three levels of culture）。三层次文化模型的具体内容：行为准则（物质形态层次）、价值观和原则、基本假设。

 知识链接

三层次文化模型

Three Levels of Culture(Schein)

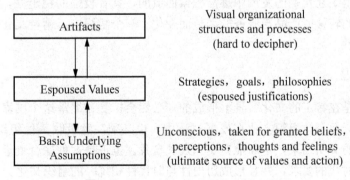

图 9.1 Three Levels of Culture(Schein)

1. 人工制品

人工制品（observable artifacts）是那些外显的文化产品，能够看得见、听得见、摸得着（如制服），但却不易被理解。包括实物布局、办公环境、着装要求、标语、噪声标准和心理气氛等方面。尽管内部文化的这一层次对外部成员来说是最显而易见的，但这些"物质形态"却揭示了企业的一些重要特征，如果你不是这种文化中的一员，就很难理解其真正内涵。

2. 信仰与价值

藏于人工制品之下的便是组织的"信仰与价值"（espoused values），它是组织的战略、目标和哲学。

如果将银行和广告公司的文化加以比较，人们会发现，在银行的文化中，成功来自严格的财务控制、保守谨慎和对管理等级制度的尊重。相反，广告公司的文化则可能将个人的自我想象视为成功的来源，因此，不太重视权威和意见的交流。在这两类企业中，那些过去发生的事都能体现出企业的价值观，进而反映出企业文化。

3. 基本隐性假设与价值

基本隐性假设与价值（basic assumptions），组织文化的核心或精华是早已在人们头脑中生根的、不被意识到的假设、价值、信仰、规范等，由于这些大部分出于一种无意识的层次，所以很难被观察到。然而，正是由于它们的存在，人们才得以理解每一个具体组织事件为什么会以特定的形式发生。这些基本隐性假设存在于人们的自然属性、人际关系与活动、现实与事实之中。

综上所述，组织文化是组织在长期的生存和发展中所形成的为组织所特有的、且为组织多数成员共同遵循的最高目标价值标准、基本信念和行为规范等的总和及其在组织中的反映，是组织全体成员共同接受的价值观念、行为准则、团队意识、思维方式、工作作风、心理预期和团体归属感等群体意识的总称。组织通过培养、塑造这种文化，来影响成员的工作态度，引导实现组织目标。因此，根据外在环境的变化适时变革组织文化常被视为组织成功的基础。组织文化具有以下特征。

1. 超个体的独特性

每个组织都有其独特的组织文化，这是由不同的国家和民族、不同的地域、不同的时代背景和不同的行业特点所形成的。例如，美国的组织文化强调能力主义、个人奋斗和不断进取；日本文化深受儒家文化的影响，强调团队合作、家族精神。

2. 相对稳定性

组织文化是组织在长期的发展中逐渐积累而成的，具有较强的稳定性，不会因组织结构的改变、战略的转移或产品与服务的调整而变化。一个组织中，精神文化又比物质文化具有更多的稳定性。

3. 融合继承性

每个组织都是在特定的文化背景下形成的，必然会接受和继承这个国家和民族的文化传统和价值体系。但是，组织文化在发展过程中，也必须注意吸收其他组织的优秀文化，融合世界上最新的文明结果，不断地充实和发展自我。也正是这种融合继承性使得组织文化能够更加适应时代的要求，并且形成历史性与时代性相统一的组织文化。

4. 发展性

组织文化随着历史的积累、社会的进步、环境的变迁及组织的变革逐步演进和发展。强势、健康的文化有助于组织适应外部环境和变革，而弱势、不健康的文化则可能导致组织的不良发展。改革现有的组织文化，重新设计和塑造健康的组织文化过程就是组织适应外部环境文化，改变员工价值观念的过程。

9.1.3　组织文化的结构

1. 三层次

组织文化的结构划分有多种观点。一般认为组织文化由 3 个层次组成，即深层次的精神文化、中层次的制度文化和表层次的物质文化，如图 9.2 所示。

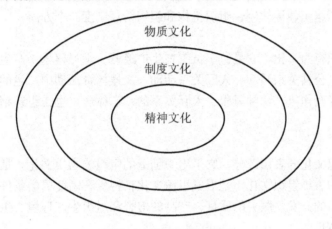

图 9.2　组织文化结构图

1）深层次的精神文化

深层次的精神文化是组织的广大职工潜在的意识形态，包括管理哲学、敬业精神、价值观念和道德观念等。这是组织文化的核心和主体。

2）中层次的制度文化

中层次的制度文化是指组织有特色的各种规章制度、道德规范和行为准则的总和，也包括组织机构中的分工协作关系。

3）表层次的物质文化

表层次的物质文化是组织文化抽象内容的物质体的外在显现，是组织文化最直观的部分，是人们最易于感知的部分。

三者中最重要的是核心层的精神文化，精神文化层决定了制度文化层和物质文化层；制度文化层是精神文化层与物质文化层的中介；物质文化层和制度文化层是精神文化层的体现。

2. 四层次

组织文化可以分为 4 个层次，即精神层、制度层、行为层和物质层。

1）精神层

精神层即组织精神文化，它是组织在长期实践中所形成的员工群体心理定势和价值取向，是组织的道德观、价值观及组织哲学的总和体现和高度概括，反映全体员工的共同追求和共同认识。组织精神文化是组织价值观的核心，是组织优良传统的结晶，是维系组织生存发展的精神支柱。主要是指组织的领导和成员共同信守的基本信念、价值标准、职业道德和精神风貌。精神层是组织文化的核心和灵魂。

2）制度层

制度层是组织文化的中间层次，把组织物质文化和组织精神文化有机地结合成一个整体。主要是指对组织和成员的行为产生规范性、约束性影响的部分，是具有组织特色的各种规章制度、道德规范和员工行为准则的总和。它集中体现了组织文化的物质层和精神层对成员和组织行为的要求。制度层规定了组织成员在共同的生产经营活动中应当遵守的行为准则，主要包括组织领导体制、组织机构和组织管理制度3个方面。

3）行为层

行为层即组织行为文化，它是组织员工在生产经营、学习娱乐中产生的活动文化。包括组织经营活动、公共关系活动、人际关系活动、文娱体育活动中产生的文化现象。组织行为文化是组织经营作风、精神风貌、人际关系的动态体现，也是组织精神、核心价值观的折射。

4）物质层

物质层是组织文化的表层部分，它是组织创造的组织的物质文化，是一种以物质形态为主要研究对象的表层组织文化，是形成组织文化精神层和制度层的条件。优秀的组织文化是通过重视产品的开发、服务的质量、产品的信誉和组织生产环境、生活环境、文化设施等物质现象来体现的。

3. 两大类

组织文化的内容可以分为显性和隐性两大类。

1）显性组织文化

所谓显性组织文化就是指那些以精神的物化产品和精神行为为表现形式的，人通过直观的视听器官能感受到的、又符合组织文化实质的内容。它包括组织标志、工作环境、规章制度和经营管理行为等几部分。

（1）组织标志。是指以标志性的外化形态，来表示本组织的组织文化特色，并且和其他组织明显地区别开来的内容，包括厂牌、厂服、厂徽、厂旗、厂歌、商标、组织的标志性建筑等。

（2）工作环境。是指职工在组织中办公、生产、休息的场所，包括办公楼、厂房、俱乐部、图书馆等。

（3）规章制度。并非所有的规章制度都是组织文化的内容，只有那些以激发职工积极性和自觉性的规章制度，才是组织文化的内容，其中最主要的就是民主管理制度。

（4）经营管理行为。再好的组织哲学或价值观念，如果不能有效地付诸实施，就无法被职工所接受，也就无法成为组织文化。组织在生产中以"质量第一"为核心的生产活动、在销售中以"顾客至上"为宗旨的推销活动、组织内部以"建立良好的人际关系"为目标的公共关系活动等，这些行为都是组织哲学、价值观念、道德规范的具体实施，是其直接体现，也是这些精神活动取得成果的桥梁。

2）隐性组织文化

隐性组织文化是组织文化的根本，是最重要的部分。隐性组织文化包括组织哲学、价值观念、道德规范、组织精神几个方面。

（1）组织哲学。是一个组织全体职工所共有的对世界事物的一般看法。组织哲学是组织最高层次的文化，它主导、制约着组织文化其他内容的发展方向。从组织管理史角度看，组织哲学已经经历了"以物为中心"到"以人为中心"的转变。

（2）价值观念。是人们对客观事物和个人进行评价活动在头脑中的反映，是对客观事物和人是否具有价值及价值大小的总的看法和根本观点，包括组织存在的意义和目的、组织各项规章制度的价值和作用、组织中人的各种行为和组织利益的关系等。每一个组织的价值观都会有不同的层次和内容，成功的组织总是会不断地创造和更新组织的信念，不断地追求新的、更高的目标。

（3）道德规范。组织的道德规范是组织在长期的生产经营活动中形成的、人们自觉遵守的道德风气和习俗，包括是非的界限、善恶的标准和荣辱的观念等。

（4）组织精神。是指组织群体的共同心理定势和价值取向。它是组织的组织哲学、价值观念、道德观念的综合体现和高度概括，反映了全体职工的共同追求和共同的认识。组织精神是组织职工在长期的生产经营活动中，在组织哲学、价值观念和道德规范的影响下形成的。组织精神反映了一个组织的基本素养和精神风貌，成为凝聚组织成员共同奋斗的精神源泉。组织精神是一个组织的精神支柱，是组织文化的核心。

 知识链接

企业要思考的 3 个问题

彼得·德鲁克认为企业要思考 3 个问题。

第一个问题，我们的企业是什么？

第二个问题，我们的企业将是什么？

第三个问题，我们的企业应该是什么？

这也是思考企业文化的 3 个原点。其实这 3 个问题集中起来体现了一个企业的愿景。这是企业文化和企业生存与发展的关系。

9.2 组织文化的类型

根据不同的标准和不同的用途，理论界目前对组织文化有着不同的划分方法，其中最常见的划分方法有以下几种。

9.2.1 按照组织文化的内在特征划分

艾莫瑞大学的杰弗里·桑南菲尔德(Jeffrey Sonnenfeld)提出了一套标签理论，它有助于人们认识组织文化之间的差异，认识到个体与文化的合理匹配的重要性。通过对组织文化的研究，他确认了 4 种文化类型。

1. 学院型组织文化

学院型组织是为那些想全面掌握每一种新工作的人而准备的地方。在这里人们能不断地成长、进步。这种组织喜欢雇用年轻的大学毕业生，并为其提供大量的专门培训，然后指导他们在特定的职能领域内从事各种专业化工作。桑南菲尔德认为，学院型组织的例子有 IBM 公司、可口可乐公司、宝洁公司等。

2. 俱乐部型组织文化

俱乐部型公司非常重视适应、忠诚感和承诺。在俱乐部型组织中，资历是关键因素，年龄和经验都至关重要。与学院型组织相反，俱乐部型组织把管理人员培养成通才。俱乐部型组织的例子有联合包裹服务公司、德尔塔航空公司、贝尔公司、政府机构和军队等。

3. 棒球队型组织文化

棒球队型这种组织鼓励冒险和革新。招聘时，从各种年龄和经验层次的人中寻求有才能的人。薪酬制度以员工绩效水平为标准。由于这种组织对工作出色的员工给予巨额奖酬和较大的自由度，员工一般都拼命工作。在会计、法律、投资银行、咨询公司、广告机构、软件开发、生物研究领域，这种组织比较普遍。

4. 堡垒型组织文化

棒球队型公司重视创造发明，而堡垒型公司则着眼于公司的生存。这类公司以前多数是学院型、俱乐部型或棒球队型的，但在困难时期衰落了，现在尽力来保证企业的生存。这类公司工作安全保障不足，但对于喜欢流动性、挑战的人来说，具有一定的吸引力。堡垒型组织包括大型零售店、林业产品公司、天然气探测公司等。

9.2.2 按照组织文化对其成员影响程度划分

哈佛商学院的两位著名教授约翰·P. 科特(John P. Kotter)和詹姆斯·L. 赫斯科特(James L. Heskett)于 1987 年 8 月—1991 年 1 月，先后进行了 4 个项目的研究，依据组织文化与组织长期经营之间的关系，将组织文化分为 3 类。

1. 强力型组织文化

在具有强力型组织文化的公司中，员工方向明确，步调一致，组织成员有共同的价值观念和行为方式，愿意为企业自愿工作或献身，而这种心态又使得员工更加努力。强力型组织文化提供了必要的企业组织机构和管理机制，从而避免了组织对那些常见的、窒息组织活力和改革思想的官僚的依赖。因此，它促进了组织业绩的提升。

2. 策略合理型组织文化

具有这种组织文化的企业，不存在抽象的、好的组织文化内涵，也不存在任何放之四海而皆准、适合所有企业的"克敌制胜"的组织文化。只有当组织文化"适应"与企业环境时，这种文化才是好的、有效的文化。不同的组织，需要不同的组织文化，只有文化适应组织，才能发挥其最大的功能，改善企业经营状况。

3. 灵活适应型组织文化

市场适应度高的组织文化必须具有同时在公司员工个人生活中和公司企业生活中都提倡信心和信赖感、不畏风险、注重行为方式等特点，员工之间相互支持，勇于发现问题、解决问题。员工有高度的工作热情，愿意为组织牺牲一切。

9.2.3 按照组织文化所涵盖的范围划分

组织作为一个系统，是由各种子系统构成的，各个子系统又是由单个的具有文化创造力的个体组成。在一个组织中，除了整个组织作为一个整体外，各种正式的、有严格划分的子系统，或非正式群体，相对于组织来说也都能够作为一个小整体。从这个角度来说，组织文化又可以分为两类。

1. 主文化

主文化(dominant culture)体现的是一种核心价值观，它为组织大多数成员所认可。当人们说组织文化时，一般就是指组织的主文化。正是这种宏观角度的文化，使组织具有独特的个性。

2. 亚文化

亚文化是某一社会主流文化中一个较小的组成部分。在组织中，主文化虽然为大多数成员所接受，但是它不能包含组织中所有的文化。组织中有各种小整体，在认同组织主文化的前提下，也有自己的独特的亚文化。亚文化或者是对组织主文化更好的补充，或者是与主文化相悖的，或者虽然与主文化有区别，但对组织来说是无害的，在一定条件下又有可能替代组织的主文化。

9.2.4 按照组织的有效性划分

众多的组织文化标准被提出来的一个原因是组织文化范畴太广了。它包含了一系列复杂、相互关联、广泛而又关系不明的要素。在如何决定最重要的要素时需要一个理论的构架。这就是用对立价值构架分析组织文化的目的，这个构架由经验推出，有理论依据又有实践经验，同时可以整合其他作者提出的文化要素。

经过对39个所有可能出现的组织效率的指标的整合，最后指标被划分为4组。图9.3阐述了这些指标之间的关系。这些指标反映了人们对组织效率的评价。这4个象限的组合，换句话说，就是代表了做出不同评估的价值取向所在。

4个象限最明显的特点就是它们代表了完全对立或者具有竞争关系的假设，每一个坐标的两端都代表着一个极端。这是一个对角线完全对立的4个象限。部落式这种组织表示其重视内部管理和灵活而又有生机，在这样的组织内，人们可以互相共享，可以简单地看成一个友善的工作场所。临时体制式组织表示组织重视外部竞争同时又希望能有机管理，

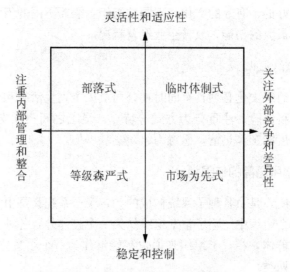

图9.3　组织文化类型的对立价值构架

它的特点就是动态的、创业式的并且充满创意的工作场所。等级森严式组织重视内部管理及所有的控制权，它代表一个高度制度化和机构化的工作场所。市场为先式组织则比较关注外部事物和喜欢控制一切，这种组织的核心价值观就是竞争力和生产力，是一个以业绩为重点的文化，对这种组织而言，超越对手和成为市场主宰是最重要的指标。

9.2.5　按照权力的集中或分散划分

卡特赖特(Cartwright)和科伯(Cooper)于1992年提出4种文化类型。这4种组织文化的区别在于权力是集中的还是分散的，以及政治过程是以关键人物还是以要完成的职能或人物为中心的。

1. 权力型组织文化

权力型组织文化又称独裁文化，由一个人或一个很小的群体领导这个组织。组织往往以企业家为中心，不太看重组织中的正式结构和工作程序。随着组织规模的逐渐扩大，权力文化会感到很难适应，开始分崩离析。

2. 作用型组织文化

作用型组织文化又称角色型组织文化。在这样的组织里，你是谁并不重要，你有多大能力也不重要，重要的是你在什么位置、你和什么人的位置比较近，做每件事情都有固定的程序和规矩，人们喜欢的是稳重、长期和忠诚，有的甚至是效忠。这种文化看起来安全和稳定，但是当组织需要变革的时候，这种文化则会受到较大的冲击。

3. 使命型组织文化

使命型组织文化又称任务文化。在这种文化中，团队的目标就是要完成设定的任务。成员之间的地位是平等的，这里没有领导者，唯一的老板就是任务或者使命本身。有人认为这是最理想的组织模型之一，但这种文化要求公平竞争，而且当不同群体争夺重要的资源或特别有利的项目时，很容易产生恶性的政治紊乱。

4. 个性型组织文化

这是一种既以人为导向，又强调平等的文化。这种文化富于创造性，孕育着新的观点，允许每个人按照自己的兴趣工作，同时保持相互有利的关系。在这样的组织里，组织实际上服从个人的意愿，但是很容易被个人左右。

9.2.6 按照文化、战略与环境的配置划分

对文化和有效性的研究认为，文化、战略和环境之间的适当配置与文化的 4 种类型相关联，从而形成组织文化的 4 种类型，如图 9.4 所示。这 4 种文化都有可能很成功，但要依赖于外部环境和组织战略的需要。

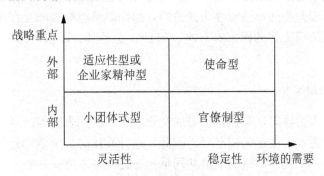

图 9.4 按战略与环境的配置划分的组织文化类型

1. 适应性型组织文化或企业家精神型组织文化

这种类型的组织文化以通过实施灵活性和适应顾客需要的变革，把战略重点集中在外部环境上为特点。这种文化鼓励那些支持公司去探寻、解释和把环境中的信息转化成新的反应性能够为能力的准则和信念。持有这种文化的企业并不只是快速地对环境做出反应，还能积极地创造文化。在这种企业里，改革、创造性和风险行为被高度评价并得到激励。

2. 使命型组织文化

对于那些关注与外部环境中的特定顾客而不需要迅速改变的组织，适于采用使命型文化。使命型文化的特征在于管理者建立一种共同愿景，使成员都朝着一个目标努力。

3. 小团体式型组织文化

小团体式型组织文化主要强调组织成员的参与、共享，还有外部环境的快速变化的期望。这种文化类型强调企业实现优异绩效对员工的依赖性。

4. 官僚制型组织文化

官僚制型组织文化具有内向式的关注中心和对稳定环境的一致性定位，具有一种支持

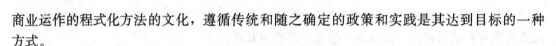

商业运作的程式化方法的文化，遵循传统和随之确定的政策和实践是其达到目标的一种方式。

9.2.7 按照组织实践和价值划分

弗恩斯·特朗皮纳斯（Fonts Trompenaars）根据他的组织文化纬度将组织文化分为 4 种类型：家族型组织文化、保育器型组织文化、导弹型组织文化、埃菲尔铁塔型组织文化。

1. 家族型组织文化

家族文化可能是最古老的一种文化，这是一种与人相关的文化，而不是以任务为导向的。在这种文化中，组织的领导者就像是组织的"父亲"，有较高的权威和权利。组织更倾向于直觉地学习而不是理性地学习，更重视组织成员的发展而不是更好地利用员工。当组织出现危机，通常都不会被公布出来，所以尽管在组织内部温暖、亲密和友好，但是这种内部一体化是以较差的外部适应性为代价的，组织成员能够在相互拥抱和亲吻之中破产倒闭。属于这类型组织文化的国家有日本、巴西、土耳其、巴基斯坦、西班牙、意大利、菲律宾。

2. 保育器型组织文化

这是一种既以人为导向，又强调平等的文化，典型的代表就是硅谷。这种文化富于创造性，孕育着新的观点。由于强调平等，因此，这种文化的组织结构是最精简的，等级也是最少的。在这样的文化中，组织成员共同承担责任并寻求解决办法。

3. 导弹型组织文化

这是一种平等的、以任务为导向的文化。在这种文化中，任务通常都是由小组或者项目团队完成的，但是这种小组都是临时性的，任务完成，小组就会解散。成员所做的工作都不是预先设定好的，当有需要完成的任务时，便必须去做。属于这类型组织文化的国家有美国、英国、挪威、爱尔兰。

4. 埃菲尔铁塔型组织文化

之所以称之为埃菲尔铁塔文化就是因为具有这种类型文化的组织结构看起来很像埃菲尔铁塔，等级较多，且底层员工较多，越到高层人数越少。每一层对于其下的一层都有清晰的责任，所以组织员工都是小心谨慎的。对组织的任何不满都要通过一定的章程和实情调查才有可能反映给高层管理者。在这种文化的组织中，组织成员都相信需要必需的技能才能保住现在职位，也需要更进一步的技能才能升迁。属于这类型组织文化的国家有德国、法国、苏格兰、澳大利亚、加拿大。

 特别提示

组织文化的类型多种多样，也会随着环境不断变化，每个组织并不能完全将自己对号入座。

9.3 组织文化的功能及其建设

9.3.1 组织文化的功能

组织文化的功能是指组织文化发生作用的能力，也就是组织这一系统在组织文化导向下进行生产、经营、管理中的作用。任何事物都有两面性，组织文化也不例外，它对于组织的功能可以分为正功能和负功能。组织文化的正功能在于提高组织承诺、影响组织成员，有利于提高组织效能。同时，不能忽视的是潜在的负效应，它对于组织是有害无益的，这也可以看作组织文化的负功能。

1. 导向功能

组织文化的导向功能，是指组织文化能对组织整体和组织每个成员的价值取向及行为取向起引导作用，使之符合组织所确定的目标。组织文化只是一种软性的理智约束，通过组织的共同价值观不断地向个人价值观渗透和内化，使组织自动生成一套自我调控机制，以一种适应性文化引导着组织的行为和活动。组织文化导向功能如图 9.5 所示。

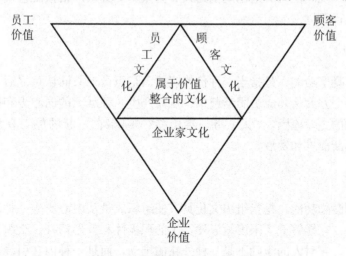

图 9.5 组织文化导向功能图

组织文化的导向功能主要体现在以下两个方面。

1）经营哲学和价值观念的指导

经营哲学决定了组织经营的思维方式和处理问题的法则，这些方式和法则指导经营者进行正确的决策，指导员工采用科学的方法从事生产经营活动。组织共同的价值观念规定了组织的价值取向，使员工对事物的评判形成共识，有着共同的价值目标，组织的领导和员工为其所认定的价值目标去行动。美国学者托马斯·彼得斯和小罗伯特·沃特曼在《追求卓越》一书中指出："我们研究的所有优秀公司都很清楚他们的主张是什么，并认真建立和形成了公司的价值准则。事实上，一个公司缺乏明确的价值准则或价值观念不正确，我们则怀疑它是否有可能获得经营上的成功。"

2）组织目标的指引

组织目标代表着组织发展的方向，没有正确的目标就等于迷失了方向。完美的组织文化会从实际出发，以科学的态度去制定组织的发展目标，这种目标一定具有可行性和科学性。组织员工就是在这一目标的指导下从事生产经营活动的。

2. 约束功能

组织文化的约束功能，是指组织文化对每个组织员工的思想、心理和行为具有约束和规范的作用。组织文化的约束不是制度式的硬约束，而是一种软约束，这种软约束等于组织中弥漫的组织文化氛围、群体行为准则和道德规范。

1）有效规章制度的约束

组织制度是组织文化的内容之一。组织制度是组织内部的法规，组织的领导者和组织职工必须遵守和执行，从而形成约束力。

2）道德规范的约束

道德规范是从伦理关系的角度来约束组织领导者和职工的行为。如果人们违背了道德规范的要求，就会受到舆论的谴责，心理上会感到内疚。同仁堂药店"济世养生、精益求精、童叟无欺、一视同仁"的道德规范约束着全体员工必须严格按工艺规程操作，严格质量管理，严格执行纪律。

3. 凝聚功能

组织文化的凝聚功能，是指当一种价值观被该组织员工共同认可之后，它就会成为一种黏合剂，从各个方面将其成员团结起来，从而产生一种巨大的向心力和凝聚力。而这正是组织获得成功的主要原因，"人心齐，泰山移"，凝聚在一起的员工有共同的目标和愿景，推动组织不断前进和发展。

4. 激励功能

组织文化的激励功能，是指组织文化具有使组织成员从内心产生一种高昂情绪和发奋进取精神的效应，它能够最大限度地激发员工的积极性和首创精神。组织文化强调以人为中心的管理方法。它对人的激励不是一种外在的推动，而是一种内在引导，它不是被动消极地满足人们对实现自身价值的心理需求，而是通过组织文化的塑造，使每个组织员工从内心深处为组织拼搏的献身精神。

5. 调适功能

组织文化的调适功能，是指组织文化可以帮助新近成员尽快适应组织，使自己的价值观和组织相匹配。在组织变革的时候，组织文化也可以帮助组织成员尽快适应变革后的局面，减少因为变革带来的压力和不适应。

6. 辐射功能

组织文化的辐射功能，是指组织文化一旦形成较为固定的模式，它不仅会在组织内发挥作用，对本组织员工产生影响，而且也会通过各种渠道对社会产生影响。组织文化向社会辐射的渠道是很多的，但主要可分为利用各种宣传手段和个人交往两大类。一方面，组织文化的传播对树立组织在公众中的形象有帮助；另一方面，组织文化对社会文化的发展有很大的影响。

 知识链接

海尔的企业文化

海尔企业文化是海尔成功的秘密，海尔企业文化是被全体员工认同的企业领导人创新的价值观，是在二十多年发展历程中慢慢沉淀形成特色的文化体系，引领着海尔从无到有、从小到大、从大到强、从中国走向世界。

海尔企业文化最大的特色是员工的普遍认同和主动参与。员工个人的价值追求和海尔的发展目标紧紧地、完美地结合在一起，在实现企业目标的同时，个人价值也得到最大化的实现。这是海尔不断发展的力量源泉。

海尔的管理理念：斜坡球体论

创新是海尔发展的动力与源泉。企业在市场上的地位犹如斜面上的小球，不仅需要有上升力（目标的提升），使其不断向上发展，还需要有止动力（基础管理），防止下滑。

海尔企业文化的核心价值观：创新

海尔精神：敬业报国　追求卓越

敬业报国的中心思想是中国传统文化的"忠"。"忠"就是回报，海尔人就是要用最好的产品和服务来回报用户、回报社会、回报国家；"忠"就是真诚，海尔人真诚到永远。

追求卓越的核心思想是创新。追求卓越表现了海尔人永不自满、永远进取、永远创新的生生不息的精神境界。

海尔作风：迅速反应　马上行动

"迅速反应，马上行动"体现了海尔人的市场观念，以迅速快捷的态度对待市场，绝不对市场说"不"。体现了海尔为用户着想，对用户真诚，快速排除用户烦恼到零。

用人理念：人人是人才　赛马不相马

质量理念：优秀的产品是优秀的人干出来的

营销理念：先卖信誉　后卖产品

竞争理念：浮船法，即只要比竞争对手高一筹，半筹也行，只要保持高于竞争对手的水平，就能掌握市场主动权。

市场理念：创造市场

只有淡季思想　没有淡季市场

只有疲软的思想　没有疲软的市场

售后服务理念：用户永远是对的

出口理念：先难后易

首先进入发达国家，创出名牌之后，再以高屋建瓴之势进入发展中国家。

资本运营理念：东方亮了再亮西方

海尔技术改造理念：先有市场　再建工厂

技术创新理念：创造新市场　创造新生活

职能工作服务理念：您的满意就是我们的工作标准

海尔对市场的两条原则：紧盯市场创美誉、绝不对市场说"不"

海尔人的思想和原则：三心换一心——解决疾苦要热心；批评错误要诚心；做思想工作要知心；用三心换来职工对企业的铁心。

海尔模式——OEC管理

海尔定律，即斜坡球体论。企业在市场经济中的位置就如同是斜坡上的一个球体，受到来自市场竞争和内部员工惰性的影响会向下滑，要想巩固自己所处的位置，必须要有充分的止动力。所谓的止动力来源于管理，管理即是稳定企业的必须力量。

基于海尔定律，张瑞敏有借鉴国外先进企业的管理方法，提出了具有海尔特色的OEC管理模式，即海尔模式。

OEC管理，是英文overall、every、control and clear的缩写，即每天的工作每天完成，每天工作要清理并要每天有所提高，即"日事日毕、日清日高"。

O——overall(全方位)，E——everyone(每人)、everyday(每天)、everything(每件事)，C——control(控制)、clear(清理)。

OEC管理法由3个体系构成：目标体系、日清体系、激励机制。

首先确立目标。日清是完成目标的基础工作，日清的结果必须与正负激励挂钩才有效。

目标体系将企业的目标层层分解，量化到每人、每天做的每件事，做到人人都管事、事事有人管。每个人都清楚每天要完成的每件工作，再小的事都有明确划分，甚至每一块玻璃、每一个地段，都标有责任者的名字。

"日事日毕、日清日高"体系包括两个方面，即"日事日毕"和"日清日高"。

"日事日毕"，即对当天所发生的种种问题在当天解决，防止问题积累。

"日清日高"，即对工作中的薄弱环节不断改善、不断提高，每天寻找差距，以求第二天干得更好。当日的工作必须当日完成，同时还要找出差距、问题，提出改进措施。管理人员每人都要建立"日清"台账。

激励机制是日清控制系统正常运转的保证条件。海尔的激励机制坚持两个原则：一是公开、公平、公正，通过3E卡可明确地计算出日收入状况，使员工心理有数；二是计算依据合理，如海尔实行的"点数工资"，就是从多方面对每个岗位进行半年多的测评，并且根据具体条件的变化而不断进行调整，又如"计点工资"，将一线职工工资100%的与奖金捆在一起，按点数分配，在此基础上对一、二、三线的每个岗位实行量化考核，从而使劳动与报酬直接挂钩。

(资料来源：http：//www.haier.net/cn)

9.3.2　组织文化的建设

1. 组织文化建设的影响因素

1) 组织的创始人

人们经常说组织文化，其实就是"老板文化"，这是有一定道理的，一个企业在成长初期，其创始人的行为风格会直接影响组织文化的特点，部分特征将贯穿于企业的整个生命周期，特别是一些优秀的组织文化特点更加容易得以传承与发展。

2) 组织自身的发展

一个组织在成长过程中都会呈现不同成长特点，组织文化中优秀的部分一般会得以发展，而阻碍组织发展的部分会消亡，但这种"消亡"是需要一定的外力推动——变革。当组织文化不适合组织发展要求的时候，就必须进行变革，这也意味着组织文化也是变革的一部分，也要随组织的不断发展而进行优化，否则有可能会影响组织运作，甚至影响组织的生存。

3）组织员工

组织员工受组织文化的影响，同时也能反作用于组织文化。例如，高层管理人员的综合素质、行为举止要与组织文化保持相对的一致性，这样才能使文化得以传播与发展，否则组织文化会在高层管理人员的影响下慢慢发生变化，并演变成新的组织文化类型。全体员工要认可组织文化本身的精髓，文化才能发展，否则组织文化可能会发生变化，要么员工改变了文化，要么组织文化导致人员流失、运营艰难、组织倒闭。

4）组织对文化的传播力度

组织文化得以沉淀，还有赖于组织对其进行内外部宣传，这样可以得以强化发展。

2. 组织文化建设的原则

（1）立足民族传统文化，注重吸收外来先进文化。

（2）全员与专家参与相结合的原则。

（3）普遍性与特殊性相结合的原则。

（4）形式与内容相结合的原则。

3. 组织文化建设的基本内容

1）制定组织文化系统的核心内容

组织精神文化，特别是组织的价值观是组织文化的核心内容。

（1）组织价值观体系的确立应结合本组织自身的性质、规模、技术特点、人员构成等因素。

（2）良好的价值观应从组织整体利益的角度来考虑问题，更好地融合全体员工的行为。

（3）一个组织的价值观应该凝聚全体员工的理想和信念，体现组织发展的方向和目标，成为鼓励员工努力工作的精神力量。

（4）组织的价值观中应包含强烈的社会责任感，使社会公众对组织产生良好的印象。

要想切实建立组织价值观体系，首先要从实际出发。从组织自身所处的地位、环境、行业发展前景及其经营状况着手。必须通过大量枯燥的调研、分析，结合组织家本身对组织发展的考量。从组织发展众多的可能性中，确认组织的愿景。依据组织发展必须遵循的价值观，确立组织普遍认同体现组织自身个性特征的，可以促进并保持组织正常运作及长足发展的价值体系。特别是组织战略目标和经营理念，必须是无论社会环境和时间怎么样变化，都可以成立的。

 管理案例

摩托罗拉价值体系中的经营策略，最令人欣赏的就是它在 45 年的历史中的一致性："以技术产品领先为基础立于不败之地。"在其几十年的过程中，追求领先地位的表现总结为 3 个明显且相关的模式：

(1) 不断开拓新产品、新市场；

(2) 不断加强、扩大和更新现有的产品生产线，发展现有市场；

(3) 不断努力，更不断改进产品品质，缩短产品周期时间。

这 3 种模式确保摩托罗拉在环境和时间不断变化的半个世纪保持其在通信领域的领先地位。

麦当劳公司的创始人克洛克(Krol)在麦当劳创立的初期，就设定了麦当劳的经营四信条，即向顾客提供高品质的产品、快速准确友善的服务、清洁幽雅的环境及做到物有所值，也就是"品质、服务、清洁、价值"。麦当劳几十年恪守信条，并持之以恒地落实到每一项工作和员工行为上。到今天终于成就了在世界上 100 多个国家开设 7 万多家分店的世界第一大快餐特许经营组织。

2) 进行组织文化制度层的建设

制定了新的组织理念，并不是把它形式化，停留在口号、标语层次，而是需要贯彻它，需要它对员工的理想追求进行引导。怎样引导、规范组织员工的思想、行为，就需要着力从几个方面落实下来。

(1) 规章制度。组织理念能够落实，最重要的应该表现在组织的规章制度中，使员工的行为能够体现出组织理念的要求。如员工行为规范、公共关系规范、服务行为规范、危机管理规范、人际关系规范等。

(2) 工作与决策。组织理念必须反映到组织的日常工作和决策中，组织领导应该以身作则，为员工树立效仿的榜样。

(3) 典礼、仪式。必不可少的各类典礼和仪式可以有效推广组织理念，丰富生动地贯彻到各个方面，如组织各类会议、展览、庆典，以及组织内部外部节日等。

(4) 典范、榜样。为了实施和贯彻组织理念，需要有各个部门及员工学习的榜样，树立典范或优秀人物可以让所有的员工感受到切实的影响。

(5) 传播途径、教育培训。要有效的传播组织理念，共享价值体系，也为了让员工切实参与到组织文化中，就需要建立畅通而多样化的途径。如内部网络、报刊、论坛、宣传阵地。并利用这些途径经常性地对员工进行教育和培训。

行为的规划应依附于总体目标之上，综合运用相关学科的知识与技巧，给予整体策划。着眼于与长期性、可操作性强，细致规范甚至教条的组织行为规范，才可以有效的落实下去，久而久之，才能真正规范，鲜明的体现组织理念。

 管理案例

迪斯尼公司运用灌输信仰、严密契合和精英主义等手段，作为保存核心理念的方法。

迪斯尼的员工，不管是什么职位和阶层，公司要求每个人都必须参加迪斯尼大学的新人训练。目的是要向"迪斯尼团队的新人介绍公司的传统、哲学、组织和做生意的方式"。这些规定，培养出了"有一种相当标准化仪容的员工"。

迪斯尼乐园所有人员都要学习一种角色定位：员工——演员表上的演员；顾客——贵宾；群众——观众；值班——表演；职务——角色；制服——戏装；当班——在舞台上；下班——在后台；人事部门——分派角色部门；等等，把生活和事业看做一场永不谢幕的舞台剧。

这种特殊角色定位不断强化员工的心态，由训练有素的"导演"不断在新员工心里灌输和加强公司的理念"迪斯尼就是让大家快乐"。

迪斯尼内部的运作和培训以及管理方式大部分都秘而不宣，更增添了神秘感和精英意识，迪斯尼严格的员工筛选和教育培训程序，对秘密运作和控制的沉迷以及精心创造神话，培养公司对全世界儿童生活极为特别和重要的形象，全都有助于创造一种类似教派一样的信仰。创造了魔术神话般的迪斯尼。

3）进行组织文化物质层的建设

组织文化物质层的建设主要涉及组织的视觉形象。进入 21 世纪，在世界范围内，启用新的视觉形象系统的公司越来越多，在中国，更换形象识别系统的组织也层出不穷。究其原因，有的是由于组织拆分，如中国网通、中国电信；有的则是由于组织战略或经营方向发生变化，为适应新的组织战略而以精妙的视觉语言来诠释新的组织经营理念，以求产生最大的视觉冲击，如联想、福田等。曾有人认为这都是组织在跟风或追赶潮流。但当前的中国组织，很多品牌有着较高的品质和服务，但组织形象，特别是标志，却与自身的地位、组织战略风格不匹配，没有视觉冲击。因此，建立一套科学的国际化组织形象系统已经是当前中国组织的当务之急。

心理学研究表明，一个人在接受外界信息时，视觉接受的信息占全部信息量的 83％，11％的信息来自听觉，所以人们认为在组织文化的建设和传播过程中，视觉形象是依附于组织理念的，但却是依靠它广泛传播，它是组织文化、理念的重要载体。因此，中国组织一定要清晰认识视觉形象的重要性，以艺术化、国际化、简洁易读的设计，来给予社会强有力的视觉冲击，来树立组织的形象。

在组织形象设计中，最为重要的是组织标志、标准字、标准色和吉祥物。只要确定了这 4 种元素，其他的应用设计就会水到渠成。基本元素确定后，就可以依据组织需求，进行应用系统的规划与设计。应用系统一般包括以下部分。

（1）导视系统（户外、户内）。包括欢迎牌、组织标牌、导视水牌、组织整体平面图、建筑指示牌、道路行车指示、门牌等。

（2）户外展示、广告、宣传系统。包括霓虹灯、灯箱、灯杆刀旗、阅读栏、车体展示、大型广告牌、旗帜、海报、报刊等。

（3）办公用品系统。包括国内外信封、信纸、传真纸、便签、格式文件、文件袋、文件夹、笔记本、工作证等。

（4）服装、识别系统。包括门店统一形象识别、产品包装、员工制服、工作服、胸牌等。

（5）礼品系统。包括组织形象礼品、赠品、手提袋、文化衫、台历、挂历等。

4. 组织文化建设的方法

组织文化建设的方法主要指组织文化核心观念的贯彻和渗透的方法和技巧。首先，利用一切宣传媒体，宣传组织文化的内容和精要，使之家喻户晓，以创造浓厚的环境氛围；其次，培养和树立典型，榜样和英雄人物是组织精神和组织文化的人格化身与形象缩影，能够以其特有的感召力和影响力为组织成员提供可以仿效的具体榜样；最后，加强相关培训教育，有目的的培训与教育，能够使组织成员系统地接受组织的价值观并强化员工的认同感。

组织文化以多种形式传递给员工，最常用的有故事、仪式和物质象征。

1）故事

许多组织中都流传着这样的小故事，其内容多半是与组织创建者违犯组织制度，从乞丐到富翁的发迹史，裁减劳动力、员工重新安置、反省过去的错误，以及组织应急事件等有关。这些小故事能够起到借古喻今的作用，还可以为目前的组织政策提供解释和支持。

诺斯拉姆公司的员工喜欢谈论这样一个故事，它与公司的顾客退货制度密切相关。这个零售连锁店初创时，有一天一个顾客来到商店想退掉一副汽车轮胎，售货员不很清楚自己应该怎样处理这个问题。就在顾客与售货员交谈时，诺斯拉姆先生路过此处，并听到了谈话内容。他立刻走过去，问顾客花多少钱买下这副轮胎的，然后让售货员收回轮胎，把钱全数退给顾客。顾客拿着钱离开后，这位售货员困惑地看着老板说："诺斯拉姆先生，我们没有卖过轮胎呀！"他的老板说："我知道，但无论如何我们要让顾客满意。我说过，顾客退货时，我们不提任何问题，这是我们的退货制度，必须做到这一点。"然后，诺斯拉姆先生就打电话给一个在汽车配件厂的朋友，问他愿意花多少钱拿走那副轮胎。

2）仪式

仪式是一系列活动的重复。这些活动能够表达并强化组织的核心价值观，即什么目标是最重要的、哪些人是重要的、哪些人是无足轻重的。

最出名的公司仪式是玛丽·凯化妆品公司的年终奖大会。年终奖大会既像马戏团表演，又像美国小姐大选。大会在一个大礼堂的舞台上举行，一般持续几天。台下是一大群欢呼雀跃的人，与会者都身着漂亮的晚礼服。达到销售指标的女售货员得到一些精美的奖品，如金饰针、钻石饰针、狐皮披肩等。这种年会公开地奖励销售业绩突出的员工，从而起到了激励员工的作用。另外，这种仪式强化了玛丽·凯的个人坚强意志与乐观精神，而这两点正是她克服个人困难，创立自己的公司，获得巨大物质财富的力量来源。玛丽·凯通过年会这种形式告诉她的员工，实现销售指标很重要，通过努力工作和足够的勇气，他们也能获得成功。

3）物质象征

坦德姆计算机公司总部在加利福尼亚州的卡普蒂诺市，看起来不像人们通常想象中的总部。这里有跑道、有篮球场、有舞厅和瑜伽教室，还有一个个人游泳池。这些都是供员工享用的。每个星期五下午 4 点 30 分，员工就可以参加公司出资举行的啤酒豪饮会。这种非正式的公司总部组织形式告诉员工，公司重视的是公开性与平等。

公司总部的布局、公司提供给高级管理人员的车型、公司是否给员工提供私人飞机，这些都是物质象征的例子。物质象征物还包括办公室的大小和摆设，装饰物的档次，高级管理人员的额外津贴、衣着等。这些物质象征物告诉员工，谁是重要人物、高级管理人员希望平等的程度，以及什么样的行为类型是恰当的。

本 章 小 结

1. 组织文化是组织在长期的生存和发展中所形成的为组织所特有的、且为组织多数成员共同遵循的最高目标价值标准、基本信念和行为规范等的总和及其在组织中的反映。组织文化具有超个体的独特性、相对稳定性、融合继承性和发展性。

2. 组织文化的结构由三层次组成，即深层次的精神文化、中层次的制度文化、表层次的物质文化。

3. 组织文化建设受多种因素的影响，同时也是一个艰难的过程，可以采取不同的方法。

练 习 题

一、多项选择题

(1) 组织文化( )。

A. 指控制组织内行为、工作态度、价值观，以及关系设定的规范

B. 是组织成员的共同价值观体系

C. 形成不受外部环境影响

D. 使组织独具特色

E. 从最高管理层树立的典范发展而来

(2) 下列关于组织文化陈述正确的是( )。

A. 组织文化理论使组织目标与个人目标矛盾、管理者与被管理者矛盾等管理难题获得解决

B. 组织文化是组织全体员工共同创造的群体意识

C. 组织文化强调以人为中心的管理方法

D. 组织文化具有巨大的辐射作用，社会文化是组织文化的一部分

E. 组织文化是组织在激烈的市场竞争中立于不败之地的重要保证

(3) 塑造组织文化时，应该注意( )。

A. 主要考虑社会要求和行业特点，同时和本组织的具体情况有关

B. 组织领导者的模范行为在组织文化的塑造中起到的号召和导向作用

C. 组织文化要靠自律，所以不需要建立制度

D. 组织文化一旦形成，就无须改变

E. 以上说法都不对

(4) 组织文化的结构可分为( )3个层次。

A. 物质层　　　B. 行为层　　　C. 制度层

D. 精神层　　　E. 核心层

(5) 组织文化的物质层包括( )。

A. 企业的名称　　　　　B. 产品的外观及包装

C. 建筑风格　　　　　　D. 企业规章制度

E. 纪念物

二、 判断题

(1) 组织文化的核心是精神层次。 （　　）

(2) 组织文化的管理方式是以领导强制教育为主。 （　　）

(3) 组织文化的管理实践是互不相关的。 （　　）

三、 简答题

(1) 联系实际谈谈塑造组织文化的途径。

(2) 简述组织文化的内容。

(3) 如何建设组织的精神文化？

(4) 如何建设组织的制度文化？

(5) 根据组织文化形成机制论述组织文化建设策略。

四、 思考题

(1) 简述中国企业文化建设存在的问题及解决之道。

(2) 试述企业形象的内容特点及塑造企业形象的意义。

五、 案例应用分析

案例 1：锦江模式——锦江集团宾馆文化的标志

上海锦江集团成立于 1984 年，是我国第三产业中组建最早、规模最大，以饭店业为主体，以旅游、交通、金融、房地产、商贸为骨干的综合性的涉外企业集团之一。几年来，锦江集团实现了与国际旅游先进水准接轨的目标，为了走出一条有中国特色的饭店管理道路。

1. 全方位的服务——"锦江模式"的核心

一个服务性的企业赢得市场、取得效益，是多种因素共同作用的结果，但其核心在于能长年累月、坚持不懈地为中外客人提供全方位的优质服务。全方位的服务是"锦江"的服务特色。提取行李、陪同进房、介绍设施、送上茶水毛巾、了解生活爱好、引领进入餐厅、转告餐厅和厨房有关客人的口味特点、离店前的诚恳征求意见直至最后送别……这点点滴滴，看似简单琐碎，没有高深的学问，然而要做得完美无缺，绝非易事。可是，锦江人做到了。

一位客人扔掉了一件旧衣服，服务员从上到下检查一遍，摸出了一个金锁片还给客人；一位客人在赴宴会前 10 分钟，猛然想起自己的外衣还未烫好，于是连忙打铃唤来服务员。没想到服务员微笑着说，我了解到您今晚有个宴会，在您休息时，我已请您的随员取出这套外衣，现已烫好放回原处了。

2. 规范化的管理——"锦江模式"的基础

锦江集团从成立之日起，就准备参与国际竞争，发展跨省市、跨国界的经营。在全市、全国乃至全球管理的大跨度中，如何保持稳定的服务质量，是"锦江"管理面临的难题。以规范化的管理为基础的"锦江模式"的形成，为解决这一难题创造了条件。

锦江的管理规范是国际先进饭店管理经验和自身传统的结合。它用文字统一规定了饭店各工种、各岗位的操作规程、作业标准和职业要求。这种要求，是建立在不断提高职工文化技术素养的基础之上的。

锦江通过年年、月月从不间断的岗位培训、岗位考核，打破了各饭店自成习惯的纯经验型的做法，逐步形成了统一而又鲜明的锦江风格。这种风格，一方面是全集团统一的服务规范；另一方面是各个饭店别具一格的服务特色。

3. 继承、借鉴、创新——"锦江模式"的特色

饭店是文化型的企业，建筑风格、饮食菜肴是文化，职工的仪容仪表、精神风貌也是文化。改革开放把锦江推向了国际舞台，中西两种不同的文化在锦江这个特定的环境中不可避免地发生了碰撞。如何继承中国饭店的优秀文化传统，借鉴吸收西方文化中精华，是锦江在开放中遇到的又一课题。

锦江的党政领导在继承、借鉴、创新中，发挥锦江传统文化的优势，探索出一条有中国特色的饭店管理的道路。

思考题：

(1) 简单分析锦江集团的组织文化的内容。

(2) 锦江集团的组织文化的意义何在？

(3) 锦江集团在建设"锦江模式"的组织文化过程中，有哪些值得学习和借鉴的经验？是否还存在不足？

（资料来源：http://www.jinjianghotels.com.cn/.）

案例 2：智邦公司的组织文化

在中国台湾地区的科技产业中，智邦可以说是最具"人文"特色的公司，这种人文的企业文化，从领导人的身上及办公环境可以得到印证。

虽然网路科技日新月异，但杜仪民始终将工作与假日生活区隔分明：周一到周五全力投入工作，周六、周日则全部奉献给家庭，而且要充分与家人沟通，取得家人谅解；不过由于企业主的工作实在太过忙碌，杜仪民偶尔还是会用无线的网路电脑，在饭桌前敲敲打打，而为了让员工对公司有"家"的感觉，智邦非常鼓励员工同仁结婚，一来可以让员工的心安定下来，再者夫妻同在一家公司上班，了解公司文化，也比较能相互了解及体谅，对公司及家庭生活皆有所助益。

因此，1999 年 12 月 1 日，人事处公布一项新规章，本公司员工结为夫妻，男女同仁皆加薪 3 000元。此外，为了让员工更安心上班，智邦还在公司内设立托儿所，并在托儿所装设网络猎取影像系统，让员工随时可以透过桌上的电脑看到孩子上课的情形。

喜欢品尝日式生色片及意大利菜的杜仪民，经常在寿司吧台品尝寿司之余，和寿司师傅讨论如何做出好吃的寿司。同时古典音乐是杜仪民的另一项重要爱好，尤其是巴洛克音乐，更是他的最爱，在他的房间内更是放满了整屋的 CD 唱片。或许是受到杜仪民的影响，每天一到下午，整个智邦大楼沉醉在悠扬的古典音乐声中。整个智邦科技大楼充满历史、古色古香、美食、艺术气息的办公环境，无处不是惊奇。走进智邦科技大楼，迎面摆放在大厅内侧的，是古色古香的中式家具，在右手边的服务台后方挂着"文化源智"、"科技兴邦"的对联；一楼的员工餐厅内，以深海的风景彩绘布置而成，坐在此地用餐，让人得以放松心情，尽情享受美食。办公室走廊的两旁，挂着一幅幅的画，这些画都是智邦公司员工的绘画创作，仿佛令人置身在画廊、美术馆中；即使是公司开发，生产的各种网络硬件产品，在透明玻璃、蓝色镁光灯的照映下，原本冰冷的科技产品，却散发出铁汉的柔情，仿佛就像是艺术品的展览区。洁白的墙壁上，随处可见一幅幅的书法与画作，连洗手间的门都画着美丽的女神维纳斯、温蓉小品及短篇笑话集，贴心地提醒每一个人，敞开心胸，笑一笑，别让工作压力给逼坏了。

看来一向在园区创造新话题的智邦科技，"文化兴邦"、"科技兴邦"的 8 字对联，正道出智邦的企业文化精神——文化的生活，让科技人更有智慧、更有创意！

思考题：

分析智邦公司的组织文化？这一文化是如何影响雇员的？

（资料来源：www.hrbtc.com.）

实际操作训练

请分组模拟创办一家公司，并结合本章内容和组织结构设计的理论，构建公司组织框架，同时从组织文化要素的角度，为模拟公司构建简单的企业文化。

第 *10* 章 领　　导

通过本章的学习，了解领导的内涵、作用、类型和领导权力的来源，掌握领导特性论、领导方式理论和领导情景理论的主要代表人物及其理论要点，领会领导的科学性和艺术性。

教学要求

知识要点	能力要求	相关知识
领导的类型、作用和领导权力的来源	(1) 不同领导风格优缺点的理解 (2) 领导作用的发挥 (3) 领导权力的综合运用能力	(1) 领导风格的不同分类 (2) 领导的指挥、协调和激励作用 (3) 领导权力的五种来源
领导特性理论	(1) 早期领导特性理论的理解 (2) 现代领导特性理论的理解	(1) 早期领导特性理论 (2) 现代领导特性理论
领导方式理论	(1) 领导行为连续体理论的理解和运用 (2) 利克特的管理模式理论的理解 (3) 领导四分图理论的理解 (4) 领导方格理论的理解和运用 (5) 大内的 Z 理论的理解	(1) 坦南鲍姆和施密特领导行为连续体理论 (2) 利克特的管理模式理论 (3) 俄亥俄州大学的领导四分图理论 (4) 布莱克和穆顿的领导方格理论 (5) 大内的 Z 理论
领导情景理论	全面理解并综合运用菲德勒的有效领导权变模式理论、伊凡斯和豪斯的路径-目标理论、卡曼的领导生命周期理论、葛伦的领导-成员交换理论	(1) 菲德勒的有效领导权变模式 (2) 伊凡斯和豪斯的路径-目标理论 (3) 卡曼的领导生命周期理论 (4) 葛伦的领导-成员交换理论
领导者、领导集体与团队	(1) 领导者素质的塑造 (2) 领导集体结构的理解 (3) 高效团队的塑造	(1) 领导者的素质结构 (2) 领导集体的构成 (3) 高效团队的特点

续表

知识要点	能力要求	相关知识
领导方法和领导艺术	(1) 掌握常用的领导方法 (2) 领导艺术的理解和把握	(1) 领导的时间管理和团队协作 (2) 领导的授权艺术、决策艺术和会议艺术

 基本概念

领导　权力影响力　领导特性　领导方式　领导行为连续体　权变理论　LPC　成熟度　领导-成员理论　领导艺术　团队

 导入案例

请　假

旁白：张经理手下有两名特别的员工。一名是李小姐，她毕业于某大学企业管理专业，有明晰的头脑，领悟力强，工作表现好，尤其擅长办公自动化。张经理甚至以为这样的员工比男职员还好。可是，3个月后这个女职员就开始无故缺席，并且第二天总是表现出若无其事的样子。另一名是黄先生，他虽然无什么学历，但工作两年来一直勤勤恳恳，努力工作，从未请过一次假。

事情就发生在这一天，张经理的办公室静得出奇。因为到下班的时间了，张经理才吩咐于秘书通知加班，员工十分不满意，张经理自然也不愉快。

"咚咚咚!"

"请进。"于秘书喊道。

"经理，我想请假。"李小姐进门就说。

"有什么事吗?"张经理问到。

"我儿子生病了，刚才幼儿园的阿姨给我打电话告诉我的。"李小姐焦急地说。

"哎呀，小李啊，你工作能力强，这我知道，可你这工作态度……"经理没把话说完。

"可是经理，我这次真的很急啊，又不是我无故缺工。"李小姐显得很无辜。

"那今天咱们加班，你又不是不知道，怎么能给你假呢?"

"咚咚咚!"经理的话音刚落，又有人敲门，黄先生进来了。

"经理，我想请假。"黄先生很为难地说。

"你又有什么事?"经理很不耐烦，语气也很重。

"家里托人给我介绍了个对象，让我回家见个面。"

"先公事，后私事，你又不是不知道，你完全可以换个时间嘛。"经理皱着眉头说。

"那多不好，让人家怎么说啊，说我没有诚意?"黄低头说着。

"再说你也没提前通知加班，我都安排好了，怎么能说算了就算了呢?"他补充到。

"那也不行，公事为重。"经理有点蛮横。

"哎经理，话可不能这么说，我工作两年来，什么时候不好好工作，什么时候请过假，你也不是不知道。"黄有些激动。

"经理，你就先准我的假吧，孩子还没人管呢，"李插话，"万一有个三长两短，我可怎么办啊。"李流下了眼泪。

"哎，小李，你别激动，慢慢来，你看这样行不行，先让你家人去照顾一下？"经理看着小李说。

"不行啊，我老公不在家，经理快给我假吧，可不能再等了。"

"小李呀，你真的不能请假，你是公司的骨干力量，你走了，损失就大了，这笔生意对公司真的很重要，你还能真的不管吗？"经理似乎是在哀求。

"那我也不能加班。"黄也很坚定。"你俩别说得这么坚决，怎么说还是工作重要，你俩这样不是在为难经理吗？"于秘书帮经理解围。

"你懂什么呀，你又没有孩子，别乱插嘴，哪有你说话的份！"李对着于嚷到。

"经理，今天你给我假我也走，不给我也走，总不能不管孩子吧？"李对着经理喊到。

"经理，我得走，总不能把人家扔在那里吧？"黄也坚决的很。

"今天请假不行，一个也不能走，你俩回去吧？"经理生气的说。

"经理，你怎么能这样呢。"

"不行，我得走。"

李、黄你一嘴他一舌地说着。

"你俩必须留下加班，要不就给你俩处罚，成什么样子了。"经理也很坚决。

"如果你俩请假，以后就不用来上班了。"说完经理就摔门走了。

(资料来源：星辰．商法指南[M]．海南：南海出版社．)

点评

领导是管理的基本职能之一。领导是一门科学，更是一门艺术。领导者要合理利用自己的各种权力，掌握科学的领导方法和高超的领导艺术，充分调动下属的积极性，实现与追随者的互动。本章主要介绍领导的内涵、领导理论、领导团队和领导方法与艺术等。

10.1　领导概述

10.1.1　领导职能的内涵

领导是管理的一大重要职能。它是一种迷人的社会现象，它超越地理、文化或民族的差异，发生在所有团队中。领导自古就有，只要有人群活动，有联合集体行动，就需要有人进行指挥和协调。领导工作产生于人类的共同劳动（两人以上），并随着社会的发展而发展，世界需要领导（联合国），国家需要领导，企事业单位需要领导，就连任何一个社会单位（包括家庭）都离不开领导（处于支配、主导地位的主事人或决策人）。虽有学者证实"领导"这个词直到约1300年前才出现在英语当中，但这种社会现象则在刚有历史记载的时候就已经存在了。

对组织进行的深入细致的研究表明，行政领导大约占到组织工作绩效的45％；上千项调查表明，领导对追随者的满意度和绩效有着重要影响；领导还影响学校的教学气氛、员工的工作压力、组织变革及军事成功。关于领导学的文章和书籍已出版发行了成千上万种，领导培训正日益纳入高校的课程和产业组织的计划中。

孔茨认为："领导是一种影响力，它是影响人们心甘情愿地和满怀热情地为实现群体目标努力的艺术或过程。"他还认为："领导是一种影响过程，即领导者和被领导者个人的作用和特定的环境相互作用的动态过程。"

《中国企业管理百科全书》把领导定义为："率领和引导任何组织在一定条件下实现一定目标的行为过程。"

从管理学意义上来讲，领导的定义可概括为：领导是指领导者依靠影响力，指挥、带领、引导和鼓励被领导者或追随者，实现组织目标的活动和艺术。其基本含义包括以下几个方面。

（1）领导包含领导者和被领导者两个方面。领导者是指能够影响他人并拥有管理的制度权力、承担领导职责、实施领导过程的人。领导是领导者与被领导者的一种关系，如果没有被领导者，领导者将变成光杆司令，其领导关系也就不复存在。在领导过程中，下属都甘愿或屈从于领导者而接受领导者的指导。

（2）领导是一种活动，是引导人们的行为过程，是领导者带领、引导和鼓舞部下去完成工作、实现目标的过程。

（3）领导的基础是领导者的影响力。领导者拥有影响被领导者的能力或力量，既包括由组织赋予的职位权力，也包括领导者个人所具有的影响力。

一个领导者如果一味地行使职权而忽视社会和情绪因素的作用力，就会使被领导者产生逃避和反抗行为。当一个领导者的职位权威不足以说服下属时，领导是无效的。

（4）领导的目的是为了实现组织的目标。不能为了领导而领导，不能为了体现领导的权威而领导。领导的根本目的在于影响下属为实现组织的目标而努力。

管理案例

一个人去买鹦鹉，看到一只鹦鹉前标着：此鹦鹉会两门语言，售价200元。另一只鹦鹉前则标着：此鹦鹉会4门语言，售价400元。该买哪只呢？两只都毛色光鲜，非常灵活可爱。这人转啊转，拿不定主意。突然他发现一只老掉了牙的鹦鹉，毛色暗淡散乱，标价800元。这人赶紧将老板叫来："这只鹦鹉是不是会说8门语言？"店主说："不。"这人奇怪了："那为什么又老又丑，又没有能力，会值这个数呢？"店主回答："因为另外两只鹦鹉叫这只鹦鹉为老板。"

管理启示：真正的领导人，不一定自己能力有多强，只要懂信任、懂放权、懂珍惜，就能团结比自己更强的力量，从而提升自己的身价。相反，许多能力非常强的人却因为过于完美主义，事必躬亲，认为什么人都不如自己，最后只能做最好的公关人员、销售代表，成不了优秀的领导人。

10.1.2　领导的影响力

所谓影响力是指一个人在与他人的交往中，影响和改变他人的心理和行为的能力。领导者对个人和组织的影响力来自两方面：一是职位权力（又称为制度权力）影响力；二是非职位权力（又称为个人权力）影响力。

1. 职位权力影响力

职位权力是指由于领导者在组织结构中所处的位置，上级或组织制度所赋予的权力，具有很强的职位特性。这种权力与领导者的职位相对应，退位后相应的权力便会消失，如法定权、惩罚权、奖赏权都属于职位权力。这种影响力一般仅仅属于社会各层结构中占有管理者角色地位的人，只有在某些特殊情况下，非掌权者才能具有这种影响力。这种权力与特定的个人没有必然的联系，它只同职务相联系。权力是管理者实施领导行为的基本条件，没有这种权力，管理者就难以有效地影响下属，实施真正的领导。

1）职位权力影响力的构成

职位权力影响力包括法定权、强制权和奖赏权，它由组织正式授予领导者，并受组织规章的保护。

（1）法定权。是由组织机构正式授予领导者在组织中的职位所引起的、指挥他人并促使他人服从的权力。组织正式授予领导者一定的职位，从而使领导者占据权势地位和支配地位，使其有权力对下属发号施令。法定权力是领导者职权大小的标志，是领导者的地位或在权力阶层中的角色所赋予的，是运用其他各种权力的基础。

法定权具有 4 个突出的特点：①具有层次性，职权的大小是由职位的高低决定的，职位高的权力大，职位低的权力小；②具有固定性，法定权是由法律或有关政策规章相对固定下来的，有职就有权，失职就失权；③自主性，当领导者的某一法定权被确定下来后，领导者也就相应地取得了在职权范围内相对独立用权的条件；④单向性，法定权具有极强的线性约束力，只能指派职权范围内的下属。

（2）强制权，又称惩罚权。是领导者在具有法定权的基础上，强行要求下级执行的一种现实的用权行为，是和惩罚相联系的迫使他人服从的力量。服从是强制权的前提；法律、纪律、规章是强制权的保障；处分、惩罚是强制权的手段。如果领导者不善于运用这种权力，就会使被领导者的服从意向减弱，从而降低领导效能。在某些情况下，领导是依赖于强制的权力与权威施加影响的，对于一些心怀不满的下属来说，他们不会心悦诚服地服从领导者的指示，这时领导者就要运用惩罚权迫使其服从。这种权力的基础是下属的惧怕。这种权力对那些认识到不服从命令就会受到惩罚或承担其他不良后果的下属的影响力是最大的。

（3）奖赏权。是一种建立在良好希冀心理之上的权力，在下属完成一定的任务时给予相应的奖励，以鼓励下属的积极性。奖赏属于正刺激，是领导者为了肯定和鼓励某一行为，而借助物质或精神的方式，以达到使被刺激者得到心理、精神及物质等方面的满足，从而激发出前进性行为的最大动力。依照交换原则，领导者通过提供心理或经济上的奖酬来换取下属的遵从。

2）权力影响力的影响因素

（1）传统观念。几千年的社会生活，使人们对领导者形成了这样一种心理观念，即认为领导者不同于普通人，他们或者有权，或者有才干，强于普通人，由此产生了对领导者的服从感。由于这种传统观念从小就影响着每一个人的思想，从而增强了领导者言行的影响力。

（2）职位因素。领导者凭借组织所授予的指挥他人开展具体活动的权力，可以左右被领导者的行为、处境，甚至前途、命运，从而使被领导者对领导者产生敬畏感。领导者的职位越高，权力越大，下属对他的敬畏感越强，领导者的影响力也越大。

（3）资历因素。一个人的资历与经历是历史性的东西，它反映了一个人过去的情况。一般而言，人们对资历较深的领导者，心中比较尊敬，因此其言行也容易在人们的心灵中占据一定的位置。

权力影响力是通过正式的渠道发挥作用的。当领导者担任管理职务时，由传统心理、职位、资历构成的权力的影响力会随之产生，当领导者失去管理职位时，这种影响力将大大削弱甚至消失。这种权力之所以被大家所接受，是因为大家了解这种权力是实现组织共同目标所必需的。

2. 非职位权力影响力

非职位权力影响力是指由于领导者的个人经历、地位、人格、特殊品质和才能而产生的影响力，它可以使下属心甘情愿地、自觉地跟随领导者。这种权力对下属的影响比职位权力更具有持久性。非权力影响力不是外界附加的，它产生于个人的自身因素，与职位没有关系。

1）非职位权力影响力的构成

非职位权力影响力包括专长权和感召权。

（1）专长权。是指领导者具有各种专门的知识和特殊的技能或学识渊博而获得同事及下属的尊重和佩服，从而在学术上或专长上显示出一言九鼎的影响力。领导者如果涉猎广泛，通今博古，学识渊博，特别是拥有组织活动所必备的专业技能，必然使被领导者对其产生一种信服力、信任力和钦佩力，从而构成领导者的专长权。这种影响力的影响基础通常是狭窄的，仅仅被限定在专长范围之内。

（2）感召权。是指由于领导者优良的领导作风、思想水平、品德修养，而在组织成员中树立的德高望重的影响力。这种影响力是建立在下属对领导者承认的基础之上的，由领导者本身的素质，如品格、知识、才能、毅力和气质所决定的，它通常与具有超凡魅力或名声卓著的领导者相联系。这种影响力对人们的作用是通过潜移默化而变成被领导者内驱力来实现的，赢得了被领导者发自内心的信任、支持和尊重，对被领导者的影响和激励作用不仅很大，而且持续的时间也较长。

2）构成非职位权力影响力的主要因素

（1）品格。主要包括领导者的道德、品行、人格等。优良的品格会给领导者带来巨大的影响力。因为品格是个人的本质表现，好的品格能使人产生敬爱感，并能吸引人，使人模仿，使下属常常希望自己能像领导者一样。

（2）才能。领导者的才干是决定其影响力大小的主要因素之一。才干通过实践来体现，主要反映在工作成果上。一个有才干的领导者，会给事业带来成功，从而使人们对他产生敬佩感，吸引人们自觉地接受其影响。

（3）知识。一个人的才干是与知识紧密联系在一起的。知识水平的高低主要表现为对自身和客观世界认识的程度。知识本身就是一种力量。知识丰富的领导者，容易取得人们的信任，并由此产生信赖感和依赖感。

（4）感情。感情是人的一种心理现象，它是人们对客观事物好恶倾向的内在反映。人与人之间建立了良好的感情关系，便能产生亲切感，相互的吸引力越大，彼此的影响力也越大。因此，如果一个领导者平时待人和蔼可亲，关心体贴下属，与群众的关系融洽，那么，他的影响力往往就比较大。

由品格、才干、知识、感情因素构成的非职位权力影响力，是由领导者自身的素质与行为造就的。在领导者从事管理工作时，它能增强领导者的影响力；在不担任管理职务时，这些因素仍对人们产生较大的影响。由于这种影响力来源于下属服从的意愿，有时会比职位权力显得更有力量。

3. 领导权力运用效果的影响因素

领导者在权力运用过程中，必须认真研究权力运用效果，重点考虑以下几个主要因素。

1）领导者职权与个人素质的结合程度

一般情况下，如果领导者个人素质、个人专长与所处职位能有机结合，则权力运用效果最佳；如果领导者个人专长及个人素质与所处职权不能相得益彰，则权力运用效果很不理想。在现实生活中，领导者可以通过个人素质和个人专长来强化职权运用，获得更好的效果。

2）组织系统结构优化的程度

组织系统结构优化程度如何，会影响领导者权力运用的效果。因此，一个精明的成功的领导者总是十分注意选配下属，和不断优化组织系统结构，以确保权力运用的效果。

3）社会心理

社会心理对领导者权力运用的效果有重要的影响，特别是在社会改革和发展中，由于社会地位及其他因素的改变，很容易在社会上形成一定的逆反心理，在某种程度上削弱和损害领导者权力的运用。因此，领导者必须正视社会心理，善于利用社会心理，提高权力运用的效果。

4）授权、分工和权限

是否有明确的授权、分工与权限，是影响权力运用效果的非常关键的因素。

 小思考

你所熟悉的领导，其权力主要来自哪几个方面？你希望你的领导的哪种权力最强？

10.1.3　管理与领导的区别

在区别领导和管理时，常常基于管理就是"把事情做正确"而领导就是"做正确的事情"的认识。具体的区别如下。

（1）范围。一般来说，管理的范围要大一些，而领导的范围相对要小一些。

（2）作用。管理是为组织活动选择方法、建立秩序、维持运转等，领导在组织中的作用表现在为组织活动指出方向、设置目标、创造态势、开拓局面等方面。

（3）层次和管理过程。从层次上来说，领导具有战略性、较强的综合性，贯穿在管理的各个阶段。从整个管理过程来看，如果把管理过程划分为计划、执行和控制3个主要的阶段，领导活动处在不同阶段之中，集中起来就表现为独立的职能，即为了实现组织目标，使计划得以实施，使建立起来的组织能够有效运转，组织和配备人员，并对各个过程结果进行监督检查。

（4）功能。管理的主要功能是解决组织运行的效率，而领导的主要功能是解决组织活动的效果。效率涉及活动的方式，而效果涉及的是活动的结果。

形象地说，领导者与管理者有 4 个区别。

（1）领导者是变革者与规划师，管理者是维持秩序的执行者。

（2）领导者应能超越现实与制度，管理者是无情与遵照。

（3）领导者在队伍前面示范，管理者在队伍中间控制。

（4）领导者给出方向，管理者寻找方法。

但在现代组织中，领导或管理角色是密不可分的。有时一个领导者或管理者可能要给追随者"充电"，引起成就、鼓舞、成长和适应，这时这个人无疑是在发挥领导作用；而另一些时候，同样这个人必须参与日常的行政事务，如修订制度和规章、分配资源、分派任务等，这时一般会认为他是在从事管理工作。组织既需要管理也需要领导，领导可以创造变革，而实现有秩序的结果则需要管理。结合领导的管理将可以创造出有秩序的变革，而结合管理的领导则可以令组织同环境协调一致。事实上，近年来 CEO 薪酬暴涨的部分原因是人们相信管理和领导结合是能够带领组织走向成功的稀有能力。

10.1.4 领导者的类型

1. 按制度权力的集中与分散程度划分

1）集权式领导者

所谓集权式领导者，是指把管理的制度权力相对牢固地进行控制的领导者。由于管理的制度权力是由多种权力的细则构成的，如奖励权、强制权和收益的再分配权等，这就意味着对被领导者或下属而言，受控制的力度较大。在整个组织内部，资源的流动及其效率主要取决于集权领导者对管理制度的理解和运用，同时，个人专长权和感召权是其成功行使上述制度权力的重要基础。这种领导者把权力的获取和利用看成自我的人生价值。这种领导者的优势在于，通过完全的行政命令，管理的组织成本在其他条件不变的情况下，要低于在组织边界以外的交易成本。这对于组织在发展初期和组织面临复杂突变的变量时，是有益处的。但是，长期将下属视为某种可控制的工具则不利于其职业生涯的良性发展。

2）民主式领导者

与集权式领导者形成鲜明对比的，是民主式领导者。这种领导者的特征是向被领导者授权，鼓励下属的参与，并且主要依赖于其个人专长权和感召权影响下属。从管理学角度看，意味着这样的领导者通过对管理制度权力的分解，进一步通过激励下属的需要，去实现组织的目标。不过，这种权力的分散性使得组织内部资源的流动速度减缓，因为权力的分散性一般导致决策速度降低，进而增大了组织内部的资源配置成本。但是，这种领导者对组织带来的好处也十分明显。通过激励下属的需要，组织发展所需的知识，尤其是意会性或隐性知识，能够充分地积累和进化，员工的能力结构也会得到长足提高。因此，相对于集权式领导者，这种领导者更能为组织培育 21 世纪越来越需要的智力资本。

2. 按领导工作的侧重点不同划分

1）事务型领导者

事务型领导者通过明确角色和任务要求而指导或激励下属向着既定的目标活动，并且尽量考虑和满足下属的社会需要，通过协作活动提高下属的生产率水平。这种领导者对组织的管理职能推崇备至，把勤奋、谦和且公正地把事情理顺、工作有条不紊地进行引以为豪。这种领导者重视非人格的绩效内容，如计划、日程和预算对组织有使命感，并且严格遵守组织的规范和价值观。

2）变革型领导者

变革型领导者鼓励下属为了组织的利益而超越自身利益，并能对下属产生深远且不同寻常的影响。他们关怀每一个下属的日常生活和发展需要，帮助下属用新观念看待老问题从而改变了下属对问题的看法，能够激励、唤醒和鼓舞下属为达到群体目标而付出更大的努力。

3）战略型领导者

战略型领导者的特征是用战略性思维进行决策。战略型领导者是将领导的权力与全面调动组织的内外资源相结合，实现组织长远目标，把组织的价值活动进行动态调整，在市场竞争中站稳脚跟的同时，抢占未来商机领域的制高点。战略型领导者认为组织的资源由有形资源、无形资源和有目的的整合资源的能力构成。管理人力资本的能力是战略型领导者最重要的技能。战略型领导者行为的有效性，取决于其愿意进行坦荡、鼓舞人心但却是务实的决策。他们强调同行、上级和员工对于决策价值的反馈信息，讲究面对面的沟通方式。战略型领导者一般是指组织的高层管理人员，尤其是 CEO。其他战略型领导者还包括企业的董事会成员、高层管理团队和各事业部门的总经理。

4）领袖魅力型领导者

领袖魅力是指远远超出一般的尊重、影响、钦佩和信任的、对追随者的情感具有震撼力的一种力量和气质。富于领袖魅力的领导者对下属具有某种影响力，这种影响力来自以下几个方面。

（1）为下属建立一个令人憧憬的目标，如马丁·路德·金（Martin Luther King）有一个对更美好世界的梦想，肯尼迪（Kennedy）宣称要把人类送上月球等。

（2）形成某种公司价值体系。

（3）信任下属从而赢得下属的尊重。这些领导总是创造一种变革的环境，努力为追随者建立起一种富于竞争、成功与信任并传递高度期望值的氛围。他们都是善于雄辩的演讲者，显示出高超的语言技巧，而这种技巧能够帮助他们激励和鼓舞群众。例如，沃特·迪斯尼（Walt Disney）能用讲故事的方式迷倒人们，他具有巨大的创造才能，并把高品位、甘冒风险和创新所具有的重要价值观逐渐灌输到组织中去。

拥有这些品质的领导者能激发起其追随者的信任、信心、接受服从、同喜同悲、钦佩及更高的工作绩效。

小思考

你希望自己的领导属于哪种风格类型？如果你做了领导，你觉得自己倾向于哪一种领导风格？

 知识链接

测试你的领导作风

请阅读下列各个句子，对于(a)句最能形容你时，请打[o]；对于(b)句若对你来说，最不正确时，请打[o]。请你务必详答，以便求得更正确的积分。

1. (a)你是个大多数人都会向你求助的人。

   (b)你很激进，而且最注意自己的利益。

2. (a)你很能干，且比大多数人更能激发他人。

   (b)你会努力去争取一项职位，因为你可以对大多数人和所有的财务，掌握更大的职权。

3. (a)你会试着努力去影响所有事件的结果。

   (b)你会急着降低所有达成目标的障碍。

4. (a)很少人像你那么地有自信。

   (b)你想取得世上有关你想要的任何东西时，你不会有疑惧。

5. (a)你有能力激发他人去跟随你的领导。

   (b)你喜欢有人依你的命令行动；若必要的话，你不反对使用威胁的手段。

6. (a)你会尽力去影响所有事件的结果。

   (b)你会做全部重要的决策，并期望别人去实现它。

7. (a)你有吸引人的特殊魅力。

   (b)你喜欢处理必须面对的各种情况。

8. (a)你会喜欢面对公司的管理人，咨询复杂问题。

   (b)你会喜欢计划、指挥和控制一个部门的人员，以确保最佳的福利。

9. (a)你会与企业群体和公司咨询，以改进效率。

   (b)你对他人的生活和财务，会做决策。

10. (a)你会干涉官僚的推诿拖拉作风，并施压以改善其绩效。

    (b)你会在金钱和福利重于人情利益的地方工作。

11. (a)你每天在太阳升起前，就开始了一天的工作：一直到夜晚6点整。

    (b)为了达成所建立的目标，你会定期而权宜地解雇无生产力的员工。

12. (a)你会对他人的工作绩效负责，也就是说，你会判断他们的绩效，而不是你们的绩效。

    (b)为求成功，你有废寝忘食的习性。

13. (a)你是一位真正自我开创的人，对所做的每件事充满着热忱。

    (b)无论做什么，你都会做的比别人好。

14. (a)无论做什么，你都会努力求最好、最高和第一。

    (b)你具有驱动力、积极性人格和奋斗精神，并能坚定地求得有价值的任何事情。

15. (a)你总是参与各项竞争活动，包括运动，并因有突出的表现而获得多项奖牌。

    (b)赢取和成功对你来说，比参与的享受更感重要。

16. (a)假如你能及时有所收获，你会更加坚持。

(b)你对所从事的事物，会很快就厌倦。

17.(a)本质上，你都依内在驱动力而行事，并以实现从未做过的事为使命。

(b)作为一个自我要求的完美主义者，你常强迫自己有限地去实现理想。

18.(a)你实际上的目标感和方向感，远大于自己的设想。

(b)追求工作上的成功，对你来说，是最重要的。

19.(a)你会喜欢需要努力和快速决策的职位。

(b)你是坚守利润、成长和扩展概念的。

20.(a)在工作上，你比较喜欢独立和自由，远甚于高薪和职位安全。

(b)你是安于控制、权威和强烈影响的职位上的。

21.(a)你坚信凡是对自身本分内的事，最能冒险的人，应得到金钱上的最大报偿。

(b)有少数人判断你应比你本身更有自信些。

22.(a)你被公认为是有勇气的、生气蓬勃的和乐观主义者。

(b)作为一个有志向的人，你能很快地把握住机会。

23.(a)你善于赞美他人，而且若是合宜的，你会准备加以信赖。

(b)你喜欢他人，但对他们以正确的方法行事之能力，很少有信心。

24.(a)你通常宁可给人不明确的利益，也不愿与他人公开争辩。

(b)当你面对着"说出那像什么时"，你的作风是间接的。

25.(a)假如他人偏离正道，由于你是正直的，故你仍会无情地纠正他。

(b)你是在强调适者生存的环境中长大的，故常自我设限。

你的得分：计算一下你圈(a)的数目，然后乘以4，就是你领导特质的百分比。同样地，(b)所得的分数，就是你管理特质的百分比。

领导人(a 的总数)×4＝　　％　　　　管理者(b 的总数)×4＝　　％

10.1.5　领导者的作用

领导活动直接影响着现代化管理水平的高低和经济效益的好坏，而领导的作用就是引导部下以最大的努力去实现组织的目标。领导者的作用具体表现在以下3个方面。

1. 指挥作用

在人们的集体活动中，需要有头脑清醒、胸怀全局、高瞻远瞩、运筹帷幄的领导者，帮助成员认清所处的环境和形势，指明组织活动的目标和达到目标的途径。领导者只有站在群众的前面，用自己的行动带领人们为实现组织目标而努力，才能真正起到指挥作用。

2. 协调作用

在组织系统中，即使有了明确的目标，但由于组织成员中，个人的才能、理解能力、工作态度、进取精神、性格、作用、地位等不同，加上外部各种因素的干扰，人们在思想认识上发生各种分歧、行动上出现偏离目标的现象是不可避免的，因此，就要求领导者来协调人们之间的关系和活动，把大家团结起来，朝着共同的目标前进。

3. 激励作用

在现代企业中，大多数职工都具有积极工作的热情和愿望，但也未必能自动地长久保持下去。这主要是因为劳动仍然是现阶段谋生的手段，人们需求的满足还受到种种限制。当人们的学习、工作和生活中遇到困难、挫折或不幸，某种物质的精神的需要得不到满足时，就必然会影响工作热情。怎样才能使每一个职工都保持旺盛的工作热情，以最大限度地调动其工作积极性呢？这就需要有通情达理、关心群众的领导者来为其排忧解难，激发和鼓励其斗志，发掘、充实和加强其积极进取的动力。

10.2　领导理论

领导理论是研究怎样实施有效领导、提高管理效能的理论。有效领导是企业取得成功的一个重要条件，所以关于领导理论的研究成为管理科学研究的一个重要领域。由于研究的角度和侧重点不同，有关领导理论的研究分为领导特性理论、领导方式理论和领导情景理论等几类。

10.2.1　领导特性理论

领导特性理论认为有效的领导取决于领导者自身所具有的某些特质，所以这一类理论的研究便围绕着有效的领导者所应具备的特质而展开。这一内容虽然在泰勒、法约尔等人的理论中都曾论及，但作为一门学说而进行专门的研究，是从行为科学开始的。

1. 早期领导性格理论

早期领导性格理论研究者把个人的天赋当做决定领导效能的关键因素，试图从林肯、罗斯福、马丁·路德金等杰出的领袖人物身上找出领导者的天赋要素，甚至将其容貌、身高、体重、体型等也作为决定领导效能的因素来加以考察，这种缺乏科学依据的研究当然不会取得什么成果。

后来，学者的研究注意力集中到成功的领导者应具备的个性特征方面来，但其结论五花八门，莫衷一是。美国的吉普（Gibb）认为，天才的领导者应具备 7 种性格特征：善言辞、外表英俊潇洒、智力过人、具有自信心、心理健康、有支配他人的倾向、外向而敏感。美国的 R. 斯托格狄尔（R. Stogdill）认为有效的领导者应具有 16 种性格特征：有良心、可靠、勇敢、责任心强、有胆略、力求革新与进步、胜任愉快、身体健康、智力过人、有组织力、有判断力等。

美国的爱德温·E. 吉赛利（Edwin E. Ghislli）的研究稍微深入了一步，他研究了有效领导的 8 种性格特征和 5 种激励特征。8 种性格特征包括：才智、主动性、督察能力、自信、与下属关系密切、决断能力、性别、成熟程度。5 种激励特征包括：对工作稳定性的要求，对金钱奖励的要求，权力欲，自我实现的欲望，责任感与成就感，并指出上述性格特征对决定管理效能的重要程度不同。吉赛利认为，成功的领导者最重要的性格特征是督察能力、成就感、才智、自我实现的欲望、自信、决断能力，最不重要的特征是性别，其余的则是次重要的因素。

早期的性格理论虽然正确地指出某些领导者应具备的性格品质，但却因其难以摆脱的局限性和不合理性而不可能对管理实践产生积极的指导作用。首先，性格理论把成功的管理完全归结于领导者个人所具备的性格因素，既忽略了被管理者的作用，又忽略了环境和客观条件的影响，而后两个因素在有效的管理过程中恰恰是不容忽视并起着重要作用的。其次，传统性格理论把成功的领导者所具有的性格特征归结为天赋，这不仅使其在理论上陷入唯心主义，而且使其在实践中失去普遍指导意义。最后，性格理论所研究的性格特征多达几十种，甚至上百种，而且还有继续增加的可能。而各种研究的结果往往互相矛盾，这种个性特征无止境地罗列和不可避免地自相矛盾，恰恰从结果上证明了性格理论研究出发点的错误。

2. 现代领导特性理论

与早期性格理论不同，现代领导特性理论把领导者所应具备的性格品质特征作为有效领导的必要条件而不是决定因素，同时指出这些性格特征不是先天赋予的，而是后天形成的，可以学习、训练和培养，并在领导活动中不断完善。

美国普林斯顿大学教授 W. J. 鲍莫尔（W. J. Banmal）提出十条件论认为，企业家应具备 10 项性格品质特征：合作精神、决策才能、组织能力、精于授权、善于应变、勇于负责、敢于求新、敢担风险、尊重他人、品德超人。

日本企业界公认的领导者应具备性格品质特征是 10 项品德：使命感、责任感、依赖感、积极性、忠诚老实、进取心、忍耐性、公平、热情、勇气。10 项能力：思维决定能力、规划能力、判断能力、创造能力、洞察能力、劝说能力、解决问题能力、培养下级能力、调动积极性能力。

 小思考

根据领导特性理论，你认为自己已经具备了领导者的哪些特性？哪些还不具备？

10.2.2　领导方式理论

领导方式理论认为领导的有效性取决于能够在领导者与被领导者之间形成相互作用的适当方式，该理论研究的重点集中在各种不同领导方式下，领导者与被领导者相互关系及其与领导效绩相关性的比较与分析上。这类理论中比较有代表性的是坦南鲍姆（Tannenbaum）和施密特（Schmidt）的领导行为连续体理论、利克特（Likert）的管理模式理论、俄亥俄州大学的领导四分图理论、布莱克（Blake）和穆顿（Mutton）的领导方格理论、威廉·大内的 Z 理论等。

1. 坦南鲍姆和施密特的领导行为连续体理论

领导行为连续体理论是坦南鲍姆和施密特于 1958 年提出的一种领导方式理论。这一理论认为，领导方式的基本要素是经理运用权威的程度和下属制定决策的自由权限，在以领导者为中心的高度专制式领导和以下属为中心的高度民主式领导的两极之间，存在着以上两个要素各种不同程度组合的多种领导方式，坦南鲍姆和施密特划分出 7 种，这些领导方式构成一个连续模型，如图 10.1 所示。

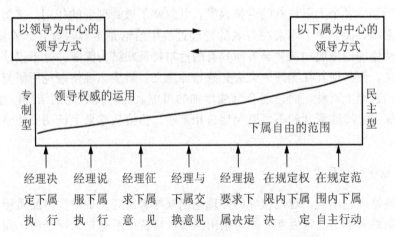

图 10.1　坦南鲍姆和施密特的领导行为连续模型

领导行为连续模型左端是专制型领导，即由上级自行决定一切，对下级实行严密的控制，要求下级完全按照上级的命令行事。这种领导方式无视下属的意见和要求，使下属几乎没有任何自由，很难调动下属人员的积极性，但却能保证领导意图不折不扣地贯彻执行。连续模型右端是民主型领导，即领导很少行使权利直接控制下属，在一定范围内，由下属自行决策并自主行动。这种领导方式能使下属获得较大满足，但不一定会取得较高的生产率。领导行为连续体理论认为，在专制型领导与民主领导之间有多种选择，并非非此即彼，有效的领导者应该根据自己的能力、下属的能力、工作的性质和任务要求等因素，灵活选择最为适当的领导方式。这种思想为以后的情景理论所发展。

1973 年，坦南鲍姆和施密特重新研究其领导连续模型时，又在连续模型外围加上圆圈，以表示领导方式还要受组织环境和社会环境的影响，这样一来，影响领导方式的最重要因素变成了 3 个：①领导者的行为力量；②影响领导者行为的下属力量；③情景的力量。这一修改，着重强调了领导方式与环境力量的相关性，为此，有人将这一理论归入情景理论。

2. 利克特的管理模式理论

美国密歇根大学社会研究所的利克特以数百个组织机构为对象，经过多年的研究，在1961 年出版的《管理的新模式》一书中，提出了他的管理模式理论。利克特把领导方式归纳为 4 种基本模式，如表 10 - 1 所示。

表 10 - 1　利克特的管理模式

模式一	模式二	模式三	模式四
专制式的集权领导	温和式的集权领导	询商式的民主领导	参与式的民主领导

模式一：权力高度集中，下属无任何发言权，上级只对下级发号施令，从不交流与沟通，相互间存在着互不信任的情绪。

模式二：权力仍集中在企业最高领导层，但在有限的范围内，允许下级发表意见并做出决定；上下级之间表面上关系融洽，实际上上级对下级虽然谦和，却并不真正信任，下级对上级仍有畏惧心理，处处小心翼翼，缺乏主动性。

模式三：重要问题由企业高级管理层决定，一般问题授权中下层处理，上级对下级有信任感，上下级之间有较多的联系和沟通，彼此能互相支持。

模式四：采取分权式管理，由企业的中下层人员直接参与决策，上下级之间有良好的双向沟通，相互信任并保持友谊，齐心协力完成组织目标。

利克特对数百个组织机构的研究结果表明，高成就的领导大都是模式四的领导方式，模式三次之，而模式一的领导效果最差。

3. 俄亥俄州大学的领导四分图理论

领导四分图理论也叫二元理论，是美国俄亥俄州大学研究小组在大量调查研究的基础上，于 1945 年提出的一种领导方式理论。该小组在研究过程中，将一千多种描述领导形为的因素最终归结为对人的关心——体谅，和对组织效率的关心——主动状态两大类。领导的体谅行为主要表现为尊重下属意见、重视下属的感情和需要、强调建立互相信任的气氛。领导的主动状态行为主要表现为重视组织设计、明确职责关系、确定工作目标和任务。这两类行为的不同组合，就构成了 4 种不同的领导方式，如图 10.2 所示。

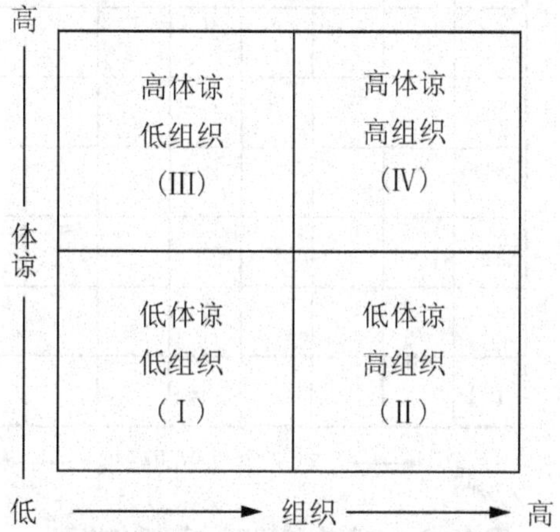

图 10.2　俄亥俄州大学的领导四分图

（Ⅰ）型领导既不关心人，又不重视组织效率，是最无能的领导方式。（Ⅱ）型领导对组织的效率、工作任务和目标的完成非常重视，但忽视人的情绪和需要，是以工作任务为中心的领导方式。（Ⅲ）型领导对人十分关切，对组织效率却漠不关心，是以人为中心的领导方式。（Ⅳ）型领导把对人的关心和对组织效率的关心放在同等重要的地位，既能保证任务的完成，又能充分满足人的需要，是最为理想的领导方式。

俄亥俄州大学研究小组的研究结果表明，不同的领导方式对工作效率和职工情绪有直接影响。在研究中，该小组把不同管理者在体谅和主动状态两个项目中的得分与其管理效率相对比，发现生产部门的效率与主动状态成正比，与体谅成反比，最有效的工长主动状态得分最高，体谅最低，在非生产部门情况恰好相反。同时，该小组还发现，无论在生产部门还是非生产部门，高主动状态低体谅的领导方式都会造成职工的不满情绪和对立情绪，从而导致无故旷工、事故、职工转厂的现象也较严重。因此，从长远的观点来看，这并非是种有效的领导致方式，这一结果再次证实行为科学对以泰勒制为代表的科学管理理论的责难。

4. 布莱克和穆顿的管理方格理论

美国得克萨斯州的布莱克和穆顿在领导四分图的基础上做了进一步的研究，于1964年出版的《管理方格》一书中提出了管理方格理论，并在1978年再版的《新管理方格》一书中，对这一理论做了进一步的补充和完善。布莱克和穆顿把领导行为归结为对人的关心和对生产的关心两类，两者在不同程度上互相结合便形成了多种不同的领导方式。它们以横轴表示对生产的关心，以纵轴表示对人的关心，每根轴分成9格，这样构成的81个方格便代表了对人和生产关心程度不同的81种领导方式，这就是管理方格图，如图10.3所示。

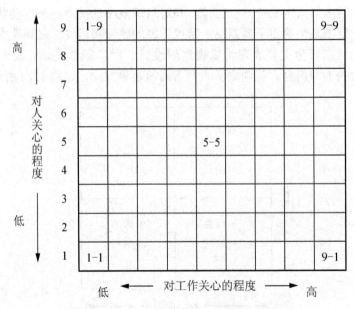

图 10.3 布莱克和穆顿的管理方格图

布莱克和穆顿具体分析了其中5种最为典型的领导方式。

（1）1-1贫乏型。这类领导对生产和人都极不关心，只是为了保持现有地位，而以最小的努力去做必须做的事。显然这是一无所成的不称职的领导者。

（2）9-1任务型。这类领导对生产极为关心，对人却极不关心，他们把全部精力集中在取得最高的产量上，极为排斥人的因素对工作效率的影响，用强制性的权力来控制下属。这种领导方式在短时期内可能取得较高的生产率，但是常此以往，它的副作用却会使生产率下降。

（3）1-9乡村俱乐部型。这类领导极端重视人的因素，却完全忽视了生产因素，放在首位的是增进同事和下级对自己的良好感情，并不考虑这样做是否有益于工作任务的完成和生产效率的提高。这种领导方式下的生产效率无论在长期或短期都不可能提高。

（4）5-5中庸之道型。这类领导对生产和人都有中等程度的关心，既希望有说得过去的生产效率，又希望维持较好的人际关系，在人和工作之间维持一种平衡，善于折中，回避风险，不愿创新，满足于维持现状。这种领导方式虽非上策，却是相当数量的管理者所奉行的领导方式。

（5）9-9团队型。这类领导对人和对生产都极为关注，重视目标，并力求通大家参与、承担义务和解决矛盾，在目标一致、相互依存、相互信任和尊敬的基础上，取得高产量、高质量的成果。这种领导方式无疑是最为有效的方式。

布莱克和穆顿不仅对以上5种典型的领导方式做了详细的分析和评价，而且设计了一套能使企业管理者测试自己的领导方式属于哪一种类型的问卷，和培养其成为9-9型领导的"六阶段管理发展计划"，并亲自主持了这方面的试验，使得这一理论成为培养有效管理者的有用工具，在企业界和管理学界均产生较大影响。

一个领导者较为理性的选择是，在不低于5-5的水平上，根据生产任务与环境等情况，在一定时期内，在关心生产与关心人之间进行适当的倾斜，实行一种动态的平衡，并努力向9-9靠拢。

5. 威廉·大内的Z理论

Z理论是美国加利福尼亚大学日裔美籍管理学教授威廉·大内在对日本与美国的企业管理方式做了大量比较研究的基础上，于1981年所著《Z理论——美国企业怎样迎接日本的挑战》一书中提出的。大内选定日、美各12家典型企业在本国和对方开设的子公司共48例，进行了大量调查对比，发现日本企业的管理方式使企业具有同质性、稳定性和集体主义状态，大内称其为T型组织，美国企业管理方式使企业具有异质性、流动性和个人主义状态，大内称其为A型组织。大内的研究结果表明，日本的企业管理方式普遍较美国效率高。大内认为，虽然民族的传统文化对企业管理思想和管理方式具有深刻的影响，但从经济组织具有相似任务这一点来看，日本企业成功的管理要素可以移植到美国的企业管理中来。他把借鉴日本企业管理经验所构造出来的具有高效率的理想管理模式称为Z型组织，并对Z型组织进行了系统研究，提出了Z理论。

Z理论认为，企业生产率的基础是企业中人与人之间的信任、微妙性和亲密性，有效的管理方式必须从这3个基本点出发。A型、T型、Z型管理方式的特征对比如表10-2所示。

表10-2　威廉·大内Z理论A型、T型、Z型管理方式特征对比

A型	T型	Z型
短期雇佣	终身雇佣	长期雇佣
迅速地评价和升级	缓慢的评价和升级	缓慢的评价和升级
专业化的经历道路	非专业的经历道路	半专业化的经历道路
明确的控制	含蓄的控制	含蓄的控制明确的检验

续表

A 型	T 型	Z 型
个人的决策过程	集体的决策过程	集体的决策过程
个人负责	集体负责	个人负责
局部关系	整体关系	整体关系

大内的 Z 理论受到各国管理界和管理学者的注意。它不仅为人们提供了可供借鉴的管理方式，还提供了结合本国传统文化和企业管理等特点，创造性地吸收、融合他国成功经验为我所用的科学思想方法和卓有成效的研究方法。

10.2.3 领导情景理论

领导情景理论认为，有效领导不仅是由领导者自身的个性和领导方式决定的，更重要的是取决于领导者所处的客观环境，以及领导方式与客观环境是否相适应。因此，该理论把研究的重点放在决定领导效能的环境因素，以及怎样使领导方式与之相适应上。这一理论的代表有菲德勒(Fiedler)的有效领导权变模式、豪斯(House)的路径-目标理论、卡曼(Kaman)的领导生命周理论、葛伦(Graeo)的领导-成员交换理论等。

1. 菲德勒的有效领导权变模式

菲德勒是第一个把领导方式与环境因素有机联系起来研究领导效率的心理学家。从1951 年开始，经过 15 年的调查研究，提出了他的有效领导权变模式理论。

菲德勒认为并不存在一种普通适用各种情景的领导模式，然而在不同的情况下都可以找到一种与特定情景相适应的有效领导模式。他指出了一个"有效领导的权变模型"，其中包含了两种基本领导风格和 3 种情景因素，3 种情景因素又分别可组成 8 个明显不同的环境，领导方式只有与环境类型相适应，才能获得有效的领导。菲德勒有效领导权变模式如图 10.4 所示。

1）两种领导风格

菲德勒确认了两种领导风格：一种为任务导向型(类似于以工作为中心)；另一种为关系导向型(类似于以员工为中心)。他还认为，领导行为的方式是领导人个性的反映，基本上不大会改变。因此，一个领导人的领导风格究竟是任务导向还是关系导向是可以确定的。

菲德勒设计了一种"你最不喜欢的同事"（LPC：least preferred coworker questionnaire)的问卷，让被测试者填写。一个领导者如对其最不喜欢的同事仍能给予好的评价，则表明他对人宽容、体谅，提倡好的人际关系，则该领导趋向于人际关系型的领导方式（高 LPC)。如果对其最不喜欢的同事给予低的评价，则表明他对任务的关心胜过对人的关心，该领导趋向于工作任务型的领导方式（低 LPC)。每个管理人员和领导通过对 LPC 的描述可判断其领导风格。

2）3 种情景因素

通过大量研究，菲德勒提出了一种领导的权变模型，认为任何领导形态均可能有效，

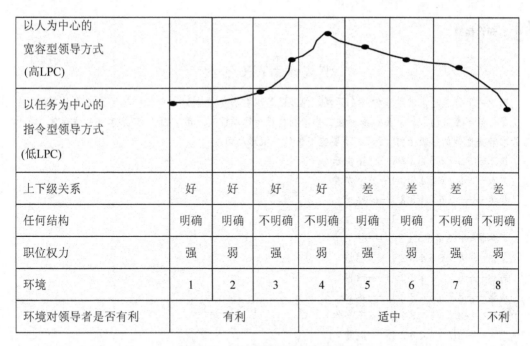

以人为中心的宽容型领导方式（高LPC） 以任务为中心的指令型领导方式（低LPC）								
上下级关系	好	好	好	好	差	差	差	差
任何结构	明确	明确	不明确	不明确	明确	明确	不明确	不明确
职位权力	强	弱	强	弱	强	弱	强	弱
环境	1	2	3	4	5	6	7	8
环境对领导者是否有利	有利				适中			不利

图 10.4　菲德勒有效领导权变模式

其有效性完全取决于是否适应所处的环境。环境影响因素主要有 3 个方面。

（1）上下级关系。指领导者和下级的关系，包括领导者是否得到下属的尊敬和信任、是否对下属具有吸引力。

（2）任务结构。指工作团体的任务是否明确、是否进行了详细的规划和程序化。

（3）职位权力。指领导者的职位所具有的权威和权力的大小，或者说领导的法定权、惩罚权和奖励权的大小。

3）理论模型

菲德勒将 3 个情景条件任意组合成 8 种情况，通过大量的调查和数据收集，将领导风格同对领导有利或不利的 8 种情况关联，以便了解有效领导所应当采取的领导方式。

菲德勒的研究结果说明，在对领导者最有利和最不利的情况下，采用任务导向其效果较好。在对领导者中等有利的情况下，采用关系导向效果较好。菲德勒模型理论在许多情况下是正确的，但有许多批评意见，如取样太小有统计误差，该理论只是概括出结论，而没有提出一套理论等。

4）菲德勒理论模型的意义

（1）该理论特别强调效果和应该采取的领导方式，这为研究领导行为指出了新方向。

（2）该理论将领导行为和情景的影响、领导者和被领导者之间关系的影响联系起来，指出并不存在一种绝对好的领导形态，必须和权变因素相适应。

（3）该理论指出了选拔领导人的原则，在最好的或最坏的情况下，应选用任务导向的领导；反之则选用关系导向者。

（4）该理论指出，必要时可以通过环境改造以适应领导者。

知识链接

测测你的 LPC 分数

回想一下你自己最难共事的一个同事，他可以是现在和你共事的，也可以是过去与你共事的。他不一定是你最不喜欢的人，只不过是你在工作中相处最为困难的人。用下面 16 组形容词来描述他，在你认为最准确描述他的等级上打"×"。不要空下任何一组形容词。

快乐——8 7 6 5 4 3 2 1——不快乐
友善——8 7 6 5 4 3 2 1——不友善
拒绝——8 7 6 5 4 3 2 1——接纳
有益——8 7 6 5 4 3 2 1——无益
不热情——8 7 6 5 4 3 2 1——热情
紧张——8 7 6 5 4 3 2 1——轻松
疏远——8 7 6 5 4 3 2 1——亲密
冷漠——8 7 6 5 4 3 2 1——热心
合作——8 7 6 5 4 3 2 1——不合作
助人——8 7 6 5 4 3 2 1——敌意
无聊——8 7 6 5 4 3 2 1——有趣
好争——8 7 6 5 4 3 2 1——融洽
自信——8 7 6 5 4 3 2 1——犹豫
高效——8 7 6 5 4 3 2 1——低效
郁闷——8 7 6 5 4 3 2 1——开朗
开放——8 7 6 5 4 3 2 1——防备

评分标准和参考答案

你在 LPC 量表上的得分是你的领导风格的反映，讲得更具体些，它表明了你在工作环境下的主要动机和目标。

为了确定你的 LPC 分数，将 16 项中的得分相加（其中每项是 1~8 分中的某个分数）。如果你的得分为 64 分或更高，那么，你是一位 LPC 得分很高的关系导向型的领导；如果你的得分是 57 分或者更低，那么，你是一位低 LPC 的人或者是任务导向型的领导；如果你的得分为 58~63 分，那么，就需要你自己决定你属于哪种类型了。

根据菲德勒的理论，了解自己的 LPC 得分能够帮助你找到一个合适的匹配，有助于你成为更有效的领导。

2. 豪斯的路径-目标理论

路径-目标理论是权变理论的一种，由加拿大多伦多大学的组织行为学教授豪斯最先提出，后来华盛顿大学的管理学教授特伦斯·米切尔（Terence Mitchell）也参与了这一理论的完善和补充。目前已经成为当今最受人们关注的领导观点之一。

这一理论以期望理论和领导四分图理论为基础，指出有效的领导能够帮助下属在达成企业目标的同时，也达成个人目标，包括报酬目标和成就目标，即在完成工作任务的同时，得到满足和激励。因此，领导者的责任是，为下属明确到达目标的路径，即说明工作的意义、方向、内容、任务等；帮助下属排除实现目标路径上的障碍，即解决工作中遇到的问题；支持下属为实现目标所做的努力；在工作中给下属以多种多样满足需要的机会，使其感到满意，从而顺利地通过路径到达目标。

1）4种领导行为

豪斯认为"高工作"和"高关心"的组合不一定是最有效的领导方式，还需考虑环境因素。在1974年他与米切尔发表的论文中提出了4种领导行为。

（1）指示性的领导行为。让下属明确任务的具体要求，怎么做、工作日程、决策都由领导做出（类似于任务导向型行为）。

（2）支持型领导行为。与下属友善相处，领导平易近人，关心下属的福利，公平待人（与关心型及关系导向型相似）。

（3）参与型领导行为。与下属商量，征询下属的建议，允许参与决策。

（4）成就导向型领导行为。提出有挑战性的目标，要求下属有高水平的表现，鼓励下属并对下属的能力表示出充分的信心。

2）两种情景因素

路径-目标理论提出领导方式要适应情景因素，该理论特别关注两类情景因素，一类是下属的个人特点；另一类是工作场所的环境因素。

（1）个人特点。主要包括下属的控制点、经验和知觉能力。控制点是指个体对环境变化影响自身行为的认识程度。根据这种认识程度的大小，控制点分为内向控制点和外向控制点两种。内向控制点是说明个体充分相信自我行为主导未来，而不是环境控制未来的观念；外向控制点则是说明个体把自我行为的结果归于环境影响的观念。接受内因控制认识的个人相信一切结果都是通过自身的努力和行为所产生的，而接受外因控制认识的个人则往往把发生的结果归因于运气、命运或"制度"。相信内因决定论的人喜欢参与型的领导行为，相信外因决定论的人则宁可采用指令型的领导。假如下属认为自己能力不强，则其更喜欢指令型领导；反之，有的人自视甚高，则可能对指令型的领导行为表示愤懑。管理者对下属的个人特点是难以影响并改变的，但是管理人员对于环境的塑造及针对不同的个性采取不同的领导方式是完全可能的。

（2）环境因素。环境因素非下属所能控制，它包括以下的情况。

① 任务结构。当任务结构很明确时，如采用指令型领导行为效果就差，对于一些很平常的工作，人们并不需要其上司老是喋喋不休地吩咐如何去做。

② 职权制度。正式职权制度是另一个重要的环境特点，如果正式职权都规定得很明确，则下属会更欢迎非指令性的领导行为。

③ 工作群体。工作群体的性质会影响领导行为，如果工作群体为个人提供了社会上的支持和满足，则支持性的领导行为就显得多余了；反之，个人则会从领导人那里寻求这类支持。

路径-目标模型表明，领导人的行为会影响下属的工作动机，而个人特点和环境因素也会影响这种关系的性质。

路径-目标理论同以前的各种领导理论的最大区别在于，它立足于部下，而不是立足于领导者。豪斯认为，领导者的基本任务就是发挥部下的作用，而要发挥部下的作用，就得帮助部下设定目标，把握目标的价值，支持并帮助部下实现目标。在实现目标的过程中提高部下的能力，使部下得到满足。

3. 卡曼的领导生命周期理论

领导生命周期理论是美国俄亥俄州立大学心理学家卡曼在领导四分图和阿吉里斯的成熟——不成熟理论的基础上创立的，后由保罗·赫西(Paul Hersey)和肯尼斯·布兰查德(Kenneth Blanchard)予以发展。这一理论认为，领导者采用什么样的领导方式最为有效，与被领导者的成熟程度密切相关。所谓成熟程度(maturity)，是指被领导者完成工作任务时所掌握的知识和经验多少、独立工作能力高低、承担责任的愿望，以及对成就感的向往等，包括工作成熟度(job maturity)和心理成熟度(psychological maturity)。工作成熟度是下属完成任务时具有的相关技能和技术知识水平。心理成熟度是下属的自信心和自尊心。随着被领导者由不成熟走向成熟，领导行为和领导方式必须相应改变。

卡曼把领导行为划分为工作行为和关系行为两大类，所谓的工作行为是指领导用单向沟通的方式，指示下属在何时、何地、用什么方法去完成什么任务，此时下属是被动的。关系行为是指领导用双向沟通的方式指导下属工作，并注意倾听下属意见，体察下属情绪，关怀下属生活，此时下属是能动的。这两种领导行为的不同组合形成了 4 种领导方式，同时引入成熟度作为第三坐标，就构成了领导生命周期模型，如图 10.5 所示。

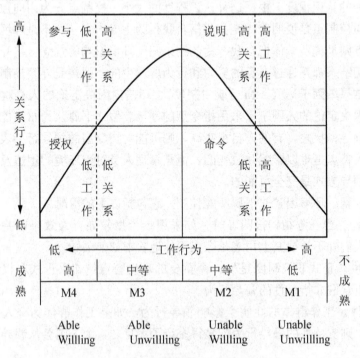

图 10.5　卡曼的领导生命周期模式

领导生命周期使用的两个领导维度与菲德勒的划分相同：任务行为和关系行为。但是，赫西和布兰查德则向前迈进了一步，他们认为每一行为有低有高，从而组合成以下 4 种具体的领导风格。

(1) 命令型(高工作-低关系)：领导者定义角色，告诉下属应该干什么、怎么干以及何时何地去干。

(2) 说服型(高工作-高关系)：领导者同时提供指导性的行为与支持性的行为。

(3) 参与型(低工作-高关系)：领导者与下属共同决策，领导者的主要角色是提供便利条件与沟通。

(4) 授权型(低工作-低关系)：领导者提供极少的指导或支持。

图 10.5 中，横坐标表示任务行为，纵坐标代表关系行为，第三个坐标则为成熟度。根据下属的成熟度量(从 M1 到 M4)，有 4 种不同的情况，这样成熟度、任务行为及关系行为间有一种曲线关系，随着下属成熟度的提高，领导风格就按顺序逐步转移。

对于低成熟度(M1)的下属，由于这些人对于执行某任务既无能力又不情愿，既不能胜任工作又不能被信任，因此，这时就应使用指导型的领导风格，领导者可以采取单向沟通的方式，明确规定其工作目标和工作规程，告诉他们做什么，如何做，在何地、何时完成。

对于较不成熟(M2)的下属，由于这些人开始熟悉工作，并愿意担负起工作责任，有积极性，但目前尚缺乏足够的技能，这时，说服型的领导方式更为有效。领导者应以双向沟通的方式给予直接的指导，并对其意愿和热情在感情上加以支持，这种领导方式通常仍由领导者对绝大多数工作做出决定，但领导需把这些决定推销给下属，通过解释和说服以获得下属心理上的支持。此时的管理者应对其下属充分信任，并不断给予鼓励。

对于比较成熟(M3)的下属，由于他们具备了工作所需的技术和经验，也有一定的完成任务的主动性并乐于承担责任，已能胜任工作，因此，不希望领导者对其有过多的控制与约束。这时，领导者运用参与型领导方式较为恰当。领导者应减少过多的任务行为，以双向沟通和耐心倾听的方式，加强交流，鼓励下属共同参与决策，继续提高对下属感情上的支持，不必再去具体指导下属的工作。

对于高度成熟(M4)的下属，由于下属不仅具备了独立工作的能力，而且也愿意并具有充分的自信来主动完成任务并承担责任，此时，领导人应充分授权下属，放手让下属"自行其是"，由下属自己决定何时、何地和如何做的问题。因此，授权型领导方式对于高度成熟的下属更为适用。

总之，领导生命周期理论为情景领导理论提供了又一个有用而易于理解的模型，该理论再次说明了并不存在一种万能的领导方式能适合各种不同的情景，管理的技巧需配合下属目前的成熟度，并帮助其发展，加强自我控制。因此，各种领导风格必须因势利导灵活运用。

4. 葛伦的领导-成员交换理论

领导-成员交换理论是由葛伦和 Uhl-Bien 在 1976 年首先提出的。该理论认为，领导者对待下属的方式是有差别的，组织成员关系的集合中往往会包括一小部分高质量的交换关系(圈内成员之间)和大部分低质量的交换关系(圈外成员与圈内成员之间)。

该理论指出，由于时间压力，领导者与下属中的少部分人建立了特殊关系。这些个体成为圈内人士，受到信任，得到领导更多的关照，也更可能享有特权；而其他下属则成为圈外人士，占用领导的时间较少，获得满意的奖励机会也较少，其领导-下属关系是在正式的权力系统基础上形成的。当领导者与某一下属进行相互作用的初期，领导者就暗自将其划入圈内或圈外，并且这种关系是相对稳固不变的。领导者到底如何将某人划入圈内或圈外尚不清楚，但有证据表明领导者倾向于将具有以下特点的人员选入圈内：个人特点（如年龄、性别、态度）与领导者相似，有能力，具有外向的个性特点领导-成员交换理论如图 10.6 所示。该理论预测，圈内地位的下属得到的绩效评估等级更高，离职率更低，对主管更满意。

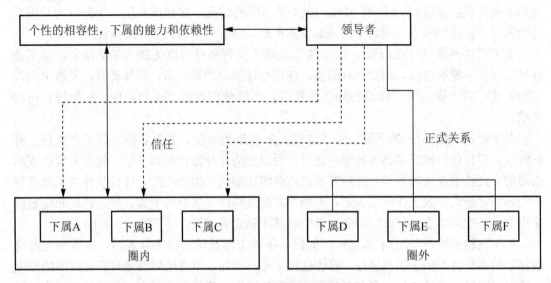

图 10.6　领导-成员交换理论

领导-成员交换理论相对于传统领导理论更具有实证指导性。在现实情景下，领导对待下级的方式的确存在差异，而且领导-成员交换理论通过分析领导与成员之间的不同交换关系，也为分析领导者效能改善、团队绩效提高的路径提供了理论依据和实践指导。

以上介绍的几种情景理论，虽因其研究的着眼点不同而得出不同的结论，但其共同特点是，将领导的有效性与领导的对象和环境因素相联系，摆脱了以往领导理论研究中的片面性和简单化、模式化，使之对组织管理的实践具有更大的实用性和更为广泛的指导意义。

10.3　领导者、领导集体与团队

10.3.1　领导者素质

为了有效地实现领导的作用，领导者必须具有一定的素质。虽然由于不同层次的领导者的作用不同，对不同阶层的领导者的素质要求也不同，但是个人品质或特征是决定领导效果的关键因素。一般认为，作为一个领导者，在政治素质、业务素质和身体素质上必须符合以下基本条件。

1）政治素质

政治素质主要包括思想观念、价值体系、政策水平、职业道德、工作作风等方面的要求，具体表现在以下几个方面。

（1）正确的世界观、价值观与人生观。

（2）现代化的管理思想。

（3）强烈的事业心、高度的责任感，正直的品质和民主的作风。

（4）实事求是，勇于创新。

2）业务素质

（1）较强的分析、判断和概括能力。高层领导要能在纷繁复杂的事务中，透过现象看清本质，抓住主要矛盾，运用逻辑思维，进行有效地归纳、概括、判断，找出解决问题的办法。

（2）决策能力。决策是领导者的首要职能，是领导者综合能力的表现。任何正确的决策，都来源于周密细致的调查和准确而有预见性的分析判断，来源于丰富的科学知识和实践经验，来源于集体的智慧和领导者勇于负责精神的恰当结合。正确的决策可以使组织转危为安，走向兴旺和发达；决策失误也可以使组织的生存受到威胁。

（3）组织、指挥和控制的能力。组织中高层领导者应懂得组织设计的原则，如因事设职、因职用人、职权一致、统一指挥、管理幅度等。应熟悉并善于运用各种组织形式，善于运用组织的力量，协调人力、物力和财力，以期达到综合平衡，获得最佳效果。控制能力要求在实现组织目标过程中，监控实施过程，找出薄弱的环节，制定相应的措施从而保证目标的顺利实现。

（4）沟通、协调企业内外各种关系的能力。在市场经济控制下，企业与企业之间既是竞争对手，又是合作伙伴。领导者要能正确处理与其他企业的关系，在市场竞争中，树立企业的形象，同时，领导者要协调好内部各种关系，充分调动职工的积极性。

（5）不断探索和创新的能力。领导者要在管理工作中，不断探索，对新生事物要敏感，富有想象力，思路广阔，勇于提出新的设想、新的方案，制定出具有激励性和挑战性的组织目标，鼓舞下属去完成任务。

（6）知人善任的能力。未来市场的竞争是产品的竞争，产品的竞争又是技术的竞争，技术的竞争又是人才的竞争。领导者要善于发现、培养、提拔和使用人才，用其所长，同时，也要创造条件，培养、锻炼下属的业务能力。

3）身体素质

组织的高层领导，作为组织系统的指挥者，担负着组织、指挥组织活动的重任。因此，领导必须有强健的身体、充沛的精力，以便胜任繁重的工作。

10.3.2　领导集体的构成

组织中的领导者并非一个人，而是由一群人组成。现代企业的生产经营活动异常复杂，单靠一个人的聪明才智很难有效地组织和指挥企业的生产经营活动。只有把具有各种专业才能的一群人组织在一起，才能构成全才的领导集体。一个具有合理结构的领导班子，不仅能使每个成员人尽其才、做好自己的工作，而且还能通过有效地组合，发挥巨大的集体力量。领导班子的结构一般包括年龄结构、知识结构、能力结构、专业结构等。

1）年龄结构

不同年龄的人具有不同的智力、不同的经验。因此，寻求领导班子成员的最佳年龄结构是非常重要的。领导班子应该是老、中、青三结合，向年轻化的趋势发展。现代社会处于高度发展之中，知识更新的速度越来越快。尽管随着年龄的增长，也会有知识数量的积累，但吸收新知识的优势无疑属于中青年人，人的知识水平的提高与年龄的增长，没有必然的联系。现代生理科学和心理科学研究表明，一个人的年龄与智力有一定的定量关系，如表10-3所示。

表10-3 年龄结构与智力关系

智力 \ 年龄	10—17	18—29	30—49	50—69	70—89
知觉	100	95	93	76	46
记忆	95	100	92	83	55
比较和判断力	72	100	100	87	67
动作和反应速度	88	100	97	92	71

从表中可知，在智力诸因素中，中青年占有明显的优势。人的经验与年龄一般呈正向关系，老年人经验往往比较丰富。因此，领导班子中老、中、青结合，有利于发挥各自的优势。

领导班子的年轻化，是现代社会的客观要求，是组织现代化大生产的需要。但年轻化绝不是青年化，不是说领导班子中成员的年龄越小越好，而是指一个领导集体中应有一个合理的老、中、青比例，有一个与管理层次相适应的平均年龄界限。在不同管理阶层中，对年龄的要求、对年轻化的程度，应有所不同。

2）知识结构

知识结构是指领导班子中不同成员的知识水平构成。领导班子成员都应具有较高的知识水平，没有较高的文化知识素养，就胜任不了管理现代化企业的要求。在现代企业中，大量的先进科学技术被采用，在复杂多变的经营环境中，为了使企业获得生存，求得发展，企业领导人员必须具备广博的知识。随着我国社会经济的发展，职工的文化水准在不断提高，各类组织的各级领导都在向知识型转变。

3）能力结构

领导的效能不仅与领导者的知识有关，而且与他运用知识的能力有密切的关系。这种运用知识的能力对于管理好一个企业是非常重要的。能力是一个内容十分广泛的概念，它包括决策能力、判断能力、分析能力、指挥能力、组织能力、协调能力等。每个人的能力是不同的，有的人善于思考分析问题，提出好的建议与意见，但不善于组织工作；有的人善于组织工作，但分析问题的能力较差等。因此，企业领导班子中应包括不同能力类型的人物，既要有思想家，又要有组织家，还要有实干家，这样才能形成最优的能力结构，在企业管理中充分发挥作用。

4) 专业结构

专业结构是指在领导班子中各位成员的配备应由各种专门的人才组成，形成一个合理的专业结构，从总体上强化这个班子的专业力量。在现代企业里，科学技术是提高生产经营成果的主要手段。因此，领导干部的专业化是搞好现代企业经营的客观要求。

以上所述的领导班子的结构仅是主要方面的。此外，还有其他一些结构，如性别结构、性格结构等也是需要注意的。按照这些要求形成的领导集体将是一个结构优化、富有效率的集体。

10.3.3　团队及高效团队的特点

1) 团队的含义

团队是指在心理上相互认知、相互了解，知识技能上互补，行为上相互作用、相互影响，利益上相互联系、相互依存，为了达到共同目标而结合在一起的工作群体。团队可以是长期的，也可以是短时的。作为部门及其组织正式结构中一部分的工作团队，都是典型的长期团队。短时的工作团队包括特别行动小组、项目小组、问题解决团队，以及其他为了开发、分析或学习工作相关的内容而建立起来的工作团队。

2) 高效团队的特点

（1）清晰的目标。高效团队非常明确他要达到什么目标，并坚信这一目标体现了重大价值。另外，这种目标的重要性还激励着个体为实现团队目标而调整个人关注的重心。在高效团队中，成员为团队目标奉献自己的力量，他们清楚地知道团队希望自己干什么，以及成员之间怎样相互协作最终实现目标。

（2）相关的技能。高效团队由一群能力很强的个体组成。这些个体具备实现理想目标所必需的技术能力，以及相互之间能够良好合作的个性品质即人际交往技能。其中后者尤为重要，但却常常被人们忽视。

（3）相互的信任。成员之间相互信任是高效团队的显著特征，所以维持群体内的相互信任需要引起管理层足够的重视。

（4）统一的承诺。高效团队中的成员对团队表现出高度的忠诚感和奉献精神，只要能帮助团队获得成功，他们愿意做任何工作。有关成功团队的研究发现，这些成员对其群体具有认同感，成员重新界定了自我概念，并把自己是该团队成员的身份看做自我中一个重要组成部分。统一的承诺意味着对团队目标的奉献精神，愿意为实现这一目标付出自己更多的精力。

（5）良好的沟通。高效团队以良好沟通为特点，群体成员之间以其可以清晰理解的方式传递信息。良好的沟通还表现在管理者与团队成员之间健康的信息反馈上，这种反馈有助于管理者对团队成员的指导，以及消除彼此之间的误解。

（6）谈判的技能。当以个体为基础进行工作设计时，员工的角色由工作说明书、组织的规章制度，以及其他一些正式文件明确规定。但对高效团队来说，谁做什么事通常十分灵活，总在不断进行调整。这种灵活性就需要团队成员具备谈判技能。

（7）恰当的领导。有效的领导者能够激励团队跟随自己共渡难关，帮助团队指明前进的目标，向成员解释通过克服惰性可以实施变革，鼓舞每个成员增强自信，帮助成员了解自己的潜力所在。越来越多的高效团队领导者扮演着教练和后盾的角色，为团队提供指导和支持，但并不控制团队。

（8）内部的支持和外部的支持。高效团队的一个必要条件是它的支持环境。从内部条件来看，团队应拥有一个合理的基础结构，这包括适当的培训、一套清晰而合理的测量系统用来评价总体绩效水平、一个报酬分配方案以认可和奖励团队的活动、一个具有支持作用的人力资源系统。恰当的基础结构应能支持团队成员，并强化那些取得高绩效水平的行为。从外部条件来看，管理层应该给团队提供完成工作所必需的各种资源。

3）团队与群体的区别

团队与群体的区别如表 10 - 4 所示。

表 10 - 4　团队与群体的区别

一般工作群体	有效的团队
人们一同工作	人们相互信任
人们封闭个人的感受	每个人都能公开表达自己的感受
人们回避或激化矛盾	矛盾得到解决
有限的信任、各自为阵	人们相互信任和支持
封锁或被动地提供信息	信息得到交流和共享
目标是不明确或个人化的	大家具有共同的目标
缺少合作和团队的训练	日常化的团队训练

10.4　领导方法和领导艺术

管理学认为，领导就是领导者运用掌握的权力对下属施加影响力，从而使下属心甘情愿地为实现组织目标而努力工作的行为过程。作为领导者，其有效性本质不是"把事做对（do things right-efficiency）"的能力，而是"做对的事（do the right things-effectiveness）"的能力。

10.4.1　有效利用自己的时间

（1）记录时间。许多有效的管理者经常保持一个时间记录簿，并且定期拿出来看看，进行研究和调整。

（2）管理时间。时间浪费常见的两个原因：一是自己时间管理不当，或不明事情性质都躬亲处理；二是组织缺陷。

（3）集中时间。管理者应尽可能地集中时间，以处理重要的事务，产生更大的效益。

10.4.2　合理利用权力

领导的权力来源主要有 5 种，即法定性权力、奖赏性权力、惩罚性权力、专长性权力和感召性权力。前 3 种权力来源于职位、职务，一般政府官员、组织内的各级主管人员都具有这3种权力。而后两种权力来源于个人的领导水平、领导艺术、素质修养和行为举止等。法定权是领导权力的基础，奖赏权的运用必须能满足对方的需求，惩罚权运用不当会导致负面效果，专长权使用过度可能会导致以"专家"自居，闭目塞听，感召权运用不合理可能会使追随者以感性冲动代替理性分析决策，盲目追随。因此，一位有效的领导者应该同时拥有并综合、有效运用上述5种权力，而仅仅拥有前3种权力是远远不够的。作为一个有效的领导者就应通过各种途径，学习和掌握各种专业知识和管理知识，不断地完善本人各方面的素质，不断地提高领导艺术和领导水平。

10.4.3　加强领导者之间的团结协作

由于领导层是由不同经历、不同学历、不同专业知识、不同性格脾气的人组成的，并且较长时间在一起共同工作，因此，领导层内部的团结协作是组织正常运行、组织目标得以实现的重要保证。要做到这一点，领导层成员之间应当遵循下列几项原则。

（1）领导层中的任何一员，一旦领导层明确他在某一方面负有基本责任时，即意味着他在这一方面拥有决定权，而且他的决定也就是整个领导层的决定。

（2）领导层中的任何一员，绝不允许对自己不负责任的事项做出决定。当有人找上门时，应将此事转交给对此事负责的成员，并且不发表任何意见和看法。

（3）领导层中任何成员之间的关系不应带有感情色彩，不应显示出对某人过分热络，面对某人过分冷淡，而应保持一种正常的工作关系。

（4）领导层中，必须有一位有才能、有威望的"班长"。他是领导层中的决策人物、核心人物，而不是家长式的独裁者，他应当善于归纳领导成员的智慧和建议，善于解决领导成员之间的矛盾和分歧，拥有最后的决定权或否决权。

（5）当单个领导者无法决策或超出了自己管辖范围时，应请示领导层成员集体讨论，然后再由组织委托某一成员做出决定。

10.4.4　领导艺术

领导工作是一门科学，亦是一门艺术。领导工作是一门科学，表明领导工作是有客观规律性可循的。必须遵循规律，从实际出发，实事求是的开展工作。领导工作是一门艺术，表明领导工作是一项创造性的工作，领导艺术就是一种富有创造性的领导方法的体现。管理工作要求领导者具备灵活运用各种领导方法的能力和技巧，创造性地开展工作，来实现组织的目标。创造性是领导艺术的核心部分。

领导艺术体现领导者驾驭领导工作的高超能力，是领导者学识、智慧、才能、胆略、作风、气质、品格、方法和创造性思维等多种因素的综合体现，它有3个层次：①悟性层次，是经验的直觉判断；②理性层次，是对有关理论的灵活运用；③智慧层次，是高超智慧的艺术表现。领导艺术始终存在于领导工作之中，包含的内容非常广泛、丰富。一般而言应包括授权艺术、决策艺术、会议艺术等。

1）授权艺术

面对当前社会科技、经济飞速发展，管理问题越来越复杂化，再高明的领导者都不可能包揽一切，什么事都由自己亲自过问、亲自处理了。因此，现代领导者必须采用授权这一分身术，使自己摆脱具体事务的缠绕，而专心致志地处理重大事务。

授权是指上级主管委授给下属一定的权力和责任，使下属在一定的范围内，有相当的自主权、决定权。授权者对被授权者有监督权，被授权者对授权者有报告情况和完成相应工作的责任。在实际工作中，必须注意授权与代理职务的区别，授权与助理、秘书职务的区别，授权与分工的区别。

一个领导者在授权过程中，有3种情况：①授权留责——这是正常的领导者；②权责授光——这是不正常的领导者；③只授责，不授权——这是错误的领导者。授权最重要的原则，就是领导者把一部分权力和责任授予下属后，领导者依然负有责任。除此以外，还有一些原则应当遵循。

（1）因事择人，视能授权。一切以被授权者的才能大小和工作水平的高低为依据。"职以能授，爵以功授"，这是古今中外的历史经验，而"因人设事"、"以功授权"，必然贻误工作。

（2）授权之前，应当对被授权者进行严密的考察，力求将权力和责任授予最合适的人。如工作必需，面对被授权者又一时无法考察完毕，则可以先试用一段时间，在使用过程中继续考察。

（3）必须向被授权者明确交代任务目标及权责范围，便于被授权者在工作中有所遵循。

（4）授权者只能对直接下属授权，而不应越级授权。因为越级授权必然导致中层干部的被动，管理陷入混乱之中。

（5）凡是涉及有关组织全局的问题，如组织的发展方向和目标、干部的任命和变动等，不可轻易授权，一般应由领导层集体讨论研究，慎重决策。

（6）授权者对被授权者应保持必要的监督和控制，建立和掌握一套行之有效的控制方法。

2）决策艺术

赫伯特·西蒙指出："决策是管理的心脏；管理是由一系列决策组成的；管理就是决策。"这充分说明，决策在管理活动中的重要地位和作用，也充分说明决策对领导者的重要意义。

作为领导者必须根据组织发展目标，充分考虑外部环境和内部条件的制约，科学地、正确地决策，就要十分注意讲究决策艺术。

决策应遵循以下原则。

（1）系统原则。应用系统论的观点进行决策，是决策科学化、整体化、最优化的首要条件。

（2）可行原则。决策应符合事物发展变化的规律，在操作过程中，充分考虑有利条件与不利因素，理性地估量机会，正确地确立决策目标，选择较为合理的、较优的实施方案。

（3）信息原则。信息是决策的前提条件，掌握大量的、可靠的、高质量的信息是决策科学化、最优化的重要条件。

（4）民主原则。与决策科学化紧密联系的是决策民主化。在决策实施的过程中间，领导者充分听取各方面的意见，尤其是专家、学者的意见，是决策科学化、最优化的重要保证。

（5）效益原则。决策必须以提高效益为中心，通过科学决策，实现经济效益和社会效益、长期效益和短期效益、全局效益和局部效益的最佳结合。

3）会议艺术

作为领导者，因为工作需要，经常召集各种大大小小的会议来研究、讨论许多问题，做出许多决定，指导下属的工作。

（1）会议的重要功能。

随着科学技术的发展，社会生产力水平的提高，人类社会进入"信息社会"，各种先进的通信手段，如电话、电传、电子计算机等进入人们日常生活领域，人们相互之间的信息交流、意见交换变得方便、快捷。尽管如此，开会还是无法被取而代之，这主要是会议仍有十分重要的功能。

① 会议是整个社会或整个组织活动的一个重要反映，也是与会者在组织中、在社会上的身份、地位、影响力及所起作用的标示。

② 会议是集思广益的重要场所。与会者通过充分交换意见，深入讨论研究，往往会产生一种相同的见解、价值观和行动指南，从而保证组织目标的实现。

③ 会议对每一个与会者将产生一种约束力。会议经过大会发言、小组讨论，最后形成的决议，一旦被会议通过，将对全体与会者产生约束力，包括原来持有不同意见者。

④ 会议是显露人才、发现人才的场所。许多政治家、理论家，往往是在各种会议上使大家发现他的才华，从而走上领导岗位，成名成家的。

（2）会议应注意的问题。

① 不开无准备之会。开会以前必须充分准备，确定开会的议题和出席的对象，议题不宜多，参加会议的人也不宜太多。一个会议能解决一两个重大问题，形成决议就算是成功了。

② 开短会，不开长会。会议时间不宜太长，否则会引起与会者的反感。发言者发言的时间应有限制，禁止夸夸其谈，做无准备的"随便讲几句"之类发言。

③ 准时开会，不拖拉。不少人开会经常迟到，而会议主持者不批评，还等待他们，久而久之，准时到会者也不准时，会风渐差。

④ 注意合理安排议题的先后次序。根据人的心理、生理、精力等特点，会议的前半部分，宜讨论需要与会者开动脑筋、集中精力的议题，便于提高会议决议的质量。

除此以外，还有用人艺术、奖励艺术等，都是领导者应该在工作实践中予以重视的。

本 章 小 结

1. 领导是指领导者依靠影响力，指挥、带领、引导和鼓励被领导者或追随者，实现组织目标的活动和艺术。

2. 领导者的权力来源有法定性权力、惩罚性权力、奖赏性权力、感召性权力和专长性权力。

3. 领导主要有指挥、协调和激励作用。

4. 领导理论主要有领导特性理论、领导行为理论和领导情景理论。

5. 领导团队的构成要考虑年龄、专业、能力和知识等要素。团队是指在心理上相互认知、相互了解，知识技能上互补，行为上相互作用、相互影响，利益上相互联系、相互依存，为了达到共同目标而结合在一起的工作群体。

6. 领导者要综合运用授权艺术、决策艺术、会议艺术等。

练 习 题

一、单项选择题

(1) 以下不是领导的职位权的是（   ）。

    A. 强制权   B. 奖赏权   C. 专家权   D. 法定权

(2) 下列领导理论与其代表人物的对应关系中，错误的是（   ）。

    A. 坦南鲍姆和施密特的领导行为连续体理论

    B. 布莱克和穆顿的管理方格理论

    C. 豪斯的路径-目标理论

    D. 卡曼的领导-成员交换理论

(3) 某企业多年来任务完成得都比较好，职工经济收入也很高，但领导和职工的关系却很差，该领导很可能是管理方格中所说的（   ）。

    A. 贫乏型   B. 乡村俱乐部型   C. 任务型   D. 中庸之道型

(4) 20 世纪 60 年代以来，在西方国家处于主导地位的领导理论是（   ）。

    A. 领导特质理论   B. 领导行为理论

    C. 领导权变理论   D. 管理方格理论

(5) 在费德勒的权变模型中，以下不是影响领导行为效果的情境因素的是（   ）。

    A. 领导者与被领导者的关系   B. 任务结构是否明确

    C. 领导者的能力强弱   D. 领导者的岗位（职位）权力强弱

二、多项选择题

(1) 领导的职位权包括（   ）。

    A. 强制权   B. 奖赏权

    C. 专家权   D. 法定权   E. 感召权

(2) 领导的非职位权力有（   ）。

    A. 强制权   B. 奖赏权

    C. 专家权   D. 法定权   E. 感召权

(3) 领导生命周期理论认为，根据下属成熟程度的不同，可以采取的领导方式有（   ）。

    A. 命令型   B. 说服型

    C. 参与型   D. 民主型   E. 授权型

(4) 在费德勒的权变模型中，影响领导行为效果的情境因素有（   ）。

A. 领导者与被领导者的关系　　B. 任务结构是否明确
C. 领导者的能力强弱　　　　　D. 领导者的岗位(职位)权力强弱
E. 领导者的素质高低

三、简答题

(1) 领导和管理有什么不同?
(2) 优秀的高层管理者应该具备哪些方面的素质?
(3) 简述领导的成员-交换理论。

四、思考题

如何提高领导工作的艺术性?

五、案例应用分析

选举风波

齐山市帐篷厂拥有300多名职工,连续4年利润超百万元。从初创的艰难起步,到现在达到并保持了同行业中的领先水平,这一成绩主要应归功于副厂长兼党委书记王展志的努力,因为厂长身体长期不佳,基本上不管事。

王展志现年50岁,年富力强,在轻工行业工作了20多年,在领导和同事中间留下了踏实肯干的印象。1992年初,他被调任为齐山市帐篷厂副厂长,实际上挑起了负责全厂的重任。上任之初,他狠抓产品质量,勇创品牌,很快就打开了局面。在当时国有企业普遍不景气的情况下,他意识到设备落后是本厂发展的最大障碍,遂四处筹集资金500万,准备引进新的生产设备。与此同时,他还采取措施完善职工的生产、生活设施,改善职工的劳动条件。

1998年初,厂长去世。主管单位齐山市轻工总公司认为帐篷厂的基础较好,王厂长又在企业界影响较大,决定在帐篷厂试点民选厂长。经过征询厂领导的意见,并在车间和班组进行了摸底,总公司又于3月14日招标答辩前,特地选择了一位声望一般的工会主席和另一名副厂长作为"陪选"的候选人。3月14日,总公司领导信心十足,邀请了同行业准备试点的企业进行观摩,还通知几家新闻媒体进行采访,以扩大试点影响。

进行完竞选演说之后,王展志的心情是舒坦而平静的。对这次选举他十分有把握,以为这是板上钉钉的,在场的总公司领导也满意地和他握手致意。

然而,宣布民主投票的结果时,却是如此出人意外:250名职工参加投票,3名候选人均不足20票,其余均为投外国明星、国内名人的废票。竞选委员会宣布本次投票暂停。事后了解得知,青年职工几乎全是弃权或乱投。

是王厂长真的不胜任工作,还是职工中有其他的选择?总公司领导高度重视这个情况。第二天下午,总公司党委书记张得胜同公司干部处长等几位同志一齐前往帐篷厂。

王展志受到的打击是沉重的,他准备拟写辞职报告。车间的工作基本上都停了,轮班的工人坐着小声议论,一些女工则干脆拿出了毛线织毛衣,工人都在等这件事的最终结果。张得胜等人去职工宿舍打牌,边打边与轮休的工人聊天,很快事情的脉络就比较清楚了。

青年职工说,王厂长的确不容易,每天总是最早到厂,最迟离开,真正是一心扑在事业上,把厂子当做自己的家。但他工作方法简单,态度生硬,主观武断,碰到员工有错误的地方就大发脾气。他一天到晚都在忙着厂务,从不与下属沟通,不去了解员工的需要,职工虽然也知道王厂长是一心为了厂子,但在情感上很难与王厂长产生共鸣。有些职工由于受过王厂长的过火批评，意见很大，经常背地里发牢骚，这种人在青年职工中有一定影响。然而由于中层干部基本上都是由王厂长亲自提拔，他们对王厂长相当敬畏，所以员工的意见很难通过中层干部到达王厂长的桌面上。另外，总公司由于帐篷厂效益独树一帜，因而从各方面都相当支持王厂长，而且王厂长在企业界由基层干到高层，对管理工厂很有自己的一套，各种规章制度、计划组织都严格而合理，职工的牢骚只能在私下场合引起喝彩，他们也不敢进行消极怠工。而职工认为这次选举是一个绝好的发表意见的机会，能引起总公司的关注，并希望能换一个工作作风不一样的厂长。

张得胜认为这样一个勤勤恳恳的优秀厂长，却得到这样的评价，在当前的形势下，这样的同志已不适合再当厂长。经过研究，初步定下将其平调到总公司担任行政职务。

（资料来源：卢家轩．选举风波[J]．企业管理．2002，（1）：67～68．）

思考题：

(1) 你是怎样评价王展志的领导作风的？

(2) 为什么王展志会在干部与职工中得到两种截然不同的评价？

(3) 如果你是王展志，并继续担任厂长，你会采取什么样的行动？

实际操作训练

在班级内随机抽取 5 人，阅读伟人或企业家传记，总结他们的领导风格与特点，进行交流。

第11章 激 励

教学目标

通过本章的学习，熟悉管理学中对人性的不同假设，理解激励的过程和作用，理解、掌握各种激励理论的主要代表人物及其理论要点，并学会运用，熟悉管理实践中常用的激励方法。

教学要求

知识要点	能力要求	相关知识
人性假设	(1) 熟悉不同的人性假设 (2) 理解不同的人性假设的管理学意义	(1) "工具人"假设 (2) "经济人"假设 (3) "社会人"假设 (4) 自我实现人假设 (5) 复杂人假设
激励的内涵、过程、作用与类型	(1) 理解激励的内涵 (2) 掌握激励的过程 (3) 理解激励的作用 (4) 熟悉激励的类型	(1) 激励的内涵 (2) 激励的过程 (3) 激励的作用 (4) 激励的分类
激励理论	(1) 马斯洛的需要层次理论的掌握与运用 (2) 赫茨伯格的双因素理论的掌握与运用 (3) 弗鲁姆的期望理论的掌握与运用 (4) 亚当斯的公平理论的掌握与运用 (5) 斯金纳的强化理论的掌握与运用	(1) 马斯洛的需要层次理论 (2) 赫茨伯格的双因素理论 (3) 弗鲁姆的期望理论 (4) 亚当斯的公平理论 (5) 斯金纳的强化理论
激励的原则和方法	(1) 掌握激励的原则 (2) 熟悉激励的方法	(1) 激励的原则 (2) 激励的方法

基本概念

人性 激励 需要 动机 自我实现 保健因素 激励因素 效价 期望值 强化 公平

渔夫、蛇和青蛙

一天，渔夫看见一条蛇咬着一只青蛙，渔夫为青蛙感到难过，便决定救这只青蛙。他靠近了蛇，轻轻地将青蛙从蛇口中拽了出来，青蛙得救了。但渔夫又为蛇感到难过：蛇失去了食物。于是渔夫取出一瓶威士忌，向蛇口中倒了几滴。蛇愉快地游走了，青蛙也显得很快乐，渔夫满意地笑了。可几分钟以后，那条蛇又咬着两只青蛙回到了渔夫的面前……

点评

激励是什么？激励就是让人们很乐意去做那些他们感兴趣的、又能带来最大利益的事情。当然，关键是要用合适、正确的方法去引导，并让他们做好。错误的激励和引导，会适得其反。本章主要介绍管理学中对人性的假设、激励及其过程、激励理论、激励原则和方法等。

11.1 对人性的认识

对人的本性的不同看法，是管理理论、管理原则和管理方法的基础。把人看成什么样的，会从深层次影响某一个组织、某一个管理者的管理理念，从这些不同认识出发，各组织采取不同的管理方式，也会对组织中人的行为产生不同的影响。随着管理实践的发展，人们对管理中人性的认识也不断深化，先后经历了"工具人"假设、"经济人"假设、"社会人"假设、"自我实现人"假设、"复杂人"假设等阶段。

11.1.1 "工具人"假设

"工具人"(people assume that tool)假设是西方最早的人性假设理论，产生于古代中世纪奴隶社会的管理实践之中。在奴隶社会，奴隶主把奴隶看成会说话的工具和私人财产。在以大机器生产为特征的资本主义初级阶段，资本家则把雇佣工人看成活的机器或是机器的一个组成部分。总之，这些劳动者就像工具一样，任由管理者使唤，自身价值根本就不可能得到体现。

11.1.2 "经济人"假设

"经济人"(rational - economic man)又称"理性-经济人"，也称为实利人。这种理论认为人的一切行为都是为了最大限度地满足自己的利益，工作的动机是为了获取经济报酬。

麦格雷戈(Mc Gregor)提出的 X 理论就是对经济人假设的概括。其基本观点如下。

（1）多数人天生是懒惰的，总是尽可能地逃避工作。

（2）多数人没有雄心大志，不愿意负任何责任，而心甘情愿的接受别人的指导。

（3）多数人的个人目标与组织目标是相矛盾的，必须用强制、惩罚的方法才能迫使其为了达到组织的目标而工作。

（4）多数人干工作都是为了满足基本的生理需要和安全需要，只有金钱和地位才能鼓励其努力工作。

（5）人大致可以分为两类，多数人是类似上述设想的人；另一类是能够自己鼓励自己，能够克服感情冲动的人，这些人才能负起管理的责任。

基于以上的人性假设，X理论认为应采取的管理措施有以下几种。

（1）管理工作的重点是在提高生产率，完成生产任务方面，而对于人的感情和道义上的责任不是管理者考虑的问题。管理就是计划、组织、经营、指挥、监督和控制等。

（2）管理工作是少数人的事，工人只能听从管理者的指挥而无权参与管理。

（3）制定具体、严密的规章规范、技术规程要求员工执行，严格制定定额，实行计件工资，以金钱报酬换取员工的服从，同时对消极怠工者采用严厉的惩罚措施，即采取"胡萝卜加大棒"的管理方式。

11.1.3　"社会人"假设

"社会人"（social man）的理论基础是人际关系学说，这是梅奥在霍桑实验中得出的总结。梅奥认为，人是有思想、有感情、有人格的活生生的"社会人"，人不是机器和动物。"社会人"的基本假设有以下几点。

（1）从根本上说，人是由社会需求而引起工作动机的，并且通过与同事的关系而获得认同感。

（2）工业革命与工作合理化的结果，使工作本身失去了意义，因此只能从工作上的社会关系去寻求意义。

（3）员工对同事的社会影响力要比管理者所给予的经济诱因及控制更为重视。

（4）员工的工作效率随着上司能满足其社会需求的程度而改变。

在管理措施上，"社会人"的假设重视以下几个方面。

（1）管理人员不应只注意完成生产任务，而应把注意重点放在关心人，满足人的需要上。

（2）管理人员不能只注意指挥、计划、监督、控制和组织等，而应更重视员工之间的关系，培养和形成员工的归属感和整体感。

（3）实行奖励时，提倡集体的奖励制度，培养集体精神。

11.1.4　"自我实现人"假设

"自我实现人"（self-actualizing man）是马斯洛提出来的。所谓自我实现，指的是人都需要发挥自己的潜力，表现自己的才能，只有人的潜力充分发挥出来，人的才能充分表现出来，人才会感到最大的满足。麦格雷戈总结借用了这个名词，总结并归纳了马斯洛与其他类似的观点，提出了Y理论。

（1）工作于人而言可能是种享受，也可能是种惩罚，所以人并非天生一定就不喜欢工作，而是要视环境而定。

（2）没有人喜欢外来控制和惩罚，人们希望实行自我管理和自我控制。

（3）人在解决组织难题的时候，大都充满活力、想象力和创造性。

（4）在适当的条件下，一般人不仅不逃避责任，反而会谋求重任。

（5）人和组织的目标在适当的机会，会融合为一，有自我实现需求的人往往以达到组织目标作为自己致力于实现目标的最大报酬。

因此，Y理论条件下管理人员应采取的管理方式有以下几种。

（1）创造使人发挥才能的工作环境，使员工在为实现组织的目标贡献力量时，能实现自己的个人目标。

（2）管理者的角色是辅助者、帮助者、训练者。

（3）激励方式。给员工更多的信任、更多的职责和自主权，实行员工的自我控制，自我管理，参与决策，分享权力。

11.1.5 "复杂人"假设

"复杂人"（complex man）假设是20世纪60年代末—70年代初由沙因（Schein）提出的。根据这一假设，提出了一种新的管理理论，与之相应的是超Y理论。超Y理论具有权变理论的性质，是由约翰·莫尔斯（John Morse）和杰伊·洛希（Jay Lorsch）分别对X理论和Y理论的真实性进行实验研究后提出来的。他们认为，X理论并非一无用处，Y理论也不是普遍适用，应该针对不同的情况，选择或交替使用X、Y理论，这就是超Y理论。这种理论是要求将工作、组织、个人三者进行最佳的配合，其基本观点可概述如下。

（1）人的需要是多种多样的，而且这些需要随着人的发展和生活条件的变化而发生改变，每个人的需要都各不相同，需要的层次也因人而异。

（2）人在同一时间内有各种需求和动机，它们会发生相互作用并结合成为统一的整体，形成错综复杂的动机模式。

（3）人在组织中的工作和生活条件是不断变化的，因而会产生新的需要和动机。

（4）一个人在不同的组织或同一个组织的不同部门工作，会产生不同的需要。

（5）由于人的需要不同、能力各异，对不同的管理方式会有不同的反应，因此，没有适合任何组织、任何时间、任何个人的统一的管理方式。

11.2 激 励 概 述

11.2.1 激励的含义

激励是心理学的一个术语，是指管理者通过某种内部和外部的刺激，激发人的动机，使人产生一股内在的动力，从而调动其积极性、主动性和创造性，使其向预定目标前进的一种管理活动。激励是对人的一种刺激，是促进和改变人的行为的一种有效的手段。激励的过程就是管理者引导并促进工作群体或个人产生有利于管理目标行为的过程。

每一个人都需要激励，在一般情况下，激励表现为把外界所施加的推动力或吸引力，转化为自身的动力，使得组织的目标变为个人的行为目标。可以从以下3个方面来理解激励这一概念。

（1）激励是一个过程。人的很多的行为都是在某种动机的推动下完成的。对人的行为的激励，实质上就是通过采用能满足人需要的诱因条件，引起行为动机，从而推动人采取相应的行为，以实现目标，然后再根据人们新的需要设置诱因，如此循环往复。

（2）激励过程受内外因素的制约。各种管理措施，应与被激励者的需要、理想、价值观和责任感等内在的因素相吻合，才能产生较强的合力，从而激发和强化工作动机，否则不会产生激励作用。

（3）激励具有时效性。每一种激励手段的作用都有一定的时间限度，超过时限就会失效。因此，激励不能一劳永逸，需要持续进行。

 特别提示

员工被激励的程度与其工作绩效密切相关。实践证明，经过激励的工作行为与未经激励的行为，其工作效果大不相同，激励能够使员工充分发挥其能力，实现工作的高质量和高效率。美国哈佛大学心理学家威廉·詹姆士(William James)通过对员工激励的研究发现，在计时工资制下，一个人若没有受到激励，仅能发挥其能力的20%～30%；如果受到正确而充分的激励，其能力就能发挥到80%～90%，甚至更高。由此他得出一个公式：工作绩效＝能力×动机激发。这就是说，在个体能力不变的条件下，工作成绩的大小取决于激励程度的高低，激励程度越高，工作绩效越大；反之，激励程度越低，工作绩效就越小。

11.2.2　激励的过程

激励是一个非常复杂的过程，它从个人未满足的需要出发，引起欲望并使内心紧张，产生相应的动机，进而明确其目标，然后诱发行为，使需要得到全部或部分的满足。若需要得到部分满足，则这个过程会继续下去，直到这种需要得到全部的满足；但当某种需要得到全部满足后，又会产生新的未满足的需要，进而产生新的激励过程，如图11.1所示。

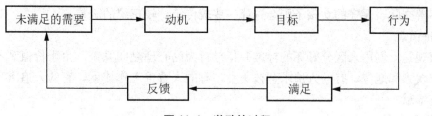

图11.1　激励的过程

1. 需要

一切生命有机体为了维持自己的生存和发展，对外界环境必然产生各种需求。植物需要阳光、水和二氧化碳来进行光合作用。动物需要食物和水来维持生命。植物、动物如此，人也如此。《吕氏春秋》中说，若一个人"耳不闻乐声，目不乐色，口不甘味，与死无异"。人的需要有3个方面：①生理状态的变化引起的需要，如饥饿时对食物的需要；②外部因素影响诱发的需要，如对某种新款商品的需要；③心理活动引起的需要，如对事业的追求等。

激励的实质就是通过影响人的需要或动机达到引导人的行为的目的，它实际上是一种对人的行为的强化过程。研究激励，先要了解人的需要。需要是人的一种主观体验，是人们在社会生活中对某种目标的渴求和欲望，是人们行为积极性的源泉。人的需要一旦被人们所意识，它就会以动机的形式表现出来，从而驱使人们朝着一定的方向努力，以达到自身的满足。需要越强烈，它的推动力就越强越迅速。

2. 动机

在吸收一个人入党时，组织上总要对他的入党动机进行一番考查，看他为什么要入党、其入党动机是否端正。公安机关侦破每个案件时，都要研究一下犯罪动机；在人际交往中，人们都会自觉不自觉地对别人的言行考虑一下出于什么动机，可见动机对于人们来说并不陌生，那么，到底什么是动机呢？

动机就是推动人们的原动力，产生于需求，是行为的直接原因。动机是建立在需要的基础上的。当人们有了某种需要而又未能满足时，心理上便会产生一种紧张和不安，这种紧张和不安就成为一种内在的驱动力，促使个体采取某种行动。从某种意义上说，需要和动机没有严格的区别。需要体现一种主观感受，动机则是内心活动。实际上一个人会同时具有许多种动机，动机之间不仅有强弱之分，而且会有矛盾，一般来说，只有最强烈的动机才可以引发行为，这种动机称为优势动机。

一般来说，人的生理需求容易得到满足，饿了吃饭，渴了喝水，困了睡觉。然而心理需求要得到满足则要复杂的多。以下几种心理因素，对个体动机的影响最大。

1) 兴趣、爱好、性格

如果同时有好几个目标都可以满足个体的某种需求，个体在选择目标时，往往根据自己的兴趣、爱好及性格特点去选择。例如，人饿了，如果有好多种食物可供选择的话，人们会根据自己的喜好去选择，有人爱好吃米饭，有人爱好吃面，有人爱好吃馒头。在买衣服时，性格活泼开朗、外向的人会选择比较时髦的、前卫的、颜色图案较鲜亮的，而性格内向、不善交际、保守的女孩子则会选择一些较传统、较正统的服装。

2) 价值观

价值观是人们用来区分好坏的标准并指导行为的心理趋向系统。由于价值观不同，有的人追求权力和地位，有的人追求金钱美女，有的人看重工作成就，有的人追求享受，有的人讲究奉献。

3) 抱负水平

抱负水平是指将自己的工作达到某种标准的心理要求。抱负水平高，则个体设定的成就目标高；抱负水平低，则个体设定的成就目标低。抱负水平影响着个体从事该项活动的动机，决定着其行为达到什么程度。

3. 行为

行为是人的主观对客观做出的可以观察的反应，如行动、运动、表情、工作，但不包括纯意识的思想反应过程。

在企业组织中，员工的行为与工作、生活环境相互作用，任何一种行为的产生，都是有其内在原因的。

4. 需要、动机、行为和激励的关系

人的任何动机和行为都是在需要的基础上建立起来的，没有需要，就没有动机和行为。人们产生某种需要后，只有当这种需要具有某种特定的目标时，需要才会产生动机，动机才会成为引起人们行为的直接原因。但并不是每个动机都必然会引起行为，在多种动机下，只有优势动机才会引发行为。员工之所以产生组织所期望的行为，是因为组织根据员工的需要来设置某些目标，并通过目标导向使员工出现有利于组织目标的优势动机，同时按照组织所需要的方式行动。管理者实施激励，即想方设法做好需要引导和目标引导，强化员工动机，刺激员工的行为，从而实现组织目标。

11.2.3 激励的作用

1. 提高知名度，吸引人才

企业可以通过提供有竞争优势的薪酬等方法，把急需的、有才能的人吸引过来，并长期为组织工作。

2. 提高人们工作的主动性、积极性和创造性

要提高自觉性，主要应解决人们对工作价值的认识问题，认识所从事工作的必要性、重要性和迫切性。人的行为常常带有个人利益的动机，承认和尊重个人利益，让人们看到在实现组织大目标的过程当中，也能实现个人利益和个人目标。个人目标与组织目标的统一程度越高，职工的自觉性乃至主动性、创造性就越能得到充分的发挥。反之，便会出现消极怠工，甚至产生抵触情绪。

3. 激发人们的热情和兴趣

激励不仅可以提高人们对自身工作的认识，还能激发人们的工作热情和兴趣，解决工作态度和认识倾向的问题。通过激励，使之对本职工作产生强烈、深刻、积极的情感，并以此为动力，将自己的全部精力投入实现预定目标中。兴趣是影响动机形成的重要因素，通过激励使人对工作产生稳定而浓厚的兴趣，使人对工作产生高度的注意力、敏感性、责任感，形成对自身职业的偏爱。

11.2.4 激励的类型

不同的激励类型对行为过程会产生程度不同的影响，所以激励类型的选择是做好激励工作的一项先决条件。

1. 物质激励、精神激励与竞争性激励

物质性激励的作用来自人们生存的基本需要，而每个人都有这种需要，所以物质性激励产生的动力来自于行为者自身，表现出来的是一种主动的力量。物质性激励所产生的激励作用是边际递减的。

精神性激励来自对高级生活质量的需要，也是一种发自内心的、主动的力量。一般而言，需要层次高的人更乐意接受这种激励方式。

随着人们物质生活水平的不断提高，人们对精神与情感的需求越来越迫切，如期望得到爱、得到尊重、得到认可、得到赞美、得到理解等。

竞争性激励来自于外界的压力，行为者被动接受其作用，常常被迫采取某种行为以符合组织要求。这是一种推力激励，而物质激励和精神激励属于拉力激励。

2. 正激励与负激励

所谓正激励就是当一个人的行为符合组织的需要时，通过奖赏的方式来鼓励这种行为，以达到持续和发扬这种行为的目的。所谓负激励就是当一个人的行为不符合组织的需要时，通过制裁的方式来抑制这种行为，以达到减少或消除这种行为的目的。

正激励与负激励作为激励的两种不同类型，目的都是要对人的行为进行强化，不同之处在于两者的取向相反。正激励起正强化的作用，是对行为的肯定；负激励起负强化的作用，是对行为的否定。

3. 内激励与外激励

所谓内激励是指由内酬引发的、源自于工作人员内心的激励；所谓外激励是指由外酬引发的、与工作任务本身无直接关系的激励。

内酬是指工作任务本身的刺激，即在工作进行过程中所获得的满足感，它与工作任务是同步的。追求成长、锻炼自己、获得认可、自我实现、乐在其中等内酬所引发的内激励，会产生一种持久性的作用。

外酬是指工作任务完成之后或在工作场所以外所获得的满足感，它与工作任务不是同步的。如果一项又脏又累、谁都不愿干的工作有一个人干了，那可能是因为完成这项任务将会得到一定的外酬——奖金及其他额外补贴，一旦外酬消失，他的积极性可能就不存在了。因此，由外酬引发的外激励是难以持久的。

11.3 激 励 理 论

11.3.1 马斯洛需要层次论

1. 需要的层次

美国心理学家马斯洛在 1943 年出版的《人类激励理论》一书中，首次提出需要层次理论。这是一种提出最早、影响最大的激励理论。该理论认为，人人都有许多复杂的需要，而这些需要可以按其优先次序排列成阶梯式的层次系列。从低级到高级划分为 5 个层次：生理需要、安全需要、社交需要、尊重需要与自我实现的需要，如图 11.2 所示。

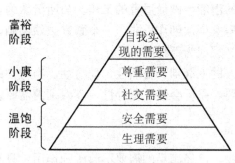

图 11.2　马斯洛需要层次理论

1）生理需要

这是人类维持自身生存的最基本要求，包括饥、渴、衣、住、行等方面的要求。如果这些需要得不到满足，人类的生存就成了问题。从这个意义上说，生理需要是推动人们行动的最强大的动力。马斯洛认为，只有这些最基本的需要满足到维持生存所必需的程度后，其他的需要才能成为新的激励因素，而到了此时，这些已相对满足的需要也就不再成为激励因素了。

2）安全需要

安全需要是指保护自己免受身体和情感伤害的需要。这种安全需要在社会生活中的体现是多方面的，如生命安全、劳动安全、职业安全、财产安全、心理安全等。这是人类要求保障自身安全、摆脱事业和丧失财产威胁、避免职业病的侵袭、接触严酷的监督等方面的需要。马斯洛认为，整个有机体是一个追求安全的机制，人的感受器官、效应器官、智能和其他能量主要是寻求安全的工具，甚至可以把科学和人生观都看成满足安全需要的一部分。当然，当这种需要一旦相对满足后，也就不再成为激励因素了。

3）社交需要

这一层次的需要包括两个方面的内容。一是友爱的需要，即人人都需要伙伴之间、同事之间的关系融洽或保持友谊和忠诚；人人都希望得到爱情，希望爱别人，也渴望接受别人的爱。二是归属的需要，即人都有一种归属于一个群体的感情，希望成为群体中的一员，并相互关心和照顾。感情上的需要比生理上的需要来得细致，它和一个人的生理特性、经历、教育、宗教信仰等都有关系。这一层次的需要得不到满足，可能会影响人的精神上的健康。

4）尊重需要

人人都希望自己有稳定的社会地位，要求个人的能力和成就得到社会的承认。尊重的需要又可分为内部尊重和外部尊重。内部尊重是指一个人希望在各种不同情境中有实力、能胜任、充满信心、能独立自主。总之，内部尊重就是人的自尊，外部尊重是指一个人希望有地位、有威信，受到别人的尊重、信赖和高度评价。马斯洛认为，尊重需要得到满足，能使人对自己充满信心，对社会满腔热情，体验到自己活着的用处和价值，否则，就会产生自卑感。

5）自我实现的需要

这是最高一级的需要，指个人成长与发展、发挥自身潜能、实现理想的需要，即人希望自己能够充分发挥自己的潜能，做最适宜的工作。马斯洛认为，如果一个人想得到最大快乐的话，那么，一个音乐家必须创作乐曲，一个画家必须绘画，一个诗人必须写诗。一个人能做哪样的人，他就必须成为那样的人。

前两个层次的需要是人的低级别、自然性、动物性、物质性的需要，而后 3 个层次的需要才是人之作为人的需要，是社会性、精神性、高级别的需要。

2. 需要层次论的基本点

(1) 人是有需要的动物，已经满足的需要不起激励作用，只有尚未满足的才能够影响行为。

(2) 5 种需要像阶梯一样从低到高，逐层上升。一个层次的需要相对满足了，就会向高一层次发展。

(3) 多数人的需要结构是很复杂的，在每一时刻都会同时有许多需要在影响着人们的行动，而不会是单一的需要支配着人们的行动。

(4) 各层次的需要相互依赖、相互重叠。高层次的需要发展后，低层次的需要仍然存在，只是对行为的影响比重减轻了。

(5) 人的需要有轻重层次，在一般情况下，只有在低层次的需要得到满足后，才能使高层次的需要有足够的动力去驱动行为。

3. 需要层次在企业中的应用

没有满足的需要是激励的开端，而需要的满足则是激励过程的完成。可见，需要是人类行为的出发点、基础和最根本的原因。管理者只有了解了员工的需要，以及员工之间需要的差异，然后有针对性地采取管理措施，才能收到良好的激励效果，充分调动员工的工作积极性。需要层次在企业中的应用如表 11-1 所示。

表 11-1　需要层次在企业中的应用

需要层次	激励因素(追求的目标)	应用
生理需要	• 工资和奖金 • 各种福利 • 工作环境	足够的薪金、舒适的工作环境、适度的工作时间、住房和福利设施、医疗保险等
安全需要	• 职业保障 • 意外事故的防止	雇佣保证、退休养老金制度、意外保险制度、安全生产制度、危险工种营养福利制度
社交需要	• 友谊 • 团体的接纳 • 组织的认同	建立和谐的工作团队、建立协商和对话制度、互助金制度、联谊小组、教育培养制度
尊重需要	• 名誉和地位 • 权力和责任	人事考核制度、职衔、表彰制度、责任制度、授权
自我实现需要	• 能发挥个人特长的环境 • 具有挑战性的工作	决策参与制度、提案制度、破格晋升制度、目标管理、工作自主权

11.3.2 双因素论

激励因素-保健因素理论是美国行为科学家赫茨伯格提出来的，又称双因素理论。

20世纪50年代末期，赫茨伯格和他的助手在美国匹兹堡地区对200名工程师、会计师进行了调查访问。访问主要围绕两个问题：在工作中，哪些事项是让他们感到满意的，并估计这种积极情绪持续多长时间；又有哪些事项是让他们感到不满意的，并估计这种消极情绪持续多长时间。赫茨伯格以对这些问题的回答为材料，着手去研究哪些事情使人们在工作中快乐和满足，哪些事情造成不愉快和不满足。

结果他发现，使员工感到满意的因素与使员工感到不满意的因素是大不相同的。使员工感到不满意的因素往往是由外界环境引起的，使员工感到满意的因素通常是由工作本身产生的。赫茨伯格发现造成员工非常不满意的原因有公司政策、行为管理和监督方式、工作条件、人际关系、地位、安全和生活条件等。这些因素改善了，只能消除员工的不满、怠工与对抗，但不能使员工变得非常满意，也不能激发其工作积极性，提高效率。赫茨伯格把这一类因素称为保健因素，就像某些保健物品只能预防疾病，但不能提高身体状况一样。赫茨伯格还发现使员工感到满意的原因有：工作富有成就感、工作成绩能得到认可、工作本身具有挑战性、负有较大的责任、在职业上能得到发展等。这类因素的改善，能够激励员工的工作热情，从而提高生产率。如果处理不好，也能引起员工的不满，但影响不是很大，赫茨伯格把这类因素称为激励因素。这两类因素如表11-2所示。

表11-2 保健因素与激励因素

保健因素	激励因素
• 金钱 • 监督 • 地位 • 安全 • 工作环境 • 政策与行动 • 人际关系	• 工作本身 • 赏识 • 进步 • 成长的可能性 • 责任 • 成就

保健因素的满足对员工产生的效果类似于卫生保健对身体健康所起的作用。保健从人的环境中消除有害健康的事物，它不能直接提高健康水平，但有预防疾病的效果；它不是治疗性的，而是预防性的。保健因素包括公司政策、管理措施、监督、人际关系、物质工作条件、工资、福利等。当这些因素恶化到人们认为可以接受的水平以下时，就会产生对工作的不满意。但是，当人们认为这些因素很好时，它只是消除了不满意，并不会导致积极的态度，这就形成了某种既不是满意，又不是不满意的中性状态。

那些能带来积极态度、满意和激励作用的因素就叫做"激励因素"，这是那些能满足个人自我实现需要的因素，包括成就、赏识、挑战性的工作、增加的工作责任，以及成长和发展的机会。如果这些因素具备了，就能对人们产生更大的激励。从这个意义出发，赫茨伯格认为传统的激励假设，如工资刺激、人际关系的改善、提供良好的工作条件等，都不会产生更大的激励；它们能消除不满意，防止产生问题，但这些传统的"激励因素"即使达到最佳程度，也不会产生积极的激励。按照赫茨伯格的意见，管理当局应该认识到保健因素是必需的，不过它一旦使不满意中和以后，就不能产生更积极的效果，只有"激励因素"才能使人们有更好的工作成绩。

赫茨伯格及其同事之后又对各种专业性和非专业性的工业组织进行了多次调查，调查发现，由于调查对象和条件的不同，各种因素的归属有些差别，但总体来看，激励因素基本上都是属于工作本身或工作内容的，保健因素基本都是属于工作环境和工作关系的。但是，赫茨伯格注意到，激励因素和保健因素都有若干重叠现象。例如，赏识属于激励因素，基本上起积极作用，但当没有受到赏识时，又可能起消极作用，这时又表现为保健因素；工资是保健因素，但有时也能产生使员工满意的结果。

赫茨伯格的双因素理论同马斯洛的需要层次论有相似之处。他提出的保健因素相当于马斯洛提出的生理需要、安全需要、感情需要等较低级的需要；激励因素则相当于受人尊敬的需要、自我实现的需要等较高级的需要。当然，两者的具体分析和解释是不同的。但是，这两种理论都没有把"个人需要的满足"同"组织目标的达到"这两点联系起来。

有些西方行为科学家对赫茨伯格的双因素理论的正确性表示怀疑。有人做了许多试验，也未能证实这个理论。赫茨伯格及其同事所做的试验，被有的行为科学家批评为是其所采用方法本身的产物：人们总是把好的结果归结于自己的努力而把不好的结果归罪于客观条件或他人身上，问卷没有考虑这种一般的心理状态；另外，被调查对象的代表性也不够，事实上，不同职业和不同阶层的人，对激励因素和保健因素的反应是各不相同的。实践还证明，高度的工作满足不一定就产生高度的激励。许多行为科学家认为，不论是有关工作环境的因素或工作内容的因素，都可能产生激励作用，而不仅是使员工感到满足，这取决于环境和员工心理方面的许多条件。

但是，双因素理论促使企业管理人员注意工作内容方面因素的重要性，特别是它同工作丰富化和工作满足的关系，是有积极意义的。赫茨伯格告诉人们，满足各种需要所引起的激励深度和效果是不一样的。物质需求的满足是必要的，没有它会导致不满，但是即使获得满足，它的作用往往是很有限的、不能持久的。要调动人的积极性，不仅要注意物质利益和工作条件等外部因素，更重要的是要注意工作的安排，量才录用，各得其所，注意对人进行精神鼓励，给予表扬和认可，注意给人以成长、发展、晋升的机会。随着温饱问题的解决，这种内在激励的重要性越来越明显。

11.3.3 期望理论

期望理论是美国心理学家维克托·H·弗鲁姆（Victor H. Vroom）在20世纪60年代提出来的。该理论认为，人之所以能够从事某项工作并达成组织目标，是因为这些工作和组织目标会帮助他实现自己的目标、满足自己某些方面的需要。具体而言，当员工认为努力会带来良好的绩效评价时，他就会受到激励进而付出更大的努力，同时良好的绩效评价会带来诸如奖金、加薪或晋升等组织奖励，这些组织奖励会实现员工的个人目标，满足其某些需求，从而产生激励。

弗鲁姆认为，激励是个人寄托于一个目标的预期价值与他对实现目标的可能性的看法的乘积。用公式表示为

$$M=VE \tag{11.1}$$

式中，M（motivation）——激励力，即个人对某项活动的积极性程度，希望达到活动目标的欲望程度；

V（valence）——效价，即活动结果对个人的价值大小；

E（expectancy）——期望值，即个人对实现这一结果的可能性的判断。

从公式可以看出，促使人们做某种事的激励力依赖于效价和期望值这两个因素。效价和期望值越高，激励力就越大。公式同时还表明，在进行激励时要处理好3个方面的关系，这3个关系也是调动人们工作积极性的3个条件。

（1）努力与绩效的关系。人总是希望通过一定的努力能够达到预期的目标，如果个人主观认为通过自己的努力达到预期目标的概率较高，就会有信心，就可能激发出很强的工作力量。但是如果他认为目标太高，通过努力也不可能会有很好的绩效时，就失去了内在的动力，导致工作消极。

（2）绩效与奖励的关系。人总是希望取得成绩后能得到奖励，这种奖励是广义的，既包括提高工资、多发奖金等物质方面的，也包括表扬、自我成就感、得到同事或领导认可和信赖等。如果他认为取得绩效后能够获得合理的奖励，就有可能产生工作热情，否则就没有积极性。

（3）奖励与满足个人需要的关系。人总希望自己所获得的奖励能满足自己某方面的需要。然而，由于人们在年龄、性别、资历、社会地位和经济条件等方面都存在着差异，人们对各种需要要求得到满足的程度不同，因此，对于不同的人，采用同一种奖励办法能满足的需要程度不同，能激发出来的工作动力也不同。

 管理案例

一位公司销售经理对他的一位销售员说：如果你今年完成1 000万元的销售额，公司将奖励你一套住房。这时组织的目标是1 000万元的销售额，个人的目标是一套住房，效价和期望值可能会这样影响这个销售员的激励力。

效价——销售员可能的反应：

A. "天哪！一套住房！哈哈，这正是我梦寐以求的，我一定要努力争取！"

B. "住房？我现在住的已经够好的了，没有必要再来一套，况且如果我一人拿了一套住房，同事肯定会不满的，呃，这对我来说没什么吸引力！"

期望值——销售员可能的反应：

A. "1 000万元的销售额，照今年的行情，如果我比去年再努力一点，是能做到的。"

B. "'1 000万元'？简直是天方夜谭，经理要么疯了，要么就是压根儿不想把住房给我，我才不会白花力气呢！"

激励力——销售员可能的反应：

A. "只要销售到1 000万元就能得到一套住房，我一定好好努力！"

B. "经理向来说话不算数，我打赌经理到时一定能找出10条理由说：'我也不想说话不算数，但我实在是无能为力'。"

在例子中可以很明显地看到，效价和期望值越高（在所有 A 的情况下），则对人的激励力越强；而反之（在所有 B 的情况下），则对人的激励力越弱。从中至少可以得到以下两点启示：一是要有效地进行激励就必须提高活动结果的效价，要提高效价就必须使活动结果能满足个人最迫切的需要；二是要注意目标实现的期望值，即组织目标实现的概率不宜过低，以免让个人失去信心，当然也不宜过高，过高则会影响激励工作本身的意义。

11.3.4 公平理论

公平理论是美国行为科学家 J. S. 亚当斯（J. S. Adams）提出来的一种激励理论。该理论侧重于研究工资报酬分配的合理性、公平性及其对员工生产积极性的影响。

公平理论的基本观点：当一个人做出了成绩并取得了报酬以后，他不仅关心自己所得报酬的绝对量，而且关心自己所得报酬的相对量。因此，他要进行种种比较来确定自己所获报酬是否合理，比较的结果将直接影响今后工作的积极性。

一种比较是横向比较，即他要将自己获得的"报酬"（包括金钱、工作安排、培训以及获得的赏识等）与自己的"投入"（包括教育程度、所作努力、用于工作的时间、精力、工作态度和其他无形损耗等）的比值与组织内其他人作社会比较，只有相等时，他才认为公平，如下式所示。

$$O_p/I_p = O_c/I_c \tag{11.2}$$

式中，O_p——自己对所获报酬的感觉；

O_c——自己对他人所获报酬的感觉；

I_p——自己对个人所作投入的感觉；

I_c——自己对他人所作投入的感觉。

当式（11.2）为不等式时，可能出现以下两种情况。

（1）$O_p/I_p < O_c/I_c$。在这种情况下，他可能要求增加自己的收入或减小自己今后的努力程度，以便使左方增大，趋于相等；第二种办法是他可能要求组织减少比较对象的收入或者让其今后增大努力程度以便使右方减小，趋于相等。此外，他还可能另外找人作为比较对象，以便达到心理上的平衡。

（2）$O_p/I_p > O_c/I_c$。在这种情况下，他可能要求减少自己的报酬或在开始时自动多做些工作，但久而久之，他会重新估计自己的技术和工作情况，终于觉得他确实应当得到那么高的待遇，于是产量便又会回到过去的水平了。

除了横向比较之外，人们也经常做纵向比较，即把自己目前投入的努力与目前所获得报偿的比值，同自己过去投入的努力与过去所获报偿的比值进行比较。只有相等时他才认为公平，如下式所示。

$$O_p/I_p = O_h/I_h \tag{11.3}$$

式中，O_p——自己对现在所获报酬的感觉；

O_h——自己对过去所获报酬的感觉；

I_p——自己对个人现在投入的感觉；

I_h——自己对个人过去投入的感觉。

当式（11.3）为不等式时，也可能出现以下两种情况。

（1）$O_p/I_p<O_h/I_h$。当出现这种情况时，人也会有不公平的感觉，这可能导致工作积极性下降。

（2）$O_p/I_p>O_h/I_h$。当出现这种情况时，人不会因此产生不公平的感觉，但也不会觉得自己多拿了报偿，从而主动地多做些工作。

调查和试验的结果表明，不公平感的产生，绝大多数是由于经过比较认为自己目前的报酬过低而产生的；但在少数情况下，也会由于经过比较认为自己的报酬过高而产生。

公平理论对人们有着重要的启示。

首先，影响激励效果的不仅有报酬的绝对值，还有报酬的相对值。

其次，激励时应力求公平，使等式在客观上成立，尽管有主观判断的误差，也不致造成严重的不公平感。

再次，在激励过程中应注意对被激励者公平心理的引导，使其树立正确的公平观，一是要认识到绝对的公平是不存在的；二是不要盲目攀比，要多看到自己的不足。

最后，在进行绩效评估时，要平衡兼顾结果和过程。做出成绩，有好的结果固然重要，但获得成绩的过程方法也不容忽视。

11.3.5 强化理论

强化理论是由美国心理学家伯尔赫斯·弗雷德里克·斯金纳（Burrhus Frederic Skinner）首先提出的。该理论认为人的行为是其后果的函数。如果这种后果对他有利，则这种行为就会重复出现；若对他不利，则这种行为就会减弱直至消失。因此，管理要采取各种强化方式，以使员工的行为符合组织目标。

根据强化的性质和目的，强化可以分为4类。

1. 正强化

这是一种增强行为的方法，指用某种具有吸引力的结果，对某一行为进行鼓励和肯定，使其重视和加强，从而有利于组织目标的实现。例如，看到员工工作表现出色领导立即加以表扬，实际上就是对行为做了正强化。在管理中，正强化表现为奖酬，如认可、赞赏、增加工资、职位提升、高奖金、提供满意的工作条件等。为了使强化达到预期的效果，还必须注意实施不同的强化方式。正强化方式主要有连续的、固定的正强化和间断的、不固定的正强化两种。前者是指对每一次符合组织目标的行为都给予强化，或每隔一固定时间就给予一定数量的强化。尽管这种强化有及时刺激、立竿见影的效果，但久而久之，人们就会对这种正强化有越来越高的期望，或者认为这种正强化是理所应当的。企业管理者有时不得不经常加强这种正强化，否则，其作用会减弱甚至不再起到刺激行为的作用。后者是指管理者根据组织的需要和个人行为在工作中的反映，不定期、不定量实施强化，使每次强化都能起到较大的效果。实践证明，后一种正强化更有利于组织目标的实现。

2. 负强化

负强化也是一种增强行为的方法，是指预先告知某种不符合要求的行为或不良绩效可能引起的不愉快的后果，使员工的行为符合要求，从而保证组织目标的实现不受干扰。常见的负强化有减少奖酬或罚款、批评、降级等。让员工知道做了不符合规定的事会受到批评或惩罚，如能够避免或改正，则不会受到惩罚，以此来引导、强化员工的行为，使之转向符合组织的要求。例如，员工知道随意迟到、缺勤会受到处罚，不缺勤、按时上班则不会受到处罚，于是员工会避免迟到、缺勤，学会按要求行事。实际上，不进行正强化也是一种负强化。例如，过去对某种行为进行正强化，现在组织不再需要这种行为，但基于这种行为并不妨碍组织目标的实现，这时就可以取消正强化，使行为减少或不再重复出现。实施负强化的方式与正强化有所差异，应以连续负强化为主，即对每一次不符合组织的行为都应及时予以负强化，消除人们的侥幸心理，减少直至消除这种行为重复出现的可能性。

3. 惩罚

惩罚是指用某种令人不快的结果，来减弱某种行为。例如，当有员工工作不认真、不负责任，经常出差错，或影响他人工作，领导就可以用批评、纪律处分、罚款等措施，以制止该行为的再次发生。但是，惩罚也会有副作用，如会激起员工的愤怒、敌意等。因此，管理者最好尽可能用其他强化手段。

4. 自然消退

自然消退是指通过不提供个人所期望的结果来减弱一个人的行为。自然消退有两种方式：一是对某种行为不予理睬，以表示对该行为的轻视或某种程度上的否定使其自然消退；另一种是指原来用正强化手段鼓励的有利行为由于疏忽或情况发生变化，不再给予正强化，使其逐渐消失。研究表明，一种行为如果长期得不到正强化，就会逐渐消失，如员工由于某种原因使工作出现小的差错，上级管理者不予追究，而是给机会使该员工及时自觉改正。

强化理论具体应用的一些行为原则如下。

（1）经过强化的行为趋向于重复发生。所谓强化因素就是会使某种行为在将来重复发生的可能性增加的任何一种"后果"。例如，当某种行为的后果是受人称赞时，就增加了这种行为重复发生的可能性。

（2）要依照强化对象的不同采用不同的强化措施。人们的年龄、性别、职业、学历、经历不同，需要就不同，强化方式也应不一样。例如，有的人更重视物质奖励，有的人更重视精神奖励，就应区分情况，采用不同的强化措施。

（3）小步子前进，分阶段设立目标，并对目标予以明确规定和表述。对于人的激励，首先要设立一个明确的、鼓舞人心而又切实可行的目标，只有目标明确而具体时，才能进行衡量和采取适当的强化措施。同时，还要将目标进行分解，分成许多小目标，完成每个小目标时都及时给予强化，这样不仅有利于目标的实现，而且通过不断地激励可以增强信心。如果目标一次定得太高，会使人感到不易达到或者说能够达到的希望很小，这就很难充分调动人们为达到目标而做出努力的积极性。

（4）及时反馈。所谓及时反馈就是通过某种形式和途径，及时将工作结果告诉行动者。要取得最好的激励效果，就应该在行为发生以后尽快采取适当的强化方法。一个人在实施了某种行为以后，即使是领导者表示"已注意到这种行为"这样简单的反馈，也能起到正强化的作用，如果领导者对这种行为不予注意，这种行为重复发生的可能性就会减小以至消失。

（5）正强化比负强化更有效。在强化手段的运用上，应以正强化为主；同时，必要时也要对坏的行为予以惩罚，做到奖惩结合。

强化理论只讨论外部因素或环境刺激对行为的影响，忽略人的内在因素和主观能动性对环境的反作用，具有机械论的色彩。但是，强化理论有助于对人们行为的理解和引导。这并不是对员工进行操纵，而是使员工有一个最好的机会在各种明确规定的备选方案中进行选择。因此，强化理论已被广泛地应用在激励和人的行为的改造上。

11.4　激励的原则与方法

11.4.1　激励的原则

激励是一门学问，科学地运用激励理论，可以有效地激发员工的潜力，使组织目标和个人目标在实现中达到统一，进而提高组织的经营效率。正确地激励应遵循以下原则。

1. 组织目标与个人目标相结合的原则

在激励中设置目标是一个关键环节。目标设置必须以体现组织目标为要求，否则激励将偏离组织目标的实现方向。目标设置还必须能满足员工个人的需要，否则无法提高员工的目标效价，达不到满意的激励强度。只有将组织目标与个人目标结合好，才能收到良好的激励效果。

2. 物质激励与精神激励相结合的原则

员工存在物质需要和精神需要，相应地激励方式也应该是物质与精神激励相结合。随着生产力水平和人员素质的提高，应该把重心转移到满足较高层次需要即社交、自尊、自我实现需要的精神激励上去，但也要兼顾好物质激励。物质激励是基础，精神激励是根本，在两者结合的基础上，逐步过渡到以精神激励为主。

3. 外在激励与内在激励相结合的原则

凡是满足员工对工资、福利、安全环境、人际关系等方面需要的激励，属于外在激励；满足员工自尊、成就、晋升等方面需要的激励，属于内在激励。在实践中，往往是内在激励使员工从工作本身取得了很大的满足感，如工作中充满了兴趣、挑战性、新鲜感；工作本身具有重大意义；工作中发挥了个人潜力、实现了个人价值等，对员工的激励最大，所以要注意内在激励具有的重要意义。

4. 正强化与负强化相结合的原则

在管理中，正强化与负强化都是必要而有效的，通过树立正面的榜样和反面的典型，扶正祛邪，产生无形的力量，形成一种良好的风气，使整个群体和组织行为更积极、更富有生气。但鉴于负强化具有一定的消极作用，容易产生挫折心理和挫折行为，因此，管理人员在激励时应把正强化和负强化巧妙地结合起来，以正强化为主，负强化为辅。

5. 按需激励的原则

激励的起点是满足员工的需要，但员工的需要存在个体的差异性和动态性，因人而异，因时而异，并且只有满足最迫切需要的措施，其效价才高，激励强度才大。因此，对员工进行激励时不能过分依赖经验及惯例，不存在一劳永逸的激励方法，必须用动态的眼光看问题，深入调查研究，不断了解员工变化了的需要，有针对性地采取激励措施。

6. 客观公正的原则

在激励中，如果出现奖不当奖、罚不当罚的现象，就不可能收到真正意义上的激励效果，反而还会产生消极作用，造成不良的后果。因此，在进行激励时，一定要认真、客观、科学地对员工进行业绩考核，做到奖罚分明，不论亲疏，一视同仁，使受奖者心安理得，受罚者心服口服。

11.4.2 激励的方法

1. 物质利益激励法

物质利益激励法就是以物质利益（如工资、奖金、福利、晋级和各种实物等）为诱因对员工进行激励的方法。最常见的物质利益激励有奖励激励和惩罚激励两种方法。奖励激励是指组织以奖励作为诱因，驱使员工采取最有效、最合理的行为。物质奖励激励通常是从正面对员工引导。组织首先根据组织工作的需要，规定员工的行为，如果符合一定的行为规范，员工可以获得一定的奖励。员工对奖励追求的欲望，促使他的行为必须符合行为规范，同时给企业带来有益的活动成果。物质惩罚激励是指组织利用惩罚手段，诱导员工采取符合组织需要的行动的一种激励。在惩罚激励中，组织要制定一系列的员工行为规范，并规定逾越了行为规范的不同的惩罚标准。物质惩罚手段包括扣发工资、奖金、罚款、赔偿等。人们避免惩罚的需求和愿望促使其行为符合特定的规范。

实施物质激励要注意保持组织成员的公平感，充分体现"多劳多得，少劳少得"的分配原则。虽然这种激励是直接满足组织成员的低级需要的，但也能间接地满足组织成员的高级需要，因为物质利益可以看做自己受到尊重，或自己的成就为组织所赏识的标志。

2. 目标激励方法

管理中常说的目标管理，不仅是一种管理活动，也是一种有效的目标激励方法。所谓目标激励方法就是给员工确定一定的目标，以目标为诱因驱使员工去努力工作，以实现自己的目标。任何组织的发展都需要有自己的目标，任何个人在自己需要的驱使下也会具有个人目标。目标激励必须以组织的目标为基础，要求把组织的目标与员工的个人目标结合起来，使组织目标和员工目标相一致。

目标管理通过广泛的参与来制定组织目标，并将其系统地分解为每一个人的具体目标，然后用这些目标来引导和评价每个人的工作。在目标管理中目标是最重要的，组织目标是组织前进的目的地，个人目标则是个人奋斗所实现的愿望。只要使个人的目标及奖酬与个人的需要一致起来，就提高了目标的效价，而实现目标信心的增加也就是实现目标的期望值的提高。目标管理能充分发挥每个人的最大能力，实行自我控制，更容易发挥每个人的潜能和创造力，增加激励力量。

3. 榜样激励

榜样激励法是指通过组织树立的榜样使组织的目标形象化，号召组织内成员向榜样学习，从而提高激励力量和绩效的方法。

运用榜样激励法，首先要树立榜样，榜样不能人为地拔高培养，要自然形成，但不排除必要的引导。选择榜样时要注意榜样的行为确实是组织中的佼佼者，这样才能使人信服。其次，要对榜样的事迹广为宣传，使组织成员都能知晓，这就是使组织成员知道有什么样的行为才能荣登榜样的地位，使学习的目标明确。还有非常重要的一环就是给榜样以明显的使人羡慕的奖酬，这些奖酬中当然包括物质奖励，但更重要的是无形的、受人尊敬的奖励和待遇，这样才能提高榜样的效价，使组织成员学习榜样的动力增加。

使用榜样激励方法时还需要注意两点：一是要纠正打击榜样的歪风，否则不但没有多少人愿当榜样，也没有多少人敢于向榜样学习；二是不要搞榜样终身制，因为榜样的终身制会压制其他想成为榜样的人，并且使榜样的行为过于单调，有些事迹多次重复之后可能不再具有激励作用，而原榜样又没有新的更能激励他人的事迹，就应该物色新的榜样。

4. 内在激励法

日本著名企业家道山嘉宽在回答"工作的报酬是什么"时指出："工作的报酬就是工作本身！"，这句话深刻地指出了内在激励的重要性。内在激励是指工作本身带给人的激励，包括工作本身有趣味、让人有责任感、成就感等；外在激励是指工作以外的奖赏，包括增加报酬、提升职务、改善人际关系等。相比之下，内在激励有更稳定、更持久、更强烈的效果。尤其在今天，当企业解决了员工基本的温饱问题之后，员工就更加关注工作本身是否具有乐趣和吸引力，在工作中是否会感受到生活的意义；工作是否具有挑战性和创新性；工作内容是否丰富多彩，引人入胜；在工作中能否取得成就，获得自尊，实现价值等。要满足员工的这些深层次需要，就必须加强内在激励。

5. 形象与荣誉激励法

一个人通过视觉感受到的信息，占全部信息量的80％。因此，充分利用视觉形象的作用，激发员工的荣誉感、成就感、自豪感，也是一种行之有效的激励方法。常用的方法是照片、资料张榜公布，借以表彰企业的标兵、模范。在有条件的企业，还可以通过闭路电视系统传播企业的经营信息，宣传企业内部涌现的新人、新事、优秀员工、劳动模范、技术能手、爱厂标兵、模范家庭等。这样可以达到内容丰富、形式多样、喜闻乐见的效果。

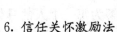

6. 信任关怀激励法

信任关怀激励法是指组织的管理者充分信任员工的能力和忠诚，放手、放权，并在下属遇到困难时，给予帮助、关怀的一种激励方法。这种激励方法没有什么固定的程序，总的思路是为下属创造一个宽松的工作环境，给员工以充分的信任，使其充分发挥自己的聪明才智；时时关心员工疾苦，了解员工的具体困难，并帮助其解决，使其产生很强的归属感。这种激励法是通过在工作中满足组织成员的信任感、责任感等需要达到激励作用的。

7. 兴趣激励法

兴趣对人的工作态度、钻研程度、创新精神的影响是巨大的，往往与求知、求美、自我实现密切联系。在管理中重视员工的兴趣因素，往往能实现预期的精神激励效果。国内外都有一些企业允许甚至鼓励员工在企业内部双向选择，合理流动，帮助员工找到自己最感兴趣的工作。兴趣可以导致专注，甚至入迷，而这正是员工获得突出成就的重要动力。

业余文化活动是员工兴趣得以施展的另一个舞台。许多企业组织并形成了摄影、戏曲、舞蹈、书画、体育等兴趣小组，使员工的业余爱好得到满足，增进了员工之间的感情交流，感受到企业的温暖和生活的丰富多彩，大大增强了员工的归属感，满足了社交的需要，有效地提高了企业的凝聚力。

本 章 小 结

1. 对人性的加速不同，引申出的管理理论、管理方法和管理实践也不同。

2. 激励是一个非常复杂的过程，它从个人未满足的需要出发，引起欲望并使内心紧张，产生相应的动机，进而明确其目标，然后诱发行为，使需要得到全部或部分的满足。

3. 激励的理论主要有马斯洛需要层次理论、赫茨伯格双因素理论、弗鲁姆的期望理论、亚当斯的公平理论、斯金纳的强化理论。

4. 管理实践中，物质激励、精神激励、榜样激励、目标激励等不同的激励方法应综合运用。

练 习 题

一、单项选择题

(1) "挨饿的艺术家"与下述(   )理论相矛盾。

　　A. 马斯洛需要层次论　　　　　　　　B. 期望理论

　　C. 强化理论　　　　　　　　　　　　D. 公平理论

(2) 中国企业引入奖金机制的目的是发挥奖金的激励作用，但到目前，许多企业的奖金已经成为工资的一部分，资金变成了保健因素。这说明( )。

    A. 双因素理论在中国不怎么适用

    B. 保健和激励因素的具体内容在不同国家是不一样的

    C. 防止激励因素向保健因素转化是管理者的重要责任

    D. 将奖金设计成为激励因素本身就是错误的

(3) 从期望理论中，我们得到的最重要启示是( )。

    A. 目标效价高低是激励是否有效的关键

    B. 期望概率的高低是激励是否有效的关键

    C. 存在着负效价，应引起领导者注意

    D. 应把目标效价和期望概率进行优化组合

(4) 公司好几个青年大学生在讨论明年报考 MBA 的事情。大家最关心的是英语考试的难度，据说明年将会有很大提高。请根据激励理论中的期望理论，判断以下 4 人中真正向公司提出报考的可能性最大的是( )。

    A. 小郑大学日语专业，两年前来公司后，才开始跟着电视台初级班业余学了些英语

    B. 小齐英语不错，本科就学管理，但他妻子年底就要分娩，家中又无老人可依靠

    C. 小吴被公认是"高材生"，英语棒，数学强，知识面广，渴望深造，又没家庭负担

    D. 小冯素来冷静多思，不做没把握的事。她自信 MBA 联考每门过关绝对没问题，但认为公司里想报考的人太多，领导最多只能批准 1 人，而自己与领导关系平平，肯定没希望获得领导批准

(5) 张宁在大学计算机系毕业以后，到一家计算机软件公司工作。3 年来，他工作积极，取得了一定的成绩。最近他作为某项目小组的成员，与组内其他人一道奋战了 3 个月，成功地开发了一个系统，公司领导对此十分满意。这天张宁领到领导亲手交给他的红包，较丰厚的奖金令小张十分高兴，但当他随后在项目小组奖金表上签字时，目光在表上注视了一会儿后，脸便很快阴沉了下来。对于这种情况，( )理论可以较恰当地给予解释。

    A. 双因素理论   B. 期望理论   C. 公平理论   D. 强化理论

二、简答题

(1) 请简述马斯洛需求层次理论的主要内容。

(2) 激励的原则有哪些？

三、思考题

(1) 作为一名学生或学员，你认为授课教师的哪些做法可以更好地激励你？反过来，学生是否也能够激励老师？如何激励呢？

(2) 你对人性是如何认识的？你和同学们是如何认识的呢？

四、案例应用分析

酋 长 试 人

一个酋长为了测试部落青壮年的胆识，带着大家上了一个山头，山头上有一棵大树，他要求大家攀住大树上的长树藤，荡到对面山头上去，两座山之间隔着的是一条深不见底的山涧。结果如下：

酋长要求下，大约只有 6% 的人立即自动自发地荡了过去；

酋长带头下，又有 20% 的人跟着荡了过去；

酋长承诺有金币奖赏，至少有 60% 的人随后就荡了过去；

剩下的是不愿冒风险，也不稀罕奖赏。突然间一头狮子从后面追来，这些人惊慌失措，激发了本能，争先恐后地荡了过去。

（资料来源：http：//info. china. alibaba. com/news/detail/v0－d1009413957. html.）

思考题：

该案例中体现了激励的哪些原理和方法？

实际操作训练

猎人与猎狗

猎人养了一条猎狗，饲养它用来捉兔子。等猎狗长大后，猎人带着它去捉兔子。猎狗看到兔子后很兴奋，但就是不去捉。猎人很生气："你为什么不去捉呢？"猎狗说："我捉到了兔子又不一定有骨头吃，何必那么费力呢？"猎人听了觉得有道理，于是规定猎狗只有捉到了兔子才可以有骨头吃，否则就没有。猎狗很高兴，认认真真地去捉兔子了，猎人也很高兴。

一天猎狗将一只兔子赶出了窝，但这只兔子很聪明很敏捷，追了很久仍没有捉到。牧羊犬看到此种情景，对猎狗说："你们两个之间小的反而跑得快得多，你真是给我们狗同胞丢脸。"猎狗回答说："你不知道我们两个的跑是完全不同的！我仅仅为了一顿饭而跑，他却是为了性命而跑呀！"

这话被猎人听到了，猎人想：猎狗说的对啊，那我要想得到更多的猎物，得想个好法子。于是，猎人又买来几条猎狗，凡是能够在打猎中捉到兔子的，就可以得到几根骨头，捉不到的就没有饭吃。这一招果然有用，猎狗们纷纷去努力追兔子，因为谁都不愿意看着别人有骨头吃，自己没的吃。

就这样过了一段时间，问题又出现了。大兔子非常难捉到，小兔子好捉。但捉到大兔子得到的奖赏和捉到小兔子得到的骨头差不多，猎狗们善于观察，发现了这个窍门，专门去捉小兔子。慢慢地，大家都发现了这个窍门。猎人对猎狗说：最近你们捉的兔子越来越小了，为什么？猎狗们说反正没有什么大的区别，为什么费那么大的劲去捉那些大的呢？

猎人经过思考后，决定不将分得骨头的数量与是否捉到兔子挂钩，而是采用每过一段时间，就统计一次猎狗捉到兔子的总重量的方法。按照重量来评价猎狗，决定其在一段时间内的待遇。于是猎狗们捉到兔子的数量和重量都增加了，猎人很开心。

但是过了一段时间，猎人发现，猎狗们捉兔子的数量又少了，而且越有经验的猎狗，捉兔子的数量下降的就越利害。于是猎人又去问猎狗，猎狗说："我们把最好的时间都奉献给了您，主人，但是我们随着时间的推移会变老，当我们捉不到兔子的时候，您还会给我们骨头吃吗？"

猎人做了论功行赏的决定，分析与汇总了所有猎狗捉到兔子的数量与重量，规定如果捉到的兔子超过了一定的数量后，即使捉不到兔子，每顿饭也可以得到一定数量的骨头。猎狗们都很高兴，大家都努力去达到猎人规定的数量。

一段时间过后，终于有一些猎狗达到了猎人规定的数量。这时，其中有一只猎狗说："我们这么努力，只得到几根骨头，而我们捉的猎物远远超过了这几根骨头，我们为什么不能给自己捉兔子呢？"于是，有些猎狗离开了猎人，自己捉兔子去了。

······

（资料来源：http：//www. plajs. com/bbs/home. php？ mod＝space&uid＝1&do＝blog&id＝46.）

思考题：

（1）如果你是猎人，你将如何继续对猎狗进行激励？

（2）如果你是猎狗，你会对猎人的新政策有什么样的反应？

（3）请将这个故事继续下去。

第 *12* 章 沟　通

教学目标

　　通过本章的学习，理解沟通的内涵与作用，掌握沟通的过程，熟悉不同沟通方式各自的优缺点，掌握一些常用的沟通方法和艺术，消除沟通障碍，改善沟通效果。

教学要求

知识要点	能力要求	相关知识
沟通的内涵、要素与作用	(1) 理解沟通的内涵 (2) 沟通过程中把握沟通的要素 (3) 养成重视沟通的习惯	(1) 理解沟通的内涵 (2) 沟通的要素 (3) 沟通的作用
沟通的过程	(1) 掌握沟通的过程 (2) 熟悉沟通的噪音	(1) 沟通的过程 (2) 沟通的噪音
沟通分类	(1) 根据不同情况，选择合适的沟通方式 (2) 熟悉各种不同沟通方式的优缺点	(1) 口头沟通、书面沟通、非语言沟通、电子媒介沟通 (2) 正式沟通和非正式沟通 (3) 下行、上行、平行和斜向沟通 (4) 单向沟通和双向沟通
沟通障碍及其改善	(1) 熟悉常见的沟通障碍 (2) 消除沟通障碍，实现有效沟通	(1) 沟通障碍 (2) 改善沟通的技术和方法

基本概念

　　沟通　发送者　接受者　编码　译码　沟通噪音　沟通渠道　沟通障碍　小道消息

导入案例

通天塔的故事

　　人类的祖先最初讲的是同一种语言。他们在底格里斯河和幼发拉底河之间，发现了一块异常肥沃的土地，于是就在那里定居下来，修葺城池，建造起了繁华的巴比伦城。后来，他们的日子越过越好，人们为自己的业绩感到骄傲，决定在巴比伦修一座通天的高塔，来传颂自己的赫赫威名，并作为集合全天下弟兄的标记，以免分散。因为大家语言相通，同心协力，阶梯式的通天塔修建得非常顺利，很快就高耸入云。上帝耶和华得知此事，立即从天国下凡视察。上帝一看，又惊又怒，因为上帝是不允许凡人达到自己的高度的。他看到人们这样统一强大，心想，人们讲同样的语言，就能建起这样的巨塔，日后还有什么办不成的事情呢？于是，上帝决定让人世间的语言发生混乱，使人们互相言语不通。人们各自操起不同的语言，感情无法交流，思想很难统一，就难免出现互相猜疑，各执己见，争吵斗殴。这就是人类之间误解的开始。修造工程因语言纷争而停止，人类的力量消失了，通天塔终于半途而废。因为耶和华在那里变乱天下人的言语，使众人分散在全地上，所以那城名叫巴别塔（巴别就是"变乱"的意思）。

点评

　　团队之间只有有效沟通，才能齐心协力建立起团队的"通天塔"，如果相互扯皮，只能造成组织内耗，组织发展也无从谈起。

12.1　沟　通　概　述

12.1.1　沟通及其重要性

1. 沟通的基本概念

　　组织管理过程中每一件事都包含着沟通的任务。管理者没有信息就不可能做出决策，而一旦做出决策，没有沟通就不可能实现目标。因此，领导者和下属都要从各自的角度认识沟通的重要性，掌握沟通的有效方法，否则，就会陷入无穷的问题与困境之中。

　　沟通是指信息从发送者到接受者的传递和理解的过程。首先，沟通包含着意义的传递，如果信息或想法没有被传送到，则意味着沟通没有发生。也就是说，说话者没有听众或写作者没有读者都不能构成沟通。其次，要使沟通成功，信息不仅需要被传递，还要被理解。例如，我收到一封来自美国的英文信件，但我本人对英语一窍不通，不经翻译就不能看懂，也就无法称之为沟通。

　　根据上述定义可知，沟通有以下 3 个方面的含义。

　　(1) 沟通是双方的行为，必须有信息的发送者和接受者。其中，双方既可以是个人，也可以是群体或组织。

　　(2) 沟通是一个传递和理解的过程。如果信息没被传递到对方，则意味着沟通没有发生，而信息在被传递之后还应该被理解。一般来说，信息经过传递之后，接受者感知到的信息与发送者发出的信息完全一致时，才是一个有效的沟通过程。

　　(3) 要有信息内容，并且这种信息内容不像有形物品一样由发送者直接传递给接受者。在沟通过程中，信息的传递是通过一些符号来实现的，如语言、身体动作和表情等，这些符号经过传递，往往都附加了传送者和接受者一定的态度、思想和情感。

特别提示

注意：良好的沟通常常被错误地理解为沟通双方达成协议，而不是准确理解信息的意义。例如，有人与我们意见不同，不少人认为此人没有完全领会我们的看法，换句话说，很多人认为良好的沟通是使别人接受我们的观点。但事实上，我可以很明白你的意思却不同意你的看法。当一场争论持续了相当长的时间，旁观者往往断言这是由于缺乏沟通导致的，然而，调查表明恰恰此时正进行着大量有效的沟通，他们中的每一个人都充分理解了对方的观点和见解，存在的问题是人们把有效的沟通与意见一致混为一谈了。

2. 沟通的重要性

沟通不仅与人们的日常生活密切相关，它在管理的各个方面也得到了广泛的运用。良好的沟通首先表现在它与管理者的工作密切相关，并随着管理层次的递增，管理者用于沟通上的时间也就越多。一项研究表明，一个基层管理人员工作时间的20％～50％用于言语沟通，而中、高层管理人员工作时间的66％～87％用于面对面和电话形式的沟通。沟通体现在不同的管理职能方面，如计划的制订与安排、部门之间的协调、人与人之间的交往、领导者与下属的联络、控制中的纠偏矫正工作、企业间的交流等。

一般来说，沟通的重要性体现在以下几个方面。

（1）是实现组织目标的重要手段。组织中的个体、群体为了实现一定的目标，在完成各种具体工作的时候都需要相互交流、统一思想、自觉地协调。信息沟通使组织成员团结起来，把抽象的组织目标转化为组织中每个成员的具体行动。没有沟通，一个群体的活动就无法进行，特别是管理者通过与下属的沟通使员工了解和明确自己的工作任务，以保证目标的实现。

（2）沟通使管理决策更加合理有效。对信息的收集、处理、传递和使用是科学决策的前提。在决策过程中利用信息传递的规律，选择一定的信息传播方式，可以避免延误决策时间而导致的失败。管理人员通过一定的方式推行决策方案，赢得上级的支持和下级的合作，没有有效的沟通是不会达到这一目标的。

（3）沟通成为组织中各个部门、各成员之间密切配合与协调的重要途径。由于现代组织是建立在职能分工基础上的，不同职能部门之间"隔行如隔山"，不易相互了解和协作配合。通过有效的沟通，可以使组织内部分工合作更为协调一致，保证整个组织体系的统一指挥、统一行动，实现高效率的管理。

（4）沟通是管理人员激励下属，影响和改变别人的态度和行为，实现领导职能的基本途径。沟通不仅能增进员工彼此间的了解，促进彼此之间的合作，改善人与人之间的关系，也是最大限度地调动员工积极性的一种方式。管理者与员工的定期沟通会提高员工的满意度，从而提高工作效果，降低员工的缺勤率和流动率。

（5）沟通也是企业与外部环境之间建立联系的桥梁。企业外部环境处于不断变化之中，企业为了生存就必须适应这种变化。企业必然要和顾客、政府、公众、原材料供应商、竞争者等发生各种各样的关系，它必须按照顾客的要求调整产品结构，遵守政府的法规法令，担负自己应尽的责任，获得适用、廉价的原材料，并且在激烈的竞争中取得一席之地，这就迫使企业不得不和外部环境进行有效的沟通。

12.1.2 沟通的过程

沟通是信息从发送者到接受者的传递和理解的过程。在沟通过程中，发送者制作信息，并把信息传递给接受者。接受者收到信息后，立即将信息加以破解，然后再采取行动，如果他的行动符合信息发送者的原意，就可以说沟通成功了。沟通过程如图 12.1 所示。

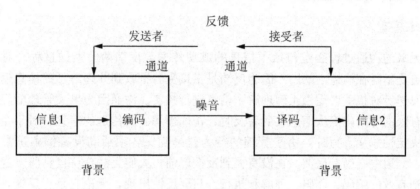

图 12.1　沟通过程

1. 信息编码与译码

信息编码是信息发送者将其信息与意义符号化，编成一定的文字等语言形式或其他形式的符号。译码则恰恰与之相反，是接受者在接受到信息后，将符号化的信息符号还原为信息与意义，并理解其信息内容与含义的过程。完美的沟通应该是传送者的信息 1 经过编码与译码两个过程后，形成的信息 2 与信息 1 完全吻合，也就是说，编码与译码完全"对称"。对称的前提条件是沟通双方拥有相同或类似的背景、经验，以及相同或类似的代码系统。如果双方的信息符号、信息内容缺乏共同背景、经验，或双方编、译码的代码系统不一致，则在解读信息与正确理解其内在意义的两个过程当中必定会出现误差，容易造成沟通失误或失败。因此，传送者在编码过程中必须充分考虑到接受者的经验背景，注重内容、符号对于接受者来说的可读性，而接受者在译码过程中也必须考虑到传送者的经验背景，这样才能更准确地把握传送者意欲表达的真正意图，正确全面地理解收到的信息的本来意义。在沟通中，编码和译码的代码体系的一致性和信息背景的一致性，尤其值得注意。例如，在现代跨国企业中，由于来自不同国家的职员所用的语言和文化背景不一致，该企业的沟通中的人际沟通、团队沟通、部门沟通等，就容易出现不畅或误解问题。沟通中的对外沟通，如广告，也容易因为不了解不同国家的符号系统和文化背景而出现大大小小的沟通问题。

2. 沟通通道

沟通的通道或渠道具有丰富性和多样性。在当今信息经济时代，尤其突出的变化是电子信息通道的出现和多样化。现在已经被企业利用的电子沟通渠道有电子数据库、电子数据交换、个人电子邮件、组群电子邮件、可视电子会议、手机及电脑与网络共同传递的电子短信息、企业内联网、企业独立网站、企业互联网、企业电子刊物等。作为信息传递的媒介物，沟通渠道的选择是相当重要的，因为渠道会影响信息传送的速度、有效性和完整性。在大量传统与新兴的沟通渠道并存的情况下，沟通的渠道选择和渠道组合有了更大空间，对于沟通渠道的选择和设计因而有可能上升到战略层次，即企业沟通制度设计的高度来进行。从理论上讲，沟通应该比以前可以有更快的速度、更大的信息容量、更宽的覆盖面积、更高的准确性和成功率。

3. 沟通反馈

完整无缺的沟通过程必定包括了信息的成功传送与反馈两个大的过程。对于沟通来讲，反馈更是不能在沟通中缺席。因为反馈是指接受者把收到并理解了的信息返送给发送者，以便发送者对接受者是否正确理解了信息进行核实。沟通因为事关管理的经济或政治效益，在有限的时间内确认信息接受者及时、正确理解了所传送的信息，对于企业经营的成败具有决定性意义。另外，由于管理的行为就是确保各项活动没有偏离正常的运行轨道，因此，沟通中必须有反馈。在没有得到反馈以前，人们无法确认自己所发送的信息是否已经得到有效的编码、译码、理解和执行。只要反馈出现，无论它是正反馈，还是负反馈，都有助于人们实现管理；如果没有反馈，管理就会存在着失控的可能性。沟通的信息发送者必须在信息发出之后，立即采取适当的方式进行跟进，并明确要求信息接收者必须在指定的时间和方式内，对信息进行清晰准确地反馈。只有这样，具有一定时效性和经济效益性质的管理信息才能正确发挥其应有的经济作用。可以说，沟通的效率和效益就是管理的效益和企业经营的效率和效益。

4. 沟通背景

沟通总是在一定的历史、地理、政治、经济、文化背景中发生的。任何形式的沟通，都会受到各种环境因素的有力影响。一般沟通的背景包括心理背景、物理背景、社会背景和文化背景等。所谓心理背景，指的是沟通双方的情绪和态度。它包含两个方面的内涵：其一是沟通主体自己的心情、情绪。当沟通主体处于兴奋、激动状态与处于悲伤、焦虑状态下，他的沟通意愿、沟通行为是不同的，前者往往积极响应，后者往往不愿沟通，思维处于抑制、混乱状态，编码、译码过程受到干扰。其二是沟通主体对于对方的感受和态度，如沟通主体双方是否存在敌意，关系是否友善亲密等，都会影响沟通的进程与效果。沟通过程常常由于偏见与好恶而出现误差，导致沟通双方无法准确理解对方信息的含义。所谓物理背景是指沟通发生的物理场所。物理背景会对人们的沟通造成巨大影响，如在上司办公室和自己办公室进行沟通，就会有明显的区别。显然，不同的物理背景会造成不同的沟通气氛，特定的物理环境更是能造就特定的沟通氛围，从而影响沟通的过程与结果。社会背景是指沟通主体双方的社会角色关系。对应于每一种社会角色关系，人们都有一种特定的沟通方式预期，只有沟通方式符合这种预期时，人们才能接纳这种沟通。文化背景是指沟通主体长期的文化积淀，即沟通主体较稳定的价值取向、思维模式、心理结构的总和。由于文化已经转化为人们精神的核心部分而为人们自动保持，是人们思考、行动的内在依据，因此，人们最初较少注意到文化对沟通的巨大影响。实际上，沟通需要文化背景，同时文化背景更是潜在而深入地影响每一个人的沟通过程与沟通行为。在现代信息经济时代，多文化、多元化的集团企业、企业集团，跨国公司的跨地区、跨国家的团队沟通问题越来越受到重视。

5. 沟通噪音

沟通噪音是指一切影响沟通的消极、负面、阻碍因素。沟通噪音存在于沟通过程的各个环节，给沟通造成失误、失败、损耗或失真。典型的沟通噪音主要包括发送噪音、传输噪音、接受噪音、系统噪音、环境噪音、背景噪音及数量噪音七大噪音。

1）沟通的发送噪音

沟通的发送噪音是指发生在沟通过程当中的信息发送环节的噪音。沟通的发送噪音也可以称为编码噪音。发送噪音主要分为两大类：一类是编码、发送能力噪音，如编码错误，或编码能力不佳，逻辑混乱等；另一类是选择性知觉编码发送噪音，是指信息发送者在信息编码的过程中，受到个人兴趣、情绪、思想、愿望等的影响和制约，而对应该全部发送的信息进行了不恰当的增删、过滤，从而影响了传送信息的完整性、准确性和及时性。

2）沟通的传输噪音

沟通的传输噪音也是指发生在信息传递过程当中的噪音。沟通所要传送的信息经过编码后，需要选择适当的沟通通道来进行信息传送。在传递通道中，由于通道的质量和稳定性发生问题，也有可能产生噪音，甚至发生信息遗失。例如，某重要文件在送到总经理办公室的过程中丢失了，即信息全部遗失；又如，请人传话时，传话者对信息进行了修改或表述不清，就是在沟通的信息传递通道产生了问题，妨碍了沟通的正常进行，应该属于传输噪音的一种。

3）沟通的接受噪音

沟通的接受噪音是指沟通过程中信息接受者在接受信息的过程中发生的噪音。接受信息的过程主要是对信息进行接受、解码的过程，因此，也可以称之为解码噪音。接受噪音也主要分为两大类：一类是选择性知觉接受噪音，即信息接受者受自己个人心理结构、心理需求、意向系统、文化教育水平、理解能力、心理期望、社会角色地位、人生阅历等因素的影响，自觉、不自觉地对所接受信息做出了增删、过滤，从而影响准确、全面、及时地沟通；另一类是接受、解码能力噪音，即因接受者接受、解码能力不足而引起的沟通障碍。对于同一个领导下达的同一个指令，在别人均能理解的情形下，有人却由于个人知识、经验、理解能力问题，而不能把握和理解。

4）沟通的系统噪音

沟通的系统噪音指的是沟通的信息代码系统噪音。沟通必须借助于一种或多种双方均能破译的信息代码系统如语言、文字等才能进行。一旦沟通双方所用的信息代码系统出现不一致，甚至完全不同，双方就不可能全面、准确、及时地沟通。

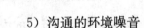

5）沟通的环境噪音

沟通的环境噪音指的是在沟通过程中出现的，影响沟通进程和效果的一切客观外在环境干扰因素。环境对人的沟通是有较大、较明显或潜在影响的。不同的客观物理环境，会在客观上造成一定的气氛和制约，当人们在沟通时，就会受到其影响和干扰。

6）沟通的背景噪音

沟通的背景噪音主要指在沟通过程当中，由于沟通背景因素而产生的沟通噪音。这里的沟通背景主要是指沟通过程的心理背景、社会背景和文化背景，不把物理背景包括在内。在沟通的过程中，背景因素相当重要。不同的心理、社会、文化背景组合，会对应于不同的沟通期望和沟通模式。尤其是在大企业和跨国公司，由于人们的背景差异十分突出，而背景因素又并非三言两语能说清，因此，深刻认识背景因素，尤其是文化背景因素对人们沟通行为的影响极其重要。在沟通双方对对方的沟通背景不清楚、不熟悉的情形下，沟通必然出现许多背景噪音。

7）沟通的数量噪音

沟通的数量噪音是指沟通传递的信息量过大或过小，因而引起使对方无法恰当接受、理解，或因沟通的信息量小而缺乏必要的沟通内容和意义。"文山会海"就是典型的数量噪音，领导芝麻大的事也要开个会，也是另一种信息数量噪音。

12.2 沟通的类别

12.2.1 按照方法划分

沟通可划分为口头沟通、书面沟通、非语言沟通、电子媒介沟通等，这是组织中最普遍的沟通方式。它们之间的比较如表12-1所示。

表12-1 沟通方式比较

沟通方式	举 例	优 点	缺 点
口头	交谈、讲座、讨论会、电话	快速传递、快速反馈、信息量大	传递中经过层次越多信息失真越严重，核实越困难
书面	报告、备忘录、信件、文件、内部期刊、布告	持久、有形、可以核实	效率低，缺乏反馈
非语言	声、光信号、体态、语调	信息意义明确、内涵丰富、含义隐含灵活	传递距离有限、界限模糊，只能意会、不可言传
电子媒介	传真、闭路电视、计算机网络、电子邮件	快速传递、信息容量大、一份信息可以同时传递给多人、廉价	对技术、网络依赖较强

1. 口头方式

人们之间最常见的交流方式是交谈，也就是口头沟通。常见的口头沟通包括演说、正式的一对一讨论或小组讨论、非正式的讨论，以及传闻或小道消息的传播。口头沟通的优点是快速传递和快速反馈。在这种方式下，信息可以在最短的时间里被传送，并在最短的时间里得到对方的回复。如果接受者对信息有所疑问，迅速的反馈可以使发送者及时检查其中不够明确的地方并进行改正。但是，当信息经过多人传送时，口头沟通的主要缺点便会暴露出来。在此过程中卷入的人越多，信息失真的潜在可能性就越大。每个人都以自己的方式解释信息，当信息到达终点时，其内容常常与最初大相径庭。如果组织中的重要决策通过口头方式在权力金字塔中上下传递，则信息失真的可能性相当大。

2. 书面方式

书面沟通包括备忘录、信件、组织内发行的期刊、布告栏及其他任何传递书面文字或符号的手段。信息发送者选用书面沟通的原因是因为它持久、有形、可以核实。一般情况下，发送者与接受者双方都拥有沟通记录，沟通的信息可以无限期地保存下去。如果对信息的内容有所疑问，过后的查询是完全可能的。对于复杂或长期的沟通来说，这尤其重要。书面沟通比口头沟通显得更为周密，逻辑性强，条理清楚。但是，书面沟通也有自己的缺陷，如耗时，同是一个小时的测验，通过口试学生向老师传递的信息远比笔试来得多。事实上，花费一个小时写出来的东西，往往只需 15 分钟左右就能说完。书面沟通的另一个主要缺点是缺乏反馈。口头沟通能使接受者对其所听到的东西提出自己的看法，而书面沟通则不具备这种内在的反馈机制。其结果是无法确保所发出的信息能被接受到，即使被接受到，也无法保证接受者对信息的解释正好是发送者的本意。

3. 非语言方式

一些沟通既非口头形式也非书面形式，而是通过非文字的信息加以传递的。例如，上课时，学生无精打采或在做其他事情，传达给老师的信息是学生已经开始厌倦了；同样，当大家纷纷把笔记本开始合上时，则意味着该下课了。又如一个人的办公室和办公桌的大小，一个人的穿衣打扮等都向别人传递着某种信息。非语言沟通中最常见的是体态语言和语调。体态语言包括手势、面部表情和其他的身体动作。例如，一副怒吼咆哮的面孔所表达的信息显然与微笑不同。手部动作、面部表情及其他姿态能够传达的信息意义有攻击、恐惧、腼腆、傲慢、愉快、愤然等。语调指的是个体对词汇或短语的强调。同样的一句话，重读的位置不同，所表达的语义往往也不同。

4. 电子媒介

现在人们依赖各种各样复杂的电子媒介来传递信息。除了常见的媒介(如电话电报、邮政等)之外，还拥有闭路电视、计算机、复印机、传真机等一系列电子设备。将这些设备与言语和纸张结合起来就产生了更有效的沟通方式。其中发展最快的是互联网。人们可以通过计算机网络快速传递书面及口头信息，如电子邮件迅速而廉价，并可以同时将一份信息传递给若干人。

12.2.2　按照组织系统划分

按照组织系统划分，沟通可分为正式沟通和非正式沟通。

1. 正式沟通

正式沟通是指在组织系统内，依据一定的组织原则所进行的信息传递与交流，如组织与组织之间的公函来往，组织内部的文件传达、召开会议，上下级之间的定期的情报交换等。另外，团体所组织的参观访问、技术交流、市场调查等也在此列。

组织和群体中正式的沟通网络存有 5 种基本形式，分别是轮式沟通、环式沟通、链式沟通、Y 式沟通和全方位沟通。这 5 种正式沟通形态如图 12.2 所示。

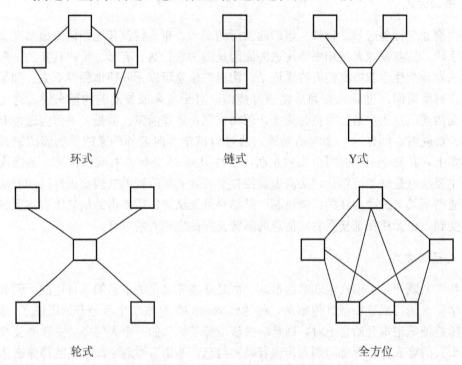

图 12.2　5 种正式沟通形态

（1）轮式沟通表现出沟通的层次较少，并形成一个沟通网络的中心。因此，位于沟通中心的人物表现出较强的权力特征，通常是组织和群体的领导或管理者。

（2）环式沟通的最大特点是沟通网络中成员的平等属性。

（3）链式沟通更加突出了沟通的层次性。

（4）Y 式沟通增加了沟通的层次，它集中表现了组织的结构特征。

（5）全方位沟通是最为民主、最为畅通的沟通方式。

环式沟通和全方位沟通的沟通速度快，由于能获得大量的信息，在处理复杂问题时比其他形式的信息沟通快且失误少；链式、Y 式和轮式沟通一般沟通准确性比较好，在处理简单的问题时速度快且失误少；轮式沟通有利于管理者控制各项活动，环式沟通和全方位沟通则能较好地满足成员的社交需求。

正式沟通的优点是，沟通效果好，比较严肃，约束力强，易于保密，可以使信息沟通保持权威性。重要的信息和文件的传达、组织的决策等，一般都采取这种方式。其缺点是由于依靠组织系统层层的传递，沟通较刻板，沟通速度慢。

2. 非正式沟通

非正式沟通是指除正式沟通渠道以外的信息交流和传递，它不受组织监督，自由选择沟通渠道，如团体成员私下交换看法、朋友聚会、传播谣言和小道消息等都属于非正式沟通。非正式沟通是正式沟通的有机补充。在许多组织中，决策时利用的情报大部分是由非正式信息系统传递的。同正式沟通相比，非正式沟通往往能更灵活迅速地适应事态的变化，省略许多烦琐的程序，并且常常能提供大量的通过正式沟通渠道难以获得的信息，真实地反映员工的思想、态度和动机。因此，这种动机往往能够对管理决策起重要作用。

非正式沟通有 4 种不同的传递形式，即单线式、流言式、偶然式和集束式，如图 12.3 所示。

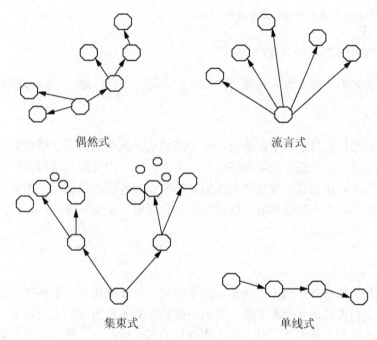

图 12.3　4 种非正式沟通形态

（1）单线式，一个人传递给另一个人，通过一长串的人际关系来传递信息，而这一长串的人之间并不一定存在着正规的组织关系。

（2）流言式，是指信息发送者主动寻找机会，通过闲聊等方式向其他人散布信息。

（3）偶然式，每一个人都是随机地传递给其他人。信息通过一种随机的方式传播，道听途说就是其中的一种形式。

（4）集束式，是指信息发送者有选择地寻找一批对象传播信息，这些对象大多是一些与其亲近的人，而这些对象在获得信息后又传递给自己的亲近者。

非正式沟通的优点是，沟通形式不拘，直接明了，速度很快，容易及时了解到正式沟通难以提供的"内幕新闻"。非正式沟通能够发挥作用的基础，是团体中良好的人际关系。其缺点表现在，非正式沟通难以控制，传递的信息不确切，易于失真、曲解，而且它可能导致小集团、小圈子，影响人心稳定和团体的凝聚力。

现代管理理论还提出了一个新概念，称为"高度的非正式沟通"。它指的是利用各种场合，通过各种方式，排除各种干扰，来保持经常不断的信息交流，从而在一个团体、一个企业中形成一个巨大的、不拘形式的、开放的信息沟通系统。实践证明，高度的非正式沟通可以节省很多时间，避免正式场合的拘束感和谨慎感，使许多长年累月难以解决的问题在轻松的气氛下得到解决，减少了团体内人际关系的摩擦。

非正式沟通是非正式组织的副产品，它一方面满足了员工的需求；另一方面也补充了正式沟通系统的不足。非正式沟通带有一种随意性与灵活性，并没有一个固定的模式或方法，需要管理者在处理日常人际关系时灵活运用。

 小思考

你的生活中有没有非正式沟通？能举出例子吗？

12.2.3　按照信息传递的方向划分

按照信息传递的方向划分，沟通可分为下行沟通、上行沟通、平行沟通和斜向沟通。

1. 下行沟通

下行沟通是指信息自上而下的沟通，如上级把企业战略有目标、管理制度、政策、工作命令、有关决定、工作程序及要求等传递给下级。下行沟通顺畅可以帮助下级明确工作任务、目标及要求，增强其责任感和归属感，协调企业各层次的活动，增强上下级之间的联系等。但在逐层向下传达信息时应注意防止信息误解、歪曲和损失，以保持信息的准确性和完整性。

2. 上行沟通

上行沟通是指信息自下而上的沟通，如下级向上级反映意见、汇报工作情况、提出建议和要求等。上行沟通是管理者了解下属和一般员工意见及想法的重要途径。上行沟通畅通无阻，各层次管理人员才能及时了解工作进展的真实情况，了解员工的需要和要求，体察员工的不满和怨言，了解工作中存在的问题，从而有针对性地做出相应的决策。上行沟通中应防止信息层层"过滤"，尽量保证真实性和准确性。

3. 平行沟通

平行沟通是指组织内部平行机构之间或同一层级人员之间的信息交流，如组织内部各职能部门之间、车间之间、班组之间、员工之间的信息交流。平行沟通是加强各部门之间的联系、了解、协作与团结，减少各部门之间的矛盾和冲突，改善人际关系和群际关系的重要手段。

4. 斜向沟通

斜向沟通是指处于不同层次的没有直接隶属关系的成员之间的沟通。这种沟通方式有利于加速信息的流动，促进理解，并为实现组织的目标而协调各方面的努力。

管理中 4 种沟通缺一不可。纵向的上行、下行沟通应尽量缩短沟通渠道，以保证信息传递的快速与准确；横向的平行沟通应尽量做到广泛和及时，以保证协调一致和人际和谐。同时，为加速信息流动可灵活运用斜向沟通。

12.2.4　按照是否进行反馈划分

按照是否进行反馈划分，可分为单向沟通和双向沟通。

1. 单向沟通

单向沟通是指在沟通过程中，信息发送者与接受者之间的地位不变，一方主动发送信息，另一方主动接受信息，如广播电视信息、报告、演讲、发布指示、下命令等。这种沟通方式速度快，发送者不受接受者的挑战，能保持、维护尊严。因此，当遇到工作性质简单又急需完成或遇到紧急情况不需要或根本不允许商讨时，采用单向沟通方式效果较好。但由于接受者对信息内容的理解没有机会表达，单向沟通有时准确性较差。另外，单向沟通缺乏民主性，容易使接受方产生抵触情绪，心理效果较差。

2. 双向沟通

双向沟通是指在沟通过程中，发送者和接受者的地位不断变化，信息在双方间反复流动，直到双方对信息有了共同理解为止，如讨论、谈话、协商、谈判等。其优点是沟通信息的准确性高，接受者有反馈意见的机会，双方可以反复交流磋商，增进彼此的了解，加深感情建立良好的人际关系。缺点是沟通过程中接受者要反馈意见，有时使沟通受到干扰，影响信息的传递速度。此外，由于要时常面对接受者的提问，发送者会感受到心理压力。

 知识链接

沟通技能自我测试

评价标准：

非常不同意/不符合（1 分）　　　　　　不同意/不符合（2 分）

比较不同意/不符合（3 分）　　　　　　比较同意/符合（4 分）

同意/符合（5 分）　　　　　　非常同意/非常符合（6 分）

测试问题：

1. 我能根据不同对象的特点提供合适的建议或指导。

2. 当我劝告他人时，更注重帮助他们反思自身存在的问题。

3. 当我给他人提供反馈意见，甚至是逆耳的意见时，能坚持诚实的态度。

4. 当我与他人讨论问题时，始终能就事论事，而非针对个人。

5. 当我批评或指出他人的不足时，能以客观的标准和预先期望为基础。

6. 当我纠正某人的行为后，我们的关系常能得到加强。

7. 在我与他人沟通时，我会激发出对方的自我价值和自尊意识。

8. 即使我并不赞同，我也能对他人观点表现出诚挚的兴趣。

9. 我不会对比我权力小或拥有信息少的人表现出高人一等的姿态。

10. 在与自己有不同观点的人讨论时，我将努力找出双方的某些共同点。

11. 我的反馈是明确而直接指向问题关键的，避免泛泛而谈或含糊不清。

12. 我能以平等的方式与对方沟通，避免在交谈中让对方感到被动。

13. 我以"我认为"而不是"他们认为"的方式表示对自己的观点负责。

14. 讨论问题时，我通常更关注自己对问题的理解，而不是直接提建议。

15. 我有意识地与同事和朋友进行定期或不定期的、私人的会谈。

参考答案：

你的总分：

80～90，你具有优秀的沟通技能；

70～79，你略高于平均水平，有些地方尚需要提高；

70 以下，你需要严格地训练你的沟通技能。

选择得分最低的 6 项，作为技能学习提高的重点。

12.3 沟通障碍及其改善

12.3.1 沟通障碍

在人们沟通信息的过程中，常常会受到各种因素的影响和干扰，使沟通受到阻碍。沟通障碍主要来自 3 个方面：发送者的障碍、接受者的障碍、沟通通道的障碍。

1. 发送者的障碍

在沟通过程中，信息发送者的情绪、倾向、个人感受、表达能力、判断力等都会影响信息的完整传递。障碍主要表现在以下几个方面。

（1）表达能力不佳。信息发送者如果口齿不清，词不达意或者字体模糊，就难以把信息完整地、准确地表达出来；如果使用方言、土语，会使接受者无法理解。在不同国籍、不同民族人员之间的交流中这种障碍更明显。

 管理案例

有一个笑话说，主人请客吃饭，眼看约定的时间已过，只来了几个人，不禁焦急地说："该来的没有来"，已到的几位客人一听，扭头就走了两位。主人意识到他们误解了他的话，又难过地说："不该走的走了"，结果剩下的客人也都气呼呼地走了。

（2）信息传送不全。发送者有时人为缩简信息，使信息变得模糊不全。

（3）信息传递不及时或不适时。信息传递过早或过晚，都会影响沟通效果。

（4）知识经验的局限。信息发送者和接受者如果在知识和经验方面水平悬殊很大，发送者认为沟通的内容很简单，不考虑对方，仅按照自己的知识和经验范围进行编码，而接受者却难以理解，从而影响沟通效果。

（5）对信息的过滤。过滤是指故意操纵信息，使信息显得对接受者更有利，如某管理人员向上级传递的信息都是对方想听到的东西，这位管理人员就是在过滤信息。过滤的程度与组织结构层次及组织文化有关。组织纵向管理层次越多，过滤的机会也就越多。组织文化则通过奖励系统鼓励或抑制这类过滤行为。如果奖励只注重形式和外表，管理人员便会有意识地按照上级的习惯品位调整和改变信息的内容，现实生活中"报喜不报忧"就是典型的信息过滤行为。

2. 接受者的障碍

从信息接受者的角度看，影响信息沟通的因素主要有以下几个方面。

（1）信息译码不准确。接受者如果对发送者的编码不熟悉，就有可能误解信息，甚至得到相反的理解。

（2）对信息的筛选。受主观性的影响，接受者在接受信息时，会根据自己的知识经验去理解，按照自己的需要对信息进行选择，从而可能会使许多信息内容丢失，造成信息的不完整甚至失真。

（3）对信息的承受力。每个人在单位时间内接受和处理信息的能力不同，对于承受能力较低的人来讲，如果信息过量，难以全部接受，就会造成信息的丢失而产生误解。

（4）心理上的障碍。接受者对发送者不信任，敌视或冷淡、厌烦，或者心理紧张、恐惧，都会歪曲或拒绝接受信息，造成沟通障碍。

（5）过早地评价。在尚未完整地接受一项信息之前就对信息做出评价，将有碍于对信息所包含的意义的接受。过于匆忙地做出评价，就会使接受者只能听到他所希望听到的那部分内容。

（6）情绪。在接受信息时，接受者的感觉会影响他对信息的理解。不同的情绪感受会使个体对同一信息的解释截然不同。狂喜或悲伤等极端情绪体验都可能阻碍信息沟通，因为这种情况下人们会出现意识狭隘的现象，而不能进行客观、理性的思维活动，而代之以情绪性的判断。因此，应尽量避免在情绪很激动的时候进行沟通。

3. 沟通通道的障碍

沟通通道的问题也会影响到沟通的效果。沟通通道障碍主要有以下几个方面。

（1）选择沟通媒介不当。例如，对于重要事情而言，口头传达效果较差，因为接受者会认为"口说无凭"、"随便说说"而不加重视。

（2）几种媒介相互冲突。当信息用几种形式传送时，如果相互之间不协调，会使接受者难以理解传递的信息内容，如领导表扬下属时面部表情很严肃甚至皱着眉头，就会让下属感到迷惑。

（3）沟通渠道过长。组织机构庞大，内部层次多，从最高层传递信息到最低层，从低层汇总情况到最高层，中间环节太多，容易使信息损失较大。

（4）外部干扰。信息沟通过程中经常会受到自然界各种物理噪音、机器故障的影响或被另外事物干扰所打扰，也会因双方距离太远而沟通不便，影响沟通效果。

 管理案例

据说某部队1986年的一次命令传达是这样的。

营长对值班军官：明晚大约8点钟左右，哈雷彗星将可能在这个地区看到，这种彗星每隔76年才能看到一次，命令所有的士兵着野战服在操场上集合，我将向他们解释这一罕见的现象。如果下雨的话，就在礼堂集合，我将为他们放一部有关彗星的影片。

值班军官对连长说：根据营长的命令，明晚8点，哈雷彗星将在操场上空出现。如果下雨的话，就让士兵穿着野战服列队前往礼堂，这一罕见的现象将在那里出现。

连长对排长：根据营长的命令，明晚8点，非凡的哈雷彗星将军将身穿野战服在礼堂出现。如果操场上下雨，营长将下达另一个命令，这种命令每隔76年才会出现一次。

排长对班长：明晚8点，营长将带着哈雷彗星在礼堂出现，这是每隔76年才有的事。如果下雨的话，营长将命令彗星穿好野战服到操场上去。

班长对士兵：在明晚8点下雨的时候，著名的76岁的哈雷将军将在营长的陪同下身着野战服，开着他那"彗星"牌汽车，经过操场前往礼堂。

12.3.2 改善沟通的技术和方法

从上述的沟通障碍可以看出，只要采取适当的措施克服这些沟通的障碍，就能实现管理的有效沟通。因此，无论是人际沟通、组织内的沟通，还是组织与组织之间的沟通，要实现有效的沟通，就必须对沟通技能和方法进行改进和开发。

1. 有效沟通的实现

1）有效沟通的原则

（1）确立问题。问题的明确叙述，便解决了问题的一半。在企业管理活动过程中，除非管理人员本身建立了清晰的观念，并认清了问题的本质，否则，他将无法给人以清晰的印象。只有清楚地认识了问题，才能去收集资料，选择最佳的信息沟通方式。

（2）征求意见。通常，企业管理所面临的问题都比较复杂，而且牵涉面较广，不是一两个人就能解决得了的。因此，在做出决策之前，管理者最好能与有关的人员磋商，征求部属的意见和建议。这种方式有3个优点：①可借他人意见观察验证本人意见的正确性；②可以收集他人的想法和建议，有助于对问题进行周全的设想；③由于下属有参与机会，可减少措施推行的阻力，赢得更大支持。

（3）双向沟通。企业管理人员在传达意见时，必须考虑传达的内容、对象、方法等，同时还应该顾及许多组织上与心理上的问题。一般而言，企业内不同的层次对一个问题或一项措施的看法都会有所不同，某种本人能理解的话语，并不一定都能为其他人所理解。因此，双向意见沟通十分重要，它可以使下情有所上达，以此来缩减地位上的障碍，从而增进彼此之间信息的沟通了解。

（4）强调激励。在企业中，信息（尤其是任务）的下达，着重体现激励。要做到使下级不但能了解命令，而且在了解了之后又能欣然产生工作的热情。在意见交流时，管理人员的诚意与表达方式，都直接影响到沟通的效果。

2）有效沟通的先决条件

（1）在自上而下方面。

① 管理者必须了解下级工作人员的工作情况、欲望及每个人的个人问题。

② 管理者应该有主动沟通的态度：一个团队的主管，应该自动地与下属分享团队

内的所有消息、新闻、政策及各项工作措施。这样才能使上下一致，培养团队合作精神。

③ 团队内须制订完备的沟通计划。任何政策措施，在付诸实施前，须将其内容传达给所有工作人员，以求共同了解，减除工作中的紧张情绪，在人事上产生和谐关系。

④ 主管人员须获得工作人员的信任。工作人员能否了解主管沟通的要义，都依赖于其对主管是否信任，因为对主管的不信任，会导致对所有的事都发生疑惑，往往会曲解主管的用意，使沟通难以达到预期的效果。

（2）在自下而上方面。

① 主管须平等对待下属。领导和蔼可亲、平易近人，是下级向上沟通的主要因素，如果一个领导终日一副严厉的面孔，使别人不敢亲近，望而生畏，也就谈不上什么良好的沟通了。

② 经常与下级举行工作座谈会。让所有的工作人员都有发言的机会，而主管应多听，并注意综合大家的意见，绝不能趁开会的时候训话或表演自己的口才。

③ 建立建议制度。开明的主管为力求团队的不断进步，应经常采纳工作人员的意见和建议，不论建议能否立即得到实施，凡提建议的人都应受到鼓励，主管应定期把实施情况或不能采纳的原因，委婉地向提出人解释，一方面表示主管对建议的重视；另一方面感谢提建议的人，使其内心愉快而乐于再提建议。

④ 公平而合理的制度。鼓励自下而上地沟通，最主要的是建立公平而合理的升迁、奖惩、考绩等制度。一个组织如果在这些制度上有了不公平的待遇，人们必定心灰意冷，或阳奉阴违，沟通也就不能发挥作用了。

 小思考

如果你是下级员工，该怎样和你的主管沟通呢？

（3）在平行沟通与斜向沟通方面。

采取集权制的组织，由于上级事事过问，凡事都须统一指挥、层层上报，在这种情形下，沟通必然贫乏，平行单位或人员之间，也就失去了自由处理问题的权力，从而减少协调的机会。而对于采取分权制或授权制的组织来说，其平行沟通一般则比较畅通，因为下级单位或人员有充分的自由来处理本身权责范围以内的工作，不必事事上呈，如有需要，可以在合作的原则下通过平行沟通尽速处理工作任务，以提高效率。因此，可以说，平行沟通的先决条件就在于主管能否适当的授权。

2. 实现有效沟通的方法

1）强调有效沟通的重要性

首先，要加强组织中管理与被管理者对沟通重要性的认识。通常人们认为沟通是件非常简单的事，并不重视沟通的重要性，同时又在某种程度上对沟通存在着误解。例如，人们常常以为向对方讲述一件事后，沟通就完成了，没有考虑"语言"本身并不代表"意思"，其中还存在一个破译转化的过程。沟通虽然非常普遍，看起来非常容易，但是有效沟通却常常是一项困难和复杂的行为。

其次，管理者和被管理者还要了解组织沟通过程的一些规律。例如，在组织中建立重视沟通的氛围，创造一个相互信任的沟通环境，不仅在各项管理职能中有效地运用沟通手段，还要重视非正式沟通中"小道消息"对组织管理的重要性等。

2）提高人际沟通技能

信息发送者和信息接受者都要努力增强自己的人际沟通技能，提高有效沟通的水平。

（1）改进沟通态度。

信息沟通不仅仅是信息符号的传递，它包含着更多的情感因素，所以在沟通过程中，沟通双方采取的态度对于沟通的效果有很大的影响。只有双方坦诚相待时，才能消除彼此间的隔阂，从而求得对方的合作。另外，在信息沟通过程中还要以积极的、开放的心态对待沟通，要愿意并且有勇气用恰当的方法展示自己的真实想法，在沟通过程中顾虑重重会导致很多误解。

（2）提高自己的语言表达能力。

语言是信息的载体，是提高沟通效率要解决的首要问题。掌握语言表达艺术的前提是通过学习和训练，使自己运用语言的能力达到熟练自如、得心应手的水平。一般规律是沟通中要与沟通对象、沟通环境、沟通内容结合起来考虑怎么使用语言。也就是说，无论是口头交谈还是采用书面交流的形式，都要力求准确地表达自己的意思。同时，还要双方相互了解对方的接受能力，根据对方的具体情况来确定自己表达的方式和用语等；选择正确的词汇、语调、标点符号；注意逻辑性和条理性，对重要的地方要加上强调性的说明；借助体态语言来表达完整的思想和感情，加深双方的理解。

（3）培养倾听的艺术。

以前人们往往只注重说写能力的培养，忽视了听的能力的训练和培养。事实上，没有听就很难接受到有用的信息。而倾听则区别于一般的听，它是一种通过积极的听来完整地获取信息的方法，主要包括注意听、听清内容、理解含义、记忆要点和反馈5层内容。

① 注意听。要听得投入，全神贯注地听，不仅要用耳朵去听，还要用整个身体去听对方说话。例如，要保持与说话者的目光接触，身体微微前倾，以信任、接纳、尊重的目光让说话者把要说的意思表达清楚。同时注意控制自己的情绪，克服心理定式，保持耐心，尽可能站在说话者的角度去听，认真地顺着说话者的思路去听。另外，自己不要多说，尽量避免中间打断别人的谈话。

② 听清内容。要完整地接受信息，听清全部内容，不要听到一半就心不在焉，更不能匆忙下结论。同时要营造一种轻松、安静的气氛，排除谈话时的各种噪音干扰，使听者能努力抓住其中的关键点。

③ 理解含义。理解信息并能听出对方的感情色彩，这样才能完全领会说话者的真正含义。同时要准确地综合和评价所接受的信息，对一些关键点要时时加以回顾，通过重复要点或提一些问题来强化和证实你所理解的信息；对一些疑问和不清楚的问题，也要在适当的时候向对方提问，以保证信息的准确理解。另外，为了能听懂，还可借助一些辅助材料，如报告、提纲、小册子或讲义等来帮助理解。

④ 记忆要点。在理解对方的基础上要记住所传递的信息，可以通过将对方的话用自己的语言来重新表达，或者通过记住所说的典型事例，以及对信息加以分类和整理的方法，增进有效记忆。另外，如有必要在听的时候做些笔记，以便于事后回忆和查阅。

⑤ 反馈。给予说话人适当的反馈，可以使谈话更加深入和顺利。在听的时候，用点头、微笑、手势等体态语言对说话人做出积极反应，让对方感觉到你愿意听他说话，以及通过提一些说话人感兴趣的话题，可以加深双方的感情，并使得谈话更加深入。

倾听的要点如表 12-2 所示。

表 12-2　倾听要点

要	不要
表现出兴趣	争辩
全神贯注	打断
该沉默时必须沉默	从事与谈话无关的活动
选择安静的地方	过快或提前做出判断
留出适当的时间用于辩论	草率地给出结论
注意非语言暗示	让别人的情绪直接影响你
当你没听清楚时，要以疑问的方式重复	
当你发现遗漏时，直截了当地问	

积极主动地倾听可以给人们在沟通过程中带来以下好处。

① 倾听可以帮助你获取重要的信息。通过倾听，不仅可以了解到对方所传达的信息，还可以了解对方的感情，由此还可以推断出对方的性格、目的和心态。

② 倾听可以掩盖自身的弱点。"言多必失"、"沉默是金"等告诉人们，在对别人所谈问题不太了解时，多听而不说或者少说，是掩盖自身弱点的最好方法。

③ 善听才能善言。只有先听别人的意见后，才能更有效地了解别人，包括了解他谈话的目的、背景、情感和弱点等，这些都为你跟对方交谈提供了契机，不仅使对方觉得你充分考虑了他的需要和见解，还会使你的谈话更有针对性和感染力，你的建议才容易被接纳。

④ 倾听可以使你获得友谊和信任。人们大多喜欢发表自己的意见，如果你能谦虚地倾听，给他说话的机会，他会觉得你和蔼可亲、值得信赖。作为一名管理者，更应该倾听来自顾客、上级、下级的信息，及时有效的沟通会使他们对你更加信赖和尊重。

 管理案例

一天，美国知名主持人林克莱特访问一名小孩，问他说："你长大后想要当什么呀？"小孩天真地回答："我要当飞机驾驶员！"林克莱特接着问："如果有一天，你的飞机飞到太平洋上空所有引擎都熄火了，你会怎么办？"小孩想了一想说："我会先告诉坐在飞机上的人都系好安全带，然后我背上我的降落伞跳出去。"当在现场的观众笑得东倒西歪时，林克莱特继续注视这孩子，想看他是不是个自作聪明的家伙。没想到，这孩子的两行热泪夺眶而出，这才使得林克莱特发觉这孩子的悲恸之情远非笔墨所能形容。于是林克莱特问他说："你为什么要这么做?"小孩的答案透露出一个孩子真挚的想法："我要去拿燃料，我还要再回来!"

3) 构建合理的沟通渠道

为实现有效的组织沟通，管理者应在注重人际沟通的基础上，进一步考虑组织的行业特点和环境因素，结合正式沟通渠道和非正式沟通渠道的优缺点，通过对组织结构的调整，设计一套包含正式和非正式沟通的沟通渠道，同时缩短信息传递的链条，以便使组织的信息沟通更加迅速、及时、有效。

4) 采用恰当的沟通方式

选用恰当的沟通方式对增强组织沟通的有效性也十分重要，因为组织沟通的内容千差万别，针对不同的沟通需要，应该采取不同的沟通方式。从沟通的速度方面考虑，利用口头和非正式的沟通方法，比书面的和正式的沟通速度快。从反馈性能来看，面对面交谈可以获得立即的反应，而书面沟通则有时得不到反馈。从可控性来看，在公开场合宣布某一消息，对于其沟通范围及接受对象毫无控制;反之，选择少数可以信赖的人，利用口头传达某种信息则能有效地控制信息。从接受效果来看，同样的信息，可能由于渠道的不同，被接受的效果也不同。以正式书面通知，可能使接受者十分重视;反之，在社交场合所提出的意见，却被对方认为讲过就算了，并不加以重视。因此，要根据沟通渠道的不同性质，采用不同的沟通方式，这样沟通效果才会更好。

5) 改进组织沟通的各种技术

在组织的管理中采用一些积极有效的管理技术和方法会增强组织沟通的有效性。一般有以下方法:①采取信息沟通检查制，这种方法是将信息沟通看成实现组织目标的一种方式，而不是为了沟通而沟通，因而就可以把组织内外的信息沟通看成一个与组织目的相关的一组沟通因素，利用这种信息沟通检查制，可以分析所设计的许多关键性管理活动中的沟通，它既可以用于出现问题之际，也可用于事前防范;②设立建议箱和查询制度，通过设立建议箱来征求员工意见，以此改善自下而上的沟通，查询制度是组织设立的另外一种答复员工所提出的关于组织方面问题的一种方法，这些问题和答复可以在组织内部刊物上登出，从而使得组织与员工之间有了广泛而有效的交流，促进了组织的有效沟通;③进行员工调查和反馈，对组织中员工的态度和意见进行调查，是组织的一种有用的自下而上的沟通手段，这种形式的调查使得员工感到他可以自由表达其真实的观点，而当调查结果反馈到员工那里时，则变成了自上而下的沟通，调查反馈使员工感到其意见已被管理者所听到和考虑，因而增强了组织与员工的有效沟通。

本 章 小 结

1. 沟通无处不在、无时不在，沟通是信息从发送者到接受者的传递和理解的过程。

> 2. 信息发送者、接受者、信息内容和沟通渠道是沟通必不可少的要素。
>
> 3. 沟通过程中，发送者编译信息，并通过沟通渠道把信息传递给接受者。接受者收到信息后，对信息进行翻译，并把理解情况反馈给信息发送者。
>
> 4. 沟通从开始到结束都受到各种噪音的干扰。
>
> 5. 不同沟通方法各有其优缺点，要根据具体情况选择合适的沟通方式，并尽量综合运用。
>
> 6. 沟通障碍普遍存在，要通过各种途径消除沟通障碍，提高沟通效果。

练 习 题

一、 单项选择题

（1）管理需要信息沟通，而信息沟通必须具备的 3 个关键要素是（ ）。

    A. 传递者、接受者、信息渠道   B. 发送者、传递者、信息内容

    C. 发送者、接受者、信息内容   D. 发送者、传递者、接受者

（2）如果发现一个组织中小道消息很多，而正式渠道的消息较少。这是否意味着该组织（ ）。

    A. 非正式沟通渠道中信息传递很通畅，运作良好

    B. 正式沟通渠道中信息传递存在问题，需要调整

    C. 其中有部分人特别喜欢在背后乱发议论，传递小道消息

    D. 充分运用了非正式沟通渠道的作用，促进了信息的传递

（3）据资料表明，语言表达作为管理沟通的有效手段，可分为 3 种类型：体态语言、口头语言、书面语言。它们所占的比例分别为 50%、43%、7%。根据这一资料，你认为下述观点正确的是（ ）。

    A. 这份资料有谬误，因为文件存档时，最常用的是书面语言

    B. 体态语言太原始，大可不必重视它

    C. 人与人之间的沟通，还是口头语言好，体态语言太费解

    D. 在管理沟通中，体态语言起着十分重要的作用

（4）某重要会议的开会通知，提前通过电话告知了每位会议参加者，可是到开会时，仍有不少人迟到甚至缺席。试问，以下有关此项开会通知沟通效果的判断中，最有可能不正确的是（ ）。

    A. 这里出现了沟通障碍问题，表现之一是所选择的信息沟通渠道严肃性不足

    B. 这里与沟通障碍无关，只不过是特定的组织氛围使与会者养成了不良的习惯

    C. 此项开会通知中存在信息接受者个体方面的沟通障碍问题

    D. 通知者所发信息不准确或不完整可能是影响此开会通知沟通效果的一个障碍因素

二、 简答题

（1）沟通的过程是什么？

（2）正式沟通和非正式沟通的形式各有哪些？

三、思考题

(1) 平时你与父母、同学、老师最常采用的沟通方式分别是什么？

(2) 你与他人之间是否存在沟通障碍？如何提高你的沟通能力？

四、案例应用分析

案例 1：老太太买李子

有一天，一位老太太离开家门，拎着篮子去楼下的菜市场买水果。她来到第一个小贩 A 的水果摊前问道："这李子怎么样？"

"我的李子又大又甜，特别好吃。"小贩回答。

老太太摇了摇头没有买。她向另外一个小贩 B 走去，问道："你的李子好吃吗？"

"我这里是李子专卖，各种各样的李子都有。您要什么样的李子？"

"我要买酸一点儿的。"

"我这篮李子酸得咬一口就流口水，您要多少？"

"来一斤吧。"老太太买完李子继续在市场中逛，又看到一个小贩 C 的摊上也有李子，又大又圆非常抢眼，便问水果摊后的小贩："你的李子多少钱一斤？"

"您好，您问哪种李子？"

"我要酸一点儿的。"

"别人买李子都要又大又甜的，您为什么要酸的李子呢？"

"我儿媳妇要生孩子了，想吃酸的。"

"老太太，您对儿媳妇真体贴，她想吃酸的，说明她一定能给您生个大胖孙子。您要多少？"

"我再来一斤吧。"老太太被小贩说得很高兴，便又买了一斤。

小贩一边称李子一边继续问："您知道孕妇最需要什么营养吗？"

"不知道。"

"孕妇特别需要补充维生素。您知道哪种水果含维生素最多吗？"

"不清楚。"

"猕猴桃含有多种维生素，特别适合孕妇。您要给您儿媳妇天天吃猕猴桃，她一高兴，说不定能一下给您生出一对双胞胎。"

"是吗？好啊，那我就再来一斤猕猴桃。"

"您人真好，谁摊上您这样的婆婆，一定有福气。"小贩开始给老太太称猕猴桃，嘴里也不闲着："我每天都在这儿摆摊，水果都是当天从批发市场找新鲜的批发来的，您媳妇要是吃好了，您再来。"

"行。"老太太被小贩说得高兴，提了水果边付账边应承着。

（资料来源：http://www.cnyw.org/yunying/xiaoshou/17356＿2.html.）

思考题：

(1) 小贩 A 为什么一个李子都没卖出去？

(2) 小贩 B 为什么能卖出去一斤？为什么只卖出去一斤？

(3) 小贩 C 为什么能卖出去一斤李子和一斤猕猴桃，甚至还有未来的其他水果？

案例2：3个名额

公司为了奖励市场部的员工，制订了一项海南旅游计划，名额限定为10人。可是13名员工都想去，部门经理需要再向上级领导申请3个名额。下面是部门经理与上级领导沟通的两种情景。

情景1

部门经理向上级领导说："朱总，我们部门13个人都想去海南，可只有10个名额，剩余的3个人会有意见，能不能再给3个名额？"

朱总说："筛选一下不就完了吗？公司能拿出10个名额就花费不少了，你们怎么不多为公司考虑？你们呀，就是得寸进尺，不让你们去旅游就好了，谁也没意见。我看这样吧，你们3个做部门经理的，姿态高一点，明年再去，这不就解决了吗？"

情景2

部门经理："朱总，大家今天听说去旅游，非常高兴，非常感兴趣，觉得公司越来越重视员工了。领导不忘员工，真是让员工感动。朱总，这事是你们突然给大家的惊喜，不知当时你们如何想出此妙意的？"

朱总："真的是想给大家一个惊喜，这一年公司效益不错，是大家的功劳，考虑到大家辛苦一年。年终了，第一，是该轻松轻松了；第二，放松后，才能更好的工作；第三，是增加公司的凝聚力。大家要高兴，我们的目的就达到了，就是让大家高兴的。"

部门经理："也许是计划太好了，大家都在争这10个名额。"

朱总："当时决定10个名额是因为觉得你们部门有几个人工作不够积极。你们评选一下，不够格的就不安排了，就算是对他们的一个提醒吧。"

部门经理："其实我也同意领导的想法，有几个人的态度与其他人比起来是不够积极，不过他们可能有一些生活中的原因，这与我们部门经理对他们缺乏了解，没有及时调整都有关系。责任在我，如果不让他们去，对他们打击会不会太大？如果这种消极因素传播开来，影响不好呢。公司花了这么多钱，要是因为这3个名额降低了效果太可惜了。我知道公司每一笔开支都要精打细算，如果公司能拿出3个名额的费用，让他们有所感悟，促进他们来年改进，那么他们多给公司带来的利益要远远大于这部分支出的费用，不知道我说的有没有道理，公司如果能再考虑一下让他们去，我会尽力与其他两位部门经理沟通好，在这次旅途中每个人带一个，帮助他们放下包袱，树立有益公司的积极工作态度，朱总您能不能考虑一下我的建议？"

朱总："你说的有道理，我再仔细考虑一下，争取让13个人都能去。"

（资料来源：http：//yangguangxinli. blogbus. com/c3813596/index _ 2. html.）

思考题：

同样是为了争取3个名额，两种情景下，为什么会有完全不同的沟通结果？

实际操作训练

校园模拟指挥

实训目标：

（1）培养现场指挥的能力。

（2）培养应变能力。

实训内容与要求：

（1）设定一定的管理情景，由学生即时进行决策或指挥。

（2）管理情景：晚上 11 点多钟，男生宿舍 3 楼的卫生间上水管突然爆裂，此时楼门和校门已经关闭，人们都沉睡在梦中，只有邻近的几个学生宿舍惊醒，水不断地从卫生间顺着东西走廊涌出，情况非常紧急，假如你身处其中，如何利用你的指挥能力化险为夷？

（3）课下先进行分组讨论，然后各小组分别表述本组应急方案，看看谁的方案最好。

（4）最后由教师与学生对各组的方案进行评价。

第 *13* 章 管理控制

教学目标

通过对本章的学习，掌握管理控制的内涵，重点掌握控制的基本过程，掌握控制的基本类型，了解有效控制的特征。了解几种常见的预算控制形式和非预算控制形式。

教学要求

知识要点	能力要求	相关知识
控制的内涵	(1) 能够正确认识管理控制 (2) 能够正确理解控制与其他管理职能的关系，尤其是与计划的辩证关系	(1) 控制的定义 (2) 控制的目的和作用 (3) 控制与其他管理职能间的关系
控制的基本过程	(1) 能够理解控制的基本过程 (2) 能够依照控制的基本过程灵活对管理活动进行控制	(1) 确定控制标准 (2) 衡量实际业绩 (3) 进行差异分析 (4) 采取纠偏措施
控制的基本类型	(1) 能够理解几种主要的控制类型的特点 (2) 能够灵活运用几种控制形式达到控制目的	(1) 前馈控制 (2) 过程控制 (3) 反馈控制
有效控制的特征	(1) 能够理解有效控制的特征 (2) 能够在实际工作中进行有效控制	有效控制的特征
控制的技术和方法	能够灵活运用适宜的控制方法达到有效控制的目的	(1) 预算控制 (2) 非预算控制

 基本概念

控制　管理控制作用　控制过程　前馈控制　过程控制　反馈控制　预算控制　非预算控制

导入案例

恼人的会议

周一下午是某公司例行办公会议时间。每次会议从下午上班开始，议题数量为5~7个，一般是讨论和处理本周需要做的工作，对一些需要做出决策的问题形成决议。开始，会议要开到很晚，到7点多钟才会结束。

后来，总经理要求会议秘书会前向每一位与会人员征集会议议题，由总经理确定议题数量并按照重要程度排序，而且规定例会必须在6点前结束。结果，排在前面的议题讨论占用了很多时间，后面的议题没有时间处理，赶上议题紧迫，便无奈又得延长时间。

再后来，一些与会者故意把一些重要事项挪到周五晚上，到点就去做其他工作。会议终于可以按时结束了，但许多事情被迫推迟决策或者被迫增加会议次数。

总经理很头疼，到底该怎样解决这样的问题呢？

 点评

案例中描述的情景经常发生在人们身边，面对这样的问题，唯一的处理方法就是加强对会议过程和内容的控制。

13.1　控　制　概　述

13.1.1　控制的内涵

1. 控制的定义

控制一词，最初运用于技术工程系统。从一般意义上说，控制是指控制主体按照给定的条件和目标，对控制客体施加影响的过程和行为。

一般说来，管理中的控制职能，是指管理主体为了达到一定的组织目标，运用一定的控制机制和控制手段，对管理客体施加影响的过程。在管理中构成控制活动必须有3个条件。

（1）在控制工作之前必须要有明确的目的或目标，没有目的或目标就无所谓控制。

（2）受控客体必须具有多种发展可能性，如果事物发展的未来方向和结果是唯一的、确定的，就谈不上控制。

（3）控制主体可以在被控客体的多种发展可能性中通过一定的手段进行选择，如果这种选择不成立，控制也就无法实现。

 知识链接

如果计划从来不需要修改，而且是在一个全能的领导人的指导之下，有一个完全均衡的组织完美无缺地来执行的话，那就没有控制的必要了。

——亨利·西斯科

2. 控制的目的和作用

从一定意义上说，管理的过程就是控制的过程。控制在整个管理的过程中要实现以下目的：①使偏差在计划允许的范围之内；②防止新偏差的出现；③限制偏差的累积；④适应环境的变化等。

控制是保证目标实现必不可少的活动，通过纠正偏差的行为与其他管理职能紧密地结合在一起，有助于管理人员及时了解组织环境的变化并对环境变化做出迅速反应，确保组织安全，而且为进一步修改完善计划提供依据。

 知识链接

有效的管理者应该始终督促他人，以保证应该采取的行动事实上已经在进行，保证他人应该达到的目标事实上已经达到。

——斯蒂芬·P.罗宾斯

3. 控制与其他管理职能的关系

控制既是管理的一项重要职能，又贯穿于管理的全过程，它与其他管理职能之间有着密切的关系。

1）控制与计划的关系

控制工作意指按计划、标准来衡量所取得的成果并纠正所发生的偏差，以保证计划目标的实现。计划和控制是一个问题的两个方面。计划是基础，它是用来评定行动及其结果是否符合需要的标准，计划越明确、全面和完整，控制的效果也可能越好。在多数情况下，控制工作既是一个管理过程的终结，又是一个新的管理过程的开始，它使计划的执行结果与预定的计划相符合，并为计划提供信息。控制职能使管理工作成为一个闭路系统。

2）控制与组织的关系

组织职能是通过建立一种组织结构框架，并进行相应的人员配备从而为组织目标的实现提供一种合适的工作环境。因此，组织职能的发挥不但为组织计划的贯彻执行提供了合适的组织结构框架和人员配备信息，而且组织结构的确定也规定了组织中信息联系的渠道，为组织的控制活动提供了信息系统。

如果在实现目标的过程中产生的偏差源于组织上的问题，则控制的措施就要涉及组织结构的调整、组织中权责关系的重新设定和工作关系的重新确定等方面。

3）控制与领导的关系

领导职能是通过领导者的影响力来引导组织成员为实现组织的目标而做出积极的努力。这意味着领导职能的发挥影响着组织控制系统的建立和控制工作的质量；反过来，控制职能的发挥又有利于改进领导者的领导工作，提高领导者的工作效率。

总而言之，控制工作中的纠偏措施可能涉及管理的各个方面，控制活动就是要把那些不符合要求的管理活动统统引回到正常的轨道上来。

知识链接

管理控制工作的重点

1. 人员控制

管理是通过对他人的工作统筹来实现组织目标的。为了实现组织的目标，管理者需要而且也必须依靠下属员工。因此，管理者使员工按照他所期望的方式去工作是非常重要的，最简单的方法就是直接巡视和评估员工的表现。

2. 财务控制

企业的首要目标是获取一定的利润，在追求这个目标时，管理者需要借助财务手段来进行控制。例如，管理者可以对几个常用财务指标进行计算，以保证有足够的资金支付各种费用，保证债务负担不至于太重，保证所有的资产都得以有效的利用。

3. 作业控制

一个组织的成功，在很大程度上取决于提供产品或服务的效率和效果上。典型的作业控制包括监督生产活动、评价购买原材料的能力、监督组织的产品或服务的质量、保证所有的设备得到良好的维护等。

4. 信息控制

管理者需要相应的信息来完成工作，不精确、不完整、过多或延迟的信息都会严重阻碍有效的管理行动。信息管理的方法在计算机、互联网普及之后发生了很大的变化，变得更加便捷、准确和全面，管理者用办公桌上的计算机在几秒钟内就可得到相应的数据。因此，组织应该开发出一套信息管理系统，使它能在正确的时间以正确的形式为正确的人提供所需的数据。

13.1.2 控制的基本过程

控制的基本过程一般包括 4 个阶段：确定控制标准、衡量实际业绩、进行差异分析以及采取纠偏措施。

1. 确定控制标准

控制标准是衡量实际工作成果的尺度。因此，确定标准就是为衡量实际工作确定尺度。没有科学合理的控制标准，衡量实际绩效以及在此基础上进行的差异分析和纠偏措施就会失去客观依据。因此，制定控制标准就成为控制工作的起点。

1）确定控制对象

确定控制对象，即明确管理者控制什么，这是确定控制标准的前提。只有知道控制什么，才能做到有的放矢。控制对象一般包括组织的人员、财务活动，生产作业活动，信息管理以及整体组织绩效等。各项组织活动的成果应该成为控制的重点对象。

2）选择控制重点

理论上，一切有助于达到组织目标的活动都需要建立标准。但在现实条件下，由于各方面的限制，管理者不可能对所有影响组织实现目标的因素都进行控制。因此，管理者必须对影响组织目标成果实现的各种要素进行科学的分析研究，从中选择需要特别关注的要素作为控制重点。

在选择关键控制点时，管理人员应该考虑这样一些问题：哪些指标能够更好地反映本组织的整体目标、哪些信息能帮助管理人员确定关键的偏差、什么样的标准在控制信息的收集过程中更容易、更经济等。

📖 管理案例

美国通用电气公司在分析影响企业经营绩效的众多因素的基础上，选择了以下几项指标作为监控的重点：获利能力、生产率、产品领导地位、人员发展、员工态度、公共责任、短期目标与长期目标的平衡。

3）制定控制标准

关键控制点确定之后，就可以依据关键控制点制定出明确的控制标准，控制标准进一步可分为定量标准和定性标准。定量标准是可以用数字来量化的标准，是控制标准的主要形式，易于度量和把握。在工业企业中，最常用的定量控制标准有 4 种：时间标准（如工时、交货期等）、数量标准（如产品数量、废品数量）、质量标准（如产品等级、合格率）和成本标准（如单位产品成本）。定性标准即无法量化的标准，主要是有关服务质量、组织形象、员工工作态度等。为了在实际工作中便于掌握这些方面的工作绩效，也常常使用一些量化的方法，如用出勤率、工作事故比率等来间接衡量员工的工作态度。

常用的制定标准的方法有 3 种：统计方法、经验估计法和工程法。

 特别提示

统计性标准主要以历史上各个时期的数据为依据来建立未来活动的标准，如企业制定下季度的销售任务，常常以历史上同期销售量为参考。

经验估计法则是根据管理者的经验、判断和评估来建立标准。

工程标准是通过对工作情况进行客观的定量分析来确立标准。例如，工人的操作标准是在工作研究人员进行时间和动作研究的基础上，经过分析后确定的标准作业方法。

2．衡量实际业绩

控制过程的第二步工作就是按照控制标准来衡量实际业绩，发现那些已经发生或预期将要发生的偏差，并对结果进行客观评价。在衡量的过程中应注意以下问题。

1）通过衡量实际业绩，检验标准的客观性和有效性

利用预先制定的标准去检查各部门、各阶段和每个人工作的过程，本身也是对标准的客观性和有效性进行检验的过程。例如，在实际工作中，常常用员工出勤率来评价员工的工作态度，但事实上出勤率并不足以说明问题，有些人出勤率高但工作效率不高，有些人虽然出勤率不高但工作效率高。因此，在确定衡量标准时不能只重视一些表面因素。

2）确定适宜的衡量方式

衡量方式包括衡量方法、衡量频度及衡量主体等方面，衡量方式的恰当与否会对结果产生重大影响。

（1）衡量方法。管理者可以通过抽样调查、观察、报表、报告等多种形式获取实际工作业绩方面的资料和信息。在实际工作中，要根据各种方法的利弊选择适当的方法，以保证信息的准确性。

（2）衡量频度。即衡量实际业绩的次数或频率。衡量次数过多或过少，都会影响最终的评价结果。对某项工作衡量过多，一方面会增加控制成本；另一方面也容易引起相关人员的反感。而对某项工作衡量过少，则可能无法及时发现活动过程中存在的问题和偏差。

 小思考

如何确定适宜的衡量频度呢？

（3）衡量主体。即由谁来衡量的问题。衡量实绩的主体可以是员工本人、员工的直接主管、同级人员及客户等。衡量主体不同，最终控制的结果可能也会有差别。衡量主体的确定应该根据工作的性质、内容等具体情况来确定。一般而言，衡量的主体应该对衡量对象的性质、内容、标准、要求和具体的工作表现等比较熟悉和了解，只有这样才能保证衡量的结果公正客观。

 管理案例

"神秘顾客"是由经过严格培训的调查员，在规定或指定的时间里扮演成顾客，对事先设计的一系列问题逐一进行评估或评定的一种商业调查方式，最早是由肯德基、罗杰斯、诺基亚、摩托罗拉、飞利浦等一批国际跨国公司，引进国内为其连锁分部进行管理服务的。

由于被检查或需要被评定的对象，事先无法识别或确认"神秘顾客"的身份，故该调查方式能真实、准确地反映客观存在的实际问题。

麦当劳就表态，它们在全世界主要的市场都有被称之为"神秘顾客"的项目，即"影子顾客"，中国也同样有相同的项目在进行之中。这项活动旨在从普通顾客的角度来考核麦当劳餐厅的食品品质、清洁度及服务素质的整体表现。麦当劳还表示，"神秘顾客"项目帮助麦当劳管理者和餐厅经理设立对表现杰出员工的鼓励及奖励机制。一些市场的反馈显示这些奖励机制对于鼓舞员工士气及对员工的工作表现非常有益。由于"影子顾客"来无影、去无踪，而且没有时间规律，这就使连锁卖场的经理、雇员时时感受到某种压力，不敢有丝毫懈怠，从而时刻保持饱满的工作状态，提高了员工的责任心和服务质量。

肯德基的"神秘顾客"并不是由随意的人员扮演，而是必须经过肯德基的培训，熟知各个环节的标准制度，按照拟订的"消费计划"进行检查。对检查的情况按照标准进行客观地分值评述，最后各店根据评比的经过进行比较检讨。

"神秘顾客"项目涉及以下行业：星级酒店、民航班机、IT专卖店、加油站、电信营业厅、汽车4S店、快餐连锁店、快捷酒店、银行、邮政，以及其他连锁店服务等。

3）建立信息反馈系统

为纠正偏差应该建立有效的信息反馈网络，使反映实际工作情况的信息既能迅速收集上来，又能适时传递给管理人员，并能迅速将纠偏指令下达给相关人员，使之能与预定标准相比较，及时发现问题，并迅速地进行处置。

 特别提示

从管理控制的工作职能的角度看，除了要求信息的准确性以外，还有以下要求。

（1）信息的及时性。及时有两层含义：一是对那些时过境迁就不能追忆和不能再现的重要信息要及时记录；二是信息的加工、检索和传递要快。

（2）信息的可靠性。信息的可靠性除了与信息的精确程度有关外，还与信息的完整性相关。要提高信息的可靠性，最简单的办法是尽可能多地收集有关信息。

（3）信息的适用性。信息的适用性有两个基本要求：一是管理控制工作需要的是适用的信息；二是信息必须经过有效的加工、整理和分析，以保证在管理者需要的时候能够提供精炼而又满足控制要求的全部信息。

3. 进行差异分析

通过将实际业绩与控制标准进行比较，可以确定这两者之间有无差异。若无差异，工作就按原计划继续进行；若有差异，首先要了解偏差是否在标准允许的范围之内，如若差异在标准允许的范围之外，则应深入分析产生偏差的原因。

1）分析偏差产生的主要原因

产生偏差的原因是多方面的，总体来说可以分为两大类：一是计划本身的问题，如目标定得过高或过低，从而导致出现偏差，这时就要根据实际情况通过调整计划来加以纠正；二是在计划执行过程中的某些问题造成的偏差，对于这类原因要进行细致分析，因为有些偏差可能是由于偶然的暂时的外部因素引起的，而有些可能是执行过程中相关工作人员主观因素造成的，应该具体问题具体分析，才能够为下一步采取有效的纠偏措施提供依据。

总之，不论哪种情况，都应该首先判别偏差的严重程度，判断其是否会对组织活动的效率和效果产生影响，在此基础上要透过现象找出造成偏差的深层原因，并在众多深层原因中确定导致偏差产生的主要原因。

2）确定纠偏措施的实施对象

在纠偏过程中，需要纠正的不仅可能是企业的实际活动，也可能是指导这些活动的计划或衡量活动的标准。因此，纠偏的对象可能是进行的活动，也可能是衡量的标准，甚至是指导活动的计划。

 特别提示

计划目标或标准的调整有两种情况：一种是最初制订的计划或标准不科学，过高或过低，有必要对标准进行修正；另一种是所制订的计划或标准本身没有问题，但由于客观环境发生了变化，或出现了一些不可控制因素从而造成的大幅度偏差，使原本适用的计划或标准变得不合适宜，也有必要重新调整原有的计划或标准。

4. 采取纠偏措施

找出了偏差存在的原因，还要采取相应措施予以纠正。管理系统只有不断发现并纠正执行中的偏差，才能最终实现组织目标。

1）纠偏工作中采取的主要方法

针对产生偏差的主要原因，在纠偏措施中采取的方法主要有 3 种：①对于由工作失误而造成的问题，控制工作主要是加强管理、监督，确保工作执行与目标的接近或吻合；②计划或目标不切合实际，控制工作就主要是按实际情况修改计划或目标；③若组织的运行环境发生重大变化，使计划失去了客观的依据，控制工作就主要是启动备用计划或重新制订新的计划。

知识链接

海尔的 6S 大脚印

什么叫"6S 大脚印"？

"6S 大脚印"是海尔在加强生产现场管理方面独创的一种方法。

"6S 大脚印"在什么地方有？

"6S 大脚印"的位置在生产现场。

"6S 大脚印"怎么使用？

"6S 大脚印"的使用方法如下：站在"6S 大脚印"上，对当天的工作进行小结。如果有突出成绩的可以站在"6S 大脚印"上，把自己的体会与大家分享；如果有失误的地方，也与大家沟通，以期得到同伴的帮助，更快地提高。

2）纠偏措施的类型

具体的纠偏措施有两种：一种是立即执行的临时性应急措施；另一种是永久性的根治措施。对于那些直接地影响组织正常活动的紧迫问题，应立即采取补救措施。例如，某一种规格的零部件如果不能按时生产出来，其他部门就会受其影响而出现停工待料，此时，管理者应该采取果断措施确保按期完成任务，危机缓解之后再花时间分析问题的深层次原因到底是什么、该追究什么人的责任等。管理者在实际工作中既不能使问题久拖不决，但也不应仅仅局限于充当"救火员"的角色，而不去认真探究"失火"的原因，并采取根治措施消除偏差产生的根源和隐患。否则，长此以往必将自己置于被动的境地。

知识链接

海尔的问题解决三步法

紧急措施：将出现的问题临时紧急处理，避免事态扩大或恶化，紧急措施必须果断有效。

过渡措施：在对问题产生的原因充分了解的前提下，采取措施尽可能挽回造成的损失，并保证同类问题不再发生。

根治措施：针对问题的根源拿出具体可操作性的措施，能够从体系上使问题得以根治，消除本管理工作中发生问题的外部环境。

13.1.3 控制的基本类型

在实际管理过程中，按照不同的标志，可把控制分成多种类型。例如，按照控制时间的不同，可将控制分为前馈控制、过程控制和反馈控制；按照控制对象的全面性，又可分为局部控制和全面控制；按照业务范围不同，可把控制分为生产控制、质量控制、成本控制和资金控制等。各种不同类型的控制都有其不同的特点、功能与适应性。以下重点介绍前馈控制、过程控制和反馈控制。

1. 前馈控制

前馈控制，也称事前控制或预先控制，是指在实际工作开始之前，通过最新信息或经验教训等对在工作中可能出现的偏差进行预测，并采取相应的防范措施，"防患于未然"，将可能出现的偏差消除于产生之前。例如，在企业扩张之前招聘和培训一部分新员工，以满足将来业务扩张的需要，就属于前馈控制。

前馈控制是在问题发生前做出预测，可以克服事后控制的时滞，具有事先预防的作用，在管理中有广泛的用途。前馈控制的侧重点在于预先防范。

2. 过程控制

过程控制，也称事中控制、现场控制或同步控制，是在系统进行转换的过程中，即企业生产或经营的过程中，对活动中的人和事进行监督和指导，以便在问题出现时及时采取纠正措施。例如，商场的管理人员在巡视的过程中，监督检查服务人员的着装、服务语言等是否符合商场要求，如果不符合要求，当场要求其按照相关工作要求加以改正，如果发现员工无法按照要求完成任务，则亲自示范如何按照规定完成任务，这就是过程控制。

过程控制由于兼具监督和指导两项职能，因此，有助于提高员工的工作能力和自我控制能力。过程控制的侧重点在于管理者及时了解情况并予以指导。

3. 反馈控制

反馈控制，又称事后控制，是在工作结束或行为发生之后进行的控制，是最常见的控制类型。例如，企业中大多数管理人员是通过员工的实际工作情况来监测员工的工作业绩，当员工的工作质量低于相应要求时，就要求其进行更正行动，以保证预期目标的顺利实现。

反馈控制都是在计划完成后进行的总结和评定，具有滞后性的特点，而且对结果已经无能为力。但由于现实条件的种种限制，反馈控制在实践中反倒是运用最广的一种控制方法，而且反馈控制提供的是关于计划效果的真实信息，可为未来计划的制订和活动的安排更好地提供借鉴。反馈控制的侧重点在于矫正偏差。

 管理案例

扁鹊三兄弟皆从医。

魏文王问名医扁鹊说："你们家兄弟3人，都精于医术，到底哪一位最好呢？"

扁鹊答说："长兄最好，中兄次之，我最差。"

文王再问："那为什么你最出名呢？"

扁鹊答说："我长兄治病，是治病于病情发作之前。一般人不知道他事先能铲除病因，所以他的名气无法传出去，只有我们家的人才知道。我中兄治病，是治病于病情初起之时。一般人以为他只能治轻微的小病，所以他的名气只及于本乡里。而我扁鹊治病，是治病于病情严重之时。一般人都看到我在经脉上穿针管来放血、在皮肤上敷药等大手术，所以以为我的医术高明，名气因此响遍全国。"文王说："你说得好极了。"

解析：小故事折射出大道理。从医术上来说，事后控制不如事中控制，事中控制不如事前控制。

思考：但现实生活中，我们更多的是注重事后控制，而很少注重事中、事前控制。为什么会这样？

13.1.4　有效控制的特征

有效的控制系统往往都具有一些相同的特征，主要包括以下几个。

1）明确的目的性

控制的目的是使组织实际活动与计划保持一致，从而保证完成组织在计划中提出的任务和目标。

2）信息的准确性

有效的控制系统依赖于准确的数据和可靠的信息；反之，不准确或不可靠的信息则会导致管理者在采取行动时出现偏差。

3）反馈的及时性

一个有效的控制系统必须能够提供及时的反馈信息，以迅速引起管理者的注意，防止因未能及时解决问题而给组织或个人造成损失。

4）经济性

经济性即控制系统产生的效益与其成本进行比较，如果是成本大于效益，即便能够采取措施纠偏，对企业来讲也没有必要。因此，整个控制过程应是效益大于成本。当然，在这里的效益不仅包括经济效益，还包括社会效益。

5）灵活性

控制系统应具有足够的灵活性以适应各种环境的变化，应能规避一些风险或利用一些机会，要能够随时间和条件的变化调整其控制方式。

6）适用性

有效控制系统应是合理、适用的，如控制的方法等适合组织的实际情况。

7）突出重点，强调例外

管理层应该控制那些对组织行为有战略性影响的因素，也即对组织绩效起关键作用的关键性活动和问题。控制的重点应放在容易出现偏差或一旦出现偏差会造成的危害很大的关键点上。控制也强调例外，充分估计例外情况的发生，建立一种例外系统可以保证当出现偏差时不至于不知所措。

13.2　控制的技术和方法

选择合适的控制方法是进行有效控制的重要保证，管理人员需要根据不同的对象、不同的需要采用不同的控制技术和方法。常用的控制技术主要有预算控制和非预算控制。

13.2.1　预算控制

1. 预算控制的概念

预算是指用数字编制未来某一个时期的计划，也就是用财务数字（如在财务预算和投资预算中)或非财务数字(如在生产预算中)来描述组织未来的活动计划,表明预期结果的一种计划形式。

在管理控制中使用最广泛的一种控制方法就是预算控制。预算控制是根据预算规定的收入与支出标准来检查和监督各个部门的活动,以保证各种活动或各个部门在完成既定目标、实现利润的过程中对资源的有效利用,从而使费用支出受到严格有效的约束。

预算控制最清楚地表明了计划与控制的紧密联系。预算是计划的数量表现,预算的编制是作为计划过程的一部分开始的,而预算本身又是计划过程的终点,是转化为控制标准的计划。

2. 预算控制的作用和内容

预算作为一种主要的控制手段,编制预算实际上就是控制过程的第一步——拟定标准。由于预算是以数量化的方式来表明管理工作的标准,其本身就具有可考核性,因而有利于根据标准来评定工作成效。而同时,预算作为计划的一种主要形式,编制预算的工作其实就是一种计划工作。毫无疑问,编制预算能使确定目标和拟订标准的工作得到改进。同时,预算还有一个很大的作用在于它对改进协调和控制做出的贡献。当为组织的各个职能部门都编制了预算时,就为协调组织的活动提供了基础。同时,由于对预期结果的偏离将更容易被查明和评定,预算也为控制工作中的纠偏措施奠定了基础,因此预算可以帮助管理人员做出更好的计划和协调,并为控制拟定标准、提供基础,这也正是编制预算的基本目的。

预算内容可以简单地概括为 3 个方面。

(1)"多少"——为实现计划目标的各种管理工作收入(或产出)与支出(或投入)各是多少。

(2)"为什么"——为什么必须收入(或产出)这么多数量,以及为什么需要支出(或投入)这么多数量。

(3)"何时"——什么时候实现收入(或产出),以及什么时候支出(或入),必须使得收入与支出取得平衡。

3. 预算的种类

预算在形式上是一整套预计的财务报表和其他附表。按照不同的内容可以将预算分为经营预算、投资预算和财务预算 3 类。

1)经营预算

经营预算是指企业日常发生的各项具有实质性活动的预算,主要包括销售预算、生产预算、直接材料采购预算、直接人工预算、制造费用预算、单位生产成本预算、推销及管理费用预算等。

 特别提示

在经营预算中最基本和最关键的是销售预算,它是销售预测正式的、详细的说明。由于销售预算是计划的基础,加之企业主要是靠销售产品和劳务所提供的收入来获利并维持经营费用支出的,因而销售预算也就成为预算控制的基础。

生产预算是根据销售预算中的预计销售量，按产品品种、数量分别编制的。生产预算编好后，还应根据分季度的预计销售量，经过对生产能力的平衡排出分季度的生产进度日程表，或称为生产计划大纲，在生产预算和生产进度日程表的基础上，可以编制直接材料采购预算、直接人工预算和制造费预算，这3项预算构成对企业生产成本的统计。而推销及管理费用预算，包括制造业务范围以外预计发生的各种费用明细项目，如销售费用、广告费、运输费等，对于实行标准成本控制的企业，还需要编制单位生产成本预算。

2) 投资预算

投资预算是对企业固定资产的购置、扩建、改造及更新等方面在可行性研究的基础上编制的预算，它具体包括何时进行投资、投资多少、资金从何处取得、何时可获得收益、每年的现金流量为多少、需要多少时间回收全部投资等。由于投资的资金来源往往是企业发展很重要的限定因素之一，而对厂房和设备等固定资产的投资又往往需要很长时间才能回收，因此，投资预算应当力求和企业的战略及长期计划紧密联系在一起。

3) 财务预算

财务预算是指企业在计划期内反映有预计现金收支、经营成果和财务状况的预算，主要包括"现金预算"、"预算收益表"和"预算资产负债表"。必须指出的是，前述的各种经营预算和投资预算中的数据资料，都可以折算成金额反映在财务预算内。这样财务预算就成为各项经营业务和投资的整体计划，故亦称"总预算"。

 特别提示

现金预算主要反映计划期间预计的现金收支的详细情况。在完成了初步的现金预算后，就可以知道企业在计划期间需要多少资金，财务主管人员就可以预先安排和筹措，以满足企业发展对资金的需求。为了有计划地安排和筹措资金，现金预算的编制期应越短越好。西方国家有不少企业以周为单位，逐周编预算，甚至还有按天编制的。我国最常见的是按季和按月进行编制。

预算收益表（或称为预计利润表）是用来综合反映企业在计划期生产经营财务情况的预算表。预算收益表是预计企业经营活动最终成果的重要依据，是财务预算中最主要的预算表之一。

预算资产负债表主要用来反映企业在计划期末那一天预计的财务状况，它的编制需以计划期间开始日的资产负债表为基础，然后根据计划期各项预算的有关资料进行必要的调整。

综上所述可见，企业的预算实际上是包括经营预算、投资预算和财务预算3类，由各种不同的预算所组成的预算体系。

13.2.2 非预算控制

随着组织规模的扩大和分权管理的发展，管理控制工作显得日益重要，也越来越被更多的组织所重视。除了预算控制的方法以外，管理控制工作中还采用了许多不同种类的控制手段和方法，称之为非预算控制。常见的非预算控制方法有全面质量管理、视察法、报告分析法、人员行为控制方法等。这诸多的管理控制方法都有一个显著的特点，那就是许多控制方法同时也是计划方法。这就再一次说明了一个客观事实，即控制和计划是一个问题的两个方面，控制的任务是使计划得以实现。

1. 全面质量管理

全面质量管理，就是指一个组织以质量为中心，以全员参与为基础，运用一套质量管理体系、手段和方法所进行的系统管理活动，通过控制产品生产全过程中影响产品质量的各个因素，经济地生产用户满意的产品。

全面质量管理的意义在于，它可以通过对全程的控制从而达到提高产品质量、加速生产流程、增强员工质量意识、改进产品售后服务、提高市场的接受程度、降低经营成本的目的。它具有全面性，控制产品质量的各个环节、各个阶段。

全面质量管理最基本的工作程序是 PDCA 管理循环，即计划（plan）—执行（do）—检查（check）—处理（action）。这个完全与管理控制工作的几个程序相符。

全面质量管理有以下一些基本观点。

1）为用户服务的观点

在企业内部，凡接收上道工序的产品进行再生产的下道工序，就是上道工序的用户，"为用户服务"和"下道工序就是用户"是全面质量管理的一个基本观点。通过对每道工序的质量控制，达到提高最终产品质量的目的。

2）全面管理的观点

所谓全面管理，就是进行全过程的管理、全企业的管理和全员的管理。全面质量管理要求对产品生产过程进行全面控制，强调质量管理工作不局限于质量管理部门，要求企业所属各单位、各部门都要参与质量管理工作，共同对产品质量负责，要求把质量控制工作落实到每一名员工，让每一名员工都关心产品质量。

3）以预防为主的观点

全面质量管理要求对产品质量进行事前控制，把事故消灭在发生之前，使每一道工序都处于控制状态之下。

4）用数据说话的观点

科学的全面质量管理，必须依据正确的数据资料进行加工、分析和处理，从中找出规律，再结合专业技术和实际情况，对存在问题做出正确判断并采取正确措施。

2. 视察法

视察法是一种最古老、最直接的控制方法，它的与众不同之处就在于能够获得第一手的信息。处于不同层次的管理人员都可以通过视察来获得相应的信息。基层的主管人员通过视察，可以判断出生产任务的数量、质量完成情况，设备运转情况，以及劳动纪律的执行情况等；职能部门的主管人员通过视察，可以了解到生产计划是否按预定进度执行，劳动保护等规章制度是否被严格遵守，以及生产过程中存在哪些偏差和隐患等；高层管理人员通过视察，可以了解到组织方针、目标和政策是否深入人心，职能部门的情况报告是否属实，以及员工的合理化建议是否得到认真对待等。所有这些，都是主管人员最需要了解的，但却是正式报中见不到的第一手信息。

视察的优点还不仅仅在于能掌握第一手信息，还能够使得组织的管理者保持和不断更新对组织实际情况的了解，使高层管理人员从下属的建议中获得启发和灵感。此外，亲自视察本身就有一种激励下级的作用，它使得下属感到上级在关心着他们。因此，保持经常亲临现场视察，有利于创造一种良好的组织气氛。当然，管理人员也必须注意到视察可能引起的消极作用，如下属可能误解上司的视察，将其看做对他们工作的一种干涉和不信任，或者是看做不能充分授权的一种表现，这是需要引起管理者注意的。

 管理案例

2001年4月，飞利浦电子(北京)有限公司(简称"PPS")正式在中国投产。费利克斯(Felix)以副总经理的身份从维也纳到中国，加入到飞利浦电子(北京)有限公司。当时，他在飞利浦已工作了28年。他曾经辗转负责飞利浦旗下的录音笔、PC电脑等部门的产品质量和业务，而且一路从普通员工稳健晋升到副总经理。

从2001年之后的近6年时间，费利克斯一直是以副总身份监管质量方面的工作，在北京进行着他的工作。正因费利克斯对质量一直有一种很深的情结，使得PPS在短短几年内，就迅速获得ISO 9001：2000、ISO 14001、ISO/TS 16949、OHSAS 18001、TL 9000等一系列质量管理体系证书，被业界誉为"写字楼里的认证工厂"，并且在2006年超越其他竞争对手，一举夺魁第二届中国电子企业质量百强。

费利克斯来到中国工作后，虽然听不懂中文，可是他做的第一项工作就是Open与倾听，把工作时间大部分花在人的身上，把工作性质变成了"从产品质量到人的质量"。用费利克斯的话说："飞利浦可以给我一个很好的机会去选择，去创造并且接触更多新的理念，因此也促使我们的管理模式在一个开放而轻松的情况下进行。"

PPS在北京的厂房和办公地点坐落在同一栋大楼。从外表看，没有明确的区域划分。在费利克斯领导下，办公区域每一间办公室都是开放的，每一个PPS的员工可以随时翻阅办公室里的东西。不仅如此，每一个领导的办公室也都对外敞开，随时接受每一个员工的意见，员工也可以随时随地地走入领导的办公室，反映自己所发现的事情。费利克斯认为，经常性的沟通，或常请同事到办公室谈事情，进出办公室习惯了，距离自然能够化解。这才是那种"隐而不显的企业文化"实质所在。

"走动式管理"是费利克斯在言语当中出现频率最高的一个词。在PPS，每一个领导的信念就是确切、贯彻、落实。例如，每天早上7：45—8：15是PPS领导(包括高层领导)巡视公司办公区域以及生产区域的法定时间。在这个时间段，领导将和每一个员工进行碰面，互相询问前一天的工作情况、生产线的产能情况，以及在工作中是否有遇到什么困难。

走动式管理的目的是促进领导与员工之间的感情，让员工意识到自己是被关心的，这是极其重要而又不可忽视的过程。对于任何一个领导，其中也包括费利克斯自己，都按照这个管理的过程遵循。有人说，员工与领导之间的互动越多，越能刺激创意，从而解决越来越困难的企业问题。

从走动中剖析问题，在走动中解决问题，在走动中预防问题，这些都是PPS持之以恒的管理模式。正是这种积极的态度与做法，让费利克斯在未来的道路上，越走越自信。

3. 报告分析法

报告是用来向负责实施计划的管理人员全面、系统地阐述计划的进行情况、存在的问题及原因、已经采取了哪些措施、收到了什么效果，以及预计可能会出现的问题等情况的一种重要方式。控制报告的主要目的是提供一种如有必要即可用作纠正措施依据的信息。

随着组织规模及其经营活动规模的日益扩大，管理也日益复杂，管理人员的精力和时间是有限的，定期的情况报告就越发显得重要。通常，运用报告进行控制的效果取决于管理人员对报告的要求。对控制报告的基本要求是必须做到：适时、突出重点、指出例外情况，以及尽量简明扼要。

管理案例

美国通用电气公司创建了一种行之有效的报告制度。报告主要包括以下8个方面的内容。

（1）客户的鉴定意见及上次会议以来外部的新情况。这方面报告的作用在于使上级主管人员判断情况的复杂程度和严重程度，以便决定他是否要介入及介入的程度。

（2）进度情况。这方面报告的内容是将工作的实际进度与计划进度进行比较，说明工作的进展情况。对于上层主管人员来说，他所关心的是处于关键线路上的关键工作的完成情况，因为关键工作若不能按时完成，那么整个工作就有可能误期。

（3）费用情况。报告的内容是说明费用开支的情况。同样，要说明费用情况，必须将其与费用开支计划进行比较，并回答实际的费用开支为什么与原定计划不符，以及按此趋势估算的总费用开支情况，以便上级主管人员采取相应措施。

（4）技术工作情况。技术工作情况是表明工作的质量和技术性能的完成情况，以及目前达到的水平。其中很重要的问题是说明设计更改情况，要说明设计更改的理由和方案，以及这是客户提出的要求还是我们自己做出的决定等。

（5）当前的关键问题。报告者需要检查各方面的工作情况，并从所有存在的问题中挑出3个最为关键的问题。报告者不仅要提出问题所在，还必须说明对计划的影响，列出准备采取的行动，指定解决问题的负责人，以及规定解决问题的期限，并说明最需要上级领导帮助解决的问题所在。

（6）预计的关键问题。报告的内容是指出预计的关键问题，同样也需要细致地说明问题，指出其影响，准备采取的行动，指定负责人和解决问题的期限。预计的关键问题对上层主管人员来说特别重要，这不仅是为他们制定长期决策时提供选择，也是因为他们往往认为下属容易陷入日常问题而对未来漠不关心。

（7）其他情况。报告的内容是提供与计划有关的其他情况。例如，对组织及客户有特别重要意义的成就，上月份（或季、年）的工作绩效与下月份主要任务等。

（8）组织方面的情况。报告的内容是向上层领导提交名单，名单上的人可能会去找这位上层领导，这位领导也需要知道他们的姓名。同时还要审查整个计划的组织工作，包括内部的研制开发队伍，以及其他的有关机构或部门。

4. 人员行为控制法

控制工作从根本上说就是对人的控制。在员工行为控制中经常用到的控制方法是规章制度和各种工作表现评价方法。

规章制度规定了在一个组织中员工必须遵守的行为准则，对员工的工作表现制定出标准，定期评价，这些都是组织必定会做的。

本 章 小 结

1. 管理控制是指管理主体为了达到一定的组织目标，运用一定的控制机制和控制手段，对管理客体施加影响的过程。

2. 控制是保证目标实现必不可少的活动，通过纠正偏差的行为与其他管理职能紧密地结合在一起。控制既是管理的一项重要职能，又贯穿于管理的全过程，它与其他管理职能之间有着密切的关系。

3. 控制的基本过程一般包括 4 个阶段：确定控制标准、衡量实际业绩、进行差异分析、采取纠偏措施。

4. 按照控制时间的不同，可将控制分为前馈控制、过程控制和反馈控制。在管理过程中，要根据不同情况确定采取哪一种或几种控制类型。

5. 有效控制应符合以下特征：明确的目的性、信息的准确性、反馈的及时性、经济性、灵活性、适用性、突出重点和强调例外等。

6. 预算在形式上是一整套预计的财务报表和其他附表。按照不同的内容可以将预算分为经营预算、投资预算和财务预算 3 类。

7. 常见的非预算控制方法有全面质量管理、视察法、报告分析法、人员行为控制方法等。

练 习 题

一、 单项选择题

(1)"治病不如防病，防病不如讲卫生。"根据这一说法，以下几种控制方式，最为重要的是(　　)。

A. 现场控制　　　B. 反馈控制　　　C. 前馈控制　　　D. 同步控制

(2) 控制过程的合理顺序是(　　)。

A. 制定标准、纠正偏差、衡量成效　　　B. 衡量成效、制定标准、纠正偏差

C. 衡量成效、纠正偏差、制定标准　　　D. 制定标准、衡量成效、纠正偏差

(3) 进行控制时，首先要建立标准。关于建立标准，下列说法中不正确的是(　　)。

A. 标准应该越高越好　　　　　　　B. 标准应该考虑实施成本

C. 标准应考虑实际可能　　　　　　D. 标准应考虑顾客需求

二、 判断题

(1) 计划与控制是一个问题的两个方面。　　　　　　　　　　　　　　　　(　　)

(2) 控制就是严格按照预先制订的计划来执行。　　　　　　　　　　　　　(　　)

(3) 不管处于何种层次，控制工作对于管理者来讲都是重要的。　　　　　　(　　)

三、 简答题

(1) 管理控制与其他管理职能间的相互关系如何？请简要说明。

(2) 请说明有效控制的特征。

(3) 控制的基本过程包括哪些步骤？

四、 思考题

(1) 计划和控制的关系是什么？

(2) 有效的控制系统的特征是什么？请举例说明。

(3) 试比较 3 种控制类型的差异。

五、 案例应用分析

麦当劳公司的控制

麦当劳金色的拱门允诺：每个餐厅的菜单基本相同，而且"质量超群，服务优良，清洁卫生，货真价实"。它的产品、加工和烹制程序乃至厨房布置都是标准化的、严格控制的。它撤销了在法国的第一批特许经营权，因为尽管其盈利可观，但在快速服务和清洁方面未达到相应的标准。

麦当劳的各分店都是由当地人所有和经营管理。鉴于在快餐饮食业中维持产品质量和服务水平是其经营成功的关键，因此，麦当劳公司在采取特许连锁经营这种战略开辟分店和实现地域扩张的同时，特别注意对连锁店的管理控制。如果管理控制不当，使顾客吃到不对味的汉堡包或受到不友善的接待，其后果就不仅是这家分店将失去这批顾客及其周遭人光顾的问题，还会影响其他分店的生意，乃至损害整个公司的信誉。为此，麦当劳公司制定了一套全面、周密的控制方法。

麦当劳公司主要是通过授予特许权的方式来开辟连锁分店。其考虑之一就是使购买特许经营权的人在成为分店经理人员的同时也成为该分店的所有者，从而使其在直接分享利润的激励中形成了对其扩展中的业务的强有力控制。麦当劳公司在出售其特许经营权时非常慎重，总是通过各方面调查了解后挑选那些具有卓越经营管理才能的人作为店主，而且事后如发现其能力不符合则撤回这一授权。

麦当劳公司还通过详细的程序、规则和条例，使分布在世界各地的麦当劳分店的经营者和员工们都进行标准化、规范化的作业。麦当劳公司对制作汉堡包、炸土豆条、招待顾客和清理餐桌等工作都事先进行翔实的动作研究，确定各项工作开展的最好方式，然后再编成书面的规定，用以指导和规范各分店管理人员和一般员工的行为。公司在芝加哥开办了专门的培训中心——汉堡包大学，要求所有的特许经营者在开业之前都接受为期一个月的强化培训。回去之后还要求他们对所有的工作人员进行培训，确保公司的规章条例得到准确的理解和贯彻执行。

为了确保所有特许经营分店都能按统一的要求开展活动，麦当劳公司总部的管理人员还经常走访、巡视世界各地的经营店，进行直接的监督和控制。例如，在一次巡视中，公司总部管理人员发现某家分店自作主张，在店厅里摆放电视机和其他物品以吸引顾客，这种做法因与麦当劳的风格不一致，立即得到了纠正。除了直接控制外，麦当劳公司还定期对各分店的经营业绩进行考评。为此，各分店要及时提供有关营业额、经营成本和利润等方面的信息，这样总部管理人员就能把握各分店经营的动态和出现的问题，以便商讨和采取相应的改进对策。

麦当劳公司的另一个控制手段，就是要求所有经营分店都塑造公司独特的组织文化，这就是大家所熟知的由"质量超群，服务优良，清洁卫生，货真价实"口号所体现的文化价值观。麦当劳公司共享价值观的建设，不仅在世界各地的分店及其上上下下的员工中进行，而且还将公司的一个主要利益团体——员工顾客也包括进这支队伍中。麦当劳的顾客虽然要自我服务，但公司特别重视满足顾客的要求，如为顾客的孩子开设游戏场所，提供快乐餐和生日聚会等服务，以形成家庭式的氛围，这样既吸引了孩子，也增强了成年人对公司的忠诚感。

（资料来源：http：//wenku.baidu.com/view/58709826aaea998fcc220eb5.html.）

思考题：

（1）麦当劳公司所创设的管理控制系统，具有哪些基本构成要素？

（2）该控制系统是如何促进麦当劳公司全球扩张战略实现的？

（3）麦当劳的控制方法对你有什么启发？

实际操作训练

(1) 考察一家企业，看看他们在日常的管理工作中都采取了哪些控制方法？这些控制是否有效？如果存在问题，该如何加以改进？

(2) 搜集"神秘顾客"的相关资料，了解"神秘顾客"项目是如何达到有效控制目的的。

参 考 文 献

[1] [美]彼得·德鲁克.管理:任务、责任、实践[M].孙耀君,等译.北京:中国社会科学出版社,1987.

[2] [美]拉里·博西迪,[美]拉姆·查兰.执行[M].刘祥亚,等译.北京:机械工业出版社,2007.

[3] [美]彼得·德鲁克.21世纪的管理挑战[M].朱雁斌,译.北京:机械工业出版社,2009.

[4] [美]斯蒂芬·P·罗宾斯.管理学[M].7版.孙健敏,等译.北京:中国人民大学出版社,2004.

[5] [美]丹尼尔·A·雷恩.管理思想的演变[M].赵睿,等译.北京:中国社会科学出版社,1986.

[6] 周三多.管理学[M].3版.北京:高等教育出版社,2010.

[7] 周建临.管理学教程[M].上海:上海财经大学出版社,2001.

[8] 孙晓琳,吴玺玫.管理学[M].北京:科学出版社,2006.

[9] 刘巨钦.企业组织设计原理与实务[M].北京:企业管理出版社,1996.

[10] 郁义鸿.精巧的组织艺术:现代企业组织结构挥略[M].上海:上海译文出版社,1994.

[11] 胡雄飞.企业组织结构研究[M].上海:立信会计出版社,1996.

[12] [美]R·R·布莱克,[美]J·S·穆顿.新管理方格[M].孔令济,徐吉贵,译.北京:中国社会科学出版社,1986.

[13] [美]彼得·圣吉.第五项修炼[M].郭进隆,译.上海:上海三联书店,1994.

[14] [美]弗里蒙特·E·卡斯特,[美]詹姆斯·E·罗森茨韦克.组织与管理[M].李柱流,等译.北京:中国社会科学出版社,1985.

[15] [美]詹姆斯·奎因.企业应付变化的战略[M].上海科技干部进修学院编译组,译.北京:世界图书出版公司,1987.

[16] [德]埃尔文·格罗赫拉.企业组织[M].王元,译.北京:经济管理出版社,1991.

[17] [美]哈罗德·J·利维得.非人组织[J].哈佛商业评论,1962(40).

[18] B·J·赫得奇,威廉·P·安瑟尼.组织理论[M].北京:中国人民大学出版社,1989.

[19] [美]理查德·L·达夫特.组织理论与设计精要[M].李维安,等译.北京:机械工业出版社,1999.

[20] [法]亨利·法约尔.工业管理与一般管理[M].迟力耕,等译.北京:机械工业出版社,2007.

[21] [美]赫伯特·西蒙.管理行为[M].4版.詹正茂,译.北京:机械工业出版社,2004.

[22] 贺盛瑜,邓勇.虚拟企业的组织结构设计[J].成都信息工程学院学报,2003,18(1).

[23] 夏春刚,石春生,周长群.企业组织结构的模式和发展趋势[J].科技与管理,2003.

[24] 张军,陈昌龙.现代管理学[M].北京:清华大学出版社,北京交通大学出版社,2009.

[25] 王龙.管理学基础[M].北京:机械工业出版社,2009.

[26] 吴照云.管理学[M].6版.北京:中国社会科学出版社,2011.

[27] 吴照云.中国管理思想史[M].北京:高等教育出版社,2010.

[28] 许庆瑞.管理学[M].2版.北京:高等教育出版社,2005.

[29] 杨文士,焦叔斌,张雁.管理学[M].3版.北京:中国人民大学出版社,2009.

［30］周三多，贾良定．管理学习题与案例［M］．3 版．北京：高等教育出版社，2011.

［31］韩伯棠．管理运筹学［M］．3 版．北京：高等教育出版社，2010.

［32］林志扬．管理学原理［M］．厦门：厦门大学出版社，2009.

［33］吴德庆，马月才，王保林．管理经济学［M］．5 版．北京：中国人民大学出版社，2010.

北京大学出版社本科财经管理类实用规划教材（已出版）

财务会计类

序号	书名	标准书号	主编	定价	序号	书名	标准书号	主编	定价
1	基础会计（第2版）	7-301-17478-4	李秀莲	38.00	20	初级财务管理	7-301-20019-3	胡淑姣	42.00
2	基础会计学	7-301-19403-4	窦亚芹	33.00	21	财务管理学	7-5038-4897-1	盛均全	34.00
3	会计学	7-81117-533-2	马丽莹	44.00	22	财务管理学实用教程（第2版）	7-301-21060-4	骆永菊	42.00
4	会计学原理（第2版）	7-301-18515-5	刘爱香	30.00	23	基础会计学学习指导与习题集	7-301-16309-2	裴 玉	28.00
5	会计学原理习题与实验（第2版）	7-301-19449-2	王保忠	30.00	24	财务管理理论与实务	7-301-20042-1	成 兵	40.00
6	会计学原理与实务（第2版）	7-301-18653-4	周慧滨	33.00	25	财务管理学原理与实务	7-81117-544-8	严复海	40.00
7	会计学原理与实务模拟实验教程	7-5038-5013-4	周慧滨	20.00	26	财务管理理论与实务（第2版）	7-301-20407-8	张思强	42.00
8	会计实务	7-81117-677-3	王远利	40.00	27	公司理财原理与实务	7-81117-800-5	廖东声	36.00
9	高级财务会计	7-81117-545-5	程明娥	46.00	28	审计学	7-81117-828-9	王翠琳	46.00
10	高级财务会计	7-5655-0061-9	王奇杰	44.00	29	审计理论与实务	7-81117-955-2	宋传联	36.00
11	成本会计学	7-301-19400-3	杨尚军	38.00	30	会计综合实训模拟教程	7-301-20730-7	章洁情	33.00
12	成本会计学	7-5655-0482-2	张红漫	30.00	31	财务分析学	7-301-20275-3	张献英	30.00
13	成本会计学	7-301-20473-3	刘建中	38.00	32	银行会计	7-301-21155-7	宗国恩	40.00
14	管理会计	7-81117-943-9	齐殿伟	27.00	33	税收筹划	7-301-21238-7	都新英	38.00
15	管理会计	7-301-21057-4	彤芳珍	36.00	34	基础会计学	7-301-16308-5	晋晓琴	39.00
16	会计规范专题	7-81117-887-6	谢万健	35.00	35	公司财务管理	7-301-21423-7	胡振兴	48.00
17	企业财务会计模拟实习教程	7-5655-0404-4	董晓平	25.00	36	税法与税务会计实用教程（第2版）	7-301-21422-0	张巧良	45.00
18	税法与税务会计	7-81117-497-7	吕孝侠	45.00	37	政府与非营利组织会计	7-301-21504-3	张 丹	40.00
19	税法与税务会计实用教程	7-81117-598-1	张巧良	38.00					

工商管理、市场营销、人力资源管理、服务营销类

序号	书名	标准书号	主编	定价	序号	书名	标准书号	主编	定价
1	管理学基础	7-5038-4872-8	于干千	35.00	19	市场营销学	7-81117-676-6	戴秀英	32.00
2	管理学基础学习指南与习题集	7-5038-4891-9	王 珍	26.00	20	市场营销学（第2版）	7-301-19855-1	陈 阳	45.00
3	管理学	7-81117-494-6	曾 旗	44.00	21	市场营销学新论	7-5038-4879-7	郑玉香	40.00
4	管理学原理	7-5655-0078-7	尹少华	42.00	22	国际市场营销学	7-5038-5021-9	范应仁	38.00
5	管理学原理与实务（第2版）	7-301-18536-0	陈嘉莉	42.00	23	市场营销理论与实务（第2版）	7-301-20628-7	那 薇	40.00
6	管理学实用教程	7-5655-0063-3	邵喜武	37.00	24	现代市场营销学	7-81117-599-8	邓德胜	40.00
7	管理学实用教程	7-301-21059-8	高爱霞	42.00	25	消费者行为学	7-81117-824-1	甘瑁琴	35.00
8	通用管理知识概论	7-5038-4997-8	王丽平	36.00	26	商务谈判（第2版）	7-301-20048-3	郭秀君	49.00
9	现代企业管理理论与应用	7-5038-5024-0	邸彦彪	40.00	27	商务谈判实用教程	7-81117-597-4	陈建明	24.00
10	管理运筹学（第2版）	7-301-19351-8	关文忠	39.00	28	消费者行为学	7-5655-0057-2	肖 立	37.00
11	统计学原理	7-301-21061-1	韩 宇	38.00	29	客户关系管理实务	7-301-09956-8	周贺来	44.00
12	统计学原理	7-5038-4888-9	刘晓利	28.00	30	公共关系学	7-5038-5022-6	于朝晖	40.00
13	统计学	7-5038-4898-8	曲 岩	42.00	31	公共关系理论与实务	7-5038-4889-6	王 玫	32.00
14	应用统计学（第2版）	7-301-19295-5	王淑芬	48.00	32	公共关系学实用教程	7-81117-660-5	周 华	35.00
15	管理定量分析方法	7-301-13552-5	赵光华	28.00	33	公共关系理论与实务	7-5655-0155-5	李泓欣	45.00
16	新编市场营销学	7-81117-972-9	刘丽霞	30.00	34	跨国公司管理	7-5038-4999-2	冯雷鸣	28.00
17	市场营销学	7-5655-0064-0	王槐林	33.00	35	质量管理	7-5655-0069-5	陈国华	36.00
18	市场营销学实用教程	7-5655-0081-7	李晨耘	40.00	36	跨文化管理	7-301-20027-8	晏 雄	35.00

序号	书　名	标准书号	主编	定价	序号	书　名	标准书号	主编	定价
37	企业战略管理	7-5655-0370-2	代海涛	36.00	53	人力资源管理：理论、实务与艺术	7-5655-0193-7	李长江	48.00
38	企业文化理论与实务	7-81117-663-6	王水嫩	30.00	54	员工招聘	7-301-20089-6	王　挺	30.00
39	企业战略管理	7-81117-801-2	陈英梅	34.00	55	服务营销理论与实务	7-81117-826-5	杨丽华	39.00
40	企业战略管理实用教程	7-81117-853-1	刘松先	35.00	56	服务企业经营管理学	7-5038-4890-2	于干千	36.00
41	产品与品牌管理	7-81117-492-2	胡　梅	35.00	57	服务营销	7-301-15834-0	周　明	40.00
42	东方哲学与企业文化	7-5655-0433-4	刘峰涛	34.00	58	会展服务管理	7-301-16661-1	许传宏	36.00
43	运营管理	7-5038-4878-0	冯根尧	35.00	59	现代服务业管理原理、方法与案例	7-301-17817-1	马　勇	49.00
44	生产运作管理（第2版）	7-301-18934-4	李全喜	48.00	60	服务性企业战略管理	7-301-20043-8	黄其新	28.00
45	运作管理	7-5655-0472-3	周建亨	25.00	61	服务型政府管理概论	7-301-20099-5	于干千	32.00
46	组织行为学	7-5038-5014-1	安世民	33.00	62	新编现代企业管理	7-301-21121-2	姚丽娜	48.00
47	组织行为学实用教程	7-301-20466-5	冀　鸿	32.00	63	创业学	7-301-15915-6	刘沁玲	38.00
48	流程型组织的构建研究	7-81117-519-6	岳　澎	35.00	64	管理学	7-301-17452-4	王慧娟	42.00
49	人力资源管理（第2版）	7-301-19098-2	颜爱民	60.00	65	公共关系学实用教程	7-301-17472-2	任焕琴	42.00
50	人力资源管理经济分析	7-301-16084-8	颜爱民	38.00	66	现场管理	7-301-21528-9	陈国华	38.00
51	人力资源管理原理与实务	7-81117-496-0	邹　华	32.00	67	现代企业管理理论与应用（第2版）	7-301-21603-3	邸彦彪	38.00
52	人力资源管理实用教程（第2版）	7-301-20281-4	吴宝华	45.00					

经济、国贸、金融类

序号	书　名	标准书号	主编	定价	序号	书　名	标准书号	主编	定价
1	政治经济学原理与实务	7-81117-498-4	沈爱华	28.00	21	国际商务	7-5655-0093-0	安占然	30.00
2	宏观经济学原理与实务（第2版）	7-301-18787-6	崔东红	57.00	22	金融市场学	7-81117-595-0	黄解宇	24.00
3	宏观经济学	7-5038-4882-7	塞令香	32.00	23	金融工程学理论与实务	7-81117-546-2	谭春枝	35.00
4	微观经济学原理与实务	7-81117-818-0	崔东红	48.00	24	财政学	7-5038-4965-7	盖　锐	34.00
5	微观经济学	7-81117-568-4	梁瑞华	35.00	25	保险学原理与实务	7-5038-4871-1	曹时军	37.00
6	西方经济学实用教程	7-5038-4886-5	陈孝胜	40.00	26	东南亚南亚商务环境概论	7-81117-956-9	韩　越	38.00
7	西方经济学实用教程	7-5655-0302-3	杨仁发	49.00	27	证券投资学	7-301-19967-1	陈汉平	45.00
8	西方经济学	7-81117-851-7	于丽敏	40.00	28	金融学理论与实务	7-5655-0405-1	战玉峰	42.00
9	现代经济学基础	7-81117-549-3	张士军	25.00	29	货币银行学	7-301-15062-7	杜小伟	38.00
10	国际经济学	7-81117-594-3	吴红梅	39.00	30	国际结算（第2版）	7-301-17420-3	张晓芬	35.00
11	发展经济学	7-81117-674-2	赵邦宏	48.00	31	国际贸易规则与进出口业务操作实务（第2版）	7-301-19384-6	李　平	54.00
12	管理经济学	7-81117-536-3	姜保雨	34.00	32	金融风险管理	7-301-20090-2	朱淑珍	38.00
13	计量经济学	7-5038-3915-3	刘艳春	28.00	33	国际贸易实务	7-301-20919-6	张　肃	28.00
14	外贸函电	7-5038-4884-1	王　妍	20.00	34	国际贸易理论、政策与案例分析	7-301-20978-3	冯　跃	42.00
15	国际贸易理论与实务（第2版）	7-301-18798-2	缪东玲	54.00	35	国际结算	7-301-21092-5	张　慧	42.00
16	国际贸易（第2版）	7-301-19404-1	朱廷珺	45.00	36	金融工程学	7-301-18273-4	李淑锦	30.00
17	国际贸易实务（第2版）	7-301-20486-3	夏合群	45.00	37	证券投资学	7-301-21236-3	王　毅	45.00
18	国际贸易结算及其单证实务	7-5655-0268-2	卓乃坚	35.00	38	金融工程学理论与实务（第2版）	7-301-21280-6	谭春枝	42.00
19	国际金融	7-5038-4893-3	韩博印	30.00	39	跨国公司经营与管理	7-301-21333-9	冯雷鸣	35.00
20	国际金融实用教程	7-81117-593-6	周　彤	32.00	40	货币银行学	7-301-21345-2	李　冰	42.00

法律类

序号	书　名	标准书号	主编	定价	序号	书　名	标准书号	主编	定价
1	经济法原理与实务（第2版）	7-301-21527-2	杨士富	39.00	5	劳动法学	7-81117-495-3	李　瑞	32.00
2	经济法实用教程	7-81117-547-9	陈亚平	44.00	6	金融法学理论与实务	7-81117-958-3	战玉锋	34.00
3	国际商法理论与实务	7-81117-852-4	杨士富	38.00	7	国际商法	7-301-20071-1	丁孟春	37.00
4	商法总论	7-5038-4887-2	任先行	40.00	8	商法学	7-301-21478-7	周龙杰	43.00

电子商务与信息管理类

序号	书　名	标准书号	主编	定价	序号	书　名	标准书号	主编	定价
1	网络营销	7-301-12349-2	谷宝华	30.00	3	电子商务概论（第2版）	7-301-17475-3	庞大莲	42.00
2	数据库技术及应用教程（SQL Server版）	7-301-12351-5	郭建校	34.00	4	网络营销	7-301-16556-0	王宏伟	26.00

序号	书　名	标准书号	主　编	定价	序号	书　名	标准书号	主　编	定价
5	网络信息采集与编辑	7-301-16557-7	范生万	24.00	20	电子商务概论	7-301-16717-5	杨雪雁	32.00
6	电子商务案例分析	7-301-16596-6	曹彩杰	28.00	21	电子商务英语	7-301-05364-5	覃　正	30.00
7	管理信息系统	7-301-12348-5	张彩虹	36.00	22	网络支付与结算	7-301-16911-7	徐　勇	34.00
8	电子商务概论	7-301-13633-1	李洪心	30.00	23	网上支付与安全	7-301-17044-1	帅青红	32.00
9	管理信息系统实用教程	7-301-12323-2	李　松	35.00	24	企业信息化实务	7-301-16621-5	张志荣	42.00
10	电子商务法	7-301-14306-3	李　瑞	26.00	25	电子化国际贸易	7-301-17246-9	李辉作	28.00
11	数据仓库与数据挖掘	7-301-14313-1	廖开际	28.00	26	商务智能与数据挖掘	7-301-17671-9	张公让	38.00
12	电子商务模拟与实验	7-301-12350-8	喻光继	22.00	27	管理信息系统教程	7-301-19472-0	赵天唯	42.00
13	ERP 原理与应用教程	7-301-14455-8	温雅丽	34.00	28	电子政务	7-301-15163-1	原忠虎	38.00
14	电子商务原理及应用	7-301-14080-2	孙　睿	36.00	29	商务智能	7-301-19899-5	汪　楠	40.00
15	管理信息系统理论与应用	7-301-15212-6	吴　忠	30.00	30	电子商务与现代企业管理	7-301-19978-7	吴菊华	40.00
16	网络营销实务	7-301-15284-3	李蔚田	42.00	31	电子商务物流管理	7-301-20098-8	王小宁	42.00
17	电子商务实务	7-301-15474-8	仲　岩	28.00	32	管理信息系统实用教程	7-301-20485-6	周贺来	42.00
18	电子商务网站建设	7-301-15480-9	臧良运	32.00	33	电子商务概论	7-301-21044-4	苗　森	28.00
19	网络金融与电子支付	7-301-15694-0	李蔚田	30.00	34	管理信息系统实务教程	7-301-21245-5	魏厚清	34.00

物流管理与工程类

序号	书　名	标准书号	主　编	定价	序号	书　名	标准书号	主　编	定价
1	物流工程	7-301-15045-0	林丽华	30.00	25	营销物流管理	7-301-18658-9	李学工	45.00
2	现代物流决策技术	7-301-15868-5	王道平	30.00	26	物流信息技术概论	7-301-18670-1	张　磊	28.00
3	物流管理信息系统	7-301-16564-5	杜彦华	33.00	27	物流配送中心运作管理	7-301-18671-8	陈　虎	40.00
4	物流信息管理	7-301-16699-4	王汉新	38.00	28	物流项目管理	7-301-18801-9	周晓晔	35.00
5	现代物流学	7-301-16662-8	吴　健	42.00	29	物流工程与管理	7-301-18960-3	高举红	39.00
6	物流英语	7-301-16807-3	阚功俭	28.00	30	交通运输工程学	7-301-19405-8	于　英	43.00
7	第三方物流	7-301-16663-5	张旭辉	35.00	31	国际物流管理	7-301-19431-7	柴庆春	40.00
8	物流运作管理	7-301-16913-1	董千里	28.00	32	商品检验与质量认证	7-301-10563-4	陈红丽	32.00
9	采购管理与库存控制	7-301-16921-6	张　浩	30.00	33	供应链管理	7-301-19734-9	刘永胜	49.00
10	物流管理基础	7-301-16906-3	李蔚田	36.00	34	现代企业物流管理实用教程	7-301-17612-2	乔志强	40.00
11	供应链管理	7-301-16714-4	曹翠珍	40.00	35	供应链设计理论与方法	7-301-20018-6	王道平	32.00
12	物流技术装备	7-301-16808-0	于　英	38.00	36	物流管理概论	7-301-20095-7	李传荣	44.00
13	现代物流信息技术	7-301-16049-7	王道平	30.00	37	供应链管理	7-301-20094-0	高举红	38.00
14	现代物流仿真技术	7-301-17571-2	王道平	34.00	38	企业物流管理	7-301-20818-2	孔继利	45.00
15	物流信息系统应用实例教程	7-301-17581-1	徐　琪	32.00	39	物流项目管理	7-301-20851-9	王道平	30.00
16	物流项目招投标管理	7-301-17615-3	孟祥茹	30.00	40	供应链管理	7-301-20901-1	王道平	35.00
17	物流运筹学实用教程	7-301-17610-8	赵丽君	33.00	41	现代仓储管理与实务	7-301-21043-7	周兴建	45.00
18	现代物流基础	7-301-17611-5	王　侃	37.00	42	物流系统仿真案例	7-301-21072-7	赵　宁	25.00
19	逆向物流	7-301-19809-4	甘卫华	33.00	43	物流管理实验教程	7-301-21094-9	李晓龙	25.00
20	现代物流管理学	7-301-17672-6	丁小龙	42.00	44	物流学概论	7-301-21098-7	李　创	44.00
21	物流运筹学	7-301-17674-0	郝　海	36.00	45	物流信息系统	7-301-20989-9	王道平	28.00
22	供应链库存管理与控制	7-301-17929-1	王道平	28.00	46	物流与供应链金融	7-301-21135-9	李向文	30.00
23	物流信息系统	7-301-18500-1	修桂华	32.00	47	物流信息系统	7-301-20989-9	王道平	28.00
24	城市物流	7-301-18523-0	张　潜	24.00	48	物料学	7-301-17476-0	肖生苓	44.00

请登录 www.pup6.cn 免费下载本系列教材的电子书（PDF 版）、电子课件和相关教学资源。

欢迎免费索取样书，并欢迎到北京大学出版社来出版您的大作，可在 www.pup6.cn 在线申请样书和进行选题登记，也可下载相关表格填写后发到我们的信箱，我们将及时与您取得联系并做好全方位的服务。

联系方式：010-62750667，wangxc02@163.com，dreamliu3742@163.com，lihu80@163.com，欢迎来电来信。